Die Bebop-Revolution hatte gegen Ende der 50er Jahre ihre Krallen und ihren Biß verloren, trieb wohlgefällige Blüten in Cooljazz, Mainstream oder Hardbop, und war so selbst zur Tradition geworden, die von den jungen Musikern als zu eng empfunden wurde. Das Bedürfnis nach neuen Horizonten – und insbesondere nach **Freiheit** – war die Triebkraft der jungen Generation der 60er und 70er Jahre, sowohl im gesellschaftlichen Bereich, wie auch in der Kunst.

Dieses Buch gibt einen Überblick über die verschiedenartigen »Wege in die Freiheit« der Jazzmusiker und macht diese anhand von repräsentativen Schallplatteneinspielungen für den Hörer nachvollziehbar. Wir begegnen **Ornette Coleman**, der den Weg zu neuen Möglichkeiten des Zusammenspiels öffnete, **John Coltrane** und seinem ästhetischen Universum der Innerlichkeit, dem schillernd-brillanten **Miles Davis** und seinen Erfolgsrezepten für publikumswirksame Vermischung von modalem Jazz mit Rockmusik, dem legendenumwobenen **Sun Ra** und seinem außerirdischen »Arkestra«, oder den Suchern nach einer neuen populären Romantik wie **Keith Jarrett.**

Einen großen Raum nehmen die Musiker des Free Jazz ein. Der Autor beschäftigt sich ausführlich mit **Eric Dolphy, Albert Ayler, Cecil Taylor**, dem **Art Ensemble of Chicago** und anderen prägenden Künstlern des neuen Jazz. Auch die Szene in Europa wird gewürdigt und die internationale Situation der 80er Jahre analysiert.

Der Autor
John Litweiler lebt seit 1964 in Chicago, der Metropole des Blues und des Jazz, und nimmt als Jazzjournalist am Leben und an der Arbeit der Musiker, von denen viele zu seinen persönlichen Freunden gehören, intensiv teil. Er ist ständiger Mitarbeiter der Jazz-Zeitschrift »Down Beat« und Direktor des »Jazz Institute of Chicago«.

Der Übersetzer
Peter Niklas Wilson, 1957 in Hamburg geboren, ist promovierter Musikwissenschaftler und lebt als freier Autor für Rundfunk und Musikzeitschriften in Hamburg. Seit 1988 ist er Redakteur der »Neuen Zeitschrift für Musik«.

John Litweiler

Das Prinzip Freiheit

Jazz nach 1958

Aus dem Amerikanischen übersetzt
von Peter Niklas Wilson

Mit Fotos von Ralph Quinke

Oreos Verlag

Meinen Eltern,
Ernest und Lucile Litweiler

Die amerikanische Ausgabe dieses Buches erschien 1984 bei
William Morrow & Co. Inc., 105 Madison Avenue, New York N.Y. 10016.

Abdruckgenehmigungen erteilten freundlicherweise:
Jazz Panorama und sein Herausgeber Martin Williams für Auszüge
aus dieser Zeitschrift, Jg. 1962, Verlag Jazz Review Inc.
Valerie Wilmer für ein Interview mit Sun Ra, 1966
Ted Panken für ein Interview mit Henry Threadgill, September 1976

Bildnachweis: Rolf Ambor (6, 51, 69, 109), Dany Gignoux (Umschlagrückseite), Hozumi Nakadaira (89), Valerie Wilmer (134), *** (31). Alle anderen Fotos sind von Ralph Quinke

Produktion und Gestaltung: Walter Lachenmann, Schaftlach
Satz: Karlheinz Stahringer, Ebsdorfergrund
Repro: Eurocrom 4, Treviso, und Repro-Huber, München
Druck und Einband: Wagner, Nördlingen
Printed in Germany
ISBN 3-923657-22-6

Inhaltsverzeichnis

Vorwort

Das wesentliche Ereignis des Jazz nach dem Bebop war der erste Beweis Ornette Colemans und seiner Mitspieler, daß ihre Musik tatsächlich »eine freie Sache« sei. Dieses Buch ist ein Überblick über die sich daran anschließenden Entwicklungen im Jazz. Ich hoffe, daß *Das Prinzip Freiheit* denjenigen Lesern, für die zeitgenössischer Jazz eine neue Erfahrung ist, viele Türen öffnen wird; den übrigen Lesern mag dieser Band helfen, ihr Verständnis dieser Musik zu vertiefen. Da es in diesem Buch in erster Linie um die Musik selbst geht, wird in ihm solchen Musikern wenig Beachtung geschenkt, deren Hauptbeitrag in der Popularisierung bestimmter Stile bestand. Bedauerlicher ist, daß ich auf die Besprechung einiger weniger bedeutender, jedoch zumindest erwähnenswerter Künstler verzichten mußte; stattdessen habe ich mich auf die wichtigsten Persönlichkeiten und die Hauptströmungen konzentriert. Auch wird die Entwicklung des Bebop-Idioms nach 1958 – modaler Jazz, Fusion Music, anderer »Inside«-Jazz – im wesentlichen nur insofern behandelt, als sie eine – direkte oder indirekte – Reaktion auf die Herausforderungen des Free Jazz darstellt. Eine ganze Reihe interessanter neuer Aspekte des Jazz bleibt also zukünftigen Publikationen oder anderen Autoren überlassen; dieses Buch befaßt sich allein mit dem Free Jazz und seinen Folgen. Dabei habe ich versucht, Überschneidungen mit den Methoden und Materialien anderer Bücher (wie Ekkehard Josts *Free Jazz,* Valerie Wilmers *As Serious as Your Life* und A. B. Spellmans *Four Lives in the Bebop Business)* auf ein Minimum zu beschränken – die genannten Werke sind wichtige Quellen zum Thema musikalischer Emanzipation im Jazz.

Ornette Coleman

Ohne das Interesse und die Hilfe vieler Menschen (innerhalb wie außerhalb der internationalen Gemeinde der Jazzmusiker und -hörer) hätte dieses Buch nicht geschrieben werden können. 1981 erklärten sich das Art Ensemble of Chicago, Derek Bailey, Ornette Coleman, Oliver Lake, Leo Smith und Charles Tyler dankenswerterweise zu Interviews bereit, und Charles und Kathleen Tyler gewährten mir in einer entscheidenden Phase der Arbeit Unterkunft und ideelle Unterstützung. Ron Welburn vom Institute of Jazz Studies der Rutgers University und Hans Lenneberg von den Chicago Jazz Archives an der University of Chicago halfen mir mit den Mitteln ihrer Institute und mit persönlichen Ratschlägen. Unter den anderen Leuten, die mir in verschiedenen Stadien der Arbeit an *Das Prinzip Freiheit* auf verschiedene Weise halfen (Schreiben von Briefen, Austausch von Platten, Literatur und Ideen) waren Dan Morgenstern, Ran Blake, Larayne Black, Gary Wolfe, Dick Wang, Edward Wilkerson, David Wild, Jack Maher und die Mitarbeiter des *Down Beat,* Chuck Nessa, J. B. Figi und besonders Terry Martin – zum großen Teil Menschen, deren Hilfe schon seit Jahren Stimulus meiner Arbeit war. Schließlich gilt mein tiefempfundener Dank dem National Endowment for the Humanities für ein Forschungsstipendium, das mich 1981 zur Aufnahme dieser Arbeit ermutigte.

1.
Stationen der Suche nach Freiheit

Freiheit: das ist im modernen Jazz ein doppeldeutiges Wort. Da ist einmal Freiheit im Sinne des Etiketts »Free Jazz« – einem Etikett, genau wie »Dixieland« oder »Bebop« Etiketten sind. »Dixieland«, »Bebop« – das sind akzeptierte Kürzel für bestimmte Jazzentwicklungen, und »Free Jazz« ist der Begriff, der einem solchen eingebürgerten Kürzel wohl am nächsten kommt. Zu anderen Zeiten verwendete man auch Begriffe wie »Avantgarde«, »The New Music« oder »New Jazz«, um die Jazzentwicklung nach 1957 zu charakterisieren, und der Begriff »outside« ist im englischen Sprachraum nach wie vor weit verbreitet. »Free Jazz«, so lautete der Titel, den Ornette Coleman einem seiner Stücke aus dem Jahr 1960 gab. Coleman wollte allerdings, so sagt er, »Free Jazz« nicht als Bezeichnung für seine neue Musiksprache verstanden wissen, und in der Tat sind die harmonischen und rhythmischen Eigenheiten des Freien Jazz nach Coleman für viele Musiker alles andere als befreiend gewesen. Aber Colemans Loslösung der Jazzmelodik aus den Fesseln harmonischer und rhythmischer Schemata ermöglichten ihm persönlich jene Freiheit des Ausdrucks, die er für seine Musik benötigte und wies den Weg für die Innovationen späterer Musikergenerationen. »Free Jazz« ist also zwar keine restlos zufriedenstellende, inhaltlich präzise Wortschöpfung – aber es ist wenigstens ein Etikett, das sich eingebürgert hat.

Freiheit, anders verstanden, war jedoch schon immer eine Komponente des Jazz. Bereits die ersten Jazzmusiker versuchten, sich aus den melodischen, rhythmischen, strukturellen und ausdrucksmäßigen Konventionen der sie umgebenden Musik der Jahrhundertwende zu befreien. Louis Armstrong verkörperte die Emanzipation des Jazzsolisten der späten zwanziger Jahre; die Band von Count Basie ermöglichte die Befreiung der Jazzrhythmik, und Charlie Parker und Dizzy Gillespie eröffneten dem Jazz weitere Freiräume. Genuine Freiheit entsteht dann, wenn ein Künstler unbefangen mit einem ihm vertrauten Material, mit dem Vokabular seines (oder ihres) Mediums umgehen kann. Jede Jazzinnovation von den Anfängen bis zur Gegenwart stellt sich so dar, daß Jazzmusiker etwas bloßlegen, das nur so und nicht anders freigelegt werden kann. Wenn derartige Innovationen im heutigen Jazz nicht mehr dazu führen, die kommunikativen Möglichkeiten eines Musikers zu erweitern, so ist vielleicht »Free Jazz« die Folge – nicht aber unbedingt Freiheit.

Free Jazz entstand zu einem Zeitpunkt, als die Entwicklungen des Bop, besonders die des Hard Bop, in voller Blüte standen. Der Bebop seinerseits hatte sich dann entwickelt, als das kreative Potential der vorangegangenen Jazzepoche größtenteils aufgezehrt war. Bebop in reinster Form – in der Musik von Charlie Parker, Dizzy Gillespie, Fats Navarro, Bud Powell – war eine Musik der Extreme. Extrem war die Komplexität der Harmonik des Bebop, ihrer Mischung von Konsonanz und Dissonanz, ihrer raffinierten Substitutionsakkorde. Noch extremer war der Rhythmus des Bop: die unregelmäßigen Akzente selbst bei kleinsten Notenwerten, die zerrissenen Achtelnotenketten, die plötzlichen »double time«–Ausbrüche. Schnelle Tempi, rasende Linien, plötzliche Sprünge zwischen extremen Tonlagen der Instrumente: das erforderte eine Koordination von Nerven, Muskeln und Intellekt, die die geistige und körperliche Beweglichkeit bis an die Grenzen strapazierte. Bebop war ein nervenkitzelndes Abenteuer: in Dizzy Gillespies schwindelerregenden Trompetenhöhenflügen, in Bud Powells aufregender Klavierartistik klang stets die Gefahr des tödlichen Absturzes mit. Der Altsaxophonist Charlie Parker mit seinem lebhaften Lyrismus war die Hauptfigur der Bop-Bewegung: der rhythmische Aufruhr seiner Musik ist ein Aufruhr komplexer und flüchtiger Emotionen. Seine gebrochene Phrasierung, die raschen musikalischen Stimmungswechsel zwischen grausamer Härte und Zärtlichkeit: das weist auf ein Bewußtsein hin, das durch den panischen Wechsel von Drogenkonsum und -entzug, der zu Parkers Alltag gehörte, zerrissen wurde. Parkers Verzweiflung war typisch für seine Generation. Der Bebop entstand in der Zeit der großen nationalen Verzweiflung des 2. Weltkriegs, zu einer Zeit, als Jazz nur in einer vergifteten Atmosphäre rassischer Unterdrückung und ökonomischer Ausbeutung überwintern konnte. Die am ehesten greifbare Freiheit war da die chemisch herbeigeführte. Aus dem Schmerz von »Parker's Mood« spricht das Credo einer Generation: der Glaube, ihre persönliche Tragik lasse sich durch die lyrische Qualität ihrer Kunst erlösen.

Der Bebop war also in erster Linie eine romantische Kunst. Der Pianist Lennie Tristano und der kleine Zirkel um ihn kreierten aus dieser Romantik ein noch zerbrechlicheres Idiom. Reine Spontaneität war ihr Ziel; ihre Materialien waren die potentielle Einheit des Bebop-Ensembles, die versetzten, irregulären Akzente des Bop und die rhythmische Vitalität der späten Swingära. Vom Harmonischen her klang Tristanos Musik so avanciert wie der Bebop; tatsächlich aber hatten in ihr jene expressiven Qualitäten und harmonischen Wendungen, die der Bebop der Blues-Tradition entnommen hatte, keinen Platz. Der Vorfahre der Tristano'schen Harmonik war vielmehr die Opulenz des Swingpianisten Art Tatum. Die Musik, die im Tristano-Kreis entstand, wurde aufgrund ihrer Ferne von den hitzigen Emotionen des Bebop »Cool Jazz« genannt, obwohl sie von einem nicht minder leidenschaftlichen Streben nach lyrischem Ausdruck geprägt war. Eine wirklich »kühlere« Emotionalität kam erst mit dem West Coast Jazz auf, der sich sowohl an Tristano als auch an Miles Davis' *Birth of the Cool*-Nonett des Jahres 1949 orientierte, einer leisen und von der Besetzung her reduzierten Big Band. Die entspannte und gedämpfte Atmosphäre des West Coast Jazz bot zwar Raum für stilistische Vielfalt und innovative Ideen, aber sie näherte sich auch stark dem emotionalen Klima der Popmusik: selbst neu komponierte Themen werden wie etwas raffiniertere, etwas erwachsenere Varianten von Schlagermelodien behandelt. Auch in seinen wildesten Flügen konnte der Bebop der Wirklichkeit nicht entkommen; die kalifornischen West Coast-Musiker aber waren sich des Wertekonflikts nicht einmal bewußt, auf dem der Bebop beruhte.

Die Popularität dieser Musiken bereitete den Boden für den Publikumserfolg des Modern Jazz Quartet vor. Dessen Musiker hatten im Bebop angefangen, insbesondere in den Bands Dizzy Gillespies, aber das beschränkte Klangfarbenspektrum des MJQ – Vibraphon, Klavier, Baß und ein sehr zurückhaltendes Schlagzeug – verlieh dem Blues nun den Charakter eines Teufels auf der Jagd nach der Seele der Musik der alten Welt. Denn John Lewis, der Pianist der Gruppe, komponierte mit Vorliebe in den harmonischen und formalen Gerüsten des europäischen Barock, so wie beispielsweise der Fuge, und einige seiner besten Stücke, wie das schon klassische »Django«, entfernten sich weit von der zweiunddreißigtaktigen Song-Form, die für den Bebop charakteristisch war. Wie sein Freund Jimmy Giuffre schuf auch er Stücke in erweiterten Formen, zu deren Ausführung es klassisch geschulter Musiker bedurfte.

Das rhythmische Moment von Giuffres ausgedehntesten Stücken ist begrenzt: in seinem Trio für zwei Bläser und Gitarre aus dem Jahr 1958 markiert nur die Gitarre einen rhythmischen Puls – und dazu noch einen unregelmäßigen. Eine bewußte Askese spricht aus dieser Komposition. Alle Instrumente spielen stets im *piano*, und Giuffres Klarinette und Saxophon erklingen nur in der gehauchten Dynamik des »Subtone«. Die wechselnden Rhythmen und Texturen der Variationen über Folklore aus den Appalachen in »The Train and the River«

haben einen Charme, der nicht nur für den Jazz neu ist, sondern der starken und direkten Expressivität, die man traditionell mit ihm assoziiert, sogar widerspricht.

Sind die großangelegten Kompositionen von Lewis (wie »The Comedy« und »Three Little Feelings«) und Giuffre (wie »Pharaoh« und »Suspension«) noch als Jazz zu bezeichnen? Und wenn nicht, als was dann? Gunther Schuller erdachte den Terminus »Third Stream Music« für jene Art des Komponierens, die die Strömungen des Jazz und der ernsten Musik zu verbinden sucht. In Schullers eigenen Stücken vereinigen sich die beiden Strömungen allerdings nie wirklich, sondern existieren getrennt oder versuchen, einander zu verstärken – in seinen »Conversations« gibt es keinen Dialog. »Transformations« komponierte er anläßlich eines Auftrags der Brandeis University vom Jahre 1958; unter den anderen Stücken, die diese Hochschule damals in Auftrag gab, waren so wichtige Kompositionen wie George Russells »All About Rosie«, Charles Mingus' »Revelations« sowie Werke zweier Kollegen Schullers aus dem klassischen Lager: Harold Shapero und Milton Babbitt. In Shaperos »On Green Mountain« suggerieren Improvisatoren und Orchester die Atmosphäre eines barocken Tanzes. Improvisation hat dagegen keinen Platz in Babbitts »All Set«, und doch kommt dieses Stück der Idee eines hybriden Idioms im Sinne des Third Stream am nächsten. Tanzkapellenklänge und Jazzphrasen werden aus ihrem Kontext gelöst und neu montiert zu flüchtigen Phrasen, Fugen, Klangfarbenmelodien, ersticktem Gemurmel. Die abgehackten Rhythmen kommen aus einem perkussiven Dschungel, aber die Blasinstrumente sind Trompeten und Saxophone von heute, so daß der Dschungeltanz zugleich urban und bedrohlich wirkt: die angedeuteten Wolkenkratzer sind in Wirklichkeit nicht mehr als wacklige Hütten aus Erde und Gras.

Viele Ideen solcher Stücke finden sich bereits in »A Trumpet«, einer Komposition **Bob Graettingers** aus dem Jahr 1953. »A Trumpet« beginnt mit instrumentalen Schreien über pochendem Schlagzeug, und die fortdauernd nervöse Ensemblebewegung löst sich, gegen Mitte des Stücks, in ein kreischendes Trompetensolo Maynard Fergusons auf. »A Trumpet« ist Bestandteil der Suite *This Modern World* – einer kalten Welt, grausam in der fernen reinen Schönheit ihrer Saxophone, in der Macht des tiefen Blechs, in den nervenzerfetzenden Extremen der hohen Trompeten. Die leuchtenden Farben in »Some Saxophones«, einem weiteren Satz, vermischen sich und welken und erschlaffen dann schnell. Nur der Klang von »A Cello« bringt etwas Wärme, denn die Phrasen des Instruments werden in folgsame Symmetrie gedrängt. Die dauernde Aktivität in Graettingers Musik, ihre fast schon zwanghafte strukturelle Virtuosität, lassen sie der des Free Jazz-Pianisten Cecil Taylor seelenverwandt erscheinen, und Graettingers Vorliebe für ständig fluktuierende Tempi sollte sich erst in der Sprache der improvisierenden Musiker der siebziger Jahre wiederfinden. In *City of Glass* (1951) fügt Graettinger dem Ensemble den eisigen Schimmer einer Streichergruppe hinzu. »The Structures«, einer der Sätze, ist eine Fata Morgana aus geschichteten Akkorden; der »Dance Before the Mirror« konstituiert sich aus artifiziellen lateinamerikanischen Rhythmen. Diese beiden groß dimensionierten atonalen Kompositionen sind fast zur Gänze aus Akkordbrechungen oder über Grundtöne aufgeschichtete Akkorde gebaut; die Musik bewegt sich in Sequenzen, oder die Töne werden pointillistisch gestreut. Die Lebendigkeit aller Elemente wird durch die Symmetrie der bewegten Teile noch gesteigert, und dann – und das ist das entscheidende einzig Konstante in Graettingers Musik – löst sich das ganze herrliche Gebilde auf. Die Drohung des Primitiven von Babbitts »All Set« ist nur eine Armeslänge entfernt, und diese Bedrohung ist eine durchaus körperliche. Doch trotz ihrer Atmosphäre von Distanz und Indifferenz ist die eisige Schönheit von Graettingers Klangmonumenten nicht weniger bedrohlich: sie ist eine direkte Bedrohung unserer psychischen Stabilität. Lange und unter großem Einsatz hat Bob Graettinger an *City of Glass* und *This Modern World* – beide für die Bigband Stan Kentons – gearbeitet; er komponierte in Armut und Abgeschiedenheit und wurde nach seinem Tod im Jahr 1957 schnell vergessen. Ob seine beiden Hauptwerke nun aber Jazz waren oder nicht: prophetisch waren sie auf jeden Fall. Die psychischen Konflikte die in ihnen zum Ausdruck kamen, sollten später Taylor und Coltrane beschäftigen, und deren Überwindung dieser Konflikte sollte einen Weg aufzeigen, der Graettinger verschlossen blieb: er hatte sich den perfekten Konturen seiner eisig schimmernden Klangmetropolen ergeben.

Gegen Mitte der fünfziger Jahre war es für jeden ersichtlich, daß der Hauptstrom der Jazzentwicklung nun durch den Hard Bop markiert wurde. Dieser Stil war der direkte Nachfolger des Bebop, denn seine Solisten standen unter dem direkten Einfluß der großen Solisten des Bop: Parker, Powell und Navarro. Im extremen Klima des Bebop hatte die Wärme des Swing und des frühen Jazz nicht lange überleben können; dem Hard Bop aber gelang es, einiges aus diesem Gefühlsbereich in den Jazz zurückzuführen. Aggression und Vulgarität – die Vulgarität von Ellington, Lunceford oder Basie – charakterisieren den Hard Bop; eine härtere, »erdigere« Variante des Blues macht sich im Jazz-Repertoire breit. Der größte Unterschied aber zwischen Bebop und Hard Bop liegt in der Rolle der Rhythmusgruppe, einer Rolle, die sich insbesondere durch das Schlagzeugspiel Max Roachs wandelte. Musiker wie Roach, sein Schlagzeugkollege Art Blakey oder der Pianist Horace Silver *begleiteten* nicht einfach – sie ließen sich in ein polyphones Wechselspiel mit den Solisten ein. In Clifford Browns strahlenden Trompetenchorussen spiegeln sich also auch Aspekte von Roachs konstruktivistischen Mustern; die Musik des Horace-Silver-Quintetts gedeiht auf dem Nährboden der immer unruhigen Akkordschläge und Wirbel des Pianisten und seines Schlagzeugers, und der musikalische Fluß der »Jazz Messengers« beruht wesentlich auf den Klangtexturen, den Trommeldialogen, den überraschenden Schlägen ihres Mentors Art Blakey. Diese Emanzipation der Rhythmusgruppe im Ensemble hatte fast zwangsläufig zur Folge, daß nun Solisten heranwuchsen, deren Spiel diesen Stimulus kontrapunktischen Wechselspiels ebenso benötigte, wie das einst Kid Ory getan hatte.

Unter den Erfindern des Bebop war der Pianist und Komponist **Thelonious Monk** derjenige, der eigentlich gar keinen Bebop spielte. Nicht der Eskapismus des Bop, sondern eine geschärfte Realität spricht aus seiner Musik, eine Realität, die surreal oder abstrakt klingt und dabei jene Fixpunkte zerstört, an denen andere ihre Musik oder ihr Leben ausrichten. Oft entzog er seinen Gruppen die stützende Funktion des Klaviers, ließ die Solisten stattdessen mit Baß und Schlagzeug allein und begnügte sich damit, nur ab und zu harmonische Farbtupfer oder rhythmische Gegenakzente zu setzen. In seinen Quartetteinspielungen von 1948 führt er ein neues rhythmisches Element in den Jazz ein, ein Element, das bis zu den Zeiten des Free Jazz für die meisten Musiker unverständlich oder unannehmbar blieb. Diese neue Qualität kommt beispielsweise in »Misterioso« zum Ausdruck, wo er intuitiv durch ein immer wiederkehrendes Nonenintervall in tiefer Lage eine besondere Art musikalischer Einheit schafft, oder in »Evidence«, wo er eine ähnliche Qualität durch die isolierten, verzögerten, abstrahierten Melodietöne über dem gleichmäßigen Puls der Rhythmusgruppe erreicht. Dieser neuen Art rhythmischer Spannung liegt ein besonderes musikalisches Raum- und Zeitgefühl zugrunde: der metrische Puls und die melodische Linie werden voneinander getrennt, und die dadurch entstehenden unvorhergesehenen Pausen erzeugen ein Moment der Spannung: wann wird der nächste Ton kommen? Der musikalische Raum Thelonious Monks ist bieg- und dehnbar. Aggression spricht aus seiner Version von »Carolina Moon«, in der das Thema quasi komprimiert und atomisiert wird, mit dazwischenliegenden melodieleeren Takten über einem gnadenlosen Beat. Ganz anders der Charakter von »Bags Groove« und »I Should Care«, wo sich die fortschreitende Demontage und harmonische Verfremdung der Melodielinie mit erschütternder Dichte vollziehen. Auf der Monk/Jazz-Messengers-Platte von 1957 klingen die Bläsersoli etwas wacklig über den sparsamen Klaviereinwürfen Monks; Monks Soli aber bauen aus dem Kontrast zwischen seinen verzögerten, zerrissenen Phrasen und dem kontinuierlichen Schlagzeugspiel Blakeys eindrucksvolle Spannungsbögen. Diese Spannung zwischen Stille und Klang ist ein altes

Geheimnis des einsamen Geistes, ein Geheimnis, an dem Monk immer unmittelbaren Anteil hatte. Nach dem Nervenfieber des Bebop bleibt in seiner Musik die Einsamkeit seiner dunklen Zimmer in »Round Midnight«, ein Stück, das er schon als Jugendlicher komponierte. Vielleicht ist es kein Wunder, daß er, der solch dunkle Klangwelten kennengelernt hatte, sich später mehr und mehr einer wärmeren, nostalgischen Musik zuwandte.

Monk war der dramatischste unter den Pianisten des Bebop, und das machte ihn zu einem idealen Lehrer und Partner für **Sonny Rollins,** dessen Tenorsaxophonsoli zum Inbegriff des Wesens des Hard Bop wurden. Die Entwicklung dieser musikalischen Beziehung läßt sich Schritt für Schritt verfolgen: Rollins als Nachahmer Monk'scher Gestaltungsprinzipien (»Think of One«, 1953); Rollins und Monk als gleichermaßen ausdrucksstarke Spieler (1954); die faszinierenden Einklänge und Konflikte ihres Zusammenspiels in den Jahren 1956 und 1957. Der Katalysator für Rollins' Durchbruch in den Jahren 1956 bis 1958 dürfte dann Max Roachs wesensverwandtes Schlagzeugspiel gewesen sein. In den weit ausholenden Tenorsoli auf *Max Roach + 4* erinnert Rollins in seiner Ausdruckskraft an den Glanz von Louis Armstrong, als *er* siebenundzwanzig Jahre alt war – drei Jahrzehnte früher. Ein belieb-

Thelonious Monk

tes Stilmittel von Rollins war das der thematischen Wiederholung und Variation (»Ee-Ah«, »Blue Seven«, »Sonnymoon for Two«), ein weiteres das des allmählichen Aufbaus von Spannung (»Strode Rode«, seine Saxophonduelle mit John Coltrane und einem sehr agilen Sonny Stitt); in langsamen Titeln wählte er Linien, die an den Klassizismus eines Coleman Hawkins erinnerten (»You Don't Know What Love Is«). Klangfarbe, Umfang, lyrische und rhythmische Effekte zählten zu seinen Gestaltungsmitteln; am eindruckvollsten aber war sein freier Umgang mit dem Metrum: er schien den rhythmischen Puls ganz nach Wunsch dehnen, zusammenziehen oder auch überspielen zu können. Dieses Gefühl einer unglaublichen rhythmischen Emanzipation ist auf dem Nährboden von Parkers verschobenen Phrasen und Monks Umgang mit der musikalischen Zeit gewachsen, wie Rollins' Spiel überhaupt eine Synthese der besten Züge des Swing- und Bop-Erbes ist.

Wilbur Ware, ein Partner von Monk und Rollins, kam einer solchen Synthese so nahe, wie das eben ein Kontrabassist vor den Zeiten des Free Jazz nur konnte. Zu einer Zeit, wo die meisten Bassisten des Hard Bop nach harmonischer Raffinesse und melodischem Ausdruck strebten, wirkte Wares Konzentration auf harmonische und rhythmische Grundlagen schon revolutionär. Die Einheit von Wares Spiel hatte etwas von der erdigen Einfachheit von Gesangs- und Gitarrenlinien des ländlichen Blues: einfache Kontrapunktik; spannungsschaffende Kontraste und ein minimal vor dem Beat pochender Puls, der dem ganzen Ensemble einen Schub gab. Jeder, der mit Ware spielte, bezeichnete ihn als den idealen Bassisten. Seine organische Verbindung des Modernen und des Klassischen ließ ihn einer ganzen Reihe von Free Jazz-Bassisten zum Vorbild werden, angefangen mit Charlie Haden.

Weder **Herbie Nichols** noch Charles Mingus hatten großen Einfluß auf Musiker ihrer Generation. Von Nichols muß man sogar sagen, daß er überhaupt keinen merklichen Einfluß hinterließ, und dies, obwohl er einer der Größten unter den komponierenden Pianisten war und kurz vor seinem Tod einigen jungen New Yorker Avantgardisten seine Stücke beibrachte – aber das waren Außenseiter wie er selbst. In seiner Jugend war er Hauspianist bei Monroe's gewesen, wo er mit Lester Young, Dizzy Gillespie, Monk und anderen an jenen Harlemer Jam Sessions teilnahm, aus denen der Bebop wachsen sollte. Von 1941 bis 1943 diente er in der Armee; danach verlief sein Lebensweg – wie man in A. B. Spellmans *Four Lives in the Bebop Business* nachlesen kann – zunehmend mitleiderregend, bis zu seinem Tod im Jahr 1963, im Alter von dreiundvierzig Jahren. Ignoriert von der Bebop-Szene, in der, so Nichols' resignierte Feststellung, ohnehin nur Exzentriker überleben konnten, spielte er den Rest seiner Jahre in einer unbedeutenden Rhythm&Blues- und Dixieland-Gruppe nach der anderen.

Kaum je hatte er Gelegenheit, eine seiner hundert Eigenkompositionen öffentlich zu spielen. Und der einzige Aufsatz über ihn, der zu seinen Lebzeiten veröffentlicht wurde – ein Artikel des Kritikers Jack Cooke in einer Ausgabe des »Jazz Monthly« von 1960 –, blieb ihm unbekannt. Er war der Prototyp des musikalischen Außenseiters der sechziger Jahre, Schöpfer einer Musik, in der sich traditionelle und modernistische Züge unter Umgehung des Bebop verbanden. Nichols war eine Ein-Mann-Tradition, weniger extrem, aber wesentlich isolierter als Monk.

Nichts in seiner dynamischen und energetischen Musik spricht von seiner Armut und seiner schöpferischen Isolation. Sechs Mal ging er als Leader eigener Gruppen ins Studio: 1952, 1955, 1956 und 1957. In seiner ersten Aufnahmesitzung improvisiert er ein stilistisches Pastiche voller zerrissener Phrasen, komplizierter Akkordsubstitutionen, taktlanger Pausen; sein Anschlag ist kräftig und gleichmäßig. In seinen übrigen Aufnahmen hören wir, daß er nicht bloß für ein gewöhnliches Klavier-Baß-Schlagzeug-Trio schrieb, sondern für einen Pianisten, der technisch, musikalisch und emotional meisterhaft war: eben für Herbie Nichols. Merkwürdig ist der Ursprung einiger seiner Stücke. »Ich dachte, daß auch ein einzelliges Wesen glücklich sein könnte«, sagte er und schrieb »Amoeba's Dance«. »An einem Samstag abend fing ich an, darüber nachzudenken, wie ein Steinzeitmensch *seinen* Samstagabend verbringen würde«. Das Resultat: »Cro-Magnon Nights«. Als ihn ein Saxophonist fragte: »Was spielst Du denn bloß, Mann? Das klingt ja, als wärst Du in einer dritten Welt!«, führte das zu »The Third World« mit seinem geheimnisvoll zurückgenommenen Thema. Mit Ellington und James P. Johnson teilte er die Begabung, sich in verschiedenste Gefühlswelten zu versetzen: in »Dance Line« fühlt man den Schweiß der Revuetänzerinnen, und der Inhalt von »2300 Skidoo« und »Love Gloom Cash Love« teilt sich von den ersten Noten her mit. Die meisten seiner Themen beruhen auf Ruf-Antwort-Phrasen, die lebhafte musikalische Gespräche in Gang setzen. Es ist kein Zufall, daß fast alle seiner auf Platte festgehaltenen Stücke in mittleren bis schnellen Tempi sind, denn Klarheit und Entschlossenheit sind die Emotionen, die Nichols vermitteln will.

Seine Kunst des musikalischen Portraits ist voller Phantasie – einer Phantasie, die ihm nicht jenes Refugium war, wie sie es für seine Bebop-Kollegen darstellte. Dekorativ gibt sich die Phantasie in »Spinning Song«, eckig und unruhig in »Wildflower«, voller verrückter Nebeneinanderstellungen in »S'Crazy Pad«. »Beyond Recall« ist keine Nachahmung der Musik bei einem New Orleanser Begräbnis der Jahrhundertwende, sondern ein Ereignis voller lebendiger Imagination. Als angsteinflößende Schilderung erweist sich »Hangover Triangle«: Panik herrscht; die raschen Akkorde sind wie elektrische Schläge;

flüchtige, groteske Visionen und das Zittern erschöpfter Nerven folgen. Für Billie Holiday schrieb er »Lady Sings the Blues«, doch ist seine Version weniger von Selbstmitleid gezeichnet als ihre: eine Phrase beginnt in Resignation, erhebt sich über Mauern aus Moll-Akkorden und findet zu Entschlossenheit und ruhiger Hoffnung.

Rhythmisch steht er zwischen Bebop und Monk, mit einigen Anleihen beim Stride Piano. Seine Melodielinien akzentuiert er manchmal mit nicht mehr als einem vereinzelten Akkord, einem Cluster, einem dahingehuschten Lauf. Er hat keine Angst vor der Pause. Die Einleitungen seiner Stücke teilte er gerne – was damals ein Novum war – zwischen Klavier und Schlagzeug auf, wie er auch gerne »Chases« (dialogisierende Chorusse) mit seinen Schlagzeugern spielte. Insbesondere Max Roach gelang es, dem Fluß von Kontrasten in Nichols' Musik ein adäquates Gegenstück gegenüberzustellen. Die zunehmende Dichte seines Schlagzeugspiels verdeutlicht den unbehaglichen Unterton des zunächst scheinbar unbeschwert fröhlichen »House Party Starting« – war Nichols vielleicht der einsame Gast bei dieser Party? Man sollte darauf hinweisen, daß die Themen, die Nichols für seine Aufnahmen von 1956 und 1957 schrieb, die traditionelle Song-Form bis an die Grenze ausdehnen; die zweiunddreißig oder sechzehn oder zwölf Takte des konventionellen Jazz genügen ihm nicht mehr. »The Gig« ist eine Art aus den Nähten platzendes Rondo, das sich im Laufe von zweiundsiebzig Takten zunehmender Auflösung immer dunkler färbt. »Query« ist fast wörtlich eine Frage: der emphatische Ruf erhebt sich in Fragezeichengestalt, und die Antwort besteht aus einer einfachen fallenden Tonfolge im halben Tempo. Aber als dieses unbefriedigende Auf und Ab ein viertes Mal ansetzt, schlägt Nichols plötzlich einen massiven, lang gehaltenen Mollklang an: die Antwort ist ein langes, verblüfftes Schweigen. Und dann kommt eine Passage, die typisch Nichols ist: eine andere Frage in gleicher Gestalt wird weniger ausweichend beantwortet, und ein perfektes Ende folgt: die ursprüngliche Frage wird auf den Kopf gestellt, gefolgt von einer Kadenz voller Befriedigung.

Zwei Stücke, die Nichols bei seiner letzten Aufnahmesitzung einspielte, können möglicherweise einen Anhaltspunkt dafür geben, warum Nichols Zeit seines Lebens unbekannt blieb. »All the Way« ist ein langweiliger Schlager, den Nichols zudem in einem gefühlsarmen und unpersönlichen Cocktail-Piano-Stil darbietet. »Infatuation Eyes« ist noch schlimmer, da es sich um eine Eigenkomposition handelt: ein aufgebauschtes Wirrwarr, das durch die Klarheit von Nichols' Klavierspiel nur um so unerträglicher wirkt. Dies sind seine einzigen beiden überlieferten Balladen-Interpretationen. War dies ein Wunsch des Plattenproduzenten? Und klang Nichols genauso unpersönlich und konventionell, wenn er in den Nachtbars spielte, die ihm sein kleines und unstetes Einkommen sicherten? Das rätselhafte »Infatuation Eyes« war das einzige Liebeslied, das Nichols komponierte. Es ist ein banales Stück ohne echtes Gefühl: der Komponist, der sich sonst so gut in diverse dramatische und emotionale Situationen einfühlen konnte, ist plötzlich sprachlos.

Man kann nicht sagen, daß die reiche musikalische Welt Herbie Nichols zu privat gewesen wäre, als daß andere Musiker seiner Generation sie hätten betreten können; eher war das Gegenteil der Fall. Nichols' klar umschriebene, voll entwickelte Klangdramen, ohne klischeehafte und zwanghafte Züge, mußten Musikern unverständlich bleiben, die in einer Ästhetik der Selbstdarstellung befangen waren. Seine Musik setzt nicht die Linien des Bebop, sondern die früherer Musiker wie Ellington und James P. Johnson fort. Sein Vermächtnis war nicht Technik, sondern Sensibilität, und seine Nachkommen – allesamt Musiker des Free Jazz – betraten erst gegen Ende seines Lebens die Jazzszene. Ein geistig gesundes Individuum ist ein Ausgestoßener in einer verrückten Welt. Nichols war Mitglied jener Musikgeneration, die durch Drogensucht ruiniert wurde; auch er starb jung, allerdings an Leukämie. Zu seinen Lebzeiten wurde sein Genie nur von Wilbur Ware und wenigen anderen anerkannt. Doch der belebende Geist seiner Musik strahlt auch nach außen hin – darin liegt die Bedeutung von Herbie Nichols, nicht in seinem jämmerlichen Leben.

Charles Mingus hat dafür gesorgt, daß er nicht unbekannt bleiben würde: durch seine laute und skandalreiche Präsenz in der Jazzszene und durch seine populär geschriebene, zotengespickte Autobiographie. Wie Nichols war auch er, 1922 in Nogales, Arizona geboren, älter als die Musiker des Hard Bop. In den vierziger Jahren war er in Los Angeles ein bekannter Bandleader; in den fünfziger Jahren erlangte er landesweite Reputation durch sein Baßspiel im Trio des Vibraphonisten Red Norvo. Nach seiner Übersiedlung nach New York im Jahr 1951 spielte er mit praktisch allen bedeutenden Bebop-Musikern, gründete mit Max Roach die Firma »Debut Records« und schloß sich dem experimentellen Zirkel des »Composer's Workshop« an.

Bereits seine Experimente gegen Mitte der fünfziger Jahre waren revolutionär. Er schrieb Stücke ohne metrischen Puls (»Getting Together«), experimentierte mit Ensemblepolyphonie (»Eulogy for Rudy Williams«), dehnte die Dauer einzelner Akkorde über viele Takte aus (quasi ein Vorgriff von Prozeduren des modalen Jazz), erprobte Strukturen für Baß und Schlagzeug allein (»Percussion Discussion«, ein Duett von Mingus und Roach, leider mit später hinzugemischtem Cello). Da diese Stücke durch und durch experimentell sind, sind Fehlschläge unvermeidlich: trotz der interessanten ständigen Neukombinationen des Ensembles in »Minor Intrusion« denkt man beim Hören des Stückes doch eher an langsam verblutende Elefanten. Doch wenn einige dieser Stücke auch reichlich elaboriert klingen, so gibt es doch auch »Jump Monk«, ein *heißes* Stück, das die weitere Richtung seines Komponierens markiert. Und die Gebiete, in denen Mingus damals experimentierte, wurden in den sechziger Jahren von anderen Musikern erfolgreicher bearbeitet.

Mingus' Durchbruch zum Erfolg kam mit »Love Chant« und »Pithecanthropus Erectus« aus dem Jahr 1956. Verantwortlich für diesen Erfolg sind im wesentlichen zwei Faktoren. Da ist einmal die Besetzung seines Quintetts, denn Musiker wie der Pianist Mal Waldron mit seinem bluesgetränkten Spiel und die beiden rauhen, kratzbürstigen Saxophonisten Jackie McLean und J. R. Montrose mit ihren stark beatbezogenen Chorussen waren Spieler, die besser zu Mingus paßten als seine früheren Sidemen. Und da ist als zweiter, als revolutionärer Faktor die Pyramidenstruktur dieser Stücke. »Pithecanthropus Erectus«, Mingus' tragische Geschichte vom ersten aufrecht stehenden Menschen, enthält zwar noch im ABAC-Raster des Themas eine Andeutung der alten Song-Form. Auskomponiert ist aber nur der A-Abschnitt; B ist ein improvisiertes Saxophonduett, und C ist eine klappernde Kollektivimprovisation mit simultan verschiedenen Tempi. Und hier tritt

Charles Mingus

das auf, was später als modale Technik bezeichnet wurde: das harmonische Gerüst besteht nicht aus Akkordverbindungen, sondern aus einem einzigen Akkord, über den das Ensemble scheinbar endlos improvisiert, bis Akkorde des Pianisten den Anfang des nächsten Formteils andeuten. Diese ganze Themenexposition ist der erste Baustein der Pyramide; der nächste wird vom Tenorsaxophonsolo dargestellt, die Spitze der Pyramide vom Klaviersolo und die abfallende Seite der Pyramide von Altsaxophonsolo und abschließender Themenreprise. Übrigens ist auch die harmonische Struktur der Soli im wesentlichen modal – das heißt, statisch. Die überarbeitete, erweiterte, verbesserte Fassung des älteren Stücks »Love Chant« geht in der Ersetzung der Song-Form durch die Pyramidenform noch einen Schritt weiter: auf ein Thema wird gänzlich verzichtet.

Schöpferisch war 1957 das wichtigste Jahr in Mingus' Laufbahn. Damals leitete er eine der wenigen kontinuierlichen Gruppen seines Lebens, eine Gruppe, die er ganz mit seiner eigenen Ausdrucksintensität erfüllte. Shafi Hadi (Curtis Porter) zerriß Saxophontöne, knurrend, hackend, schreiend, voll bitterer Ironie; Jimmy Kneppers dunkle Posaunenlinien waren abwechselnd fließend oder stechend. Die beiden waren auf ihren Instrumenten die ausdrucksstärksten Spieler ihres Alters, beide mit Wurzeln sowohl im Bebop als auch im Swing. Schlagzeuger Dannie Richmond war wie eine riesige gespannte Feder, ein wildgewordener Max Roach, und für den größten Teil von Mingus' Leben sollte er sein Alter Ego in Sachen Intensität bleiben. Das anschwellende Thema und die Soli von »Haitian Fight Song« sind ein Höhepunkt dieser Intensität; Mingus' Ruf für stürmisch-leidenschaftliche Musik hat hier seinen Ursprung. Ein etwas menschlicheres Antlitz erhielt die Gruppe während einiger Sommerwochen durch den Trompeter Gene (Clarence) Shaw, der wie ungerührt vom unterdrückten Zorn der übrigen Musiker spielte. Shaws frei fließende, differenzierte, luftige Bop-Phantasien sind es, die den Strukturen der *East Coasting*-LP etwas Wärme einhauchen und die Platte so herausragend machen, wie sie ist.

In Mingus' *Tijuana*-Suite sind die kürzeren Stücke Pyramidenstrukturen voller Spannung, voller Dynamik in den Ensembletexturen. »Ysabel's Table Dance«, eine der beiden großen Klangpyramiden auf dieser Platte, vermittelt eine Stimmung voller Raserei: die Tänzer sind nicht bloß ekstatisch, sondern trunken vor Gewalt, die sich in einem großen Crescendo artikuliert. Ein lyrisches Thema bringt etwas Beruhigung, aber auch es erhebt sich, genauso wie der wilde Tanz, über einem steten Wechsel von statischer (modaler) und dynamischer (funktionaler) Harmonik, von fließenden oder stampfenden Rhythmen. »Los Mariachis« ist eine Abfolge von Stimmungen: Bebop-Optimismus, Melancholie, drohende Gewalt; mit einem unschuldig-einfachen

Mariachi-Tanz zur Entspannung. Die Exposition der Themen ist knapp, und die Pyramide erhebt sich mit längeren Soli, in denen jeder Spieler eine andere Stimmung interpretiert. Die Vielfalt der Ereignisse in der *Tijuana*-Suite ist überwältigend, besonders, wenn man in Rechnung stellt, daß all diese avantgardistischen Ideen, von rapiden Rhythmuswechseln bis zu kollektiver Improvisation, bereits 1957 verwirklicht wurden. Noch mehr als Mingus' raffinierte formale Konzeption aber war es die ausgewogene Zusammensetzung der Gruppe mit ihren einander ergänzenden Persönlichkeiten, die diesen Aufnahmen eine solche Einheit gaben. Keines von Mingus' späteren Ensembles reichte in dieser Hinsicht an diese Gruppe heran.

Mangelnde Auftrittsmöglichkeiten waren dafür verantwortlich, daß Mingus in den fünfziger Jahren keine seiner Bands lange zusammenhalten konnte. Die Intensität seines Sextetts von 1957 konnte er später annäherungsweise dadurch erreichen, daß er Musiker engagierte, die Spieltechniken des Free Jazz vorwegnahmen: der Tenorsaxophonist Rahsaan Roland Kirk spielt Spaltklang-Riffs in »Hog Callin' Blues«; Jackie McLean webt über »Tensions« ein Altsaxophonsolo, das sich zusehends von der Tonalität entfernt, und »Passions of a Man« erweist sich sogar als Proto-Free-Stück in abstrakten Klängen, ohne Thema, Melodielinie oder Entwicklung. Der Fortschritt des Musikers Mingus manifestierte sich nun allerdings eher auf dem konventionelleren Gebiet des Komponierens und Arrangierens von Stücken. Kam der grüblerische Ausdruck mancher Kompositionen aus der Mitte der fünfziger Jahre noch manchmal dem Gefühlsseligen etwas nahe, so ist der musikalische Seufzer am Ende des langen melodischen Bogens von »Reincarnation of a Lovebird« (1957) einer der Bewunderung vor der Größe von Charlie Parkers Musik. In der Folge komponierte Mingus für reduzierte Big Band-Besetzungen und wurde damit als der erstklassige Komponist anerkannt, der er war. Aus mehreren Serien von Stücken – Gospelmusik-Imitationen, riffartigen Blues in Pyramidenform, Parodien älterer Jazzstile – entwickelte er Stücke wie »Better Git It in Your Soul«, »Boogie Stop Shuffle« und »My Jelly Roll Soul«, die dann, neben Melodien wie »Goodbye Pork-Pie Hat« und »Nostalgia in Times Square«, zu Mingus-Klassikern wurden.

Nur eines kann man an seiner Arbeit mit diesen größeren Ensembles aussetzen: dadurch, daß Einzelstimmen nun durch Bläsergruppen ersetzt wurden, gingen individuelle Artikulationen und Tonfärbungen im Ganzen unter. Durch die große Besetzung gewinnen seine Stücke kaum etwas anderes als Gewicht. Der »Haitian Fight Song« klingt autoritär, wenn er von elf statt von fünf Musikern gespielt wird. »Revelations«, seine Komposition für die Brandeis University aus dem Jahr 1958, klingt würdevoll und dunkel und arbeitet, wie die *Tijuana*-Suite, mit rasch wechselnden Texturen. *The Black Saint and the Sinner Lady* (1965) ist ein Resümee Mingus' kompositorischer Verfahren, strukturiert um vier großangelegte, kollektiv improvisierte Accelerandi. Diese beiden letztgenannten großdimensionierten Stücke sind voller interessanter und intensiver Passagen, lassen aber wenig Raum für Improvisation. Es mag sein, daß Mingus' Interesse am Komponieren für Big Bands eher sporadischer Natur war, denn Orchestration und andere Arbeiten überließ er gelegentlich Assistenten wie Jimmy Knepper, der sich ihm ab und zu wieder als Posaunist anschloß. Als Mingus die Möglichkeit hatte, 1962 in der New Yorker Town Hall neue Big Band-Kompositionen zu präsentieren, war das Ergebnis jedenfalls katastrophal: als die Musiker bereits spielend auf der Bühne standen, waren Kopisten noch dabei, ihnen die eilig komponierten Stücke zum Vom-Blatt-Lesen abzuschreiben.

Beneath the Underdog, Mingus' erstaunliche Autobiographie, liest sich wie eine übermütige Aufzählung von Ausschweifungen. Mingus war eine nervös gespannte Persönlichkeit, scheinbar immer am Rande eines Zornesausbruchs. Wenn er sprach, so platzten die Sätze aus ihm heraus; mit seinen Musikern schlug er sich des öfteren, wegen finanzieller wie musikalischer Differenzen, und er legte sich auch mit anderen an, so mit dem Publikum, dem er Strafpredigten hielt. Seine perfektionistischen Ansprüche an Musiker gingen manchmal bis zum Extremen; seine Ambitionen reichten vom Verstiegenen bis zum Bombastischen, und als Künstler konnte er nicht leben, ohne dauernd auf dem schmalen Grat zwischen Extravaganz und Exzess zu wandeln. Sein übersteigerter Egoismus hat tragische Qualitäten. Er war kein Ellington, der für die besonderen Talente anderer komponierte, und doch war er unbedingt auf die Improvisationen anderer Musiker angewiesen, um seine eigene heftige Emotionalität zum Ausdruck zu bringen. Über die Jahre stellt sich seine Gruppe wie eine Prozession von Musikern dar, von denen nur wenige gewillt oder fähig waren, die Dramatik seiner Kunst zum Klingen zu bringen. Manchmal schien er zu resignieren: »Es ist mir ganz gleich, wie jemand Soli spielt, denn für die Soli kann man mich nicht verantwortlich machen. Wenn die Leute nur einen guten Ton haben und Noten lesen können ...« – und ein Seufzer.

Als Vorläufer des Free Jazz (den Mingus verachtete) hatte er seine zukunftsweisenden Ideen im wesentlichen bis zum Jahr 1957 realisiert, doch sollten, wie wir sehen werden, auch seine Ensembles des Jahres 1960 – ohne Klavier, aber mit den vielen Holzblasinstrumenten Eric Dolphys – wichtig für das Aufkommen einer neuen Musik werden. Über all die Jahre blieb seine verläßlichste Qualität doch die des Bassisten Charles Mingus. Aus der Tradition Blantons und Pettifords schuf er eine Virtuosenkunst; sein Einleitungssolo zu »Haitian Fight Song« ist mit seiner brillanten Technik und dichten Struktur Modell aller späteren Bassisten geworden. Er und Ware waren möglicherweise die einzigen Bassisten ihrer Generation, die erkannten, daß der Baß laut *und* leise gespielt werden konnte. Mingus' (zwanghafte?) Gewohnheit, hinter seinen Solisten spontan Tempo, Metrum und Rhythmus zu verändern, wirkte stilbildend für eine ganze Generation von Bassisten des modalen und freien Jazz, ohne daß er darüber besonders glücklich war: »Ich habe Avantgarde-Baß gespielt, als das noch niemand anders tat. Jetzt spiele ich im 4/4-Takt, weil das keiner der anderen Bassisten mehr tut«, sagte er 1974, vier Jahre vor seinem Tod.

Im Mai 1949 nahmen Lennie Tristano und sein Sextett »Intuition« und »Digression« auf: Titel ohne Themen, feste harmonische Strukturen oder fixierte Tempi. Beide Stücke beginnen mit Klavierimprovisationen Tristanos; dann improvisiert Lee Konitz über die Phrasen des Klaviers; die anderen steigen ein und improvisieren über die spontan entstandenen Melodien, wobei Haupt- und Nebenrollen der Instrumente in ständigem Wechsel begriffen sind. Tristano und seine Gruppe machten solche Experimente in freien Formen auch gelegentlich zum Bestandteil ihrer Clubgastspiele; in späteren Jahren allerdings schien keiner der beteiligten Musiker auch nur den geringsten Wunsch zu spüren, solchen innovativen Ideen weiter nachzugehen. Die Ära des Free Jazz beginnt daher nicht mit diesen frühen Manifestationen musikalischer Freiheit, einer Freiheit, deren Notwendigkeit im Jahr 1949 einem neunzehnjährigen Saxophonisten aus Texas nur vage bewußt war, 1500 Meilen vom Zentrum der Jazzwelt entfernt, in dem Tristano arbeitete. Und auch als diese bloße Ahnung zu einem klar erkannten Bedürfnis geworden war, sollte es noch einige Jahre dauern, bis dieser Texaner namens Ornette Coleman seine Vorstellung von Freiheit würde verwirklichen können.

2.

Ornette Coleman: Die Geburt der Freiheit

Ornette Coleman, Jahrgang 1930, wuchs in Fort Worth, Texas auf. Die musikalische Umgebung seiner Jugend bestand aus Kirchenmusik, urbanem Blues der Machart eines Louis Jordan, wie er in den Jukeboxes in den schwarzen Vierteln zu hören war, und aus der Unterhaltungsmusik, die das Radio sendete: Glenn Miller, Tommy Dorsey, »Sentimental Journey«. Als er sieben war, starb sein Vater, und noch als Junge verdingte sich Ornette als Gelegenheitsarbeiter. In seiner Schule hörte er eine Tanzkapelle spielen und war sofort vom Saxophon fasziniert.

> »So um 1944, 1945 fing ich an zu arbeiten – als Schuhputzer, als Hoteljunge, machte Sommerjobs, so wie alte Farbe abkratzen, lauter solche kleinen Jobs. Und als ich mein ganzes Geld zusammengespart hatte, sagte mir meine Mutter eines Tages, ich sollte doch 'mal auf's Sofa gucken, und da lag es: ein Saxophon, ein vergoldetes Conn ...«
> »Ich weiß noch, als ich das Saxophon bekam, ... Ich weiß noch, daß ich dachte, daß die ersten sieben Buchstaben des Alphabets auch die ersten sieben Töne in der Musik wären, ABCDEFG.[1]«
>
> Aber die normale Durtonleiter liest sich natürlich so: CDEFGAB.*
>
> »Also dachte ich, daß mein C, das ich auf dem Saxophon spielte, ein A war, nicht wahr? Später fand ich heraus, daß das alles nur daran lag, daß das Altsaxophon in Es gestimmt ist, also wenn man darauf ein C spielt, ist es eigentlich A. Also hatte ich auf eine Weise Recht und auf eine andere Unrecht – also vom Klang her hatte ich Recht. *Dann* fing ich an, zu analysieren, warum das so ist, und bis zum heutigen Tag wird mir mehr und mehr klar, daß alle Dinge, die mit einer stren-

* Anmerkung des Übersetzers: Hier sind jeweils die englischen Bezeichnungen der Tonhöhen gemeint, wobei das B dem H des deutschsprachigen Notenalphabets entspricht.

gen Logik entworfen sind, daß deren Logik immer relativ zu etwas anderem ist; es gibt keine einzig richtige Art und Weise, etwas zu tun. In anderen Worten: wenn man ein Instrument nimmt und man es so im Gefühl hat, daß man sich damit ausdrücken kann, dann wird es sein eigenes Gesetz.«

Ornette Colemans besondere Beziehung zum Sound seines Saxophons begann, »als mir klar wurde, daß man höher oder tiefer intonieren konnte. Das kam sehr früh in meinem Interesse für das Saxophon. Manchmal spielte ich den ganzen Tag lang nur einen Ton und versuchte herauszufinden, wieviele Klänge ich nur aus dem Mundstück herausholen konnte (ich suche noch immer nach dem Wundermundstück). Das kam eben daher, daß ich so viele Klänge und Sounds in mir hörte …«

Ein saxophonspielender Cousin half ihm auf dem Altsaxophon und in Musiktheorie weiter. Als er 1945 seine Tante in New York besuchte, hörte er zum ersten Mal Bebop, gespielt von Dizzy Gillespie und seiner revolutionären Big Band. Nur wenig später fing er an, professionell als Musiker zu arbeiten: »Meine Mutter wollte mich einfach nicht gehen lassen, wenn ich spielen ging, und meine ältere Schwester mußte mich immer heimbringen.« Als Ornette Coleman in der Szene von Nordtexas erstmals von sich reden machte, tauchte zur gleichen Zeit eine ganze Generation junger Jazz- und Rhythm & Blues-Musiker neu auf. Der am weitesten Fortgeschrittene unter ihnen war wohl der Saxophonist und Bandleader Red Connors, von dem es keine Aufnahmen gibt; aber unter Colemans texanischen Altersgenossen gab es auch Musiker wie den Schlagzeuger Charles Moffett, den Trompeter Bobby Bradford und die Saxophonisten John Carter, Dewey Redman und Prince Lasha, die später allesamt dem Weg Colemans zur neuen Musik der sechziger Jahre folgten. In seinen Lehrjahren, so betont Coleman, bedeuteten stilistische Unterscheidungen zwischen Jazz, R & B, Bebop, Tanzmusik, Unterhaltungsmusik dem Publikum und den Musikern nur wenig – »Weil sie in einer Kleinstadt lebten, kannten die Leute, glaube ich, den Unterschied gar nicht. Wenn sie einmal den Beat hörten, dann tanzten sie oder hörten zu« – und so fügte er ganz selbstverständlich die Bebop-Soli, die er von Platten abgehört hatte, in sein Spiel mit ein.

Auch mit dem Schreiben von Stücken fing er sehr früh an. Als Teenager stieg er einmal bei der Band Stan Kentons ein und spielte ein Thema, das er über das »Out of Nowhere«-Arrangement des Orchesters geschrieben hatte. Als er die High School abgeschlossen hatte und Fort Worth verließ, spielte er Tenorsaxophon. Er ging mit einer Minstrel Show und einer Bluessängerin auf Tournee, schrieb acht oder neun Titel für seine ersten (und seit langem verschollenen) Aufnahmen in Natchez, Mississippi im Jahr 1949 und ließ sich dann für anderthalb

Jahre in New Orleans nieder. In seiner Musik zeigten sich bereits originelle Vorstellungen über Improvisation – »Ich glaube, daß sich auch aus dem Bebop eine größere Form hätte entwickeln können, wenn sich die Leute mehr an der Melodielinie anstatt an den Harmonien orientiert hätten« – und alle, die mit ihm spielten, hielten ihn für eine Art Radikalen: die Bebopper von New Orleans (die ihrerseits eine Untergrundexistenz führten), die Bluesmusiker, mit denen er nach Los Angeles tourte und auch die vermutlich etwas aufgeschlosseneren Lokalmatadore dieser Stadt, in der er sich 1950 niederließ.

Die folgenden Jahre waren hart. Ornette verrichte untergeordnete Arbeiten, etwa als Liftboy, las nebenbei – auch während seiner Arbeitszeit – musiktheoretische Bücher, ging abends mit seinem Altsaxophon in die Clubs, immer in der Hoffnung, irgendwo einsteigen zu können. Einige wenige Musiker ermutigten ihn, probten mit ihm, und so begann Free Jazz mit dem kleinen Kreis von Musikern, die sich mit Ornettes aufkeimenden revolutionären Ideen auseinandersetzten: »Es dauerte lange, bis ich sie dazu kriegte, mit mir zu arbeiten und dabei zu bleiben ... denn als ich Charlie (Haden) und Billy (Higgins) und Don (Cherry) kennenlernte, beschäftigten sie sich nur mit Bebop. Aber dann interessierten sie sich doch sehr für die Dinge, die ich zu schrei-

Ornette Coleman

ben versuchte. Wenn wir dann zusammenkamen, war die interessanteste Frage immer: *Was spielt man, wenn man das Thema gespielt hat,* wenn man sonst nichts hat, woran man sich festhalten kann? Das war die Sache, mit der ich ihr Interesse wecken konnte.« Die ungekannte Herausforderung von Colemans Musik bestand nämlich darin, daß er seinen Musikern keine Akkordfolgen gab, über die sie hätten improvisieren können. »Wenn Du eine Melodie spielst, dann hast Du normalerweise ein festgelegtes Schema, das Dir sagt, was Du tun kannst, während jemand anders etwas anderes spielt. Aber nun war es auf einmal so, daß, wenn wir die Melodie gespielt hatten, keiner wußte, in welche Richtung er gehen sollte oder wie er den anderen andeuten könnte, daß er es doch wüßte. Für mich hatte sich diese Art des Spielens schon ganz natürlich entwickelt ...«. Und dies ist entscheidend: »Schließlich hatte ich sie so weit, daß sie merkten, daß sie sich auch ohne Orientierung an einem festgelegten Raster ausdrücken konnten ... Ich glaube, es ging darum, ihnen beizubringen, mehr Vertrauen in den eigenen unmittelbaren Ausdruck zu entwickeln.« Der neue Jazz begann zu dem Zeitpunkt, als Coleman und seine Gruppe anfingen, diese neue Musik *zusammen* zu spielen.

Im Februar 1958 nahm Ornette Coleman *Something Else!* auf; Mitglieder seines Quintetts waren unter anderen Don Cherry, Trompete und Billy Higgins, Schlagzeug. Im Hüllentext dieser Platte formuliert er die Prinzipien der neuen Freiheit des Ausdrucks: »Ich glaube, daß die Musik eines Tages sehr viel freier sein wird. Dann wird man beispielsweise das Schema einer Melodie vergessen, und die Melodie selbst wird zum Schema werden und muß nicht mehr in konventionelle Raster gezwängt werden. Die Erschaffung von Musik ist etwas genauso Natürliches wie das Atmen. Ich glaube, daß Musik wirklich etwas Freies ist und daß man sich an ihr erfreuen sollte, egal auf welche Weise.«[2]

Hier haben wir das Prinzip Freiheit. Die Free Jazz-Ära beginnt mit diesem ersten Dokument. *Something Else!* hinterließ jedoch zunächst keinen großen Eindruck, und Colemans einzige weitere bezahlte Arbeit als Musiker in diesem Jahr war ein sechswöchiges Clubgastspiel, das er, Cherry und Higgins zusammen mit dem Pianisten Paul Bley absolvierten (später hat Coleman fast nie mehr mit Pianisten zusammengearbeitet).

Von den siebzehn 1958 veröffentlichten Aufnahmen der Gruppen Colemans und Bleys sind alle bis auf zwei Kompositionen Colemans, meistens Bluestitel oder zweiunddreißigtaktige Bebop-Themen mit improvisierten Mittelteilen. Was in Colemans Soli zunächst wie merkwürdige Akkordsubstitutionen, wie eine Art exotischer Bebop klingt, erweist sich als Aneinanderreihung wechselnder Tonalitäten, die sich entweder auf ein gemeinsames tonales Zentrum beziehen oder auf eine Akkordabfolge, die nicht zwingend auf der harmonischen Struktur des Themas beruht. In Colemans Altsaxophonsoli fühlt man das Adrenalin Charlie Parkers, und man hört Parker'sche Aggressivität in Bluestiteln wie »Alpha« und »When Will the Blues Leave?«. Die brüchige, irreguläre Phrasierung läßt einen an den frühen Parker denken, oder, in der ersten Fassung von »Ramblin'«, an ein bisher noch unbekanntes Bindeglied zwischen Charlie Christian und Parker: exaltiert springende Phrasen mit einem Unterton von Einsamkeit konstituieren ein dreizehn Chorusse langes Blues-Solo, das sich als Zusammenfassung und Höhepunkt des südwestlichen Stils erweist. In jedem Solo spielt Coleman Phrasen, die die Taktordnung auf den Kopf stellen; Phrasen voller asymmetrischer Akzente; Phrasen, die so plaziert sind, daß sie an immer anderen Stellen des Takts einsetzen, und diese rhythmische Intensität gibt der Musik einen fast bedrohlichen Charakter. Spannung liegt auch in den eckigen Intervallen, mit denen Coleman seine diatonischen Phrasen durchsetzt, eine Spannung, die durch die wechselnden tonalen Zentren in seinem Spiel noch gesteigert wird. In Soli wie »Klactoveedsedstene« verändert sich der Klang seines Saxophons von Phrase zu Phrase, manchmal sogar innerhalb einer Phrase. Damals verwendete er ein englisches Plastik-Altsaxophon vom gleichen Typ wie jenes, das Parker bei der Massey-Hall-Aufnahme aus dem Jahr 1953 benutzte. Coleman, der 1981 wieder ein solches Instrument suchte, sagte dazu: »Als ich das Plastiksaxophon hatte, war das sehr schön, weil ... man fast die Form des Atems eines jeden Tons sehen konnte. Mit einem anderen Saxophon geht das nicht; der Atem löst sich einfach im Metall auf.«

1959 lernte Coleman John Lewis vom Modern Jazz Quartet kennen, und Lewis erwies sich als hilfsbereiter Freund. Zunächst nahm Percy Heath, Bassist des MJQ, im März an einer Aufnahmesitzung Colemans teil, und im Mai fing die Firma Atlantic auf Anraten Lewis' damit an, Studioaufnahmen von Colemans Gruppe herzustellen. In seiner Eigenschaft als Leiter der jedes Jahr stattfindenden »School of Jazz« in Lenox, Massachussetts schrieb Lewis Coleman für den Monat August als Studenten ein – der Student, von dem die Professoren lernten. Dadurch wurde Coleman erstmals Hörern aus dem Osten der USA vorgestellt, und eine weitere Folge war Colemans erstes Gastspiel in New York – im November im »Five Spot«. Zudem gelang es Lewis, Coleman im Programm des Jazz-Festivals von Monterey unterzubringen, und eine Woche nach diesem Auftritt nahm Coleman seine letzte in Kalifornien produzierte Platte auf. Kennzeichen dieser Aufnahmen des Jahres 1959 sind zunehmend zersplitterte Soli voller fragmentierter und verschobener Phrasen. Die im Winter eingespielte Platte *Tomorrow Is the Question!* enthält »Rejoicing« und »Compassion«, zwei Stücke, deren Titel alles über ihren emotionalen Gehalt sagen.

Der Klagegesang »Lorraine« ist voller abwärtsgerichteter Phrasen in verzogenen Tönen, und Aufwärtssprünge verleihen der Härte des Verlusts zusätzliche Dissonanz. Im zweiten Durchgang seiner Improvisation kippt eckige Aufwärtsbewegung wie verzweifelt in eine Tonleiter um; unbegleitet schlingern seine Phrasen in einem plötzlichen Mittelteil hin und her, bis sie von einem erstickten Ton zum Halten gebracht werden. Ende der Tragödie ist eine wiederholte Phrase der Hoffnungslosigkeit.

»Tears Inside« von der gleichen Platte war das erste Coleman-Thema, das auch von einem anderen Altsaxophonisten eingespielt wurde, und der Unterschied zwischen Colemans Solo und dem Art Peppers ist bezeichnend. Pepper hält sich streng an die Akkordabfolge des Blues. Er beginnt mit einem scharf gestoßenen Ton und spinnt von da aus ein Netz rhythmischer Subtilitäten. Die Spannung seines Solos ist fast unerträglich: die zerbrechlichen Phrasen, der geschärfte Ton, das gnadenlose, unkontrollierbare Zucken der Akzente – aus all dem scheint unterdrückte Wut zu sprechen. Colemans Solo dagegen gibt sich extrovertiert. Sein Sound ist eindrucksvoll; die Töne sind anfangs verzogen, dann mehr und mehr gepreßt. Brutal stößt er einige hohe Töne an; andere werden an ihrem Ende zersplittert, Töne wie Schreie. Ruhige, kurze Phrasen kontrastieren mit längeren, substanzreicheren, denn nun sind auch dynamische Gegensätze bewußte Gestaltungsmittel eines Jazzsolos. In Colemans Linien gibt es mehr Unentschlossenheit als in Peppers, aber Coleman akzeptiert sie und ist souverän genug, sie in seinem Spiel zu thematisieren. Das Leben von Peppers »Tears Inside« liegt ganz in der vibrierenden Nervosität des Spielers; das Resultat ist ein echtes Kunstwerk. Colemans Version ist nicht weniger sinnlich, aber aus ihr spricht ein höheres Bewußtsein, und trotz des Schmerzes, den auch sie kennt, ist Colemans Welt diejenige, in der es sich besser leben läßt.

Vor dem Gastspiel im Hillcrest Club im Jahr 1958 fing Coleman an, mit **Charlie Haden,** dem damals einundzwanzigjährigen Bassisten Paul Bleys, zu proben. Auf Colemans ersten beiden Alben hatten andere Bassisten mitgewirkt, und Red Mitchell hatte sich durch Imitieren Coleman'scher Phrasen besonders um Integration in die Welt des Altsaxophonisten bemüht. Aus Hadens Probenarbeit mit Coleman aber resultierte ein tieferes Einfühlungsvermögen, und in den Atlantic-Aufnahmen von 1959 kann man hörend verfolgen, wie gut Haden die Richtung der harmonischen Bewegungen Colemans oder Cherrys verstand. Haden spielt Baßtöne, die sich konsonant oder mehrdeutig zu den Phrasen der Solisten verhalten, und gestaltet Linien, die ihre Gestalt denen der Solisten verdanken. Haden hat als seinen wichtigsten Einfluß Wilbur Ware genannt, und so, wie er in »Music Always« das gutgelaunte Spiel Colemans unterstützt, erweist Haden sich tatsächlich als ein zweiter Virtuose rhythmischer Spontaneität. Einiges von der Unabhängigkeit der Spieler in den Gruppen Albert Aylers nimmt das Coleman-Quartett in »Change of the Century« voraus; hier lassen sich die Solisten trotz der heftig widersprechenden Einwürfe Hadens nicht von ihrer Bahn abbringen. Das Baßsolo ist es, das die Trübung von Verstand und Gefühl in »Focus on Sanity« in Gang setzt; die instabilen Dissonanzen, die in Hadens Solo aufkommen, sind Vorboten der verrückten Aufschreie und peitschenden Triller Colemans.

Hätte das Quartett »Lonely Woman« in langsamem Tempo gespielt, so hätte das Stück wehleidig geklungen. Das bewegte Schlagzeug von Higgins und Hadens unregelmäßige Doppelgriffe auf dem Baß aber verleihen der Musik eine mehrdeutige Qualität: das unregelmäßig gegliederte Thema spricht von Mitleid, Trauer und Resignation, und in Colemans im dreizehnten Takt einsetzenden Solo wird aus der einsamen Frau des Titels ein lebendiges, atmendes, sexuelles Wesen. Hier, wie auch in »Peace«, ist Colemans Spiel noch rudimentär dem Bebop verhaftet: seine Soli gliedern sich in einzelne Chorusse, auch wenn diese nicht von gleicher Länge sind. Aber in seinen Soli geschehen auch Dinge, die klar dem traditionellen Chorus-Raster widerspre-

Charlie Haden

chen. In »Mind and Time« wird der bogenförmige Lauf am Anfang zum Muster der ganzen Improvisation: über fünfundneunzig Takte wird er variiert, geneigt, nach unten gebogen, kontrastiert, verstärkt, verzerrt. In »Eventually« gibt es einen improvisierten Mittelteil, den Coleman mit einem zehnfach wiederholten aufsteigenden Dreitonmotiv füllt, das zum Kernmotiv seines ganzen asymmetrischen Solos wird: Phrasen beginnen mit dem Dreitonmotiv; das Motiv wird auf den Kopf gestellt; kurze, beengte Phrasen wechseln sich mit bogenförmigen Aufschreien ab; stürmische Momente folgen, bis Hadens Synkopen das Saxophon zum Verstummen bringen. Nach dem Thema von »Free« lassen sich Trompete und Altsaxophon auf eine kurze Duoimprovisation ein, während der Coleman eine aufsteigende Phrase als Kernmotiv für die weitere Improvisation exponiert. Doch wird dieses Ausgangsmotiv eine halbe Minute später wieder verworfen, denn nun orientiert sich Coleman an einem Dreitonmotiv, aus dem sich ein Trillermotiv ergibt, dann eine lange Zickzackphrase, wiederholte aufsteigende Figuren, eine längere gewundene Linie – und derart setzt sich der Transformationsprozeß während des ganzen Solos fort.

Was sich hier vollzieht, ist thematische Improvisation. Nicht in der Art eines Sonny Rollins, die zum großen Teil auf motivische Wiederholung beruht, sondern eher so, wie es Benny Carter auf *Swingin' the 20s* (1958) vorführte, oder auch schon in früheren Soli wie in »Crazy Rhythm« (1937), wo der Charakter eines Motivs sich in jeder Phrase der Improvisation wiederfindet. Colemans motivische Evolution [3] basiert auf der ständigen Umformung der Ausgangszelle. Auch wenn die Intervallgröße verändert wird, bleibt die rhythmische Gestalt bestehen (allenfalls wird sie gedehnt oder gestaucht); seltener wird der Rhythmus bei unveränderter Intervallgestalt verformt. Das Kernmotiv steht am Anfang, in der Mitte oder auch am Ende einer Phrase; es wird auf den Kopf gestellt, auf die Seite gekippt und von immer neuen Perspektiven betrachtet; seine Bedeutung wird verändert und erneuert. Die drei angeführten Beispiele aus dem Jahr 1959 entstammen alle Coleman-Soli in schnellen Tempi, aber nur zwei Jahre später sollte thematische Improvisation Kennzeichnen aller seiner Soli, in beliebigen Tempi, sein.

Eine völlig andere Art des Solospiels führt Coleman in »Focus on Sanity« vor: hier wird die Einheit thematischer Improvisation bewußt dem Fragmentarischen geopfert. Das Ergebnis ist wilde Raserei; in »Forerunner« hingegen resultiert daraus ein Solo, das nicht minder ideenreich ist als das in »Free«, in dem die Ideen aber wie durch ein gigantisches Kaleidoskop betrachtet erscheinen. Die Lebendigkeit und Heftigkeit der hier exponierten rhythmischen und dynamischen Kontraste sind ohne Vorbilder im früheren Jazz. In Soli wie diesen, aber auch in seinen thematischen Improvisationen gibt Coleman der Idee des Solospielens eine neue Bedeutung. Mit der Auflösung der alten Chorusstruktur wird die traditionelle erzählende Gestalt des Solos (Lester Young: »Ein Solo sollte eine Geschichte erzählen«) irrelevant. Musik mit einer klar definierten Gestalt von Anfang, Mitte und Schluß, so deutet uns Coleman an, solche Musik zwingt dem Fluß des Lebendigen die Struktur von Prosa auf. Sind Colemans Soli aus dem Leben gegriffen, so wie die Songs des Bluesman Sleepy John Estes aus den Tragödien des Alltags schöpfen? Für die kohärenten Strukturen von »Free« gilt dies sicher nicht, und wohl auch nicht für »Forerunner«, wo das einzig Stetige der plötzliche Wechsel zu sein scheint. Der Aufbau dieser Coleman-Soli sagt uns, daß der einzig sichere Gehalt des Lebens Unsicherheit ist, und daß auch Dinge, die wir für unabänderlich halten (so wie Kernmotive), in einem ständigen Wandel begriffen sind. Mal scheint Coleman diese Mehrdeutigkeit zu begrüßen, mal scheint er sie zu fürchten: aber er stellt sich ihr und stellt durch sein Vorbild diejenigen, die nach Endgültigem suchen, als ängstlich bloß.

Die »Ramblin'«-Version des Coleman-Quartetts unterscheidet sich deutlich von der des Bley-Quintetts. Die neue Einspielung läßt wahrhaftig an Kenneth Rexroths vielzitierte Bemerkung über Coleman denken: »Die ganze Gruppe kommt aus dem Südwesten, und im Hintergrund hört man die Banjos aus alten Zeiten und die Honky-Tonk-Klaviere und die ersten lauten Seufzer des Country Blues.« Obwohl »Ramblin'« im Kern ein Blues bleibt, werden die frei behandelten Harmonien zu ungleichmäßigen Dauern gedehnt, und dies sogar im Thema. Großspurig beginnt das Stück; der gitarrengleich gespielte Baß antwortet; die Wirklichkeit stellt sich der Großspurigkeit entgegen, darauf wieder eine Antwort des Basses; die dritte Phrase des Themas wird von den Bläsern im Unisono vorgetragen, bis sie sich trennen, um ihren unsicheren Wegen an den Grenzen des Mythos zu folgen. Aus Colemans Solo sprechen die Phrasen Kansas Citys und die Fröhlichkeit und der vokale Duktus der Country Music; ein Growl wird zum dynamischen Motiv. Cherrys Replik auf dieses Prärie-Solo ist witzig und persönlich, voll schwungvoller Sorglosigkeit. Hadens gitarrenartige Antworten im Thema sind wie die Riffs eines Bo Diddley; in den Soli wechseln sie sich mit Walking-Bass-Linien ab. Das wiederkehrende Riff suggeriert die Einsamkeit des Südwestens, auch wenn diese Einsamkeit nicht weniger stilisiert erscheint als ein Cowboy-Song, der von verlorener Liebe erzählt. Und es scheint sogar so, als hätte Haden dieses synkopierte Ostinato als Ganzes von der Folkmusik entlehnt – immerhin war sein Bruder Bassist in Country-Bands –, ein Eindruck, den das Baß-Solo in »Ramblin'« noch bekräftigt: es klingt wie ein auf der Gitarre geschrummelter Bluegrass-Song. Auch die flüchtige Ironie in Colemans und Cherrys Spiel erinnert an volkstümlichen Humor: wie in einem Solo Jimmy Yanceys, so werden auch in »Ramblin'« die volkstümlichen Einflüsse keineswegs geleugnet, parodiert, verzerrt – »Ramblin'« ist ein lebendiger Folk-Mythos. In den abschließenden Phrasen von Trompete und Saxophon hört man das Panorama des Westens, und wenn das Stück auch mit dem grob herausgeschleuderten »Wirklichkeitsmotiv« endet, so glaubt man doch nicht wirklich, daß dies das Ende von »Ramblin'« ist. (Die Fortsetzung von »Ramblin'« in der Jazzgeschichte kam siebzehn Jahre später: in Charles Tylers *Saga of the Outlaws.)*

Für einen Jazzmusiker ist Erfolg in New York noch immer gleichbedeutend mit landesweitem Erfolg – New York ist und bleibt »The Big Apple«. Zwei Wochen sollte das Gastspiel des Coleman-Quartetts im New Yorker Five Spot Café im November 1959 dauern – zweieinhalb Monate wurden daraus: Coleman wurde zum Star, und zum ersten Mal in seinem Leben war seine Musik gefragt. In A. B. Spellmans *Four Lives* findet sich eine ausführliche Darstellung dieses plötzlichen Aufstiegs zum Ruhm und der daraus resultierenden Kontroverse. Hier ein paar Banalitäten aus der von Dorothy Kilgallen verfaßten Klatschspalte des New Yorker *Journal-American* als Kostprobe: »Leonard Bernstein führte seine Familie ins Five Spot aus, um Ornette Coleman zu hören, den Musiker, der vermutlich den größten Einfluß auf das Schicksal des diesjährigen Jazz haben wird, auch wenn viele seine Musikerkollegen der Ansicht sind, daß sein Offbeat-Stil keine bleibende Wirkung haben wird. Objektivere Fans aber finden, daß er fantastisch ist.«[4] Mögen großspurige Plattentitel wie *Change of the Century* und *The Shape of Jazz to Come* auch der Bedeutung Colemans angemessen gewesen sein, so mußten sie doch von den etablierten New Yorker Jazzmusikern als Provokation empfunden werden. Besonders jene von ihnen, die Mühe hatten, Arbeit zu finden – und New York hat immer ein Überangebot von Jazztalent gehabt –, hatten einigen Grund, Ressentiments gegen die Emporkömmlinge aus Kalifornien zu haben. Coleman selbst konnte allerdings nicht verstehen, warum eine Musik von solcher Natürlichkeit wie die seine so lange umstritten blieb.

Der klar und präzise agierende Schlagzeuger Billy Higgins verließ das Quartett im Frühjahr 1960; sein Nachfolger wurde ein Musiker aus der Bebop-Subkultur von New Orleans: Edward Blackwell. Blackwell führt eine New-Orleans-Tradition fort: die des Schlagzeugspielens nicht als bloße Begleitung, sondern, wie Schlagzeugpionier Baby Dodds zu sagen pflegte, »zum Nutzen der ganzen Band«. Sein Puls verlieh dem Quartett einen subtilen, etwas hinter dem Beat plazierten, unwiderstehlichen Swing, und der Klangfarbenreichtum seines Spiels gab der Musik eine neue koloristische Dimension. Zudem wurde das Ausdrucksspektrum der Gruppe nun durch ein Element schwarzen Humors bereichert. Hauptresultat der mittsommerlichen Aufnahmesitzungen des neuformierten Quartetts war *This Is Our Music*; die übrigen Titel finden sich größtenteils auf *To Whom Who Keeps A Record*, einer nur in Japan veröffentlichten Platte. Die Titel der auf ihr festgehaltenen Stücke lauten: »Music Always«, »Brings Goodness«, »To Us«, »All«, »P. S. Unless One Has«, »Some Other« und »Motive for Its Use«.

»Embraceable You«, die Gershwin-Ballade, erreicht schon in der hollywoodartigen Einleitung einen Höhepunkt: Ironie spricht aus Colemans verzogenen und schwankenden Tönen, aus seinen verrückten kleinen Arabesken. Aber dann erweist sich die Ballade »Some Other« überraschend als gänzlich unsentimentale Darstellung von Menschlichkeit und Trauer. Colemans dem Trompetensolo folgendes Saxophonzwischenspiel über Gongklängen und einem Baßostinato führt zur Katharsis. Verärgerung und Vorwürfe klingen aus seinen komplexen Phrasen; doch dann, als der Baß in die Höhe steigt und an Tempo gewinnt, folgt ihm das Altsaxophon in eine Stimmung des Verzeihens. Schon früher gab es Soli Colemans, die von Angst durchsetzt schienen – so wie »Circle with a Hole in the Middle« –, und der Zorn von Soli wie dem in »Change of the Century« schien eine Antwort darauf zu sein. Doch nun gewinnt dieser Zorn noch an Intensität: Die Wildheit eines Sonny Rollins in »B. Swift« und »B. Quick« mag gnadenlos erscheinen, doch ist sie nichts gegen die Aggression in Colemans »Kaleidoscope«. Jedes Anzeichen von Sensibilität wird vom großen, rauhen Saxophonsound in zertrümmerten Linien im Keim erstickt. Ähnlich ist die Stimmung in »Blues Connotation«: Coleman spricht eine Sprache der Unnachgiebigkeit und der Härte, angetrieben von der Schwere und Geschwindigkeit des Basses, dessen ausdauernde Linien mit der Strenge von Richtersprüchen einherkommen. Colemans Soli bei diesen Aufnahmen sind, man sollte darauf achten, fast ausschließlich nach seinem Prinzip motivischer Evolution aufgebaut.

Ein guter Teil von »Moon Inhabitants« besteht aus wiederkehrenden Kollektivimprovisationen; wenn diese auch von unbeständiger Qualität sind, und wenn Cherrys Spiel hier auch eher untergeordneter Natur ist, so ist es doch bemerkenswert, daß dialogisches Kollektivspiel nun ein etabliertes Stilmittel des Coleman-Quartetts ist. »Beauty Is a Rare Thing« muß Coleman während der ganzen letzten Aufnahmesitzung im Kopf umhergegangen sein – die Kernmotive wichtiger Passagen von »Poise« und »Folk Tale« leiten sich von diesem Stück ab –, und Colemans Vorliebe wird durch den Rang dieses Stückes gerechtfertigt, das die Wahrnehmung von Freiheit im Jazz auf mehrere Weisen bereichert hat. Coleman sagt darüber: »Die übliche Art, im Jazz eine Melodielinie zu spielen, ist mit zwei Bläsern und einer Rhythmusgruppe – daran haben sich Charlie Parker und all die anderen gehalten. Aber daran dachte ich viel weniger als daran, daß man eine melodische Linie nicht immer mit einer so kleinen Struktur spielen müßte. Was ich also versuchte, war, eine melodische Linie zu schreiben, als wäre sie in einem kleinen Rahmen orchestral konzipiert.« Melodielinie und Begleitung sind nun nicht mehr getrennt; was es an rhythmischem Puls gibt, entspringt gemeinsamem Impuls; frei fließende Tonalität trifft sich mit Atonalität, Lyrik mit Klangfarbenmelodie.

Über Baßseufzern und dem gedämpften Schub von Tomtomwirbeln spielt Coleman das langsame Thema: Schmerz mischt sich mit Zärtlichkeit, wandelt sich in Mitleid und Resignation, senkt sich in ein zartes *piano*. Ein aufsteigendes Motiv bringt einen Hoffnungsschimmer, der jedoch rasch wieder verblaßt. Die Unbestimmtheit der Begleitung betont die Klarheit der Melodie; wenn sich der gestrichene Baß für Momente dem Altsaxophon anschließt, entsteht eine Gemeinschaft des Schmerzes. Hohe isolierte Trompetentöne kündigen eine Saxophonphrase an, die fragend schwebt; doch im dritten Themendurchgang wird der Saxophonton stahlhart, und als noch einmal das Hoffnungsmotiv anklingt, wird es von einem zersplitterten Oberton zermalmt.

Der Trompeter spielt Fragmente voll aufgeregter Unschuld, unterstützt von Paukenschlägen und einem rumpelnden Baßtriller; doch wird dieser Tanz im Nichts wacklig, als ein langsames Beckencrescendo seine Stimme erhebt. Der entscheidende Moment in der Entwicklung des Stücks wird durch pointillistische Saxophon- und Trompetentöne herbeigeführt. Bläser- und Baßlinien lösen sich auf; das seismische Beben der Paukenschlägel setzt wieder ein und läutet Colemans tragischen Monolog über das Thema ein, der von geräuschhaften Interjektionen Cherrys punktiert wird. Letztendlich aber löst sich auch Colemans Linie unter dem Gewicht des sägenden Basses und der rasselnden und klappernden Trommeln auf: die Bläser spielen eine Passage aus Fragmenten und vereinzelten Tönen, die in der Dissoziation der Linien schon fast surreal wirkt. Aber aus dem Nichts erhebt sich die Kontinuität einer Saxophonlinie; die Pointillismen der Bläser erheben sich, ungeachtet ihrer scheinbaren Vereinzelung, zu einem gemeinsamen letzten Geräuschstoß. Und am Ende erscheint das Thema in schönster Harmonie; am Ende des Strebens nach Schönheit steht Anmut und Milde.

Coleman erläutert: »Es wurde mir klar, daß, wenn ich die harmonische Struktur oder die Tempostruktur änderte, während die anderen spielten, daß sie dann ebenfalls ihr Spiel verändern müßten. Also führte ich selbst oft solche Wechsel herbei, weil ich wußte, wohin ich die Melodie führen wollte. Ich konnte also die Melodie vorstellen, dann zeigen, wohin ich sie führen konnte und dann doch wieder direkt zur Melodie zurückkommen, anstatt die verschiedenen Umkehrungen ein und derselben Sache vorzuführen«. »Beauty Is a Rare Thing« ist eine ohne Tempo oder Metrum improvisierte Gruppenmusik, die sich in abstrakten Klängen und Tonalitäten bewegt, dennoch aber eine klare musikalische Konzeption exponiert und durchführt. Und obwohl dieses Stück bereits 1960 eingespielt wurde, sollte es noch Jahre dauern, bis die hier aufgezeigten Möglichkeiten weiterverfolgt wurden.

Kurz darauf verließ Haden das Quartett. Colemans nächster Bassist war Scott LaFaro, der die Virtuosität eines Mingus in eine Kunst des Rokoko verwandelte. Seine Läufe und rhythmischen Figuren wirkten neben der schnörkellosen Direktheit der übrigen drei Musiker wie unangebrachte Arabesken. In der gelungensten Aufnahme dieses Quartetts, in »The Alchemy of Scott LaFaro«, einem Stück ohne Baßsolo, sind seine Linien jedoch ausnahmsweise einfach und in das Spiel der Gruppe integriert. Colemans Solo in diesem Titel wirkt treibend und getrieben, und aus stechenden Phrasentrümmern des improvisierten Bläserduos klingt Panik. *Ornette!*, die LP mit LaFaro als Bassisten, enthält die drei längsten Soli, die Coleman bis dahin aufgenommen hatte, alle drei im gleichen mittelschnellen Tempo, alle drei nach dem Prinzip motivischer Evolution aufgebaut. In diesen Soli vom Januar 1961 mag einiges seiner früheren Spontaneität zugunsten formaler Einheit aufgegeben worden sein; dennoch war Colemans Spiel in der reichen Vielfalt der Phrasierung und in seiner lyrischen Qualität damals unerreicht.

Aufschlußreich ist, daß der Bassist Jimmy Garrison einer Aussage Colemans zufolge nur äußerst ungern in seinem Quartett mitwirkte. Garrison hatte LaFaro im Winter 1961 ersetzt, und auf *Ornette on Tenor* klingt sein Spiel völlig gelöst und selbstverständlich. Dies gilt sogar für das experimentelle Stück »Mapa«, in dem die Musiker in konträren Rhythmen improvisieren: die Baßtöne sind weit auseinandergezogen, markieren gelegentlich die Eins eines langsamen Walzers; das Schlagzeug und die anderen Instrumente hingegen bremsen das Tempo oder ziehen es an, so daß keine gemeinsame Vorwärtsbewegung zustandekommt. In den anderen Stücken erweist sich Garrisons Swing als Kontrast zum vielfach aggressiven Spiel Hadens oder LaFaros. In »Harlem's Manhattan« duettiert er mit Coleman; die Tenorsaxophonphrasen sind voller Aufschreie, voller Verführung, voller »Funk«, mit einem Klang, dessen Reichhaltigkeit dem Sonny Rollins' nicht nachsteht. »Cross Breeding« bietet ein unbegleitetes Solo Colemans mit einem internen Rhythmus von beeindruckender Vielfalt und Beweglichkeit. Eine ganze Seite von *Ornette on Tenor* ist wiederum von Strukturen motivischer Evolution in mittelschnellem Tempo geprägt, doch tut dies der Vielfalt und Qualität seiner Musik keinen Abbruch.

Das Quartett Coleman, Cherry, Garrison und Blackwell trat nur auf Schallplatte in Erscheinung, und überdies nur auf einer einzigen. Coleman nahm 1961 nur wenige Konzertverpflichtungen an, und angesichts dieses Mangels an Arbeit verließen ihn Blackwell und Cherry.

Cherrys Weggang war besonders bedeutsam, war der Trompeter doch einer der ersten Schüler Colemans gewesen und hatte er doch seit mehr als vier Jahren seiner Gruppe angehört. **Don Cherry,** 1936 in Oklahoma City geboren, war in Los Angeles aufgewachsen. Als er Coleman gegen Mitte der fünfziger Jahre kennenlernte, galt er bereits als vielversprechender Hard-Bop-Trompeter. 1957 trat er zwei Wochen lang mit einem Quartett (James Clay, Tenorsaxophon; Don Payne, Baß; Billy Higgins, Schlagzeug) in Vancouver auf, wobei sein Repertoire bereits viele Kompositionen Colemans enthielt. Nervöse Schärfe und rasche, vieltönige Passagen kennzeichnen seine Soli auf den Aufnahmen von 1958; wenn man ihn auch nicht als Nachahmer Bill Hardmans oder Lee Morgans betrachten kann, so gab es hier doch eine gewisse Verwandtschaft, die darauf hindeutet, daß Cherry zweifellos ein hervorragender Hard-Bop-Musiker geworden wäre – wäre er nicht Coleman begegnet.

In seinen frühen Soli schwankt er oft zwischen Hard-Bop- und Coleman-Phrasierung hin und her. Aber gerade diese Diskontinuität seiner fein gewebten Linien deutet auf eine musikalische Neugier hin, die von Charakterstärke spricht: bewußt entzieht er sich der stilistischen Sicherheit des Hard Bop – und damit der Aussicht auf einen gesicher-

Don Cherry

ten musikalischen und finanziellen Erfolg. Seine Wende an einem entscheidenden Punkt seiner musikalischen Laufbahn hatte schon bald die Herausbildung eines gereiften Personalstils zur Folge. Seine rhythmischen Einfälle in Soli wie »Congeniality« sind selbst dem Spiel von Lee Morgan oder Booker Little, Meistern rhythmischer Raffinesse, meilenweit voraus. Zuweilen spielt er Soli, deren Ideen, so wie in »Peace«, auf Hadens hilfreiche Unterstützung angewiesen sind, und vielfach knüpfen seine Soli nahtlos an die Schlußphrasen von Colemans Improvisationen an. Doch ist diese Bereitschaft, die Energien der anderen Spieler miteinzubeziehen, nicht als Abhängigkeit zu deuten, sondern eher als tiefes Streben nach der Einheit des Ensembles.

In einigen Stücken – so in »Una Muy Bonita« und »Poise« – erweisen sich Cherrys Soli gar als konzentrierter als die Colemans. Deuteten vereinzelte fragmentarische Passagen in früheren Soli auf Unsicherheit in der neuen Musiksprache hin, so ergeben die melodisch gefüllten Phrasenfragmente in »W. R. U.« eine fesselnde Spannung von Pause und Klang. Diese Meisterschaft rhythmischer und räumlicher Spannung sollte eines der herausragendsten Merkmale seines Stils werden, eine Meisterschaft, neben der dann sogar Colemans Kunst rhythmischer Vielfalt konservativ wirkte. Bemerkenswert in der frühen Periode seines Stils, von der hier die Rede ist, ist ein Solo wie »Cross Breeding«, in dem eine zunächst eher verworrene Linie sich allmählich zu einfacheren, längeren Phrasen glättet, mit länger werdenden Pausen durchsetzt. Ein besonders ergiebiger Aspekt seines Spiels zu jener Zeit ist auch sein kollektives Improvisieren mit Coleman, das mit zunehmender Häufigkeit zu hören ist. Neigte Cherry zunächst dazu, die Phrasen Colemans zu unterstützen oder zu kommentieren, so hat er in »The Alchemy of Scott LaFaro« genügend Eigenständigkeit gewonnen, um sich nicht mehr von ihnen bedrängen oder einschüchtern zu lassen. Don Cherrys Spiel im Coleman-Quartett ist immer von leuchtender Direktheit, voller Zuversicht auch dann, wenn die Richtung der Musik augenblicklich unklar erscheint. Verglichen mit Coleman und Haden wirkt sein Spiel weniger hart, doch sollte dies nicht als Harmlosigkeit mißverstanden werden – nicht bei einem Musiker, der sich so klar den Versuchungen billiger oder klischeehafter Musik widersetzt hatte. Als er Coleman verließ, war er durch seine sensible Verfügung über ein reichhaltiges Klangmaterial und durch seine rhythmische Meisterschaft bereits zu einer wichtigen Stimme des neuen Jazz geworden.

Zwei weitere Aufnahmen aus dieser entscheidenden frühen Periode Ornette Colemans gilt es noch zu erwähnen. Beide wurden im Jahr 1960 kurz vor Weihnachten eingespielt, und beide waren ihrer Zeit voraus. Einmal wirkt Coleman in zwei Third-Stream-Stücken Gunther Schullers mit, in denen der Komponist noch einmal sein Konzept der

Vereinigung scheinbar unvereinbarer Stile und Idiome erprobt. »Abstraction« ist eine atonale Komposition für Streichquartett und Jazzmusiker, in dem Coleman einen prächtigen unbegleiteten Mittelteil improvisiert. Das viersätzige »Variants on Monk« erweist sich als Nebeneinander diverser Jazzstile, wobei Bebop- und Cool-Musiker simultan mit Coleman, LaFaro und dem Holzblasmultiinstrumentalisten Eric Dolphy improvisieren. Zwei der Sätze enthalten einander überlappende Improvisationen, und die Besetzung ist speziell auf den Stil LaFaros zugeschnitten: ein zweiter Bassist sorgt für den rhythmischen Unterbau, so daß sich LaFaro allein aufs Ornamentale konzentrieren kann, sieht man von einem intelligenten Rubato-Duett mit Dolphy ab.

Free Jazz ist eine Kollektivimprovisation des Ornette-Coleman-Doppelquartetts: Coleman, Cherry, LaFaro und Higgins sind auf dem linken Kanal der Stereoaufnahme zu hören, Dolphy, Haden, Blackwell und Trompeter Freddie Hubbard auf dem rechten. Jedem Spieler wird ein mehrere Minuten langes Solo eingeräumt, während dessen die anderen Musiker durch den Solisten inspirierte Linien spielen oder, wenn sie wollen, pausieren; entsprechend kann auch der Solist in seiner Improvisation auf das Spiel der anderen eingehen. Ziel ist es, durch diese Art respondierender Motiventwicklung eine spontane Gruppenstruktur zu erzeugen. Die Dichte der Texturen ist in ständigem Wandel begriffen – es spielen ein bis vier Bläser –, und Cherry erweist sich als der reaktionsschnellste und variantenreichste Spieler. Während seines Solos wird das Ideal kollektiven Musizierens am ehesten erreicht; zweimal überläßt er Coleman die Führung, und er beendet seine Improvisation, indem er ein motivisches Wechselspiel Colemans und Dolphys unterstützend kommentiert. Das sechsunddreißigminütige Stück bewegt sich zur Gänze im gleichen mittleren Tempo, und darüber hinaus markiert einer der Bassisten während dieser ganzen Zeitspanne einen ununterbrochenen Shuffle-Beat. Wenn die Musik von *Free Jazz* auch von wechselhafter Qualität ist, so wurde hier doch die Möglichkeit aufgezeigt, durch ausgedehnte Kollektivimprovisation zu einer neuen Art formaler Einheit zu gelangen.

Im Juni 1961 machte Coleman Aufnahmen mit einem weiteren Doppelquartett – ein zweites *Free Jazz* ? –, dem diesmal außer seinen damaligen Gruppenmitgliedern Bobby Bradford (Trompete), Jimmy Garrison (Baß) und Charles Moffett (Schlagzeug) der Sopransaxophonist Steve Lacy, der Bassist Art Davis sowie Cherry und Blackwell angehörten. Unter den wenigen Auftritten, die Coleman im weiteren Verlauf des Jahres annahm, sollte auch einer in Cincinnati, Ohio sein. Das neue Doppelquartett flog nach Cincinnati und probte dort, weigerte sich aber, aufzutreten, als der Veranstalter ihnen keinen Vorschuß gewähren wollte. Auf den Konzertplakaten war zu lesen: »Ornette Coleman – Free Jazz Concert«; die Leute, die zu dem angekündigten Konzert kamen, nahmen dies etwas zu wörtlich und beschwerten sich, als sie für die Eintrittskarten zahlen sollten.

1962 leitete Coleman ein Trio, dem der Bassist David Izenzon, der auch in anderen Jazz- und Klassik-Ensembles spielte, und Charles Moffett, der an New Yorker Schulen Musikunterricht gab, angehörten. Die beiden waren auf solche Zusatzbeschäftigungen angewiesen, da Coleman in diesem Jahr fast gar nicht öffentlich auftrat. Nachdem er das Town Hall-Konzert vom Dezember 1962 durchgeführt hatte, zog er sich sogar für zweieinhalb Jahre von der Öffentlichkeit zurück. Erst im Sommer 1965 meldete er sich mit einer Filmkomposition wieder, um sich anschließend in Europa nach Auftrittsmöglichkeiten umzusehen. Er mußte feststellen, daß er, da er nach einer Abmachung zwischen der britischen und der amerikanischen Musikergewerkschaft als »Tanzmusiker« eingestuft wurde, nicht berechtigt war, in England ein Jazzkonzert zu präsentieren; also komponierte er eilends ein Bläserquintett, wurde als »konzertierender Künstler« klassifiziert und konnte so im Londoner Vorort Croydon ein Konzert durchführen, bei dem außer seinem Trio auch ein klassisches Bläserquintett auftrat. Zu dieser Zeit war Coleman entschlossen, so lange wie möglich seiner Heimat fernzubleiben. Neun Monate blieb das Trio in Europa, trat in Clubs, bei Konzerten und Festivals auf und wirkte bei einer weiteren Filmmusik mit, um anschließend nach New York zurückzukehren.

Das Spiel **David Izenzons** bedeutete einen wesentlichen Fortschritt sowohl des Jazzbaßspiels als auch der Struktur des Jazzensembles. Izenzon, 1932 in Pittsburgh geboren, fing erst im Alter von dreiundzwanzig Jahren mit dem Baßspiel an; nur fünf Jahre später war er Colemans Bassist. Die traditionelle Rolle des Jazzbasses war die der Fundierung des Ensemblepulses; selbst LaFaro, der sich dagegen auflehnte, hatte keine überzeugende Alternative gefunden. Izenzon aber konnte statt eines regelmäßigen Puls' ebensogut melodische Linien spielen, die jeglichen direkten rhythmischen Bezug vermieden, die den Tempi seiner Mitspieler widersprachen; zudem spielte er mindestens ebenso häufig mit dem Bogen wie Pizzicato. Das Großartige an Izenzons Spiel liegt darin, daß es trotz dieser Selbständigkeit immer in den Gruppenkontext integriert blieb; sein feines Gespür für Ensemblespannungen ließ ihn auch in einem weitschweifigen Stück wie »The Ark« mit seinen wechselnden Tempi und seinem unruhigen Schlagzeug zu einer Quelle der Gruppeneinheit werden. Spielt Coleman harte Triller, so streicht Izenzon rauhe Zweiklänge; lösen sich Schlagzeug und Saxophon in schnellen Tempi voneinander, so vertieft der Baß diese Trennung durch eine langsame gezupfte Linie. In der Mitte des Stücks spielt er einen schillernd fluktuierenden Ton, aus dem eine kontinuierliche melodische Linie wächst, ein für Izenzon typisches Solo: kurz, kompakt, eine vollständige Aussage bar jeglicher Ornamentik. Vergleicht man sein Spiel mit der exhibitionistischen Dramatik eines Mingus oder LaFaro, so ist man überrascht, daß Izenzon, der lebendigste der Baßvirtuosen, völlig ohne Mühe oder Anspannung zu spielen scheint. Seine Geschwindigkeit hat nichts Überwältigendes; seine Musik hat einen so natürlichen lyrischen Fluß ohne jegliche Übertreibung, daß selbst seine verzerrten Töne nichts Extremes an sich haben. Besondere Mühe verwendete Izenzon auf die Qualität seines Klangs. Während sich fast alle anderen Jazzbassisten nun elektrischer Verstärkung bedienten, benutzte er keinen Verstärker, und dies, obwohl er nicht laut spielte. Hinzu kam, daß seine vielfältigen Erfahrungen sowohl im Jazz als auch in Neuer Musik ihm ein breites Ausdrucksspektrum eröffneten.

Das Coleman-Trio nahm Balladen von eigenartiger Melancholie auf, so wie »Sadness«, wo die Altsaxophonmelodie durch den eisigen Schimmer der mikrotonalen Linien Izenzons merkwürdig kahl und karg wirkt. Besonders in den Aufnahmen aus dem Stockholmer »Golden Circle« spielt Coleman leuchtende, optimistische, thematisch äußerst kohärente Improvisationen (»Dee Dee«, »Faces and Places«, »European Echoes«) und beweist damit, daß thematisches Spiel nicht weniger spontan sein muß als beispielsweise die freien Klangassoziationen der ersten Version von »Doughnuts« (1962). Lebt auch ein Stück wie »Silence« von der Spannung zwischen Klang und Pause, so war Coleman doch nun die Stille als Stilmittel weniger wichtig; an Stelle der Dehnung und Stauchung von Phrasen trat nun die Kontrastierung schneller, kurzer Phrasen und Passagen mit längeren Linien in größeren Notenwerten. Die Spannung unbestimmter Tonalität weicht nun oft der Sicherheit eindeutiger Kadenzen; seine Soli enthalten ausgedehnte Passagen in Sequenzen, und größere Abschnitte seiner Musik haben eine deutlich modale Atmosphäre.

Dieser zunehmenden Konsolidierung seines Saxophonspiels steht jedoch Colemans Musizieren auf Geige und Trompete gegenüber. Auf diesen Instrumenten hatte er keine Lehrer oder Vorbilder; er entzog sich bewußt den herkömmlichen Spieltechniken, war es doch sein Ziel, »ohne Gedächtnis« und so spontan wie möglich zu spielen. 1963 hatte er mit Albert Ayler gejammt, und dessen Konzeption des Klanges, besonders seine bewußte Verzerrung der Tonhöhen, dürfte den Ansichten Colemans sehr nahe gekommen sein: »Ich fühle mich nicht-temperierten Instrumenten sehr zugetan. Sie scheinen Gefühle erwecken zu können, die es in der westlichen Musik nicht gibt. Ich finde schon, daß europäische Musik etwas sehr Schönes ist, aber die Leute, die sie spielen, haben nicht immer die Möglichkeit, sich auszudrücken, weil sie so viel ihrer Energie darauf verwandt haben, genau im Einklang miteinander zu spielen: ›Du bist ein bißchen zu tief ... etwas zu hoch …‹ … Temperierte Töne sind so, als wenn man mit der Gabel ißt, obwohl das Essen auch nicht anders schmeckt, wenn man keine Gabel hat.«[5] Trotz des einzigartigen Ausdrucks klingt Colemans Trompetenspiel zunächst etwas verschwommen, wie flüchtige Kürzel seines Saxophonspiels; eine in langen Jahren gewachsene Art der Phrasierung bleibt auch auf dem neuen Instrument erhalten. Die Violine jedoch ist ein Saiteninstrument, auf dem Coleman Linien erfinden kann, ohne an den Atem gebunden zu sein, und so klingen seine untemperierten Geigenimprovisationen tatsächlich wie Musik, die von keinem persönlichen Willen bedrängt wird. Der Kritiker Max Harrison bezeichnete sie bewundernd als »Unbestimmtheit, so drastisch wie die John Cages«. In »Falling Stars« und »Snowflakes and Sunshine« weben Coleman und Izenzon gemeinsam dichte Netze von Streichertexturen, erfüllt von kinetischer Energie. Das ausführlichste und variantenreichste Beispiel von Colemans Trompetenspiel findet sich auf der Platte *New and Old Gospel* des Altsaxophonisten Jackie McLean, auf der Coleman, ungewöhnlich für ihn, als Sideman mitwirkte. Die Trompetenphrasen leuchten in den vielen kollektiven Improvisationen auf: Coleman baut in »Vendome« eine subtile Spannung von Klang und Stille auf; nüchtern wirken seine Trompetenlinien in »The Inevitable End« gegen die herrlich bronzenen Altklänge McLeans. Gegen die luftigen, meist gedämpften Klänge Colemans wirkt dessen roher, kraftvoller Ton fast grotesk; aber wie Coleman macht auch er reichen Gebrauch von den verschiedenen Intonationsmöglichkeiten ein und desselben Tons.

Charles Moffett, Colemans fester Schlagzeuger zu dieser Zeit, war ein Meister diverser Stile und dazu einer der technisch versiertesten Perkussionisten. Zu ihm ist ein größerer Gegensatz kaum denkbar als Denardo, Colemans damals zehn Jahre alter Sohn, der auf *The Empty Foxhole* (1966) Schlagzeug spielt: ohne ausgeprägten Stil, mit nur rudimentärer Technik, aber mit einer erfrischenden Spontaneität, die einen weiteren Schritt in die Richtung musikalischer Indetermination darstellte. Das *Crisis*-Konzert (1969) ist eine bedeutende Aufnahme, eine Wiedervereinigung mit Don Cherry, bei der Colemans Repertoire neue Kompositionen hinzugefügt werden (u. a. »Broken Shadows«). Ist es vielleicht Denardos Anwesenheit, seine Spontaneität, die der Musik von *Crisis* eine so intensive Unmittelbarkeit verleiht? Ein herausragender Moment dieses Konzerts ist jedoch ein solistischer: Colemans beeindruckende melodische Struktur, mit der er sein Altsaxophonsolo über »Song for Che« eröffnet.

Colemans Musik zu dieser Zeit weist zahlreiche weitere faszinierende Aspekte auf. Er ist einer jener wenigen Jazzmusiker, die über viele Jahre ein gleiches hohes Niveau schöpferischer Intensität aufrecht erhalten haben, auch nach seinen aufregenden Innovationen der

Jahre 1958 bis 1960. Da sind beispielsweise seine beiden Blue Note-LPs von 1968, in denen er mit Elvin Jones zusammentrifft: Coleman singt auf dem Altsaxophon; Jones' Schlagzeug antwortet mit nervöser Komplexität. Dann betritt der Tenorsaxophonist Dewey Redman Colemans musikalische Welt. Redman, ein musikalischer Gefährte bereits zu Colemans High-School-Zeit, ist ein Eklektiker, der Colemans Musik mit Bluestechniken neu interpretiert – oft singt er in sein Instrument, um gutturale Spaltklänge zu erzeugen. 1971 war Kollektivimprovisation schon lange ein allgemein gebräuchliches Stilmittel des Jazz. Sind Dichte und Rasanz des Ensembles die entscheidenden Aspekte in »Science Fiction«, so erweisen sich die Kollektivimprovisationen von sieben Spielern in »Elizabeth« und »Happy House« als wesentlicher Fortschritt gegenüber *Free Jazz*: hier gibt es das spannende Wechselspiel der Trompeter Bobby Bradford und Don Cherry und die perfekte Einheit der Schlagzeuger Higgins und Blackwell. Bemerkenswert ist auch die Gemeinsamkeit Colemans und Hadens in ihren Duetten von 1976 und 1977, darunter *Soapsuds Soapsuds*, Colemans erstem Seitensprung zum Tenorsaxophon seit 1961: Schmerz und Zorn sprechen aus »Sex Spy«, Clownerie aus »Mary Hartman Mary Hartman«. Und natürlich hat Colemans Trompetenspiel in »The Golden Number« und »Some Day« den ursprünglichen Zustand bewußter Unschuld weit hinter sich gelassen, doch bleiben Sound und Gestaltungsmittel vertraut.

Nachdem Coleman gegen Mitte des Jahres 1966 nach Amerika zurückgekehrt war, reduzierte er wiederum die Häufigkeit seiner Auftritte. Das Verhalten des »Music Business« gegenüber den Musikern widerte ihn an, und er sagte: »In der Kunstszene fühle ich mich überhaupt nicht mehr wohl. Es ist eine ichbezogene Welt; es geht nur um Kleidung und Geld, nicht um Musik. Ich würde da gerne 'rauskommen, aber dazu fehlen mir die finanziellen Möglichkeiten. Es macht mir jetzt mehr Spaß, Musik zu komponieren, denn dann muß man nicht dieses Image eines konzertierenden Musikers haben ... Ich habe keine Lust, eine Puppe zu sein, der man sagt, was sie tun und was sie lassen soll ...«.[6] Wieder nahm er Jahr für Jahr weniger Auftrittsverpflichtungen an, mit dem Ziel, nur dann zu spielen, wenn alle Umstände günstig sind: die Verfügbarkeit passender Mitspieler; die äußeren Bedingungen; der persönliche Wunsch, zu spielen. Mit der Hinzufügung Hadens wurde sein konzertierendes Trio im Jahr 1967 zum Quartett; danach waren Haden, Redman und Blackwell seine häufigsten Mitspieler. Und während Coleman sein Tourneeprogramm kürzte, fing er an, in seinem »Artists House« in der Prince Street Manhattans Konzerte zu veranstalten: Konzerte, in denen er selbst spielte, und solche, in denen er dem Publikum andere Musiker vorstellte.

Als sein Quartett im November 1971 beim Jazzfestival von Lissabon auftrat, widmete Charlie Haden seinen »Song for Che« den

»schwarzen Befreiungsbewegungen in Mozambique, Angola und Guinea«; das Publikum applaudierte begeistert, und Redman und Blackwell grüßten mit erhobener Faust. Die Polizei untersagte daraufhin das für den nächsten Tag geplante Konzert, überlegte es sich dann aber anders und ließ es doch stattfinden. Als jedoch das Quartett am folgenden Tag das Flugzeug besteigen wollte, wurde Haden festgenommen und erst nach einer Intervention des amerikanischen Kulturattachees wieder auf freien Fuß gesetzt.

Schon seit seinen kalifornischen Jahren schrieb Ornette Coleman Stücke für klassische Ensembles. Sein Streichquartett *Dedication to Poets and Writers* wurde beim Town-Hall-Konzert von 1962 aufgenommen, das Bläserquintett *Sounds and Forms* während des Konzerts, das 1965 im englischen Croydon stattfand. Während seines neunmonatigen Europaaufenthalts komponierte er *Saints and Soldiers* und *Space Flight.* Das Frühjahr brachte zwei bedeutsame Ereignisse in seiner Komponistenlaufbahn: *Forms and Sounds* wurde öffentlich aufgeführt, wobei Coleman den zehn Sätzen des Bläserquintetts seine Trompetenzwischenspiele hinzufügte, und er erhielt das erste Guggenheim-Stipendium, das jemals für Jazzkomposition ausgesetzt wurde. Aus diesem Stipendium gingen die *Inventions of Symphonic Poems* hervor, die im Mai 1967 anläßlich des UCLA Jazz Festivals uraufgeführt wurden, mit John Carter als Dirigent. Colemans siebensätzige *Sun Suite of San Francisco* wurde der Öffentlichkeit erstmals im August auf dem Berkeley-Campus der University of California vorgestellt; Solist dieser Aufführung war der Trompeter Bobby Bradford.

1971 vollendete er die einundzwanzig Sätze umfassenden *Skies of America,* die das London Symphony Orchestra im darauffolgenden Jahr unter der Leitung von David Measham aufnahm, wobei Coleman über weite Strecken der zweiten Hälfte des Werks auf dem Altsaxophon improvisierte. Diese *Skies* sind oft bewölkt; Passagen aus langgehaltenen Tönen verwandeln sich in schnelle, zerrissene Momente. In »Foreigner in a Free Land« spielt Coleman rauh und hart wie nur selten, und »The Men Who Live in the White House« enthält ein unbegleitetes Coleman-Solo. Seine Melodien sind abwechselnd fröhlich und beunruhigend; in seiner Musik ist das schwebende Gefühl von Licht und Dunkelheit, von einer Erde in ständiger Bewegung. Fast drei Monate nach der Platteneinspielung wurde *Skies of America* erstmals im Konzert gespielt – am 4. Juli 1972 beim Newport Jazz Festival. Bei dieser Aufführung spielte das Coleman-Quartett simultan mit dem Symphonieorchester und fügte auch Improvisationen über andere Kompositionen Colemans hinzu; zudem wurden einige Sätze außerhalb der eigentlichen Reihenfolge wiederholt. So also versuchte dieser Komponist, der sich das Trompeten- und Geigenspiel »ohne Gedächtnis« beigebracht hatte, auch seinen Aufführungen komponierter Musik Elemente von Spontaneität hinzuzufügen; tatsächlich hätte er am liebsten sein eigenes Symphonieorchester gehabt, um seine Musik von Aufführung zu Aufführung variieren zu können. *Skies of America* enthält orchestrierte Fassungen einiger seiner bekannten Combo-Stücke und trägt so zur Verknüpfung der komponierten und improvisierten Facetten seiner Kunst bei; von diesem Werk sagte Coleman, es sei »so wie ich spiele«. Unter seinen späteren Orchesterwerken finden sich Text und Musik für eine Filmkomposition von 1981, eine »genetische Liebesgeschichte«, und eine Symphonie mit dem Titel *The Oldest Language*.

Coleman improvisierte jedoch nicht nur über die von ihm komponierten Strukturen, sondern auch über die Melodien der Berber-Musiker, die er im Januar 1973 im marokkanischen Joujouka kennenlernte. In diesem verarmten Bergdorf pflegen die Bewohner eine alte Musiktradition, die sich im Spiel der Trommeln und der Raitas (eines marokkanischen Oboentypus) artikuliert.

> »Und das Unglaubliche war, daß sie Instrumente spielten, die nicht auf westliche Art und Weise gestimmt waren, die keine temperierten Töne hatten, und daß sie trotzdem in perfektem Einklang spielten. Ihre Musik ist eine menschliche Musik. Es geht um die Bedingungen des Lebens, nicht darum, daß man seine Frau verloren hat oder ›Baby, bitte komm zurück‹ oder ›Du weißt, daß ich nicht weiterleben kann, wenn Du nicht in meinem Bett bist‹. Das ist es nicht. Es ist eine viel tiefere Musik. Es ist eine Musik, die die Kraft hat, Leben zu erhalten. Die Musiker, die ich gehört habe, hatten einen weißen Kerl mit ihrer Musik von Krebs geheilt. Ich glaube, daß das wahr ist. Denn wenn Du jemals diese Musik gehört hast, Mann, dann verstehst Du das ... Was so schön war in Joujouka und zugleich sehr traurig, ist, daß die Musiker nichts zum Überleben haben außer ihre Musik. Weißt Du, außer ihre Musik haben sie wirklich *nichts*.«[5]

Die Trompeten- und Altsaxophonimprovisationen, die Coleman zusammen mit den Musikern Joujoukas aufnahm, haben den Umfang von drei Langspielplatten. Bis jetzt ist freilich erst einer dieser Titel – »Midnight Sunrise« – veröffentlicht worden, zudem ein Stück, das Coleman als eines der schwächsten ansieht.

Im Covertext von *Skies of America* erwähnt Coleman erstmals seine »Harmolodische Theorie, die von Melodie, Harmonie und der Instrumentation formaler Bewegungen Gebrauch macht«. Später fügte er hinzu, in »Harmolodics« gehe es »darum, Melodie, Harmonie und Rhythmus völlig gleichberechtigt zu gebrauchen«, und Don Cherry beschrieb »Harmolodics« als »ein tiefschürfendes System, das darauf beruht, daß man sein Hörvermögen parallel zur technischen Geläufigkeit auf dem Instrument entwickelt«. Wenn »Harmolodics« auch ein System ist, so läßt es sich doch nicht in ein oder zwei einfachen Sätzen definieren. Der Begriff steht jedoch dafür, was Coleman seinen Gruppen schon in den fünfziger Jahren lehrte: eine reiche Erfahrung, freie Linien zu einer Gruppenmusik zu verschmelzen. Selbstverständlich erfordert harmolodisches Improvisieren hochentwickelte Fähigkeiten des Hörens und Reagierens, und Coleman sagt dann auch, daß er Jahre brauchte, seiner ersten Band dieses System zu vermitteln, und wiederum Jahre, um es seiner späteren »Prime Time«-Gruppe beizubringen.

Ornette Colemans Prime Time entstand folgendermaßen: »So um 1974, 1975 wurde mir klar, daß die Gitarre einen sehr weiten Obertonbereich hat – eine Gitarre kann wie zehn Geigen klingen. So wie beispielsweise im Sinfonieorchester zwei Trompeten das Äquivalent von vierundzwanzig Geigen sind. Als ich das entdeckte, fragte ich mich, ob ich nicht meine Musik so orchestrieren könne, daß sie einen größeren Sound kriegt – und das ist mir dann auch mit Sicherheit gelungen«. Das Ergebnis ist nicht unbedingt Jazz, sondern eher eine Art freier Jazz-Rock. Von Colemans Free Jazz ist diese Musik genauso weit entfernt wie von seinen Kompositionen für klassische Ensembles, und der Begriff »Harmolodics« wird heute (fälschlicherweise) meist allein mit diesem neuen Stil in Verbindung gebracht.

Die ersten beiden Platten Colemans in seinem freien Jazz-Rock-Idiom, im Dezember 1975 aufgenommen, waren Quintetteinspielungen; an der dritten Platte *Of Human Feelings* (1979) nahmen sechs Musiker teil, und die Prime-Time-Gruppe der achtziger Jahre ist ein Septett, das aus Coleman und jeweils drei »Solo«- und drei »Rhythmus«-Spielern besteht – wobei die Solo- und Rhythmusgruppen jeweils aus Gitarre, Baß und Schlagzeug zusammengesetzt sind. Die Solospieler spielen keine Soli im herkömmlichen Sinn, sondern kreieren miteinander oder mit Colemans den Ensembleklang dominierenden Altsaxophon interaktive Gewebe. Vom Tempo her ist die Musik von Prime Time mehrschichtig angelegt: einige Spieler verdoppeln Colemans Tempo, andere halbieren es, und der Sologitarrist ist der einzige, der sich gelegentlich von den rhythmischen Mustern aus punktierten Achteln und nachfolgenden Sechzehntelnoten löst. Basis des Rhythmus' ist der dröhnende Disco-Schlag der Bass Drum auf jedem Beat; in einigen Stücken wie »Macho Woman« markiert die Bass Drum auch einen Bo-Diddley-Rhythmus (man vergleiche dies mit dem fließenden Bo-Diddley-Rhythmus in »Ramblin'«). Colemans Führungslinien bewegen sich in ständig wechselnden Tonalitäten, und daher sind auch die davon unabhängigen Tonalitäten der anderen Spieler in stetem Fluß; wie im Free Jazz lebt auch hier die Musik von andauernder Modulation. *Of Human Feelings* ist den Aufnahmen von 1975 deutlich überlegen; als noch überzeugendere Fusion von Free-Jazz-Ideen und Rock-Pop-Strukturen aber erweist sich James »Blood« Ulmers LP *Tales of Cap-*

tain Black, auf der Coleman Altsaxophon spielt. Bis jetzt hat noch keine Platte die Live-Atmosphäre der Prime-Time-Band einfangen können: ein urbaner Rhythmusdschungel, durch den sich ein fließendes Altsaxophon seinen Weg bahnt.

Colemans Improvisieren mit Prime Time ist pausenlos; seine kreative Ausdauer ist verblüffend. Insgesamt gesehen ist sein Spiel einfacher geworden, weniger differenziert, voll repetierter Phrasen, akzentuierter Beats und wuchernder Sequenzen. Seine Kompositionen für Prime Time lassen die eindeutige Emotionalität seiner früheren Musik vermissen, und rhythmisch ist sein freier Jazz-Rock ohnehin begrenzter als sie. Konzertauftritte mit der Musik im neuen Stil waren in den siebziger Jahren rar, und auch als Free-Jazz-Spieler trat er nur noch selten in Erscheinung; eine Ausnahme war ein Konzert von 1977, in dem er erstmals wieder mit David Izenzon spielte, der inzwischen Psychiater geworden war und sich der Arbeit mit Kindern widmete (zwei Jahre später starb Izenzon). Seit 1981 spielt Coleman jedoch wieder regelmäßig in der Öffentlichkeit, und zwar ausschließlich mit Prime Time: »Wenn wir alle zusammen spielen, so ist das wie ein herrliches Kaleidoskop. Was das Leben in der Musikwelt, im Musikgeschäft angeht, so ist es mir am wichtigsten, Dinge zu tun, die andere Menschen dazu stimulieren, herauszufinden, wie sie daran Spaß haben können, was wir machen. Und das ist das Schwerste: wie entdeckt jemand, daß er daran Spaß hat, was wir tun?«

Die offenen Räume seines früheren Repertoires hat Coleman der Gruppe »Old and New Dreams« überlassen, dem Quartett Cherrys, Redmans, Hadens und Blackwells. Kein großer Künstler vermittelt dieselben Einsichten oder Werte, die er vor fünfundzwanzig Jahren ausdrückte, und so ist auch Coleman nun nicht mehr der radikale junge Bebopper aus Texas: »Den Schmerz fühle ich noch immer, doch ist er nicht mehr so schädlich, wie ich früher glaubte.« Coleman ist längst zum Kosmopolit geworden, zum Stadtmenschen mit den Nerven und Gefühlen der Großstadt. Seine Musik spricht heute nicht mehr so direkt Herz und Verstand an, sondern eher die Nerven; mit ansteckenden Mustern und einfachen Melodien gibt sie der Bilder- und Gefühlsüberflutung des modernen Lebens neue Ordnung. Faszinierend aber bleibt die persönliche Qualität seiner Musik und sein ständiges Streben nach neuen Entdeckungen, seine fortwährende Umgestaltung der Jazztradition.

3.

Eric Dolphy

Zu der Zeit, als Ornette Colemans erste Aufnahmen gerade von sich hören machten, waren auch drei andere musikalische Neuerer an der Grenze zum Free Jazz angelangt. John Coltrane galt bereits als Vorbild einer neuen Saxophonspielweise; Cecil Taylor leitete schon seit mehreren Jahren in New York eigene Ensembles, und gegen Ende des Jahres 1959 schloß sich Eric Dolphy, ein weitgereister und erfahrener Altsaxophonist/Baßklarinettist/Flötist, dieser kleinen aufkeimenden Avantgardebewegung an. Dolphys weitere Laufbahn war mühsam. Als Sideman spielte er in einer Band nach der anderen; wiederholt schloß er sich den Gruppen Mingus' und Coltranes an, und gelegentlich ging er allein auf Tournee – das heißt, er reiste von Stadt zu Stadt und trat mit jeweils ortsansässigen Rhythmusgruppen auf. Während des Jazzplattenbooms in den frühen sechziger Jahren war er durch seine Vielseitigkeit ein vielgefragter Gast in den Studios, wo er in allen nur denkbaren Gruppen mitwirkte: Swingcombos, lateinamerikanische Kapellen, Bebop-Bands, experimentelle Orchesterformationen, frühe Gruppen des freien und modalen Jazz. Dolphy war zu Beginn der Free Jazz-Ära also zweifellos ein bekannter Musiker, aber kaum je hatte er Gelegenheit, das zu tun, was für das Wachstum seiner Kunst am wichtigsten gewesen wäre: eine eigene Gruppe zu leiten und mit ihr seine eigene Musik zu proben und aufzuführen. Mitte 1964 starb er in einer für sein Leben charakteristischen Situation: er reiste gerade in Europa von Stadt zu Stadt und trat mit rasch zusammengewürfelten Gruppen auf.

Jeder mochte Eric Dolphy. Er war einer jener seltenen Menschen, die von kleinen Eitelkeiten, Grausamkeiten oder Verbitterung völlig frei zu sein scheinen. Immer wieder liest man in den Berichten über sein Leben von seiner Güte und Hilfsbereitschaft; Freunde und Musikerkollegen schildern ihn als »gütig«, »großzügig«, »sanft«, »mitfühlend« und, immer wieder, als »bescheiden«. Hier nur zwei Beispiele.

Der launische und aufbrausende Charles Mingus, für den Dolphy »ein Heiliger« war, sagte: »Ich kannte Eric Dolphy aus Kalifornien, schon bevor er bei mir spielte. Er war sehr ruhig – sagte kaum je etwas. Sehr empfindsam. Sehr wach – seine Augen waren sehr wach. Sehr gütig, sehr um das Wohl anderer Leute bedacht. Ich glaube nicht, daß er von sich selbst eingenommen war; ich glaube nicht, daß er sich seiner eigenen Güte bewußt war.«[1] Und der bekannte Bebop-Tenorist Harold Land berichtet: »Eric trat so bescheiden auf, daß man das einfach rührend finden mußte. Und das bei jemand mit solch blendendem Können. Eric war einer der sanftesten, rücksichtsvollsten Menschen, die ich jemals kennengelernt habe. Anderen gegenüber war er unglaublich aufmerksam, immer bereit, jemandem einen Gefallen zu tun. Er war einer dieser übersprudelnd lebendigen Menschen, die jeder mag; er schien immer zu strahlen. Er lachte gerne und war offenbar der Meinung, daß ich Humor hätte. Als ich das merkte, versuchte ich immer, ihn auf alle mögliche Art und Weise zum Lachen zu bringen. Es war wirklich eine Freude, ihn um sich zu haben.«[2]

Eric Dolphy wurde 1928 in Los Angeles geboren und lebte die meiste Zeit seines Lebens bei seinen Eltern in der Mitte der Stadt. Als Kind ging er mit seiner Mutter zu den Proben des Kirchenchors und hörte Händels *Messias*. Später sang er selbst im Chor und unterrichtete an der Sonntagsschule in der Kirche seiner Familie und in der Kirche, in der der Vater des Bebop-Pianisten Hampton Hawes Pastor war. Im Alter von sechs Jahren fing er an, Klarinette zu spielen; als er auf die Junior High School kam, spielte er Oboe. Als Teenager spielte er Altsaxophon in einer Jump-Band nach dem Vorbild Louis Jordans. Zu dieser Zeit kopierte er Jazz-Soli von Schallplatten, und da er noch zu jung für die Nachtclubs der Central Avenue war, hörte er von draußen den Swingbands zu.

Der junge Eric spielte gerne im Hinterhof Flöte, begleitete den Gesang der Vögel, und wenn er nachts nicht schlafen konnte, spielte er auf dem Familienklavier. Seine Eltern bauten ihm ihre Garage in einen schallgedämpften Übungsraum um. Nach der High School ging Eric einige Zeit zum Los Angeles City College; über drei Jahrzehnte später erinnert sich sein Vater: »Ich fragte ihn, warum er nicht auf dem College bleiben wollte. Ich machte ihm klar, daß er nach seinem Abschluß Musiklehrer werden könnte und dann an den Wochenenden nebenher Musik machen könnte. Er aber sagte: ›Dad, ich möchte Musiker werden und sonst *nichts.*‹ Danach habe ich über diese Sache nie mehr etwas gesagt.«[2]

Eric Dolphy

Roy Porter, der 1946 der Schlagzeuger Charlie Parkers gewesen war, leitete damals eine innovative Bebop-Big Band mit aufregenden Arrangements und siebzehn abenteuerlustigen jungen Musikern, darunter Posaunist Jimmy Knepper und Trompeter Art Farmer. Eric Dolphy schloß sich der Band als Zwanzigjähriger an und spielte das erste Altsaxophon. Porters Hauptsolist auf dem Altsaxophon war damals Leroy »Sweetpea« Robinson, und in »Sippin' with Cisco« kann man hören, wie sich die beiden chorusweise oder im Abstand von vier Takten abwechseln, beide voller Energie und deutlich von Charlie Parker inspiriert. Die Band Porters löste sich 1950 auf; Dolphy, der zum Korea-Krieg eingezogen zu werden drohte, trat lieber freiwillig in die Armee ein und wurde in den Vereinigten Staaten stationiert. Sein letztes Dienstjahr verbrachte er an der Marinemusikschule in Washington, D.C., und 1953 kehrte er nach Hause zurück.

In der Hard-Bop-Szene von Los Angeles wurde er schnell zu einer bekannten Figur. Gerne kamen Musiker bei seinem Hinterhof-Studio vorbei, um ihn zu besuchen und mit ihm zu proben; hier spielte Harold Land erstmals Clifford Brown und Max Roach vor, die ihn daraufhin für ihr im Aufbau begriffenes Quintett engagierten. Dolphy lernte auch John Coltrane kennen, als dieser noch unter dem Einfluß des Tenoristen Dexter Gordon stand: Coltrane, der drogenabhängig und ohne Geld an der Westküste festsaß, lieh sich von Dolphy Geld, um nach Philadelphia zurückkehren zu können. Ein anderer junger Musiker, den Dolphy damals kennenlernte, war Ornette Coleman, der bereits im Begriff war, die Prinzipien freien Improvisierens zu entdecken: »Ornette spielte schon 1954 so. Ich hatte von ihm gehört, und als ich ihn spielen hörte, fragte er mich, ob mir seine Stücke gefielen, und ich sagte ihm, daß sie meiner Meinung nach gut klängen. Wenn er davon sprach, daß er, wenn jemand einen Akkord spielte, einen anderen Akkord darüber hören würde, dann wußte ich, wovon er redete, denn ich hatte an ähnliche Dinge gedacht.«[3] Gegen Mitte der fünfziger Jahre trat Dolphy immer wieder mit Unterbrechungen auf. Ein Jahr lang, von 1956 bis 1957, waren er und seine »Men of Modern Jazz« die Hausband des beliebten »Club Oasis«; sie spielten Hintergrundmusik für Tänzer und Varietènummern, und das sechs Abende in der Woche. Ihre Auftritte beschlossen sie stets mit eigenen Kompositionen, und nach sechs Nächten kamen sie am Sonntag morgen wieder in den Club, um an der allwöchentlichen Jam Session teilzunehmen. »Im Oasis schien er glücklich zu sein – wahnsinnig froh, nur endlich einmal professionell arbeiten zu können«, schrieb ein Freund, der Dolphy folgendermaßen charakterisierte: »ein ungewöhnlich umgänglicher, sanfter, bescheidener Typ, der Parker verehrte und der oft wie ein verspieltes Kätzchen wirkte.«[4]

Überregionale Beachtung erhielt Dolphy erstmals, als er 1958 dem

Quintett Chico Hamiltons beitrat, einer der erfolgreichsten Cocktail-Jazz-Gruppen jener Zeit. Das Repertoire der Gruppe enthielt eine Menge schlagerartiger, wenig jazzgemäßer Stücke in dicht strukturierten Arrangements für ein Holzblasinstrument (Dolphy), Cello, Gitarre, Baß und das Schlagzeug Hamiltons. Bei Live-Auftritten hatte Dolphy aber mehr Gelegenheiten, solistisch hervorzutreten, und der Kritiker Nat Hentoff erinnert sich an intensive und originelle Improvisationen Dolphys auch aus dieser Prä-Avantgarde-Zeit. Nach einer Tournee im November 1959 löste sich Hamiltons Gruppe auf, und Dolphy zog nach New York, wo er zunächst in der Hausband von Minton's in Harlem spielte. Im Dezember schloß er sich der Gruppe von Charles Mingus an, die gerade ein langes Gastspiel in Greenwich Village antrat.

Das war zu genau jener Zeit, als Ornette Coleman im Five Spot Café erstmals für Aufsehen sorgte, und mit Dolphy in der Mingus-Band waren die New Yorker wie überrumpelt von all dem neuen Jazz, der aus dem Westen kam. Anfang April machte Dolphy seine ersten Aufnahmen unter eigenem Namen; viereinhalb Monate später spielte er seine zweite Platte ein, und am Ende des Jahres – am selben Tag, als er bei Ornette Colemans *Free Jazz* mitwirkte – nahm er seine dritte LP auf, mit der seine Zusammenarbeit mit dem Trompeter Booker Little begann. Abgesehen von seinen eigenen Platten nahm Dolphy 1960 an fünfzehn oder sechzehn anderen Aufnahmesitzungen teil, meist auch als Solist; verglichen mit seiner Untergrund-Prominenz in Los Angeles war er in New York ein bekannter Musiker geworden. Und das ist auch kein Wunder, denn die Soli auf seinen Platten sind Vorführungen virtuosen Feuerwerks, brillant in ihrem Reichtum von Formen und Farben: die Ideen scheinen nur so aus ihm herauszusprudeln, freudig erregte, wild bewegte Linien.

Verwunderung scheint aus Dolphys Spiel zu sprechen, eine Reinheit und Klarheit der Aussage, die fast unschuldig wirkt neben den emotionalen Komplexitäten Colemans, Taylors oder Coltranes. Seine besten Altsaxophonsoli eröffnet er mit Klangkaskaden, um sie berauschend virtuosen Linien fortzusetzen. Am erstaunlichsten in diesen Aufnahmen von 1960 ist jedoch sein Baßklarinettenspiel. In »Serene« beispielsweise führt er faszinierende Aspekte seines großen Sounds vor, von saxophongleichen Höhen (kann man auf dem Instrument *wirklich* so hoch spielen?) über die warmen, hauchigen, vibrierenden Tiefen bis zu merkwürdig sprechenden und stöhnenden Klängen (ist das *wirklich* eine Baßklarinette?). In buchstäblich allen seiner Aufnahmen steht er im Mittelpunkt, ganz gleich, wer offiziell als Leader fungiert, und er scheut sich nicht, langweilig-selbstzufriedene Musizierpartner gnadenlos zu überspielen. Seine besten Mitspieler jedoch inspirierte er zu herausragenden Improvisationen: so beispielsweise Mingus oder, in seinem ersten eigenen Quintett, eine swingende

Rhythmusgruppe und den jungen Trompeter Freddie Hubbard, dessen fröhlich ornamentierte Linien und Triller das Blechblas-Pendant zu Dolphys holzbläserischen Ideen sind.

Ein Aufsatz Jack Cookes bietet eine präzise Beschreibung von Dolphys Musik in jener Phase.[5] Um es kurz zusammenzufassen: in Dolphys freier Assoziation von Ideen trifft sich drängende Emotionalität mit etwas scheinbar völlig Konträrem – einer eleganten und höchst differenzierten Verfeinerung des Ornamentalen. Am vitalsten und individuellsten war damals sein Baßklarinetten- und Altsaxophonspiel; denn zu dieser Zeit war sein Flötenspiel noch nicht so avanciert wie später, und seine Soli sind nach collageartigen Verfahren strukturiert. Diese Beschreibung trifft, wie ich meine, im Kern auf alle Aufnahmen Dolphys zu. Die Hauptentwicklung in seiner späteren Musik bestand in der Erweiterung der Strukturen des Jazz, mit der eine zunehmende Verdichtung seiner Collageformen Hand in Hand ging. 1960 und 1961 war sein Spiel jedoch noch meist eine persönliche Reaktion auf Vorgaben anderer Musiker, unter ihnen drei der innovativsten Persönlichkeiten des Jazz: Mingus, Coleman und George Russell.

Eric Dolphy war mit Sicherheit der Meister spontanen Ausdrucks, den Mingus brauchte. Noch eindringlicher als Mingus konnte Dolphy extreme emotionale Zustände vermitteln. Da ist beispielsweise das heilige Feuer von Dolphys Kurven und Trillern in »Wednesday Night Prayer Meeting«; die intensive Dramatik seiner Synthese von Schmerz und Satire in »Original Faubus Fables«; die wilde Ausgelassenheit, mit der er in »Folk Forms I« die Pyramide kollektiver Improvisation eröffnet. Dies sind alles Altsaxophonsoli, doch ist die berühmteste dieser Aufnahmen mit Mingus ein Virtuosenstück auf der Baßklarinette. Dieses Instrument ist es, mit dem er in der Mitte von »What Love« ein Streitgespräch mit dem Kontrabaß führt, in sprachähnlichen Kadenzen und Wendungen, und auch in Gackern, Grunzen, Gemurmel und verzerrten Schreien.

Zum Ende des Jahres 1960 trennte sich Dolphy von Mingus. In späteren Jahren versuchte Mingus immer wieder, die Intensität dieser Gruppe neu zu erzeugen, mit den gleichen bewährten Mitteln: Stop Time, Rubato, Double Time, kontrastierende Tempi und Metren, Ostinati, Chase-Chorusse, Kollektivimprovisationen, auskomponierte und improvisierte Bläserriffs, Hinzufügung oder Auslassung von Musikern. Nur gelegentlich glückte ihm das, sieht man einmal von Dolphys späteren kurzen Gastspielen in der Gruppe ab, so etwa bei den Tourneen des Jahres 1964.

Durch die Arbeit bei Mingus ergab sich für Dolphy eine Fülle musikalischer und menschlicher Kontakte. 1960 veranstalteten Mingus und andere Musiker, die wie er erbost über die zunehmende Kommerzialisierung des jährlichen Newport Jazz Festivals waren, in Newport ein

Gegenfestival. Es war das Jahr der berüchtigten Newport-Krawalle; als das offizielle Festival daraufhin abgebrochen wurde, waren die einzigen Jazzklänge in dem Urlaubsort die der Newport-Rebellen. Außer Mingus und Coleman und ihren Gruppen waren unter den Rebellen auch andere Jazzgrößen wie Coleman Hawkins, Max Roach, Wilbur Ware und Jo Jones. Aus dem Gegenfestival entstand die kurzlebige »Jazz Artists Guild«, ein früher Ansatz zu einer Kooperative von Jazzmusikern.

In der Jazzpublizistik der Zeit wurde Dolphys Name unweigerlich in einem Atemzug mit dem Colemans genannt, obwohl Colemans Musik eine der täglich wieder völlig neuen Formen und Gestalten war, während Dolphy, ungeachtet seiner gewagten Klänge, Linien und harmonischen Wendungen, doch im Bereich festgelegter harmonischer Strukturen improvisierte: »Ja, ich betrachte mein Spiel durchaus als tonal. Ich spiele zwar Töne, von denen man gewöhnlicherweise nicht annimmt, daß sie zu einer bestimmten Tonart gehören; für mich aber klingen sie richtig. Ich glaube nicht, daß ich mich ›von den Akkorden löse‹, wie man sagt; jeder Ton, den ich spiele, hat einen bestimmten Bezug zu den Akkorden des Stücks.«[3] Im Mai 1960 traten Coleman und Dolphy gemeinsam bei einem der Musik Gunther Schullers gewidmeten Konzert auf; dabei spielten sie die beiden Stücke Schullers, die sie im Dezember auf Platte aufnahmen. Dolphys Flöte ist es, die zwei Sätzen von Schullers John-Lewis- und Monk-»Variants« etwas Leben einhaucht. Interessanterweise sind beide Sätze nach dem konservativen Muster von Mingus-Pyramiden organisiert, und das Baßklarinetten-Kontrabaß-Duett (mit Scott LaFaro am Baß) orientiert sich am Vorbild von Mingus' »What Love«. In Colemans *Free Jazz* spielt Dolphy Baßklarinettenlinien, mal führend, mal respondierend, deren Phrasierung von für ihn ungewöhnlicher Direktheit ist, ohne jegliche Verzierung; seine Erfahrungen mit kollektiver Improvisation bei Mingus hatten ihn auf das Spiel in Colemans Doppelquartett vorbereitet.

Sieht man von den Aufnahmen mit Coleman und Mingus ab, so zeigt sich Dolphy in den Aufnahmen jener Zeit stets in der Gesellschaft konservativer spielender Musiker. Einen gleichwertigen Partner traf Dolphy dann aber im Frühjahr 1961: den Komponisten und Bandleader **George Russell.** Russell war in Cincinnati, Ohio aufgewachsen, wo er Jazz erstmals auf den Riverboats hörte; als Jugendlicher spielte er in einem Spielsmannszug Schlagzeug, dann in einem Nachtclub; schließlich erhielt er ein Stipendium zum Besuch der Wilberforce University. Im Alter von neunzehn Jahren wurde er mit Tuberkulose in ein Sanatorium eingeliefert; dort lernte er von einem Mitpatienten das Arrangieren. Gegen Mitte der vierziger Jahre komponierte Russell für Bands in Cincinnati und Chicago und auch für Earl Hines und Benny Carter und siedelte dann nach New York über, wo Charlie Parker ihm anbot, Schlagzeuger seiner Combo zu werden. Russell erlitt jedoch einen Tuberkulose-Rückfall und verbrachte sechzehn weitere Monate im Sanatorium. Während seiner Rekonvaleszenz formulierte er erstmals die Prinzipien seines »Lydian Chromatic Concept of Tonal Organization«.

Nach seiner Entlassung komponierte er für die Dizzy Gillespie-Big Band des Jahres 1947 das Stück »Cubana Be – Cubana Bop«, eine vielschichtige, polyrhythmische Komposition, in der der Congavirtuose Chano Pozo seine Künste zur Schau stellen konnte. 1949 komponierte er »A Bird in Igor's Yard«, ein so avantgardistisches Stück, daß es erst Mitte der siebziger Jahre veröffentlicht wurde. Russell hatte dabei die rhythmischen Texturen von Strawinskys *Sacre du Printemps* im Ohr. Sein »Bird« beginnt mit einem dichten Liniengeflecht; hinter der führenden Klarinette Buddy De Francos erheben sich die einzelnen Orchestergruppen mit großen, mächtigen Klängen; frei und flüssig trällert die Klarinette über Offbeat-Einwürfen der Posaunen, und die Linien der hohen Instrumente verdichten sich zu Kreuzrhythmen. Wie die Soli Dolphys des Jahres 1960 haben auch diese beiden Stücke weder einen deutlichen Anfang, einen zentralen Höhepunkt noch ein wohldefiniertes Ende. Russell präsentiert stattdessen eine Abfolge flüchtiger, einander überlappender Bilder; keines hält sich lange; sie lösen sich auf und gehen keine Verbindung untereinander ein.

»Bird« ist ein Stück von drei Minuten, das auf eine Seite einer 78er-Platte paßt; als sich die Langspielplatte durchgesetzt hatte, fing Russell an, längere Werke zu schreiben. »All About Rosie« ist sein Auftragswerk von 1958 für die Brandeis University. In »Rosie« tauschen die Gruppen des Ensembles eine kinderliedartige Phrase untereinander aus. In einem zweiten, langsameren Satz werden die Figuren der Gruppen oder Solisten verformt oder ineinander umgewandelt, und das Kinderlied-Thema ist wiederum Grundlage des dritten Satzes mit seinen ständig wechselnden Klangfarben und einer Aneinanderreihung von Soli. *New York, N. Y.* (1958–59) ist eine lose geknüpfte Suite, deren Titel auf die visuelle und emotionale Ausrichtung von Russells Musikdenken verweist: hier hören wir die vielfachen Eindrücke, die ein Komponist an einer belebten Straßenkreuzung empfängt, und, mehr noch, die Klangphantasie eines Menschen, der all diese Materialien entwickelt und zueinander in Beziehung setzt. Fast zwei Jahrzehnte später sollte Russell sehr ähnliche Formulierungen gebrauchen, um kompositorische Verfahren zu beschreiben, die er mittlerweile entwickelt hatte, und eigentlich trifft eine derartige Charakterisierung auf beinahe seine gesamte Musik zu. Russells Klangmetropolen wimmeln vor Leben; seine Musik ist voll der Aktivität ausdrucksstarker Solisten und der Vitalität reichhaltiger, oft ausgedehnter Melodien. Jedes neue Werk Russells dokumentiert kompositorischen Fortschritt. »The Lydiot«, ein Stück von *Jazz in the Space Age* (1960), ist voller Tempo und harmonischer Unbestimmtheiten. Die orchestralen Sätze dieser Suite werden durch Zwischenspiele verbunden, in denen zwei Pianisten zunächst unregelmäßig geformte Phrasen in verschleierter Modalität austauschen, um dann schließlich simultan zu improvisieren. Die Suite verwendet modale Techniken anstelle von Harmoniefolgen, und für Russell scheint es festzustehen, daß der Weltraum (»Space Age«) nicht weniger farbenprächtig und belebt ist als seine akustisch symbolisierten Städte.

Sein 1960 gegründetes Avantgarde-Sextett erging sich zwar nicht wie Colemans Gruppe in freien Experimenten, zerstörte aber auf seine Weise nicht weniger gründlich die Konventionen des Bebop. Russells Ziel war ständige Bewegung, im kleinen Ensemble wie in seiner Big Band; er verwendete all jene rhythmischen und strukturellen Verfahren, die auch Mingus benutzte, freilich unter ganz anderen emotionalen Vorzeichen. Hinzu kam, daß Russell und seine Mitspieler sich am »Lydian Chromatic Concept« orientierten, dessen Grundlagen Russell in den frühen fünfziger Jahren veröffentlicht hatte. Diese spezielle Herangehensweise an den harmonischen Aufbau eines Solos entspringt folgender Beobachtung: »Wenn man einmal sagt, daß die chromatische Leiter alle Intervalle und damit alle Musik enthält, dann muß alle Musik relativ sein. Und wenn alle Musik relativ ist, dann kann es kein ›richtig‹ oder ›falsch‹ geben.«[6] Für den improvisierenden Bebop-Solisten wird die wahre Tonart einer Phrase oder Passage nicht durch die Vorzeichen der Komposition bestimmt, sondern durch die von ihm gewählte Reharmonisierung. Das »Lydian Concept« liefert Relationen – Skalen, die auf dem jahrtausendealten Lydischen Modus der Griechen beruhen, die ihre Modi ihrerseits von älteren Völkern übernommen haben mögen –, Relationen, die die tonale Struktur des Solisten mit anderen tonalen Strukturen in Einklang bringen können, so etwa mit der vorgegebenen Tonart des Stücks oder den tonalen Bewegungen der Rhythmusgruppe. Und die Schönheit des »Lydian Concept« liegt in der Freiheit, mit der der Solist das harmonische Gefüge verändern kann: hier ist die theoretische Fundierung der Behauptung Eric Dolphys, er improvisiere stets über Akkordfolgen, auch wenn die harmonischen Abläufe seines Spiels weit von ihnen entfernt zu sein scheinen.

In seinen Gruppen spielte Russell Klavier, und in dem Sextett, das er im Frühjahr 1961 kurzfristig leitete, gab es außer Dolphy zwei weitere sehr elegant spielende Solisten: den Posaunisten David Baker und den Trompeter Don Ellis. Der Einfallsreichtum der Gruppe im Bereich neuer Jazztechniken steht dem Russells nicht nach. Im satirischen Blues »Honesty« spielen die Bläser abwechselnd redselig-listige Phrasen über aufgehobenem Metrum und traditionell swingende Chorusse. Russells »Ezz-thetic« ist eine lange, ungebrochene, vielsagende Bebop-Melodielinie, der Dolphys schneidendes Altsaxophon rauschhafte Schärfe gibt, bis die jähen Sprünge und langen verzogenen Töne seines Solos der Musik eine abstrakt funkelnde Atmosphäre verleihen. Monks »Round Midnight« arrangierte Russell als Paradestück für Dolphys Altsaxophon, und Dolphy liefert eine hochdramatische Interpretation voll langer, dekorativer aufsteigender Läufe; seine Collageverfahren führen diesmal zu einer ungewöhnlich krassen Aussage, einem seltenen Beispiel einer nonthematischen Improvisation über Monks vermutlich undankbarstes Stück für Solisten. Es ist bedauerlich, daß dies die einzige gemeinsame Schallplatte Dolphys und Russells blieb, denn Dolphy sollte erst dann wieder mit einem Ensemble mit solch innovativem Anspruch spielen, als sich wichtige Veränderungen in seiner eigenen Musik ankündigten, also in den Jahren 1963 und 1964.

1961 war Dolphy wiederum ein häufiger Gast in den Aufnahmestudios – allein im ersten Halbjahr nahm er an mindestens einem Dutzend Aufnahmesitzungen teil –, doch hatte er außer seiner Mitwirkung bei Schallplatten kaum Gelegenheit zum Spielen. Die Anfänge seiner ertragreichen Zusammenarbeit mit dem Trompeter **Booker Little** fallen in jene Zeit. Little hatte seine erste Schallplatte unter eigenem Namen bereits 1958, als Zwanzigjähriger, aufgenommen; danach spielte er häufig mit Max Roach und war, wie Dolphy, als Free-Lance-Musiker tätig. Als Little einmal seine eigene Art des Spielens und Komponierens erläuterte, beschrieb er damit unbewußt auch Eric Dolphys Auffassung von Melodie und Harmonik: »Es würde wohl keiner bestreiten, daß man außerhalb der konventionellen Spielweise, die nur Ganztöne und Halbtöne benutzt, mehr Emotionalität erreichen und ausdrücken kann. Mit etwas zu tief gespielten Tönen kann man mehr Gefühl ausdrücken ... Wenn es ein konsonanter Klang ist, dann wird er kleiner klingen. Je mehr Dissonanz, desto größer der Klang ...«.[7] Littles Trompetenstil entfernt sich von der gebrochenen Phrasierung des Bebop; die instinktive Lyrik seines Spiels deutet bereits jenen Ausdruck von Frieden und Ruhe an, den Leo Smith in den siebziger Jahren entwikkeln sollte. Unter dem Druck intensiver Emotionen aber beugt sich Littles charakteristische Nüchternheit, und so gipfelt die besonnene Gestaltung von Trauer in »Man of Words« in hohen, entfernten, unfertigen Tönen. Im modalen Walzer »A New Day« geht er so frei mit dem Beat um, setzt so überraschende Akzente, daß allein der rhythmische Charakter des Stücks innovative Qualität hat. Und Gemeinsamkeit der Vorstellungen spricht daraus, wie Littles Flamenco-inspiriertes Solo in »Moods in Free Time« im hohen Aufschrei und den folgenden schluchzend-gebogenen Tönen von Dolphys Improvisation weitergeführt wird.

Im Juli hatte Dolphy endlich Gelegenheit, zwei Wochen lang im Five Spot Café eine eigene Gruppe zu präsentieren, und glücklicherweise hat die Plattenfirma Prestige die Musik eines ganzen Abends mitgeschnitten. Dolphys Partner sind Booker Little (möglicherweise sein einziger öffentlicher Auftritt mit Dolphy), der Pianist Mal Waldron, der Bassist Richard Davis und der Schlagzeuger Edward Blackwell. Das Ergebnis waren Dolphys bis dahin wohl persönlichste musikalische Aussagen, denn allen Solisten wird viel Raum gewährt, und ideenreich, wie Dolphy war, bedurfte es, wie man nun hört, ausführlicher Soli, um das breite Spektrum seines Spiels völlig zu entfalten. Seine Phrasierung ist deutlich vom Vorbild Parkers gezeichnet. »Aggression«, auf der Baßklarinette in erschreckend schnellem Tempo gespielt, steckt voller Parker-Phrasen, die nach Art der Collagetechnik eines William Burroughs aus ihrem ursprünglichen Kontext gerissen und neu montiert werden; die Blues-Aura von Parkers Ideen wird durch die hektischen Intervallsprünge innerhalb von Dolphys Phrasen umgedeutet. »Status Seeking«, »Fire Waltz« und besonders »The Prophet« sind beeindruckende Dokumente des Sounds und der spontanen Kreativität seines Altsaxophonspiels. Reine Virtuosität von Idee und Technik sind die Mittel seines Spiels, das eine herkömmliche Melodiestruktur völlig vermissen läßt. In »The Prophet« scheinen die Bindungen zur harmonischen Struktur gänzlich zertrennt zu sein, und sein siebenminütiges Solo lebt allein von der Brillanz seines Klangs und seiner Einfälle. Bei diesen Five-Spot-Aufnahmen stimmten alle äußeren Umstände – endlich einmal entsprachen seine Mitspieler seinem künstlerischen Niveau –, und so dokumentieren die Prestige-Aufnahmen einen bewußt und erfolgreich verblüffenden musikalischen Abend.

Der folgende Monat brachte die letzte musikalische Zusammenarbeit Dolphys, Littles und Waldrons: die drei nahmen an der Einspielung von Max Roachs anspruchsvoller *Percussion Bitter Sweet*-LP teil. Abbey Lincoln singt von der Verlogenheit der Welt (»Mendacity makes the world go 'round«); Dolphy spielt ein kurzes Altsolo voller Bitterkeit, und dann folgt Roach mit einer Folge fein strukturierter, von Metrum und Taktstrich völlig emanzipierter Phrasen, die er durch Pausen voneinander absetzt, um ihre dramatische Wirkung noch zu steigern. Roachs musikalische Aussage, Satz für Satz formuliert, ist vielschichtig angelegt; aus Klangfarben und rhythmischen Mustern wachsen melodische Gestalten; und doch widersteht das Stück den Konventionen herkömmlicher Schlagzeugsoli: hier ist eine freie Schlagzeugkomposition, die kommenden Drummer-Generationen zum Vorbild werden sollte. In früheren Aufnahmen war Dolphy sehr frei mit dem Walzer (Oliver Nelsons »The Meetin'«) und dem 5/4-Takt (Waldrons »Warp and Woof«) umgegangen, und so überrascht es, daß er in Roachs »Man from South Africa« die Schläge des 7/4-Taktes ungewöhnlich deutlich betont. Zwei Monate nach den *Percussion Bitter Sweet*-Sessions starb Booker Little im Alter von dreiundzwanzig Jahren.

Ungefähr zur Zeit von *Percussion Bitter Sweet* wurde Dolphy von den Kritikern der Jazz-Zeitschrift *Down Beat* mit der »New Star«-Auszeichnung prämiert. »Heißt das, daß ich jetzt mehr Arbeit bekommen werde?« fragte Dolphy, und tatsächlich trat er im folgenden August seine erste Europa-Tournee an, die bis Ende September dauerte. Dolphy trat nun regelmäßig auf, reiste als Solist und spielte mit Rhythmusgruppen unterschiedlicher Güte; wenn er nun auch sein Repertoire selbst zusammenstellen konnte, so mußte er sich doch unter Rücksichtnahme auf seine wechselnden Begleiter auf Jazz-Standards oder Eigenkompositionen mit konventionellen Harmoniestrukturen beschränken. Da Dolphy also bedacht war, es seinen Begleitern nicht zu schwer zu machen, ist es kaum erstaunlich, daß keine der Aufnahmen von seiner Tournee qualitativ an die Five-Spot-Mitschnitte heranreicht, und daß sein Spiel nun deutlicher als sonst von Parker-Phrasen gezeichnet war. In jedem seiner Konzerte bot Dolphy seine Solobaßklarinettenversion von »God Bless the Child« dar, in der das Thema hinter dem herrlich opulenten Rankenwerk seiner Klangarabesken verschwindet. Musikalisch gesehen war die Tournee ein Erfolg; nach seinen Schwierigkeiten, in Amerika Auftrittsmöglichkeiten zu finden, dürfte der herzliche Empfang durch das europäische Publikum für Dolphy äußerst erfreulich gewesen sein.

1961 schloß sich Dolphy John Coltrane an, nahm im Frühjahr an Plattenaufnahmen des Tenorsaxophonisten teil und ging im Herbst mit dessen Gruppe auf Tournee. Kurz nach seiner überaus erfolgreichen Kooperation mit George Russell nahm er im Mai als Flötist und Altsaxophonist an Coltranes *Ole*-LP teil. Im Juni leitete er sein eigenes Arrangement des Coltrane-Titels »Africa«: über die exotischen Triller und Aufschreie des Ensembles erheben sich Coltranes Tenorsaxophon und die wilden Glissandi der Waldhörner. In den Live-Aufnahmen mit Coltrane vom November und Dezember erweist sich Dolphys Spiel als zusätzliche Attraktion, die aber vom zentralen Impuls der Musik losgelöst scheint. Das Spiel der anderen Musiker orientierte sich magnetgleich an den Rhythmen Coltranes, insbesondere an dessen regelmäßiger Betonung des ersten Taktschlags. Nur gelegentlich wirkte Dolphys Spiel in alle Faktoren von Coltranes musikalischer Welt integriert: so in einem langen, intensiven Duett mit Schlagzeuger Elvin Jones in einer Alternativfassung von »India« oder in reichornamentierten Soli in mehreren Versionen von »Naima«, jedesmal auf der Baßklarinette gespielt. Charakteristischer sind jedoch Passagen – oder ganze Konzerte –, in denen Dolphy auf der Höhe seines kreativen Vermögens ist und dabei auf das völlige Unverständnis von Jones trifft, der seinerseits brillant und mit mächtigem Swing spielt: so beispielsweise in einer in Baden-Baden aufgezeichneten Fassung von »Impressions«. Es gibt Soli Dolphys (so wie die beiden Versionen von »Spiritual«), die von derartiger rhythmischer Vitalität sind, daß Jones' Spiel darüber in den Hintergrund tritt: eine höchst uncharakteristische Situation für diesen Ausnahmeschlagzeuger. Sind die neuen Facetten von Coltranes Stil dieser Zeit auf Einflüsse Dolphys zurückzuführen? Hört man die erste Alternativfassung von »Impressions« mit Dolphys stellenweise vom Metrum gänzlich losgelöstem Spiel, so fragt man sich, ob die freiesten Passagen entscheidender Aufnahmen Coltranes (so wie die ursprünglich veröffentlichte Version von »Impressions«) nicht wenigstens zum Teil auf Dolphys Inspiration zurückgehen.

Das halbjährige Gastspiel bei Coltrane endete im März 1962, und danach fand Dolphy tatsächlich mehr Arbeit als in früheren Jahren, wenn auch hauptsächlich als Sideman in verschiedenartigsten Projekten. So spielte er in konventionellen Pop-Jazz-Gruppen und in einer Mingus-Big-Band, in Hard-Bop-Combos und wiederum mit Coltrane, in von John Lewis geleiteten Third-Stream-Konzerten mit dessen »Orchestra U.S.A.«, mit Gunther Schuller, dessen »Night Music« für Solobaßklarinette er ebenso wie Edgard Varèses Flötensolo »Density 21.5« im Konzert aufführte. Seine Aktivitäten in den Studios nahmen jedoch nach 1961 deutlich ab, und so gibt es keinen Beleg dafür, daß er das in »The Prophet« Erreichte in den darauffolgenden zwanzig Monaten übertroffen hätte – auch nicht bei seinen Tourneen mit Coltrane. Ab und zu hatte er jedoch Gelegenheit, mit eigenen Gruppen aufzutreten, und was man darüber hört, klingt vielversprechend. So weiß man von einer Aufführung, bei der ein Maler zu den Improvisationen einer zehnköpfigen Tanzgruppe und eines fünfköpfigen Dolphy-Ensembles (mit Trompete, Vibraphon, Baß und Schlagzeug) ein überdimensionales abstraktes Gemälde kreierte. Ein anderes Dolphy-Quintett begleitete die Lesungen eines Dichters, und Dolphy hatte mindestens ein Clubgastspiel mit einem avancierten Ensemble, dem außer ihm Trompeter Woody Shaw, Vibraphonist Bobby Hutcherson, Schlagzeuger J.C. Moses und Eddie Khan oder der treue Richard Davis am Baß angehörten.

Diese vier sind dann auch bei seiner nächsten Platte dabei, die dann endlich im Mai und Juni 1963 unter der Verantwortung des Produzenten Alan Douglas eingespielt wurde. Die technische Qualität dieser Aufnahmen betont die Persönlichkeit und Vielfalt von Dolphys Sound, und die Härte seines Ansatzes wird oft besonders deutlich. »Love Me« ist ein unbegleitetes Altsaxophonsolo, das etwas an sein Baßklarinetten-Bravourstück »God Bless the Child« erinnert. »Alone Together« ist eines von drei Duetten mit Richard Davis und ist besonders überlegt strukturiert: Auf eine ausführliche Einleitung mit plötzlichen Kadenzen und ausgehaltenen Spaltklängen folgt eine Improvisation in mittlerem Tempo, in der die durch Pausen getrennten Phrasen eine unglaubliche Spannung erzeugen: wenn es eines Beweises bedürfte, daß die Baßklarinette das für den Jazz nötige Ausdruckspotential vermitteln kann, so wäre er hier zu finden.

In »Alone Together« hat Dolphy darüber hinaus eine Art der musikalischen Struktur gefunden, die es ihm gestattet, sein ganzes reiches Ideenpotential und seine virtuose Vielfalt der Klangfarben zur Anwendung zu bringen. Diese zuvor unbekannte Meisterschaft des Stückaufbaus strahlt auch auf sein Komponieren für das Quintett aus. Das modale »Mandrake« ist aus abwechselnden Dreier- und Vierertakten gebaut; die Zerrissenheit seines Altsaxophonsolos wird durch die rhythmischen und harmonischen Strukturen noch gesteigert. »Iron Man« enthält einen langen modalen Mittelteil, und in seinem Altsolo wird eine charakteristische Figur dieses Mittelteils zum Kernmotiv einer thematischen Improvisation, die in fast allen ihrer Linien dieses rhythmische Motiv wiederholt oder variiert, wobei die Töne durch Abweichung von der temperierten Skala eine spitze und eckige Qualität gewinnen. »Burning Spear« ist für eine Besetzung von Trompete, vier Holzbläsern, Vibraphon, zwei Bässe und Schlagzeug geschrieben; wiederum gibt es im Thema ein harmonisches Ostinato. Dolphys Baßklarinettensolo ist nichts weniger als der Versuch, sein *Free Jazz*-Solo von 1960 neu zu gestalten; also wird die Pause (anstelle von Klangkaskaden) zum Gestaltungsmittel seiner Improvisation, die kontrastierende musikalische Kürzel zu einer großen Form vernetzt. So, als wolle er den Bezug zu *Free Jazz* hervorheben, wiederholt, variiert, invertiert er ein Sechstonmotiv am Anfang einer kurzen Kollektivimprovisation. Die meisten Stücke vom Frühjahr 1963 erweisen sich als klarer Fortschritt gegenüber seinen Aufnahmen von 1961; selbst in rhythmisch eher konservativen Passagen (so im »Jitterbug Waltz«, wo seine kraftvollen Sechzehntelketten ausnahmsweise einmal nicht mit dem Dreiermetrum in Konflikt geraten) hört man die andauernde Weiterentwicklung seiner Kunst.

Seine nächste Platte *Out to Lunch*, neun Monate später aufgenommen, zeigt weitere Fortschritte. Der Vibraphonist Bobby Hutcherson hatte sich in der Zwischenzeit erstaunlich weiterentwickelt; wichtiger aber sind die Neuerungen, die der junge Schlagzeugvirtuose Tony Williams mit seinem Konzept rhythmischer Desorientierung herbeiführt. Williams führt die Rhythmusgruppe mit raffinierten Kreuzrhythmen und überraschenden Unterbrechungen, und seine neuartige Kunst des Nicht-Begleitens inspiriert Davis zu emanzipierten Baßlinien, während Hutcherson Rhythmus, Harmonik und Dynamik gleichzeitig der Auflösung nahebringt. Den Bläsern Dolphy und Freddie Hubbard liefert diese Rhythmusgruppe anstelle des herkömmlichen Fundaments einen hart konturierten Kontrapunkt voll zerrissener, unterbrochener, oft arythmischer Linien. Der entscheidende Fortschritt ist der in Dolphys formaler Gesamtkonzeption. »Something Sweet Something Tender« besteht aus fünf gleich langen Abschnitten, mit Dolphy auf der Baßklarinette. Seine Einleitung beschließt er mit einem lang gehaltenen überblasenen Ton; das Thema schließt sich an; sein rasches Solo voller auf- und niederjagender Linien ist trotz der regen Aktivität der Rhythmusgruppe keinem klaren Puls unterworfen. Nach der Themenreprise spielen Baßklarinette und Baß das Thema ein letztes Mal in einem herrlichen tiefen Einklang, dunkel schattiert, ohne Härte oder Schroffheit. »Gazzelloni« ist ein Thema von unbeschwerter Eleganz, ein vollkommenes Portrait der Bühnenpersönlichkeit des Flötisten Severino Gazzelloni, der sozusagen Dolphys Pendant in der Neuen Musik ist: ein Flötenvirtuose, der Klangvariationen und -modifikationen nachforscht. Dementsprechend gibt sich Dolphys Solo in diesem Stück harmonisch dissoziiert und klanglich abstrakt. Das Thema von »Hat and Beard« wird nach Walking-Bass-Manier gemeinsam von Baßklarinette und Kontrabaß gespielt, steht jedoch im 9/4-Takt; die Linie löst sich in angedeuteten Vibraphonschritten auf, doch dann gibt es ein plötzliches kollektives melodisches Statement, und schon ergeht sich Dolphy in einem windungsreichen Solo, dessen Knoten und Verschlingungen mit dem Thema und gegen das Schlagzeug Williams' spielen.

Zwei Altsaxophonsoli Dolphys auf dieser Platte zeigen noch einmal seine immens gesteigerten Fähigkeiten musikalischer Gestaltung. »Straight Up and Down«, ein klangliches Portrait eines Betrunkenen, der zu gehen versucht, hat ein Stop-Start-Thema; Dolphys Solo weist nur wenige schnelle Phrasen auf, aber um so mehr Phrasenfragmente und verzerrte Töne; sein verquälter Klang ist voller aufsteigender Glissandi und in den Obertonbereich überdehnter Figuren. Und in »Out to Lunch« scheinen die unablässigen Extreme seiner zerbrochenen Phrasen der Grund für die Auflösung der Rhythmusgruppe zu sein, deren Spiel zusehends unabhängiger wird. Es kann kein Zweifel daran bestehen, daß Eric Dolphy mit *Out to Lunch* und den Alan-Douglas-Sessions seine letzten noch bestehenden Verbindungen zum Bebop und Hard Bop endgültig durchtrennte. Jetzt, wo er mit gleichermaßen avancierten Musikern spielt – besonders mit dem innovativen Williams –, gewinnt sein Stil an Klarheit und Kraft, an Differenzierung und Bandbreite. Seine Kunst scheint auf jegliche nur mögliche Weise gewachsen zu sein: hier ist der endgültige Durchbruch zu jener Freiheit, die sich schon in seinen New Yorker Aufnahmen von 1960 ankündigt, in denen erstmals diese eigenartigen Sounds, diese glänzenden Transfigurationen Parker'scher Phrasen auftauchten.

Wie waren Dolphys Lebensumstände während dieser Periode größter Kreativität? Im Sommer nach den Alan-Douglas-Sessions lebte Dolphy von Privatstunden; von seinen drei festen Schülern unterrichtete er mindestens einen kostenlos, da dieser genauso mittellos wie er selbst war. Gelegentlich trat er als Sideman auf, so bei weiteren Konzerten mit Schuller, Mingus, Coltrane und dem Orchestra U.S.A. Richard Davis berichtet aus dieser Zeit: »Einmal traf ich Eric mit einem Armvoll Lebensmitteln und fragte ihn, wohin er ginge. Er antwortete, daß er gerade dabei wäre, die Lebensmittel einigen Musikern zu bringen, die neu in der Stadt seien und nichts zu essen hätten. Ich wußte, daß er selbst kein Geld hatte – keine Arbeit –, aber am Abend davor hatte er einen Auftritt für zwanzig Dollar gehabt.«[4] Dolphys Biographen weisen für diese Zeit zwischen seinen eigenen Schallplattenaufnahmen vier Auftritte als Leader eigener Gruppen nach. So ist es kein Wunder, daß Dolphy im Hüllentext zu *Out for Lunch* schreibt: »Ich werde bald nach Europa gehen, um dort eine Weile zu leben. Warum? Weil ich dort mehr Auftritte mit meiner eigenen Musik bekommen kann, und weil die Leute hierzulande einen fertig machen, wenn man etwas Neues versucht.« Eine Tournee mit Charles Mingus ermöglichte es Dolphy im April 1964, seinen Entschluß zu verwirklichen.

Zwei seiner letzten Tätigkeiten in den USA waren eine Aufnahme mit Andrew Hill und die Teilnahme am Farewell-Konzert des Mingus-Sextetts in der New Yorker Town Hall. Die Musik des Pianisten Hill war im Jahr 1964 klingender Beweis dafür, daß die Revolution, die Dolphy mitangeführt hatte, erfolgreich gewesen war; und wenn den Solisten in Hills *Point of Departure* auch weniger Raum gewährt wurde, als es Dolphy gewohnt war, so wird ihm in »Refuge« doch ein freies Altsolo zugestanden, ohne vorgegebene Akkorde, die seinen Ideenfluß bremsen könnten. Dolphys Spiel im Konzert mit Mingus steht nicht hinter dem in *Out to Lunch* Erreichten zurück. Mingus' *Meditations* war eine wichtige neue Komposition:

> »Das nächste Stück schrieb ich, als Eric Dolphy mir erzählte, daß es im Süden jetzt etwas Ähnliches wie die damaligen Konzentrationslager in Deutschland gibt, wo die Gefangenen getrennt werden ... Gefängnisse für Leute mit dunklerer Haut mit elektrischen Zäunen ... und der einzige Unterschied ... besteht darin, daß sie noch keine Gaskammern und Öfen haben, in denen sie uns braten könnten – also schrieb ich ein Stück namens *Meditations* darüber, wie wir ein paar Drahtschneider kriegen können, ehe uns jemand anders Gewehre gibt ...«[8]

Dolphy erzielt im ersten Thema einen ungewöhlich rauhen Flötensound und beschließt den Balladen-Abschnitt des Stücks mit hin- und hergebogenen langen Flötentönen; der kräftige, rauhe, scharfe Klang seiner Flöte in *Meditations* ist in der Geschichte des Instruments ohne Vorbild. Das ausgedehnte Stück enthält ferner ein Baßklarinettensolo Dolphys, das sich einer klassischen Form nähert und mit einem gelösten Abgesang endet.

Während seiner gesamten Europatournee waren Mingus' verspätete Auftritte, seine Schimpfkanonaden auf der Bühne und seine Wutanfälle und Prügeleien hinter der Bühne oder in den Hotels ständiges Thema der Presse. Seine Musik befand sich in einem Zustand allmählicher Auflösung, und im Stuttgarter Konzert ist es Dolphy, der mehrmals das »Fables of Faubus«-Potpourri vor dem Abgleiten ins Chaos bewahrt. Nachdem er Mingus mitgeteilt hatte, daß er nicht länger als ein Jahr in Europa zu leben beabsichtige, ließ sich Dolphy in Paris nieder und bemühte sich selbst um Auftritte; sein Konzert vom 2. Juni 1964 im niederländischen Hilversum wurde als *Last Date* veröffentlicht. Die holländische Rhythmusgruppe hat keine Schwierigkeiten mit seiner Musik, nicht einmal mit den abwechselnden Dreier- und Vierertakten in »Mandrake« (unter dem neuen Titel »The Madrig Speaks, the Panther Walks«). »You Don't Know What Love Is« ist ein Flötensolo mit einer glitzernd dekorativen Einleitung und einer nachfolgenden Improvisation, in der die Flöte, früher wegen ihrer emotionalen Beschränktheit als unjazzigstes aller Instrumente gescholten, einen Reichtum des Ausdrucks und der klanglichen und melodischen Differenzierung erzielt, der Dolphys Spiel auf seinen anderen Instrumenten in nichts nachsteht. An anderen Stellen werden die neugewonnenen strukturellen Qualitäten seiner Musik deutlich, so in seinem Solo von »Miss Ann«, in dem sich seine kantigen Arabesken und verschlungenen Linien immer wieder an einer sechstönigen Phrase orientieren. Vielzitiert ist das Ende von *Last Date*, denn nachdem die letzten Töne von »Miss Ann« verklungen sich, spricht Dolphy folgende Sätze: »Wenn man Musik hört ... wenn sie zuende ist, löst sie sich in Luft auf. Man kann sie nie mehr einfangen.«

Im Juni gab es Radiomitschnitte in Paris, wo er später im Sommer seine Verlobte heiraten wollte, die aus ihrer Heimatstadt New York anreisen wollte. Doch als Dolphy am 27. Juni in Berlin ankam, war er bereits schwer krank und konnte am Abend nur zwei Sets spielen. Am nächsten Tag bat er Freunde, ihn nach Hause zu bringen; doch dazu kam es nicht, denn schon am 29. Juni 1964 starb Dolphy nach einem Kreislaufkollaps, der durch zuviel Zucker im Blut ausgelöst worden war (Dolphy war Diabetiker).

Auf zwei Gebieten waren Dolphys Neuerungen von entscheidender Bedeutung für den aufkommenden Free Jazz. Da ist erstens seine Virtuosität. Kein Altsaxophonist spielte mit solcher Geläufigkeit, solcher Kontrolle, solch dramatischem Ausdruck, und darüber hinaus gelang es ihm nicht nur, auf der Flöte Jazz zu spielen (was eine Handvoll Musiker mit weniger Erfolg in den fünfziger Jahren versucht hatte), sondern auch, die Baßklarinette für die afroamerikanische Musik zu entdecken und sowohl auf ihr wie auf der Flöte jene Faszination der Sounds und des virtuosen Ausdrucks zu erzeugen, wie er das auf dem althergebrachten Altsaxophon konnte. Neben Dolphy gab es noch einen weiteren Holzblasinstrumentalisten, einen Bebop-Stilisten namens Rahsaan Roland Kirk, der einer neuen Generation von Musikern die Möglichkeiten multiinstrumentaler Virtuosität vor Augen führte; oft spielte Kirk gar zwei seiner eigenartigen Saxophone gleichzeitig. Eine seiner eindringlichsten Aufnahmen ist »Rip Rig und Panic«, eine geistreiche Satire auf Free-Jazz-Techniken im allgemeinen und die Musik John Coltranes im besonderen. Das reichhaltigere und ergiebigere Werk Dolphys aber war es, das junge Musiker davon überzeugte, daß in ihren Instrumenten eine ganze Welt unentdeckter Klänge schlummerte und daß jedes zusätzliche Instrument ihr schöpferisches und kommunikatives Potential vervielfachte.

Die zweite, vermutlich wichtigere Innovation Dolphys war seine Erkundung der Formen des Jazz, ein Unterfangen, das ungeachtet all seiner Errungenschaften seit den ersten Aufnahmen von 1960 zur Zeit seines Todes noch lange nicht abgeschlossen war. Der Aufbau seiner Improvisationen war von Anfang an radikaler als die Konzeptionen anderer Musiker, avancierter selbst als die Abstraktionen Colemans. Die Materialien von Dolphys freiassoziativen Soli sind so klar umschrieben, daß der Tenor jedes Fragments unzweideutig deutlich wird; jedes Element eines Solos steht in lebhaftem Kontrast zu den anderen Elementen, und ist seine Emotionalität auch extrem in ihrer Intensität, so ist sie doch von Augenblick zu Augenblick klar definiert. Die Wirkung dieser aneinandergereihten lebhaften Momente ist überwältigend, nicht nur in Paradestücken wie »The Prophet« oder »Round Midnight«, sondern auch in einer Vielzahl anderer Soli. Und wie bei den bildenden Künstlern seiner Zeit, bei den Dichtern und Schriftstellern nach den Surrealisten, nach Joyce, so ist auch Dolphys Welt so vibrierend, so unbegrenzt, daß erzählende oder figürliche oder andere überlieferte Stilmittel zu ihrer Darstellung völlig untauglich wären.

Seine Suche nach neuen strukturellen Mitteln in den Jahren 1963 und 1964 läßt vermuten, daß die Laufbahn Dolphys eine der großen unvollendeten Karrieren der Kunst überhaupt war. Hier sind nicht nur seine gewachsenen Fähigkeiten als Komponist von Belang. Seine Arbeit mit Richard Davis und insbesondere mit der *Out to Lunch*-Rhythmusgruppe läßt erkennen, daß Dolphy im Begriff war, ein Konzept improvisierter Gruppeninteraktion zu entwickeln, das eine Alternative zu den Prozeduren der letztendlich stockenden und stagnierenden modalen Welle bieten konnte, auf der auch er zeitweise geritten war. Sein Tod verhinderte die Ausprägung dieser Möglichkeiten. Und, noch schlimmer: die Begrenzung seiner Möglichkeiten durch finanzielle Zwänge, der Mangel an Gelegenheiten, unter optimalen Umständen Musik schaffen zu können, versagten ihm und uns die volle Entwicklung seines Talents zu seinen Lebzeiten.

4.
John Coltrane: Das Streben nach Freiheit

Mag Ornette Coleman auch der revolutionärste aller Jazzmusiker gewesen sein, so war es doch nicht er, der die Jazzrevolution der sechziger Jahre personifizierte. Eric Dolphy, zu einem Dasein als Sideman verurteilt, kam als Führer der Revolution nicht in Betracht, ebensowenig Cecil Taylor, der kaum Auftrittsmöglichkeiten fand. Möglicherweise wäre die neue Musik noch länger an der Peripherie der Jazzszene verblieben, hätte es nicht die Persönlichkeit, Energie und Integrität eines Mannes gegeben: John Coltrane. Anders als Coleman war Coltrane ständig in der musikalischen Öffentlichkeit präsent, und so ließ er sich bereitwillig zum Führer der Jazzrevolution ernennen. In den fünfziger Jahren war er Tenorsaxophonist bei Miles Davis gewesen, dem mit Abstand erfolgreichsten Mainstream-Bandleader des Jahrzehnts. Schon damals übernahmen alle jungen Hard-Bop-Saxophonisten Coltranes Ideen, und Cecil Taylor erklärt, was an Coltrane so faszinierend war: »Er hat einen tiefen Einblick, ein Gefühl für die Hysterie unserer Zeit und eine musikalische Vorstellung, die über sein eigenes Instrument hinausweist.«[1] Im folgenden Jahrzehnt war es dann Coltrane, der die wohl populärste aller Jazzgruppen leitete, und es schien, daß jeder junge Saxophonist, nicht nur in Amerika, sondern weltweit, bestrebt war, ihn nach besten Kräften zu imitieren. Coltranes ausführliche Selbsterkundung war es, die zum Kennzeichen des Avantgarde-Jazz wurde, und Coltranes Gemeinde folgte seinen Ritualen einer »Energy Music«. Und seine außermusikalischen Bestrebungen, insbesondere seine Suche nach spirituellen Prinzipien inmitten der »Hysterie unserer Zeit«, wurden auch seinen Musikerkollegen zum Anliegen.

Louis Armstrong und Charlie Parker waren die beiden Improvisatoren früherer Epochen, deren Einfluß so stark wie der Coltranes war. In der Swing-Ära hatte sich fast jeder Spieler eines, gleich welchen, Blasinstruments stilistisch an Armstrong orientiert, und führende Trompeter wie Henry »Red« Allen und Roy Eldridge blieben auch in ihren persönlichsten Kreationen den Prinzipien Armstrongs verhaftet. Parkers Innovationen waren von ähnlicher Durchschlagskraft; das beste Saxophonspiel der Hard-Bop-Zeit – auch das von Rollins – besteht zum großen Teil aus Parker-Phrasen. Doch nur wenig des besten Post-Coltrane-Saxophonspiels ist auf vergleichbare Weise von Coltrane geprägt, und dafür gibt es gute Gründe: er war einer der leidenschaftlichsten aller Musiker, und seine Leidenschaft war zu persönlich, als daß man sie auf Dauer hätte teilen oder simulieren können. Mit einer gewissen Fingerfertigkeit kann man die Töne spielen, die er spielte – im Laufe der Jahre sind fast alle Coltrane-Soli auf Platte von Nacheiferern transkribiert worden – die Leidenschaft aber, aus der diese Töne gewachsen sind, ist zu sehr Coltranes eigene, als daß man sie kopieren könnte.

Coltranes Leidenschaft provozierte leidenschaftliche Reaktionen. Die faszinierten oder verwirrten Hörer, die ihn mit den Miles-Davis-Combos der fünfziger Jahre erlebten, mögen seine späteren stilistischen Erkundungen nicht immer akzeptiert haben, aber sie hörten ihm zu, und sie wurden immer zahlreicher; kein anderer Jazzsolist ist wohl über einen Zeitraum von siebzehneinhalb Jahren so häufig aufgenommen worden wie Coltrane. Zwanzig Jahre nach den Kontroversen über seine Musik und nach den gegen ihn erhobenen »Anti-Jazz«-Vorwürfen wird Coltrane regelrecht verehrt: kürzlich war in den Zeitungen von einer Kirche in San Francisco zu lesen, in der Coltranes Bild den Altar ziert und bei deren Gottesdiensten seine Musik gespielt wird. Welcher andere Jazzmusiker wäre zu einem derart prominenten kulturellen Phänomen geworden?

Coltrane wurde 1926 geboren und verbrachte seine Jugend in High Point, North Carolina. Sein Vater spielte Ukulele und Geige; seine Mutter spielte in der Kirche Klavier, und beide Eltern sangen. Johns Großvater, ein bekannter Geistlicher, lebte mit der Familie zusammen, und so wuchs der Junge in einem geistigen Klima auf, das von Büchern, Musik und kirchlich orientierten gesellschaftlichen Aktivitäten geprägt war. John war ein guter Schüler, jedenfalls bis man ihm, als er zwölf war, eine Klarinette schenkte. Er spielte im Orchester seines Pfadfinder-Gruppenführers; in der High School spielte er Altsaxophon. Nach dem Tod seines Vaters und Großvaters im Jahr 1939 zog seine Mutter in den Norden, um dort Arbeit zu suchen; nach seinem Schulabschluß folgte John ihr im Jahr 1944 nach Philadelphia.

John nahm Stunden an einer Musikschule und verbrachte dann zwei Jahre im Pazifik als Mitglied einer Marinekapelle; nach seiner

Rückkehr nach Philadelphia begann er 1947, in Jazz- und Blues-Bands zu spielen. Die Auftrittssituationen in jener Zeit waren oft alles andere als glücklich. So sollte er nach einer Mode des Tages als »Honking«-(»hupender«) Tenorsaxophonist wärend seiner Soli durch das Publikum promenieren. Zum Amüsement seiner Mitmusiker aber lehnte Coltrane das ab, indem er sich auf den Bauch klopfte und sagte: »Ich habe ein Magengeschwür«. In der Band des Sängers und Altsaxophonisten Eddie Vinson spielte er 1947 und 1948 Tenorsaxophon; als Altsaxophonist der Big Band Dizzy Gillespies machte er 1949 seine ersten Aufnahmen. Als Gillespie seine Band im folgenden Jahr auf eine Sextettbesetzung reduzierte, blieb Coltrane als Alt- und Tenorspieler dabei. Seine Tenorsoli jener Zeit orientieren sich am extrovertierten Stil Dexter Gordons, und auf den Aufnahmen hört man bereits seinen charakteristischen Saxophonsound: groß und stahlhart.

Bis 1951 blieb er bei Gillespie; inzwischen war er drogenabhängig, und Gillespie, der seine Unzuverlässigkeit satt hatte, feuerte ihn. Es folgte ein Jahr mit dem äußerst erfolgreichen Altsaxophonisten Earl Bostic – das Jahr, in dem Eric Dolphy ihm an der Westküste finanziell unter die Arme griff. In der Bostic-Band gab es keine Soli für Coltrane, doch in der Band von Johnny Hodges, der er dann beitrat, wurde er in Balladen wie »Don't Blame Me« und »Smoke Gets In Your Eyes« als Solist herausgestellt. Im Herbst heiratete Coltrane Naima, seine erste Ehefrau, und wurde Mitglied der Gruppe von Miles Davis.

Das Davis-Quintett lebte von Kontrasten. Die Trompetensoli des Leaders waren einfach gebaut, im wesentlichen aus Viertelnoten, meist mit Dämpfer und im mittleren Register des Instruments gespielt. Sein Stil wurde maßgeblich von seiner Artikulation geprägt, und er neigte dazu, alle Töne mit der Zunge anzustoßen. Gelassenheit und Intimität sind die Merkmale seiner Musik. Damit verglichen wirkte Coltranes Spiel mitreißend vital in seiner Fülle von Ziertönen und schnellen filigranen Läufen, mit einem in allen Registern ebenmäßig vollen Sound. Besonders in mittelschnellen Stücken läßt Coltrane gedämpften Trompetensoli über Two-Beat-Begleitung verblüffende Auf-dem-Beat-Phrasen folgen, um die Gruppe zu swingendem Four-Beat-Spiel zu animieren. Eines der besten Beispiele der introvertiert-extrovertierten Davis-Coltrane-Beziehung ist die berühmte Davis-Version von »Round Midnight«, die sich eng an das Arrangement anlehnt, das Coltrane schon in der Gillespie-Band gespielt hatte. Aus dem Trompetensolo spricht ein konzentriertes, fein gewobenes Pathos; Coltranes Solo dagegen ist ornamental, doch trotz aller redseliger Aktivität ist die Verlorenheit seiner vielen umherirrenden Linien nicht weniger pathetisch als das stilisierte Grübeln des Trompeters. Diese Verlorenheit ist zum Teil Ausdruck mangelnder stilistischer Konsistenz, wenn Coltrane auch in seinen besten Momenten die pure Spielfreude eines Dexter Gordon vermitteln konnte, ausgedrückt in den Mustern Gordons und Charlie Parkers. Drei Dutzend Titel nahm Coltrane in den Jahren 1955 und 1956 mit Davis auf, und im Verlauf der Monate veränderten sich die Rollen beider Musiker. In »In Your Own Sweet Way«, sieben Monate nach den ersten gemeinsamen Aufnahmen, spielt Coltrane ein raffiniertes Solo; doch sind es Davis' Pirouetten, die in diesem Stück extrovertierter wirken. Und letztendlich erhalten die schnellen, boppigen Stücke des Quintetts den größten Teil ihres Schwungs von Davis' treibendem, dynamisch und technisch erweitertem Trompetenspiel. Coltrane-Soli wie das in »Salt Peanuts« sind aufregend, aber derart schnelle Tempi verbieten es ihm, seine filigranen Ornamente und Double-Time-Phrasen anzubringen, so daß sein Straight-Ahead-Spiel gelegentlich einfallslos klingt.

Als Teilnehmer an Aufnahmesessions war Coltrane damals ein vielgefragter Mann, fast immer in Kombination mit zwei oder drei weiteren Mitgliedern des Davis-Quintetts. Drei unabhängige Jazzlabels machten zu dieser Zeit wöchentlich Aufnahmen in Rudy van Gelders Studio in New Jersey, etwas außerhalb von New York.

Als er seine Kollegen aus der Davis-Band bei einem Aufnahmetermin mit Sonny Rollins besuchte, wurde er gleich von Rollins zu einer Zwei-Tenor-Blues-Chase eingeladen, die unter dem Titel »Tenor Madness« auf den Markt kam. Beim Frühstück in einer Cafeteria traf er das Sextett des Tenoristen Johnny Griffin, das gerade unterwegs nach New Jersey war: wiederum wurde er zum Mitspielen eingeladen und inspirierte Griffin zu einer seiner lebendigsten Aufnahmen. Die Qualität der vielen Coltrane-Einspielungen aus der Zeit zwischen Mitte 1955 und Mitte 1957 ist schwankend; auf ein gelungenes Solo kommt ein unsicher-tastendes. Noch im Mai 1957 war sein Stil nicht endgültig gefestigt: in »From This Moment On« spielt er wie Gene Ammons, in »Straight Street« wie Hank Mobley. (Der jüngere, rhythmisch versiertere Mobley nahm mehrfach Tenor-Chases mit Coltrane auf; vielleicht war »Straight Street« ein Versuch Coltranes, zu zeigen, daß auch er in einem rhythmisch differenzierten Stil spielen konnte.) Die rhythmische Gestalt von Coltranes Phrasen erinnert oft an die vergleichsweise einfache Spielweise der Saxophonisten vor Parker, wenn Coltrane auch damals noch nicht seinen Stil der rhythmischen Symmetrien ausgebildet hatte.

Das persönlichste Element seines Spiels in der Mitte der fünfziger Jahre ist sein Sound, voll und klar bis fast zu den höchsten Tönen; denn sein Ziel war klangliche Kontinuität in allen Lagen des Instruments. Im Gegensatz zu beispielsweise jenem warmen Tenorklang, den Rollins von Coleman Hawkins übernommen hatte, war Coltranes Ton vibratofrei und legato: als hätte man dem menschlichen Sound Lester Youngs das Gewicht härtesten Stahls und die Oberfläche glänzend polierten Metalls gegeben. Dieses Gewicht verlieh seinen Tonanfängen Kraft; die klangliche Ausgewogenheit brauchte er für jenes schnelle, technisch komplexe Spiel, das er auch in dieser Periode stilistischer Unsicherheit kultivierte. Dieser Sound war variabel, ohne jemals warm zu klingen; in manchen Aufnahmen klingt er dünn, doch wirkt er gleichzeitig körnig und blumig zart, wenn er das sanfte Thema von »On a Misty Night« gestaltet. Die asketisch-sparsamen Linien, die die Schönheit seines Tons am besten offenbaren, sind erstmals in »Monk's Mood«, seiner ersten wichtigen Balladeninterpretation, zu hören. Hier läßt ihn der Arrangeur, Thelonious Monk, einfach das Thema spielen, aber die Rubato-Gestaltung und der unterdrückte Aufschrei in Coltranes hohen Tönen lassen die tiefe Melancholie dieses Stücks zutage treten.

Schon in seinen ersten Sessions mit Miles Davis erwachten Coltranes filigrane Linien, Verzierungen und Double-Time-Phrasen gelegentlich zu einem eigenen Leben. Ausgereift erscheinen die linearen Qualitäten seines Stils gegen Ende des Jahres 1956 in einer Quartettaufnahme mit Tadd Dameron. Nach dem zarten »Misty Night«-Thema spielt Coltrane ein Solo aus kurzen Tonleiter- oder Arpeggiophrasen in Sechzehntelnoten, ein Solo ohne jegliches schmückende Beiwerk: obwohl es sich um Double-Time-Linien handelt, haben sie keinerlei dekorative oder ausfüllende Funktion. Und ist sein Spiel in Damerons »Soultrane« auch von manieristischen Übertreibungen gezeichnet, so sucht er doch hier ebenso wie in »Gnid« nach neuen Formen für seine aufwärtsschießenden Arpeggiokonfigurationen und Läufe. In den wenige Monate später entstandenen Einspielungen mit Mal Waldron kündigen sich neue Prinzipien der Improvisation an, so in »The Way You Look Tonight« und »One by One«: man beachte die raschen Arpeggien, die auf Zieltöne hinsteuern, die genau auf dem Beat landen (Sechzehntellinien, die in einer Viertelnote auf dem ersten Taktschlag enden) – genau dies würde eines seiner beliebtesten Stilmittel werden. Von historischem Interesse ist der Dreiklang, der »While My Lady Sleeps« beschließt: ein Ton wird vom Trompeter gespielt, die anderen beiden von Coltrane auf dem Tenorsaxophon – das erste Mal, daß er einen Mehrklang auf dem Instrument spielte.

Die großen Veränderungen in seiner Kunst machen sich erstmals gegen Mitte 1957 bemerkbar; ihnen war eine entscheidende persönliche Veränderung vorausgegangen. Im vorigen Herbst hatte ihm Miles Davis gekündigt, nachdem er betrunken zu einem Auftritt erschienen war, und die folgenden Monate waren im wesentlichen von seiner Alkohol- und Drogenabhängigkeit gezeichnet. Im Frühjahr war er an einem absoluten Tiefpunkt angekommen, und dann erging es ihm wie manch anderen Suchtkranken, die die letzten Qualen des Entzugs durchgestanden haben: »Durch die Gnade Gottes erfuhr ich ein spirituelles Erwachen, das mich zu einem reicheren, volleren, produktiveren Leben geleitete.« Coltrane schrieb diese Worte sieben Jahre später nieder und fügte hinzu, daß er damals »bescheiden und dankbar um die Möglichkeit und das Privileg bat, andere durch Musik glücklich machen zu dürfen«.[2] Der Sommer brachte ihm Glück: Thelonious Monk trat ein sechsmonatiges Gastspiel im Five Spot Café an und warb dafür Coltrane an. »Wenn ein Musiker einen kleinen Funken der Inspiration braucht, einen Impuls, dann muß er nur in der Nähe Monks sein, und Monk wird ihn ihm geben«, sagte Coltrane später dazu.[3] Es wurde eine Zeit der Selbstfindung, denn Monk ließ ihm viel Raum, jene neuen rhythmischen Ideen, die er hier und da ausprobiert hatte, ausführlich zu entwickeln. Die Entscheidungen, die Coltrane in der zweiten Hälfte des Jahres 1957 traf, bestimmten einen Kurs, von dem er in den ihm verbleibenden zehn Jahren nicht abweichen würde.

»Traneing In« (August 1957) ist ein themenloser Blues mit Mittelteil, der mit einem langen, lyrischen Klaviersolo Red Garlands abhebt. Dann improvisiert Coltrane mit der Kraft der großen Bluestenoristen, bekräftigt seine Autorität sofort mit ausladenden ganzen Noten und Riffs. Nach dem ersten Mittelteil geht er zur Double Time über, und von da an vollzieht sich die Entwicklung seines Solos allein in Sechzehntelnoten. Hier sind sie, seine »Sheets of Sound« – zerlegte Tonleitern oder Arpeggien, die so schnell gespielt werden, daß man Akkorde zu hören meint. Wieder und wieder entziehen sich die Spitzentöne dieser Klangflächen der tonalen Schwerkraft, flattern ihr quasi zunächst kurzfristig, dann, später, auch für mehrere Takte davon. Doch sind diese Abweichungen immer von Akzenten voneinander abgesetzt: Coltrane bestimmt den Kurs durch Akzente auf den starken Taktzeiten Eins und Drei, schwer wie im Rhythm and Blues; der erdenverhaftete Mensch kann sich nur für Augenblicke zum Flug erheben. Drei Wochen später folgt die *Blue Train*-Session, die die Entdeckungen von »Traneing In« bestätigt; besonders im Titelstück erwächst aus Eckigkeit und Symmetrie seiner Phrasen beeindruckende Kraft.

In den Aufnahmen des Monk-Quartetts schnellen Coltranes Tonleitern und Arpeggien empor und stürzen in die Tiefe, während Monks Linien eher aufwärts oder abwärts stolpern, und Monk kann es sich nicht verkneifen, seine eigene Linie in »Nutty« mit einem Coltrane-Lauf auszuschmücken. In »Trinkle Tinkle« ist die vollkommene Ruhe seines Solos wohltuend nach dem stürmischen Spiel Coltranes. Die Schwerarbeit Coltranes vertikaler Linien vollzieht sich über dem tänzelnden Baß Wilbur Wares, der sich seinerseits völlig ohne jede Anspannung gelegentlich von den vorgegebenen Harmonien löst. Wie das Davis-Quintett, so lebt auch das Quartett Monks von Kontrasten, doch anstelle der nervösen Spannung Davis' schafft Monk eine Atmosphäre ruhiger Intensität als Folie für Coltranes Spiel. Da sich Monk jedoch zu dieser Zeit weigerte, außerhalb New Yorks zu arbeiten, löste sich die Gruppe nach Beendigung des Gastspiels im Five Spot am Ende des Jahres 1957 auf.

»Good Bait« (Februar 1958) ist voller Leben wie ein Tropfen Mississippi-Wassers unter einem Mikroskop. Coltrane beginnt mit langen, reich verzierten Linien, die sich abwärts winden, um in verschluckten tiefen Tönen zu enden; doch dann sind seine Phrasen plötzlich kurz und aus eckigen Arpeggien gebaut. In der Euphorie schneller Phrasen entfernt sich seine Linie allmählich von der Harmonieabfolge, bis das Solo im vierten und fünften Chorus einen eindeutig modalen Charakter angenommen hat und nur noch gelegentlich an den Enden formaler Abschnitte auf die Akkordsequenzen Bezug nimmt. Am Anfang des Solos sind seine Sequenzen abwärts gerichtet, doch gegen Ende dominiert Aufwärtsbewegung – wiederum der Optimismus von Coltranes Stil in jener Zeit. Bei derselben Aufnahmesitzung entstand seine erste Fassung von »I Want to Talk About You«, dem charmantesten aller Coltrane-Soli. Gelegentliche Tonbeugungen oder Akzente lassen Heiterkeit durchschimmern, der Swing ist unbeschwert, und die Zuneigung, die aus seinem Spiel spricht, ist ein lebendigeres Gefühl als jene Zartheit oder Nachdenklichkeit, die bald zum emotionalen Kern seiner Balladeninterpretationen werden sollten.

1958 schloß sich Coltrane noch einmal Miles Davis an, der nun ein Sextett leitete, dem der Altsaxophonist Julian »Cannonball« Adderley angehörte, der seinerseits ein offenes Ohr für Coltranes harmonische Ideen hatte. Die schnellen Tempi, die diese Gruppe bevorzugte und die zunehmende Dominanz des Blues in ihrem Repertoire ließen das Gefühl für harmonische Abläufe in den Hintergrund treten. So gibt es drei immer schnellere Einspielungen des Blues »Straight No Chaser« aus diesem Jahr; in der dritten (in »Jazz at the Plaza« umbenannt) besteht Coltranes Solo über weite Strecken nur aus einigen wenigen Tönen, und Coltrane verwendet seine Energie auf ausführliche Arpeggio-Transformationen. Im allgemeinen spielte Coltrane in dieser Gruppe Soli voller »Sheets of Sound«, ausgedehnter Sequenzen, gebündelter Sechzehntelnoten-Passagen. Dem Jazzkritiker Don DeMicheal von *Down Beat* hat er zwei Jahre später sein Musikdenken zu jener Zeit erläutert: Im Jahr 1958, so Coltrane, tendierte Miles Davis dazu,

> »weniger und weniger Akkordwechsel in seinen Stücken zu benutzen. Er spielte Stücke, in denen Melodielinien und Akkorde in freiem Fluß waren. Diese Konzeption ließ dem Solisten die Wahl, entweder akkordisch (vertikal) oder melodisch (horizontal) zu spielen.
> Wegen der direkten und frei fließenden Linien seiner Musik fiel es mir tatsächlich leicht, meine harmonischen Ideen zur Anwendung zu bringen. Ich konnte Akkorde aufeinanderschichten – so legte ich über einen

C7-Akkord manchmal ein Es7, bis hoch zu einem Fis7 oder 'runter zu einem F. So konnte ich über einen Akkord drei spielen. Andererseits konnte ich aber auch melodisch spielen, wenn ich das wollte. Miles' Musik gab mir eine Menge Freiheit. Es ist ein tolles Konzept.
Zu dieser Zeit strebte ich nach einem weit ausholenden Sound ... die Tendenz war, die zu einem Akkord gehörigen Skalen ganz auszuspielen. Also wurden sie meistens schnell gespielt und klangen manchmal wie Glissandi ... Ich dachte in Tongruppen, nicht in einzelnen Tönen. Ich probierte, diese Gruppen auf den Akzenten zu plazieren und die starken Taktschläge zu betonen ... Ich konstruierte also eine Linie und hob manche Töne hervor – eine lange Linie mit einigen herausgehobenen Akzenten im Zug der Bewegung ...
Ich habe diese Konzeption noch nicht vollständig aufgegeben, aber sie war zu eng. Ich versuche jetzt, diese Fortschreitungen auf eine flexiblere Art zu spielen.«[3]

Da das Sextett praktisch ohnehin modal spielte, fing Davis an, nur noch modale Strukturen vorzugeben, erstmals in »Miles« (1958), dann in *Kind of Blue* (1959). Nach der einsamen Nachdenklichkeit des Trompetensolos von »So What« verändern Coltranes gemessene symmetrische Linien die Stimmung in eine naher Verzweiflung. In einem Konzert vom Frühjahr 1960, in dem Davis und Coltrane noch einmal aufeinandertreffen, lassen die langen, harmonisch vieldeutigen Töne des Trompetensolos an die Einsamkeit des Flamencos denken. Auf solche Schlichtheit reagiert Coltrane vehement mit einem Sperrfeuer von Triolen-Chorussen, »Sheets of Sound«, schlingernden Phrasen, die sich über jede Spur einer harmonischen Grundlage hinwegsetzen. Coltranes Beziehung zum Hard Bop hatte ohne jeden Zweifel ein Ende genommen.

Diese erste Phase seiner Laufbahn bestimmte den Charakter seiner Musik, seines künstlerischen Strebens; die Wandlungen kommender Zeiten sollten zwar groß, aber nie bedeutsamer sein als die jener Jahre. Für John Coltrane war das rhythmische Innenleben des Bebop – seine dauernde Ruhelosigkeit, seine nervöse Vielfalt der Phrasenformen und -charaktere, der harmonischen Andeutungen, kurz: die ganze reiche, überquellende, neurotische Emotionalität dieses Stils – irrelevant geworden. An ihre Stelle setzte Coltrane eine harmonische Unsicherheit, die manchmal so krass wird, daß nur noch Symmetrien und hartnäckig beibehaltene Rhythmen seiner Musik Halt geben: ständige Wiederholung ist seine Waffe gegen völlige Auflösung, so beispielsweise in den »So What«-Soli oder in den Aufnahmen mit Wilbur Harden (1958). Coltranes Neudefinition musikalischer Mittel hatte eine Musik der Extreme zur Folge; den Mainstream des Hard Bop umschiffte er, um zu einer abenteuerlicheren Musik zu gelangen: von nun an würde seine Musik in einem Zustand ständiger Gefährdung existieren.

Die große Ausnahme dazu stellt sein *Giant Steps*-Projekt dar, das größtenteils im Mai 1959, zwei Wochen nach Vollendung von *Kind of Blue,* realisiert wurde. In *Giant Steps* überschattet das von Coltrane Erreichte sein Streben nach Veränderung. So spricht aus seinem Spiel einmal nicht Besessenheit; seine Musik fließt in einem melodischen Strom; seine Phrasen sind rhythmisch aufgelockert, und seine Musik gewinnt neue Kraft. Ein aufsteigendes Viertonmotiv verleiht »Giant Steps« fröhlichen Charakter; »Syeeda's Song Flute« geht von einer langen gewundenen Linie aus. Die beharrliche Einfachheit seiner gewaltsam gehetzten symmetrischen Linien offenbart sich nun in der asketischen Gestalt des aus langen Tönen gebauten Themas von »Naima« als reinste Lyrik; jede Unruhe, jede Verzierung würde diese kostbare Zerbrechlichkeit gefährden. Sein Ton ist gedämpft, und das Arrangement so einfach wie nur möglich, fundiert auf einem Einton-Ostinato des Basses. Die Melodie von »Naima« – ruhig, sonnenerfüllt – ist der Ehrfurcht Coltranes würdig, ein unerwarteter Ruhepunkt in seiner sonst so stürmischen Musik. Wie »Traneing In« hat auch der neue Blues »Mr. P. C.« prophetischen Ausdruck, doch stehen sich nun harmonische Ausweitung und rhythmische Bestimmtheit nicht mehr gegenüber, sondern verschmelzen, da die Bürde der Symmetrie abgeworfen wird. Die »Sheets of Sound«, Akzente auf schweren Taktzeiten, Wiederholungen, blitzschnellen Passagen und alle anderen Merkmale seiner zielbewußtesten Improvisationen tauchen auch in seinen *Giant Steps*-Soli auf, doch sind sie nun über verschiedene Soli verteilt, und die Vielfalt der Phrasengestaltung ist ohne Parallele in seiner früheren oder späteren Musik. Die Freiheit seiner Linien deutet auf Befreiung aus den Zwängen des Ich hin; das Leben wird durch diese Kreativität auf entscheidende Weise bereichert.

Bald darauf verließ Coltrane das Miles-Davis-Sextett. Seine Jahre der Alkohol- und Drogensucht hatten seinen Zähnen Schäden zugefügt, die nur durch eine ausgedehnte zahnärztliche Behandlung zu beheben waren: im Mai 1959 wurde ihm im Oberkiefer eine Brücke eingesetzt, so daß er gezwungen war, seinen Saxophonansatz radikal zu verändern. Schon im Spätherbst wird dieser neue Ansatz dann bei *Coltrane Jazz,* einer Quartetteinspielung, bis an die Grenzen beansprucht durch neuartige Spieltechniken. Spaltklangakkorde, bei denen Coltrane zwei oder drei Töne gleichzeitig spielt, stehen am Schluß zweier Titel und zieren Thema und Improvisation des Blueswalzers »Harmonique«. Zu diesem Zeitpunkt hatte Coltrane dreißig Themen komponiert (oder improvisiert) und sechzehn Platten unter eigenem Namen aufgenommen. Er war nun reif dafür, eine eigene feste Gruppe zu formieren, obwohl die Ziele seiner musikalischen Erkundungen noch alles andere als klar definiert waren. Er freundete sich mit Ornette Coleman an, der damals erstmals in New York Furore machte, und spielte mit den anderen Mitgliedern des Coleman-Quartetts (darunter Don Cherry als Co-Leader) ein noch etwas zögerndes Free-Album mit sechs Stücken aus dem Repertoire Colemans ein. Im Lauf des Jahres stieg er hin und wieder bei Miles Davis ein; außerdem spielte er bei den montäglichen Jam Sessions im Birdland, um potentielle Mitspieler auszuprobieren. In Philadelphia hatte er schon fünf Jahre zuvor McCoy Tyner kennengelernt, einen damals sechzehnjährigen Pianisten, der in der Big Band des Trompeters Cal Massey mitwirkte; er hatte sich damals mit Tyner auf der Veranda des Hauses der Coltrane-Familie unterhalten und Pläne für eine spätere musikalische Kooperation entworfen. 1960 arbeitete Coltrane mit mindestens zwei anderen Schlagzeugern zusammen, bevor er sich für Elvin Jones entschied, und Jones wurde zum wohl wichtigsten Mitglied seiner Gruppe.

Das Gewicht seines Tenorsaxophonklangs war ein so entscheidendes Merkmal seines Stils, daß man überrascht war, als Coltrane 1960 nun auch das Sopransaxophon mit seinem hohen und pfeifenden Klang spielte. Coltrane war auf dieses Instrument nur durch Zufall aufmerksam geworden: »1959 fuhren wir einmal zu dritt von einem Auftritt in Washington zurück. Zwei von uns saßen vorne und der Dritte, ein Saxophonist, saß hinten. Er war sehr schweigsam. In Baltimore machten wir eine Pause, stiegen dann wieder ein, und eine halbe Stunde später merkten wir, daß der Typ, der hinten gesessen hatte, nicht mehr da war. Wir hofften, daß er etwas Geld dabei hätte und fuhren weiter. Seinen Koffer und sein Saxophon nahm ich mit in meine Wohnung in New York. Ich machte den Kasten auf und fand ein Sopransaxophon darin. Ich spielte ein bißchen darauf herum und war fasziniert. So lernte ich das Instrument kennen.«[4] Er gab zu, daß das Instrument seine Tücken hatte – »Mir gefällt der Klang, aber ich kriege noch nicht den vollen und großen Ton, den ich möchte. Es fällt mir nicht allzu schwer, richtig zu intonieren, aber ich habe große Probleme, im oberen Register eine gute Tonqualität zu erreichen«[3] – doch schon drei Wochen, nachdem er das gesagt hatte, nahm er sein erstes und zugleich berühmtestes Sopransaxophonsolo auf.

Dieses Solo ist »My Favorite Things«, ein Broadway-Walzer, von dessen Harmonien sich Coltrane und McCoy Tyner in ihren Improvisationen lösen. Stattdessen improvisieren sie über die Moll-Tonleiter, die das Thema beschließt und über die Dur-Skala des Zwischenspiels. Dieses Pendeln zwischen verschiedenen Leitern und die mehrfache Wiederkehr des Themas geben dem fröhlichen Stück eine zyklische Struktur. Im hellen Klang des Sopransaxophons gewinnen Coltranes Ideen, die in seinen Soli von 1958 so dunkel und grüblerisch wirkten – eruptive Läufe, melismatisch aufsteigende Linien, ausgedehnte Wiederholungen kleiner Motive –, nun den Charakter flüchtiger Phantasien; die unschuldige Verspieltheit in Coltranes Solo wird durch das darunterliegende strenge Klavierriff noch betont. »My Favorite Things« wurde bei der ersten von vier Aufnahmesitzungen, die im Verlauf von sechs Oktobertagen stattfanden, eingespielt; in diesen Tagen nahm er auch einige weitere Sopransoli auf sowie Improvisationen auf dem Tenor, darunter eine ungewöhnlich schroffe und knorrige Version von »Liberia«.

Erst sechs entscheidende Monate später sollte er weitere Plattenaufnahmen machen. Ende 1960 wurde er erstmals bei der jährlichen *Down Beat*-Leserumfrage als bester Tenorsaxophonist ausgezeichnet (er sollte noch fünf weitere *Down Beat*-Preise für sein Tenorspiel gewinnen, zwei weitere als Sopransaxophonist). Der Anfang seiner Zusammenarbeit mit Eric Dolphy fällt in diese Zeit. Die langen Soli, die er sich in der Gruppe von Miles angewöhnt hatte, wurden nun, da er seine eigene Combo leitete, noch länger, und es ist bemerkenswert, daß er sich über die Entwicklung seiner Musik mit gemischten Gefühlen äußerte:

> »... Mir ist etwas Komisches aufgefallen. Als wir im Apollo spielten, sagte mir jemand: ›Ihr spielt zu lange; ihr solltet zwanzig Minuten spielen.‹ Wenn wir jetzt auf die Bühne gehen und ein Stück spielen, dann dauert allein mein Solo dreißig oder mindestens zwanzig Minuten. Nun, im Apollo spielten wir schließlich drei Stücke in zwanzig Minuten! Und in diesen Minuten spielte ich die Höhepunkte all jener Soli, die sonst Stunden dauerten ... Es scheint mir gut zu tun, so lange zu spielen, bis ich keine Lust mehr habe, aber ich habe herausgefunden, daß ich dann nicht unbedingt soviel mehr *sage!* ... Bei uns ist es jetzt so, daß wir mehr oder weniger aus einer modalen Perspektive improvisieren wollen, und dadurch spielen wir schließlich in einem Stück eine Menge Riffs. Ich weiß nicht, wie lange wir noch auf diese Weise spielen werden, aber so war es bis jetzt.«[5]

Wichtig in diesen Äußerungen ist Coltranes Gefühl der Befreiung beim Spiel langer Soli. Auch Coleman und Dolphy fingen 1961 an, ausgedehnte Soli zu spielen; heute, wo ausführliche Improvisationen seit so vielen Jahren an der Tagesordnung sind, vergißt man leicht, daß Coltranes zwanzig oder dreißig Minuten lange Stücke anfangs als revolutionär galten.

Eric Dolphy taucht in Colemans Musik erstmals unter dem Pseudonym »George Lane« auf der LP *Ole* vom Mai 1961 auf. Diese Septett-Einspielung entstand ungefähr zur selben Zeit wie Coltranes Aufnahmen mit einer Big Band, für die McCoy Tyner »Greensleeves« als modalen Rahmen für Coltranes Sopransaxophon arrangierte, während Coltrane eine Bearbeitung eines Spirituals von großer historischer Bedeutung – sein Text war ein Code für den Fluchtweg entkommener Sklaven – beisteuerte: »Song of the Underground Railroad«. Das Thema von Cal Masseys »The Damned Don't Cry« ist in abwechselnd langsamem und mittlerem Tempo, und Coltrane improvisiert hier auf beiden Saxophonen; zur Abwechslung handelt es sich hier wieder einmal um eine Komposition, die auf Akkordfolgen aufgebaut ist, was Coltrane zu einem selten differenziert phrasierten Tenorsolo inspiriert. Dolphy spielt keine Soli in den Big-Band-Aufnahmen, doch stammt das Arrangement von »Africa« von ihm. Das Stück steht im Sechsertakt, mit einem langsamen Baßostinato und ebenfalls langsam wechselnden Klavier- und Ensembleakkorden; Schlagzeuger Elvin Jones spielt darüber ein mittelschnelles High-Life-Tempo, das von Coltranes Tenorlinien noch einmal verdoppelt oder verdreifacht wird. Diese polyrhythmischen Spannungen lassen Coltranes Spiel immer düsterer werden: Mehrklang-Schreie erheben sich aus der beklemmenden Verzweiflung seiner Phrasenrepetitionen – ein kaum krasser denkbarer Unterschied zu den dekorativen Mehrklängen von »Harmonique«.

Seine Soli waren seit »Liberia« und »The Night Has a Thousand Eyes« vom Vorjahr nicht unbedingt ausdrucksvoller geworden – aber *wie* hätten sie auch ausdrucksvoller sein können? –, doch hatte er sich in eine Kunst immer gefährlicherer Extreme vorgewagt, wie es die siebzehn auf Platte veröffentlichten Stücke seiner Auftritte im »Village Vanguard« vom November 1961 dokumentierten. Die Unzufriedenheit mit seinem Spiel, die er Monate zuvor artikuliert hatte, war nun bedeutungslos geworden: fast alle diese Stücke sind lang, und das längste an ihnen sind Coltranes solistische Extravaganzen. Nicht modal sind nur die drei schnellen Blues-Titel. Die Struktur seiner Soli ist anfangs frei lyrisch, doch dann wagt er sich vorsichtig zu harmonischer Freiheit vor, wobei die psychologischen Fesseln der Symmetrie den Fluß der Improvisationen lenken. Doch werden die neuen Grenzen harmonischer Ausweitung und klanglicher Extreme zum Gefängnis, wenn Coltrane ohne Ende wütend auf Arpeggien herumreitet, sie in jede nur mögliche Richtung wendet, ohne sich von ihnen lösen oder seine Betonungen vom ersten Taktschlag trennen zu können. Manchmal trennen sich die Arpeggien schließlich doch von der Tyrannei der Eins, doch ist diese Befreiung nur symbolisch, da das Ego keine lyrische Erlösung findet, sondern sich gleich in noch engeren, noch bedrohlicheren symmetrischen Geweben verschlingt. Jeder Teil dieser Soli ist ein ausgedehnter Abschnitt, bestenfalls in Zyklen von Stilen angeordnet, denen er sich zunehmend nähert, um sich wieder zu entfernen, um sich weiter zu nähern, noch einmal zurückzuziehen, und so weiter. Riffs sind häufig; Triolenmotive werden in kraftvollen Schüben ausführlich und ohne jede Pause wiederholt; fünf- und siebentönige »Sheets of Sound« werden *ad infinitum* wieder und wieder vorgeführt, mit unvermeidlichen Viertelpausen und Betonung des ersten Taktschlags. Phrasen werden aus ihrem harmonischen Rahmen hinausgeführt, und zwanghafte Repetition führt zu Frustration, die sich in hupenden Tönen, hohen und tiefen Mehrklängen und wilden Passagen entlädt, in denen die temperierte Stimmung aufgegeben wird.

In »Impressions« (dritte Version) beeindruckt insbesondere der ununterbrochene schöpferische Impuls des fünfzehnminütigen Tenorsolos, voller Turbulenz, nur von Baß und Schlagzeug begleitet. In der dritten Version von »Spiritual« beginnt Coltrane mit einer lyrischen Melodie, doch dann werden die noblen Phrasen durch vereinzelte Blue Notes und rauhe Klänge getrübt: erste Signale kommender psychischer Stürme. »India« (zweite Version) ist aufwendig orchestriert; der herrliche Puls der Ud und die diamantenen Oboenphrasen weichen tiefen hauchigen Akkordorgelpunkten. Doch schnelle, wüste Trommelrhythmen und Coltranes derwischgleiches Sopransaxophon vertreiben die gemessene Stimmung; der ferne Osten meldet sich in Eric Dolphys Baßklarinettensolo zu Wort, und während er trillernd zum Ende kommt, erhebt sich, ebenfalls in Trillern, das Sopransaxophon, wie der Mond über einem exotischen Festival.

Dies ist Coltranes klangliche Welt. Der Wert liegt nicht im Entdecken, sondern im strebenden Bemühen des Entdeckers. Unzufriedenheit ist ein Dauerzustand: die Schönheit von »Spiritual« kann nicht an sich entwickelt werden, sondern muß verletzt und dann beiseite gestoßen werden, und auch »India« lebt von der Erschaffung und der anschließenden Zerstörung des Schönen. Die Psyche kann die Entlastung, die Schönheit herbeiführt, nicht ertragen; die Themen der Stücke sind von einer Noblesse, die der moderne Mensch nicht zu kultivieren versteht. So erweisen sich die auf sie folgenden Improvisationen als zunächst fragmentarisch und schließlich brutal: das Bewußtsein, Befreiung in harmonischer Freiheit witternd, bekämpft die Fesseln des Unbewußten, das Metrum und die Symmetrie.

In den Aufnahmen von 1961 findet Schlagzeuger **Elvin Jones** endlich zu sich selbst. Jones, 1927 geboren, wuchs in der Umgebung von Detroit auf und war dort, nach seinem Wehrdienst in den späten vierziger Jahren, sechs Jahre als Free-Lance-Musiker tätig, bevor er 1955 nach New York kam. Sein freier Umgang mit dem Rhythmus kollidierte mit den Gewohnheiten des Bebop-Mainstream, und selbst wo er so einfallsreich spielte wie bei Sonny Rollins' Village-Vanguard-Sessions von 1957, hemmt ihn scheinbar die Befürchtung, sein Spiel könne mit dem des Solisten in Konflikt geraten. Bei Coltrane entfallen derartige Hemmnisse, ganz im Gegenteil: Coltranes ausgedehnte Formen inspirieren Jones zum freiesten nur denkbaren Wechselspiel. Anders als seine unmittelbaren stilistischen Vorfahren wie Roach oder Philly Joe Jones hält es Elvin Jones nicht für nötig, sein Beckenspiel regelmäßig zu halten – wird das Metrum nicht hinreichend durch Coltranes Akzente auf den starken Taktzeiten markiert? –, und stattdessen konzentriert er sich auf die Suche nach neuen Strukturen. Gegen Coltranes

Symmetrien wirkt Jones' Spiel assymetrisch; die tiefe Resonanz seines Schlagzeugs, das auch besonders große Becken enthält, ist ein Gegengewicht zum Gewicht des Tenorklangs; die Dichte seiner Akzente und Polyrhythmen kontrastiert mit Coltranes klarer rhythmischer Bewegung.

Innerhalb seiner dichten Texturen kann Jones aber dennoch schnell auf das Spiel Coltranes oder Tyners reagieren, so in »Underground Railroad«; anderswo spielt er über lange Strecken in drei verschiedenen gleichzeitigen Rhythmen (ein Beispiel dafür ist die dritte Version von »Impressions«) oder steigert sich zu mächtigen Kaskaden über den Blockakkorden Tyners (»Untitled Original«). Typische Coltrane-Konzerte waren nun zum großen Teil Tenor-Schlagzeug-Duette, ob Baß und Klavier nun mitspielten oder, was oft genug vorkam, aussetzten. In den drei Takes von »Africa« gibt es Schlagzeugsoli in der Mitte des Stücks. Im zweiten Take ist der Anfang von Jones' Solo ohne jeden Bezug zu Tempo oder Metrum des Stücks; im dritten Take entfernt sich sein Solo allmählich von den Rhythmen des Stücks, während er um ein repetiertes Zweitonmotiv ein dichtes Klanggeflecht spinnt. Wohl kein anderer Jazzschlagzeuger verband derartige technische Meisterschaft mit solcher Reaktionsschnelligkeit; in diesen Aufnahmen von 1961 mit ihrer erstaunlichen Virtuosität und ihrer polyrhythmischen Spontaneität erreicht das Schlagzeugspiel im Kontext einer Jazzgruppe seine Vollendung. Der einzige noch denkbare Fortschritt konnte darin bestehen, das metrumgebundene Schlagzeugspiel ganz aufzugeben – wie es Sunny Murray im Lauf der nächsten zwei Jahre dann auch tun sollte.

John Coltrane war es gewohnt, umstritten zu sein. Schon vor seinen Innovationen vor 1961 waren Vorwürfe wie der, er spiele »sein Tenor, als wäre er fest entschlossen, es in Stücke zu blasen; aber seine verzweifelten Attacken führen beinahe unweigerlich ins Nichts« typisch für eine bestimmte Art kritischer Resonanz. Als Dolphy mit dem Coltrane-Quintett auf Tournee ging, schrieb ein *Down-Beat*-Rezensent: »... eine erschreckende Vorführung dessen, was ein wachsender Anti-Jazz-Trend zu sein scheint, verkörpert durch diese führenden Exponenten einer sogenannten Avantgarde-Musik ... Coltrane und Dolphy scheinen es darauf abgesehen zu haben, mutwillig [den Swing] zu zerstören ... Sie scheinen entschlossen zu sein, in ihrer Musik einen anarchistischen Kurs zu verfolgen ...«.[6] Einige etablierte Kritiker verbreiteten ihre »Anti-Jazz«-Attacken gleich in mehreren Veröffentlichungen. Auf derartige Anschuldigungen gibt es natürlich eigentlich keine sinnvolle Antwort, doch ist es bezeichnend für Dolphys und Coltranes gewissenhafte Einstellung, daß sie in *Down Beat* einen Appell an die höhere Einsicht ihrer Ankläger publizierten. Vier Jahre später erinnerte sich Coltrane an die Angriffe von 1961/1962: »O, das war schrecklich. Ich konnte es einfach nicht fassen, weißt Du, es schien einfach so absurd. Es war so lächerlich, Mann, das ist es, was mich stört. Es war absolut lächerlich, denn sie stellten es so hin, als hätten wir von Musik nicht die geringste Ahnung – nicht die geringste. Und wir versuchten einfach, solche Dinge von uns abzuschütteln ... Eric, Mann, dieser nette Kerl, dieser fantastische Musiker – es tat mir weh, mitanzusehen, wie er durch diese Sache verletzt wurde.« Ging es seinen Gegnern darum, Macht auszuüben? Wenn ja, dann, so Coltrane, »dann verliert man seine eigentliche Macht, die darin besteht, ein Teil des Ganzen zu sein, und Teil des Ganzen kann man nur sein, wenn man es versteht. Und wenn man etwas nicht versteht, dann muß man sich ihm in Bescheidenheit nähern. Man geht nicht zur Schule, setzt sich hin und sagt: ›Ich weiß schon, was Du mir beibringen willst.‹ Man setzt sich hin und lernt. Man öffnet seinen Geist. Man empfängt. Aber man muß ruhig sein, um all das tun zu können.«[7]

Die Kontroverse um Coltrane trug sicher dazu bei, Zuhörer anzuziehen, von denen nicht alle Parteigänger Coltranes waren. In Amerika und Europa war die Coltrane-Gruppe eine der führenden Attraktionen der Club- und Konzertszene; hinzu kam, daß die Plattenfirma Impulse alle paar Monate Aufnahmen des Quartetts machte und im Drei-Monats-Turnus Coltrane-LPs auf den Markt brachte. Eine seiner einflußreichsten Aufnahmen wurde »Out of This World« (1962), in der Coltrane seine Kunst zyklisch gestalteter Soli zu einer Begleitung voll komplexer Spannungen zur Vollendung bringt. Eine der Spannungsquellen ist der 6/4-Takt, hinzu kommt das rhythmisch suspendierte Spiel Tyners und der multirhythmische afro-lateinamerikanische Swing von Jones' brodelndem Schlagzeugspiel. Coltranes Tenorsolo schwillt an und wieder ab, begibt sich als Interludium kurz in eine andere Tonart, bringt noch einmal das Thema, bevor es sich zu Mehrklängen und entfernteren harmonischen Relationen vorwagt. Jeder Zyklus wird durch Kontrast beleuchtet, kulminiert in immer stürmischeren Eruptionen; die Kraft dieses Rituals ist endlos orgiastisch.

Coltranes Musik der Jahre 1962 und 1963 folgt keiner einheitlichen Richtung. Eine hörenswerte LP mit Duke Ellington enthält »The Feeling of Jazz«, und in diesem Stück und in einem ausgedehnten Live-Mitschnitt von »Bye Bye Blackbird« zeigt sich Coltranes zunehmende Bereitschaft, auch über einem Hintergrund konventioneller Akkordwechsel harmonische und emotionale Extreme zu artikulieren. Er wandte sich nochmals zwei seiner wichtigsten Stücke des vorigen Jahrzehnts zu, und die dunkle Kraft seines neuen »Traneing In« besteht in der bitteren Erfahrung, mit der er den Enthusiasmus der Aufnahme von 1957 beiseite schiebt. Und die zärtliche Qualität des »I Want to Talk About You« von 1958 wird 1962 und 1963 von phantastischen Notengeflechten verdunkelt; diese späteren Interpretationen beschließt er mit unbegleiteten minutenlangen Strömen von Tonleitern und Akkordpermutationen. »Alabama« ist eine andächtige Melodie über Orgelpunkten und Jones' dunklen Paukenschlägen; das stete Gewicht seines Tons ist das vollkommene Medium für die schlichte Schönheit des Themas, das Coltrane zum Gedenken an jene Kinder schrieb, die bei einem rassistisch motivierten Bombenanschlag auf eine Kirche ermordet worden waren. Die Schönheit seines Tons ist alles, was von einigen Interpretationen von Schlager-Balladen bleibt, die er zu jener Zeit einspielte, mit nur wenig Improvisation oder Verzierung: es sind dies ästhetische Mißgriffe. Triviales wie »Too Young to Go Steady« gewinnt nicht allein dadurch an Wert, daß es im reinen, kargen Ton John Coltranes vorgetragen wird, im Gegenteil: Coltrane erniedrigt sich durch solchen Respekt vor Material, das unter seiner Würde ist. Nachdenklichkeit und positive Bekräftigung sind dann wieder in den Originalkompositionen von *Crescent* (1964) zu hören; das lyrische Programm dieser Platte beschließt mit »The Drum Thing«, einem Solo Jones', in der das Pochen tropischer Unterströmungen sich zu einer langen, ungebrochenen Flutwelle schneller Polyrhythmen erhebt.

A Love Supreme (Dezember 1964) ist eine Suite musikalischer Reflexionen. Coltranes Hüllentext beginnt mit den Worten: »Lieber Hörer: Alles Lob sei Gottes, dem alles Lob gebührt«, und Thema des Programms der Suite ist Coltranes spirituelles Erwachen des Jahres 1957. Sehnsucht – nach Transzendenz? – liegt hinter der Musik und wird oft auch in ihr manifest. Die Triolenlinie des die Suite eröffnenden »Acknowledgement« kennt nur wenig Abwechslung, und wenn es auch nicht gerade dem Zwanghaften verfällt, so deutet dieses Solo doch zumindest die Spuren von Besessenheit an. »Resolution«, der zweite Satz, beginnt in einer resignativen Stimmung, die von einer sehnsüchtigen Blue Note im vierten Takt in Frage gestellt wird, wenn auch nur kurz: der konsonante Abschluß der nächsten Phrase deutet auf Hinnahme des Schicksals hin. Tyner spielt mächtige Akkorde im 3/4-Takt über dem 4/4-Grundrhythmus und baut so eine große Spannung für Coltranes folgendes Solo auf. Die Phrasierung des Saxophonisten ist hier, wie sonst nur selten in einem langen modalen Solo, so variantenreich, daß Coltranes Patterns nicht zwanghaft gedrängt, sondern gut verteilt erscheinen; die kraftvolle Bewegung von »Resolution« kommt aus ganzem Herzen, aus vollem Verstand. »Pursuance« beginnt in einer Extrovertiertheit, die jedoch schnell verworfen wird: überwältigendes Sehnen bricht sich in schreienden und taumelnden Phrasen seine Bahn, und in »Psalm« scheint Coltrane auf seiner spirituellen Odyssee mutlos geworden zu sein. Noch einmal äußert sich das überwältigende Verlangen, diesmal in aufwärtsgerichteten Linien voller Mehrklänge, vermengt mit abwärts führenden Figuren, die wieder die Erleichterung suggerieren, die die Hinnahme des Schicksals in »Resolution« brachte – wie flüchtig solche Hinnahme nun auch geworden sein mag. Die große Kurve des »Resolution«-Satzes brachte also nur eine kurzfristige Linderung seines Sehnens, und der Hörer verläßt die Suite voller Trauer über den Unfrieden der übrigen Sätze. Inzwischen hatte sich Coltrane mit der aufkommenden Generation von Avantgarde-Musikern angefreundet, die nur schwer Möglichkeiten fanden, ihre Kunst einem Publikum vorzustellen. Besonders die Entdeckungen Albert Aylers faszinierten ihn: »Ich glaube, was er tut, ist, die Musik zu noch höheren Frequenzen zu bewegen ... er hat einen Raum ausgefüllt, den ich scheinbar noch nicht erreicht hatte.«[7] Also lieh Coltrane Ayler Geld und brachte ihn in Konzertprogrammen unter. Mit Archie Shepp als zweitem Tenorsaxophonisten nahm die Coltrane-Gruppe eine inzwischen verschollene Version von *A Love Supreme* auf – mit Shepp, dessen Konzept der Soloform sich damals zum großen Teil an Coltranes ausgedehntesten Stücken orientierte. Coltrane bedrängte seinen Produzenten Bob Thiele, er möge die neue Musik auf Platte bringen – nach Thieles Zählung empfahl er vierhundert Musiker –, und Shepp und Ayler waren dann auch unter den Avantgarde-Musikern, die Thiele bald darauf produzierte. Seine enorme Popularität als Bandleader gegen Mitte der sechziger Jahre (de facto war er der einzig wirklich populäre Vertreter der neuen Musik) war ein Grund dafür, daß Coltrane zu einer Vaterfigur der zweiten Generation des Free Jazz geworden war. Archie Shepp schrieb über ihn: »Er hatte eine Brückenfunktion: er war der fähigste der sogenannten Post-Bebop-Musiker und wagte sich auf das Gebiet dessen, was man Avantgarde nennt, vor. Er war einer der wenigen älteren Musiker, die ein Gefühl der Verantwortung für die nach ihnen Kommenden an den Tag legten. Er gab ein positives Leitbild ab, das dringend benötigt wurde und stand jenen destruktiven Kräften entgegen, denen so viele zum Opfer fielen. Er, der selbst so viel erlebt und erlitten hatte, wollte dafür sorgen, daß andere nicht auch all das durchmachen müßten.«[8]

1965 hatte die jüngere Generation dann ihrerseits Brückenfunktion für Coltrane, der sich von rhythmischen und harmonischen Fesseln zu befreien versuchte. Anfänglich äußert sich dieser Wunsch in heftigen, brutalen Klängen. In »Mapa« von 1961 hatten die Musiker nach Einheit gestrebt, Einheit trotz divergierender Tempi und Rhythmen; Coltranes »Brazilia« von 1965 entdeckt in solchen Divergenzen Chaos und Bessenheit. In »Nature Boy« werden die Nabelschnüre zu Takt und Modus schroff durchtrennt, und ein Gipfel der Gewalttätigkeit wird in »Transition« vom Juni desselben Jahres erreicht: das Stück beginnt als majestätisch aufsteigender Blues und fährt dann fast ausschließlich im Oberton- und Mehrklangregister eines Albert Ayler fort – und zwar nicht in Aylers wohldefinierten Phrasen und Gestalten, sondern in langen Schreien und gequältem Kreischen. Diesem stürmischen Stück folgt auf der Platte der Titel »Dear Lord«, der als eine Coda zu *A Love Supreme* verstanden werden kann. Klingt auch weiterhin sehnsüchtiges Streben in der Aufwärtsbewegung der Akkorde mit, so liegt ungetrübte Anmut in den die Melodie beschließenden Phrasen: aus ihnen spricht Erlösung und Hinnahme. Mit »Dear Lord« findet Coltranes spirituelle Selbsterkundung ein Ende, das von Liebenswürdigkeit, nicht von Mühe und Qual, gezeichnet ist.

Ascension ist ein in jeder Hinsicht gewaltiges Projekt. Coltranes Kollektivimprovisation kennt nicht die Freiheit von Aylers Ensembles oder das lineare Wechselspiel Colemans, sondern lebt von der mächtigen Exaltation von sieben Bläsern und vier Rhythmusspielern (darunter zwei Bässen). Die modale Grundstruktur und das vorgegebene Themenmaterial verlieren an Bedeutung, wenn sich das Kollektiv der Spieler zu simultanen Linien vereint, sich für kurze Soloabschnitte trennt und sich wieder zu lauten Aufschreien zusammenfindet, wobei die fünf Saxophonisten in den äußersten Lagen ihrer Instrumente spielen. Trotz der Turbulenz der Musik wirkt dieser Chor von Instrumentalstimmen wie fixiert durch sein eigenes Gewicht: *Ascension* klingt wie eine achtunddreißigminütige feurige Zentrifuge. Vier Tage darauf, beim Newport Jazz Festival, spielte Coltrane eine Version von »One Up One Down«, in der die kreischigen Überblasklänge völlig losgelöst von Tempo und temperierter Stimmung scheinen. Für den Auftritt beim Down Beat Festival in Chicago im August fügte er seinem Quartett den Saxophonisten Archie Shepp hinzu; während der Kollektivimprovisationen der beiden Tenorsaxophone schrie die Hälfte des fünftausendköpfigen Publikums in Ekstase, die andere Hälfte voller Zorn. Für die Aufnahme von *Om* im September traten zum regulären Quartett der Tenorsaxophonist Pharoah Sanders, der Multiinstrumentalist Rafael (Donald) Garrett und ein Flötist hinzu; *Om* enthält geballte Kollektivimprovisationen und eine Passage mit Klarinetten- und Panflötenklängen, die einen belebten Regenwald herbeiassoziiert. Zwei Wochen später folgte *Kulu Se Mama,* wo der ohnehin schon wuchtigen und dichten Coltrane-Gruppe (wiederum mit Sanders und Garrett) noch die Farben und Rhythmen zweier afro-lateinamerikanischer Perkussionisten hinzugefügt werden.

Zur Zeit von *Meditations* (im November) war Sanders zum regulären zweiten Saxophonisten der Gruppe geworden, und nun wurden die emphatischen Rhythmen Elvin Jones' durch das Spiel eines zweiten Schlagzeugers verunklart: Rashied Ali mit seinen höher gestimmten Trommeln und seinen frei verteilten Schlägen. Schon bald trennte sich Jones von Coltrane, und 1966 verließ ihn auch sein treuester Partner, der Pianist McCoy Tyner. Die schweren Akkorde und komplexen modalen Harmonien Tyners wurden durch den leichteren Anschlag und die mehrdeutigen Akkorde und Rhythmen von Alice Coltrane ersetzt. (Sie, die schon lange eine professionelle Pianistin war, war nun auch Mrs. Coltrane geworden). Seit 1961 war Jimmy Garrison Coltranes regulärer, und meist einziger, Bassist gewesen; oft hatte er im Hintergrund gestanden und während mancher langen Soli Coltranes ganz ausgesetzt; jetzt aber war er bereit, Coltrane in das neue Territorium harmonischer Unbestimmtheiten zu folgen. Coltrane arbeitete nun also mit einer neuen Gruppe – Sanders, Alice Coltrane, Garrison und Ali – und mit einem Repertoire, in dem selbst modale Strukturen keine große Rolle mehr spielten: die letzten Spuren harmonischer Strukturen oder metrischer Bindungen wurden aus seiner Musik getilgt.

Was war es nun, was Coltrane in seiner neuen, freien musikalischen Sprache kommunizierte? Jetzt, da die Spannung seiner titanischen Kämpfe gegen strukturelle Fesseln gewichen war, verblieb Turbulenz, eine Turbulenz, die durch das zusätzliche Gewicht von Sanders' Tenorsaxophon noch verstärkt wurde. Darüber hinaus war Sanders auch ein überzeugender Solist. Seine langen Soli bestehen aus gehaltenen Growl-Klängen und Obertonpassagen, und stellt man die Beschränktheit der Register und Techniken, die er verwendet, in Rechnung, so ist die Vielfalt seiner Phrasengestaltung bemerkenswert; in dieser Hinsicht sind seine Soli sogar abwechslungsreicher als die Coltranes. War die schlichte Schönheit des originalen »Naima« in den Coltrane-Dolphy-Versionen von 1961 größtenteils erhalten geblieben, so zerstört Coltrane nun das Stück durch ornamentale Überladenheit und vehemente klangliche Sturzflüge. Ein guter Teil von Coltranes Musik in seiner neuen freien Ausdrucksweise klingt tatsächlich alles andere als befreit: wieder stürzt er sich zornig auf symmetrische Figuren, heftig, voller Willkür, unversöhnlich. Auch griff er zu neuen Instrumenten, um die Reichweite seiner klanglichen Attacken zu vergrößern: in »To Be« improvisieren er und Sanders auf Flöte und Pikkoloflöte, sozusagen in einer Diminution ihrer Tenorduette.

Doch ist diese letzte unvollendete Phase von John Coltranes Musik nicht allein eine Periode ständiger Auflösung. Gerade das Gegenteil ist auf *Interstellar Space* (Februar 1967), einer seiner letzten Aufnahmen, zu hören. Hier wird Coltrane, auf dem Tenorsaxophon, nur vom wunderbaren Perkussionisten Rashied Ali begleitet. Die Klarheit ihrer Dialoge deutet darauf hin, daß Coltranes Gruppen nach 1964 seine tatsächlichen Fortschritte eher verdeckt hatten. Die Tenorsoli von *Interstellar Space* sind die längsten und rücksichtslosesten, die er je aufnahm, mit klanglichen Assoziationen von derartiger Freiheit, daß sein Spiel gelegentlich nur durch seine kinetische Energie in Fluß gehalten zu werden scheint. Immense Kraft spricht aus dem extrem schnellen »Mars«; in »Saturn« und »Leo« singt Coltranes Saxophon – zwischen heftigen, langen Feuerstürmen – in längeren Notenwerten, völlig ruhig und gelöst. In »Venus« und »Jupiter« hört man seine bekannten statischen Phrasenrepetitionen, aber auch motivische Entwicklung, abwechselnd nach den Prozeduren Colemans, Aylers oder Rollins', und diese Entdeckung ist von großer Tragweite: Coltrane nimmt nun die Verantwortung für strukturelle Kohärenz auf sich, und eine weitere Entwicklung seiner Fähigkeiten in dieser Hinsicht hätte möglicherweise zu entscheidenden Fortschritten seiner Musik geführt. Doch sind solche Spekulationen nur akademischer Natur, denn Coltrane hörte nur drei Monate später zu spielen auf und starb im Juli an Leberkrebs. Auf seinen Wunsch hin spielten Ornette Coleman und Albert Ayler bei seinem Begräbnis.

Für diejenigen, die Puritanismus zu würdigen wissen, scheint der gelegentlich geäußerte Gedanke, Coltrane sei eine Art musikalischer Puritaner gewesen, eine logische Schlußfolgerung zu sein. Die Strenge und Bestimmtheit seiner Musik sind puritanische Qualitäten, wie auch seine Aufgabe klanglicher Wärme zugunsten von Kraft, Kontrolle und oft auch Schönheit. Zwar fehlen hier einige puritanische Tugenden – so hat seine Musik nicht unbedingt eine erhebende Wirkung –, doch ist die Primärtugend Mut in all seinen Aufnahmen deutlich präsent. Seine Musik war ein spirituelles Streben, auch bevor er das in *A Love Supreme* explizit verkündete. Die zyklischen Strukturen der sechziger Jahre sind die Zyklen seines Innenlebens; das ist der Grund für die von ihm gefühlte Notwendigkeit, lange Soli zu spielen. Und diese Soli bewegen uns so eindringlich, weil wir in ihnen unsere eigenen Kämpfe gegen Selbstzufriedenheit, gegen Ängste erkennen: sie streben immer nach dem Unbekannten. *Interstellar Space*, seine freieste Aufnahme, macht ein für alle Mal deutlich, was seinen schöpferischen Geist in Gang hielt: obwohl es hier keine Zwänge mehr gibt, bleibt sein Weg dennoch einer des Konflikts, endlos und exaltiert. Und die Konflikte von John Coltranes Musik, der innere Aufruhr des Lebens, erwiesen sich als kommunikativer als sämtliche anderen musikalischen Aussagen der Free-Jazz-Ära.

Nach John Coltranes Tod blieben seine wichtigsten musikalischen Gefährten – Pharoah Sanders, Alice Coltrane, McCoy Tyner, Elvin Jones, Rashied Ali – weiter musikalisch aktiv. Alis Polyrhythmen in *Interstellar Space* lösen metrumbezogenes Spiel auf, doch lassen seine vielfarbig bewegten Strukturen dennoch den Eindruck eines Tempos aufkommen, und wenn Coltranes üppige Linien sich in »Venus« aus dem Puls und wieder in ihn hinein bewegen, so werden sie (erstaunlicherweise) von Ali akzentuiert. Ali, dessen Können und Sensibilität sich noch steigern sollten, wurde in den siebziger Jahren zu einer wichtigen Figur als Initiator einiger der avantgardistischsten Jazzaktivitäten. Und wir werden noch darauf zu sprechen kommen, wie McCoy Tyner nach seinem Weggang von Coltrane selbst zu einem der einflußreichsten Jazzmusiker werden sollte, als Pianist wie als Komponist.

5.
Übergänge: Miles Davis und der modale Jazz

Die erste Übergangsgeneration im Jazz betrat in den frühen vierziger Jahren die Szene, als junge Musiker, inspiriert von den frischen Winden, die aus dem Westen (und besonders von Lester Young) kamen, die Musik der Swing-Ära jenen romantischen Konzeptionen unterwarfen, aus denen bald der Bebop entstehen sollte. Gene Ammons, Don Byas, Dexter Gordon und wie sie alle heißen: das waren Musiker, die wirklich Bindeglieder zwischen Swing und Bebop waren und die dann im Lauf ihrer Karrieren Stile entwickelten, die in allen Aspekten Bebop-orientiert waren. Die zweite Übergangsgeneration erschien zwanzig Jahre später, als junge Musiker Miles Davis ins modale Spiel folgten. Sie unterwarfen die Innovationen des Free Jazz den Konzeptionen des Hard Bop und schafften es gelegentlich beinahe, beide Stile miteinander zu verbinden. Doch modales Spiel war nur ein Schritt zu etwas Neuem und Anderen, während die Free-Konzepte Colemans, Dolphys, Cecil Taylors und Coltranes ein Sprung ins Unbekannte waren. Modale Spieler und Free-Jazzer spielten daher in der Regel nur ihre eigene Musik, nicht die der anderen.

Stattdessen wurde der modale Jazz in den sechziger Jahren zu einem Parallelstil des Free Jazz. Teilweise war dies Ausdruck einer Gegenreaktion zum Free Jazz: Miles Davis war unter den vielen, die Ornette Colemans Musik zunächst ablehnten (»Der Mann ist total verkorkst«). Davis ist der kompromißlose, zielstrebige Künstler, dessen Musik die Quelle des modalen Jazz ist; seine eigenen modalen Erkundungen markieren die ganze Bandbreite diese Stils, und seine Schlußfolgerungen – seit 1969 spielt er andere Musiken – sind Symbol des Scheiterns der modalen Bewegung.

Schon früh im Leben prägte sich seine charakteristische Entschlossenheit aus. 1926 kam er in Alton, Illinois zur Welt und wuchs in East St. Louis als Sohn eines angesehenen Zahnarztes und Landbesitzers auf. Nach Schilderungen seines Vaters ging Miles als Junge gerne wandern, jagen und angeln, und: »Er war ein hervorragender Reiter, und wenn ihn ein Pferd jemals abwarf, so bestieg er es sofort wieder, bis er es gezähmt hatte.« Dr. Davis schenkte seinem Sohn zum dreizehnten Geburtstag eine Trompete, die Miles in der Schule und nach einem Akkordlehrbuch zu spielen lernte; er hatte auch einen Lehrer, der ihm das Spiel ohne Vibrato beibrachte. Bei schulischen Musikwettbewerben war Miles, so sein Vater, »immer der Beste, aber die Jungen mit den blauen Augen gewannen immer die ersten und zweiten Preise. Miles mußte sich mit dem dritten Preis begnügen. Die Funktionäre, Miles und auch alle anderen wußten, daß er eigentlich den ersten Preis kriegen müßte. Man kann ein Kind nicht so behandeln und dann erwarten, daß es die Welt in Ordnung findet.«[1]

St. Louis war eine lebendige Musikerstadt, und als der Sänger Tiny Bradshaw eines Tages auf der Durchreise war und einen Trompeter brauchte, war der sechzehnjährige Miles gerade Mitglied einer bekannten ortsansässigen Band. Sonny Stitt, einer von Bradshaws Saxophonisten, schlug dem Sänger vor, den jungen Davis zu engagieren, aber Miles' Mutter bestand darauf, daß er in der High School blieb: »Danach habe ich zwei Wochen kein Wort mit ihr gesprochen. Aber

Ron Carter, Miles Davis

mit der Band mitgegangen bin ich auch nicht.« 1944 aber gründete Billy Eckstine seine erste Big Band und verbrachte einen guten Teil des Sommers dieses Jahres in St. Louis; Miles freundete sich mit Dizzy Gillespie und Charlie Parker an und stieg gelegentlich bei der Band ein (Eckstine fand sein Spiel »schrecklich ... furchtbar ... er konnte überhaupt nicht spielen«). Miles' Mutter wollte, daß ihr Sohn die Fisk University besuchte (»Jedes Mal, wenn ich Trompete spielte, guckte sie mich so an, als würde sie mich gleich schlagen«), er aber erhielt ein Stipendium für die New Yorker Juilliard School of Music und schrieb sich dort 1945 ein. Die erste Woche nach seiner Ankunft brachte er damit zu, den Aufenthaltsort Charlie Parkers ausfindig zu machen – wobei gleich sein Geld für den ganzen ersten Monat draufging. Auf Anregung Dizzy Gillespies lernte er (in den Übungsräumen der Juilliard School) das Klavierspiel und vertiefte sich in Bebop-Harmonik, indem er die Akkordfolgen und Substitutionsakkorde analysierte, die er Parker in den Nachtclubs hatte improvisieren hören – der Konservatoriumslehrstoff war offenbar irrelevant für seine musikalische Ausbildung, und so verließ er die Juilliard School nach einem Semester. Ein Jahr lang teilte er eine Wohnung mit Charlie Parker und spielte in seinem Quintett mit.

Miles Davis ist der Trompeter auf den ersten Aufnahmen, die Parker unter eigenem Namen einspielte, und schon als Neunzehnjähriger klang er nicht wie eine Kopie Gillespies oder anderer Trompeter. In »Now's the Time« spielt er ein, man könnte sagen: entspanntes Bravoursolo; seine Soli bei Parker bewegen sich hauptsächlich im Mittelregister und zeichnen sich aus durch harmonische Raffinesse, einen warmen, vibratolosen Ton und durch einen rhythmischen Gehalt, der deutlich einfacher ist als die gängige Bebop-Phrasierung jener Tage. Beharrlich verweigert er sich der blendenden Virtuosität eines Gillespie oder Navarro. Um 1948 sind seine Soli von einigermaßen verläßlicher Qualität, und in Stücken wie »Marmaduke« und »Steeplechase« kreiert sein Spiel intime Stimmungen. Seine musikalische Entwicklung vollzog sich größtenteils in den Gruppen Parkers – »Jeden Abend wollte ich die Band verlassen« –, aber gelegentlich arbeitete er auch mit Thelonious Monk zusammen oder spielte für andere Bandleader, darunter Billy Eckstine (1946–1947), in dessen letzter Big Band er Solotrompeter war. 1947 leitete er seine erste eigene Aufnahmesitzung, bei der Charlie Parker Tenorsaxophon spielte.

Nachdem er die Parker-Gruppe 1948 endgültig verlassen hatte, bat man ihn, die neunköpfige *Birth of the Cool*-Band zu leiten, für die Gil Evans und junge Arrangeure wie Johnny Carisi, John Lewis und Gerry Mulligan Stücke schrieben. Davis gelang es, einen Plattenvertrag für zwölf Stücke abzuschließen, darunter Carisis herausragendes »Israel«. Das Nonett hatte einen spezifischen Sound, für den die tieflagige, blechlastige Instrumentation und die gedämpfte Dynamik verantwortlich waren. Das Repertoire der Gruppe war recht uneinheitlich, aber die solistische Arbeit Davis' und seine Orchesterleitung gaben der Musik einen klaren Stil. In »Godchild« ist sein Solo so gelassen und entspannt, daß es von einer völlig anderen Welt zu kommen scheint als jener, die Swing und Bebop hervorbrachte.

Der Cool-Stil begann mit dieser kurzlebigen Gruppe und mit Lennie Tristanos damaligem Sextett. Eine von Davis' zahlreichen Aktivitäten der frühen fünfziger Jahre war seine Mitarbeit in einer Cool-Band in Los Angeles; außerdem leitete er Combos an der Ostküste und spielte oft an Montagabenden im New Yorker Birdland, zusammen mit Sonny Rollins und dem Posaunisten J. J. Johnson. Es gab auch Perioden, in denen er wenig auftrat, doch spielte er zahlreiche Platten ein, meist eher mit »heißen« Beboppern als mit Cool-Musikern. Diese Aufnahmen sind von wechselhafter Qualität, wie auch seine Trompetentechnik. Seine musikalische Persönlichkeit wird komplexer; er entfernt sich vom Beat, von klarer Linienführung, vom Bebop, und seine Soli sind eine Aneinanderreihung direkter musikalischer Aussagen ohne jegliche Ausschmückung.

In seinem Stil vermischen sich Unbeschwertheit und Einsamkeit, so in seinem unschuldig-munteren Solo über »Serpent's Tooth« (erste Version). Aber in seiner Einsamkeit liegt auch Stärke – so in »C.T.A.« (1953), wo er aus sparsamsten Anfängen ein Solo konstruiert. Distanz entsteht durch den Kontrast seines entspannten Spiels mit der Hitze seiner Mitspieler. Die 1952 entstandene Fassung von »Dear Old Stockholm« ist ein gutes Beispiel dafür, wie er die Aura von Entfernung auch durch seine Artikulation erzeugt: er spielt ein gutes Stück hinter dem Beat; seine Akzente treffen allenfalls mit dem Ausklang des Beats zusammen. 1954 gelang es dem heroinsüchtigen Davis, sich endgültig von der Droge zu lösen, und danach verbesserte sich seine Trompetentechnik. Das große Jahrzehnt seiner musikalischen Laufbahn beginnt mit seinen All-Star-Aufnahmen von 1954, darunter auch die Session mit Rollins, bei der »Airegin« und »Oleo« erstmals eingespielt wurden. Seine beiden Blues-Meisterstücke, »Walkin'« und »Bags Groove«, sind lange, um zentrale Motive strukturierte Improvisationen, die auf unnachahmliche Weise zwischen Spannung und Entspannung schweben. Davis konstruiert in viertaktigen Phrasen und baut diese Soli aus getrennten Chorussen, erreicht aber in »Bags Groove« eine großangelegte Steigerung.

Ein entscheidendes Ereignis in seiner Karriere war seine spontane Teilnahme an einer organisierten Jam Session beim Newport Jazz Festival von 1955. Die anderen Mitspieler waren mindestens ebenso bekannt wie er und hatten verschiedentlich bei seinen Plattenaufnahmen mitgewirkt (unter ihnen waren Monk, der Tenorsaxophonist Zoot

Sims und Gerry Mulligan auf dem Baritonsaxophon). Davis' Soli waren die Höhepunkte des Konzerts, und die Kritiker glaubten, er sei der Leiter des Ensembles gewesen. Folge dieses triumphalen Auftritts war nicht nur eine begeisterte Presse, sondern auch ein Plattenvertrag mit Columbia, einer der drei größten Plattenfirmen der Epoche. Seine ersten Aufnahmen für Columbia entstanden im Oktober 1955. Ungefähr zu dieser Zeit mußte sich Davis einer kleinen Kehlkopfoperation unterziehen, nach der er die ärztliche Anweisung erhielt, seine Stimme zu schonen. Einmal jedoch erhob er kurz nach dem Eingriff versehentlich seine Stimme und fügte so seinen Stimmbändern bleibenden Schaden zu: seitdem kann sich Davis nur durch ein rauhes Flüstern verständigen.

Über ein Jahr lang machte Davis nun – von einer Ausnahme abgesehen – Aufnahmen mit einer festen Quintettbesetzung, mit Coltrane am Tenor und einer einzigartig starken, aber dennoch sensiblen Rhythmusgruppe. Pianist Red Garland ließ den Wechselspielen von Schlagzeug und Solisten viel Raum; Paul Chambers war ein harmonisch erfindungsreicher junger Bassist; der aufregende Philly Joe Jones antwortete den Bläsern mit messerscharfen Figuren, überraschte mit plötzlichen Schlagzeugausbrüchen, spielte stets klar und präzise und gab so der ganzen Gruppe eine charakteristische nervöse Vitalität. Besonders bei schnellen Tempi spielte Jones genau auf oder sogar etwas vor dem Beat, während Chambers etwas hinter dem Beat spielte, und doch waren Schlagzeug und Baß trotz dieser Verschiebung perfekt synchronisiert. Zu dieser gefährlich schwebenden Rhythmik kamen nun noch die nervösen Soli Davis' mit ihrer Neigung zu Understatement und schleppender Phrasierung und die forschenden Improvisationen Coltranes: das Resultat war eine Musik, über der ständig das Damoklesschwert des Auseinanderfallens schwebte. Alle Platten dieses Quintetts waren kommerziell erfolgreich; diese Musik steigerte die Spannung des Swing in eine Überspanntheit, mit der sich die Hörer identifizierten.

In dieser Gruppe wirkt Miles Davis oft isoliert: ein Einzelner inmitten brodelnd aggressiver Aktivität. Seine Phrasierung ist Viertelnotenorientiert; sein warmer Ton (mal eher brüchig, mal leicht singend), seine Art, die Töne anzustoßen und sie zu beugen, lassen die Dynamik der anderen Spieler hart und starr erscheinen, obwohl doch ihre instrumentalen Möglichkeiten größer, ihr Swing kräftiger zu sein scheinen. Man könnte Davis' Spielweise als Schüchternheit mißverstehen, doch wird dies durch die treibenden Linien voller gewagter hoher Töne widerlegt, die er in den schnellsten Stücken der ausgedehnten Prestige-Sessions von 1956 spielt.

Im nächsten Jahr, 1957, entstand die erste der Platten, in denen sein Spiel von den koloristischen Big-Band-Arrangements Gil Evans' begleitet wird: *Miles Ahead* heißt diese LP, die den wirklichen Anfang seines Experimentierens mit modalem Spiel markiert. Die langsamen Tempi der *Miles Ahead*-Suite sorgen dafür, daß die musikalischen Spannungen harmonischer Art sind – rhythmische Entwicklung ist hier tatsächlich inexistent. Eines der beliebtesten Stilmittel Evans' besteht in der Gegenüberstellung Davis', der über vereinfachte Akkordverbindungen spielt, mit dem statische Harmonien darbietenden Orchester. Statische Harmonik ist nun natürlich gleichbedeutend mit modaler harmonischer Struktur. In *Porgy and Bess* (1958) sind Davis' Soli harmonisch auf ein Minimum an Bewegung reduziert: »Als Gil das Arrangement von ›I Love You Porgy' schrieb, schrieb er für mich nur eine Skala auf. Keine Akkorde. Und auch diese andere Stelle mit nur zwei Akkorden gibt Dir viel mehr Freiheit und Raum, um bestimmte Sachen zu hören ... Schließlich kann man ja alle Akkorde zu bestimmten Skalen in Beziehung setzen, und aus bestimmten Akkorden ergeben sich bestimmte Skalen ...«[2] Ähnlich dachte auch George Russell. Davis fügte noch hinzu:

> Wenn man in diese Richtung geht, kann man ewig weitergehen. Man muß sich nicht mehr über die Akkorde Gedanken machen und kann mehr mit der Linie machen. Es wird zu einer Herausforderung, zu sehen, wie einfallsreich man melodisch ist. Wenn man über Akkorde spielt, dann weiß man, daß die Akkorde nach 32 Takten zu Ende sind und daß man dann nur wiederholen muß, was man gerade gespielt hat – mit Variationen.
> Ich glaube, es gibt im Jazz eine Bewegung weg von den konventionellen Akkordfolgen, zurück zu melodischer statt harmonischer Variation. Es wird weniger Akkorde geben, aber unendlich viel Möglichkeiten, mit ihnen umzugehen ...«[2]

Dies ist nicht weit vom Prinzip Freiheit entfernt, das Ornette Coleman entwickelt hatte. Noch einmal Davis: »Die Musik ist dickflüssig geworden. Die Leute geben mir Stücke, und sie sind voll von Akkorden. Ich kann sich nicht spielen. Weißt Du, in ›My Funny Valentine‹ spielen wir das ganze Stück lang über eine Skala.«[2] Auch auf *Sketches of Spain*, einer weiteren Davis-Evans-Koproduktion von 1959, ist fast die gesamte Musik modal.

Schon in »Swing Spring« von der *Bags Groove*-Session von 1954 hatte Davis mit modalen Strukturen experimentiert. In seinem Sextett der Jahre 1958/1959 scheint sich sein ganzes Denken darum zu drehen, die akkordischen Gerüste aufzulösen. Nicht nur sind die drei Aufnahmen von »Straight No Chaser« zunehmend schneller, sondern auch von einer zunehmenden Entfernung Davis' von der Akkordfolge gekennzeichnet – und von zunehmendem Wagemut des Trompeters, der nun auch in den höchsten und tiefsten Lagen seines Instruments spielt. »Miles« (1958) und zwei Stücke von *Kind of Blue* (1959) sind wichtige modale Kompositionen. »So What« beruht auf dem dorischen Modus, ist langsamer als »Miles« und tonlich nuancenreicher. Und Davis' einsame Linien verbinden nun die Städte des amerikanischen Hard Bop und die weiten, wolkenverhangenen Ebenen Spaniens: »Flamenco Sketches« besteht aus einer Abfolge von fünf Skalen (im ionischen, phrygischen und äolischen Modus), über die jeder Solist, ähnlich wie ein Flamenco-Spieler, improvisieren kann, so lange es ihm beliebt.

Durch die Popularität seines Sextetts und den Verkaufserfolg seiner Columbia-Platten wurde Miles Davis zu einer internationalen Berühmtheit. Die Mode- und Klatschspalten beschäftigten sich mit seinen Seidenanzügen und seinem Privatleben, und als ihn ein New Yorker Polizist zwischen zwei Auftritten in einem Club tätlich angriff, war die Story auf den Titelseiten der Zeitungen zu lesen. Dies war die Zeit, als sich John Lewis weigerte, in Nachtclubs zu spielen, wenn man nicht während seiner Auftritte die Registrierkassen abstellte und als Charles Mingus unaufmerksamen Zuhörern Standpauken hielt. Und doch war es besonders Miles Davis, der launisch genannt wurde, obwohl er mit seiner Weigerung, seine Stücke anzusagen, oder mit seiner Gewohnheit, die Bühne während der Soli seiner Mitspieler zu verlassen, nicht allein stand. Nachdem Adderley und Coltrane seine Gruppe 1959 verlassen hatte, arbeitete er mit einer ganzen Reihe von Saxophonisten, bis er sich endlich für den melodisch spielenden Tenoristen Hank Mobley entschied und mit ihm ein Quintett bildete, das zwei Jahre lang, bis zum Winter 1963, bestehen blieb. Seine Platten waren nun recht häufig Live-Mitschnitte, in denen seine Trompetensoli von beständiger Güte und Lebendigkeit sind. Auf der Bühne zieht er schnellere Tempi vor, und er benutzt nicht nur das mittlere, sondern auch die hohen und tiefen Register seines Instruments. Er beschränkte sich auf ein begrenztes Repertoire, das im allgemeinen nur zwei modale Stücke enthielt: »So What« und »Neo«. Doch seine Musik bedurfte nun ohnehin keiner expliziten Bezüge zu Akkordfolgen mehr: für die Lyrik, die er nun für seine Musik entdeckte, brauchte er zu seiner Selbstsicherheit allein eine Tonart oder eine Skala.

Wayne Shorter (1933 in Newark, New Jersey geboren) spielte zu Beginn der fünfziger Jahre Tenorsaxophon in Bands seiner Heimatstadt, absolvierte dann ein musikpädagogisches Studium an der New York University und war in den fünfziger Jahren meist als Musiker in diversen Combos tätig (so spielte er auch 1956 während einer Tournee im Hard-Bop-Quintett des progressiven Pianisten Horace Silver mit). Zwei Jahre lang spielte er in einer Armee-Kapelle, und dann: »Sofort nach meiner Entlassung aus der Armee ging ich regelmäßig zu Tranes Haus, und wir analysierten gegenseitig unsere harmonischen Ideen.

Zuerst spielte er; ich hörte zu, und dann umgekehrt.«[3] 1959 schloß sich Shorter Blakeys Jazz Messengers an, bei denen auch Lee Morgan mitwirkte, damals erst einundzwanzig, aber bereits ein Trompeter, der den Hard-Bop-typischen Trompetenstil eines Clifford Brown erweitert hatte. Mehrere Qualitäten gaben Morgans Spiel besondere Tiefe: seine Expressivität, seine eindrucksvolle Interaktion mit Blakeys Schlagzeugphrasen, seine höchst differenzierte Rhythmik, sein Reaktionsvermögen. Aber neben der Komplexität von Morgans Spiel, seiner Vulgarität und Aggression, bestimmte nun auch die Arroganz von Shorters Musik den Klang von Blakeys Gruppe.

Sein Saxophonklang zu dieser Zeit ist ebenso voll und gewichtig wie der Coltranes, aber mit einer hinzutretenden Schärfe. Noch deutlicher Coltrane-verwandt sind seine Gewohnheiten, starke Taktzeiten schwer zu betonen, symmetrische Linien zu bauen und Phrasen zu spielen, die konsonant beginnen und in zunehmend entfernten chromatischen Stufen enden. Seine Phrasierung ist stark rhythmusbezogen, seine Syntax im Blues und in der Sprache der Jazzstile vor dem Bebop verwurzelt; Soli wie das in der Studioaufnahme von »Arabia« (1961) leben von Riffs und haben nur wenig mit dem lyrischen Ausdruck anderer bekannter Hard-Bop-Tenoristen gemein. Am individu-

Wayne Shorter

ellsten erscheinen zu dieser Zeit seine Mittel struktureller Gestaltung. Ähnlich dem Sonny Rollins von »Blue Seven« baut er thematische Improvisationen, bei denen die Anfangsphrasen den Inhalt des gesamten Solos determinieren, und die Formen seiner Soli führen den klassischen Ablauf von Aufbau, Klimax, Antiklimax und Abschluß zur Vollendung.

Shorters Musik ist vor allem eines: dramatisch. Die unverfrorene Grobheit seiner Musik kontrastiert lebhaft mit der Eleganz Morgans und stimuliert den Einfallsreichtum des Trompeters: so in »Lester Left Town« und »Dat Dere« von 1960. Meist sind die Gefühle, die der Tenorist so offen und krass ausspricht, auch die des Trompeters, doch drückt dieser sie subtiler aus, in ironisch-hinterhältigen Wendungen. Im Slang dieser Zeit: Beide sind »Killer« – Shorter mit einer Panzerfaust, Morgan mit einem Schnappmesser. Und speziell Shorters Humor tendiert zum Anstößigen: nach der aufregenden Polyphonie des »Afrique«-Themas beginnt er sein Solo mit einem grob herausgerotzten tiefen Ton. Gerne phrasiert er so simpel wie Miles Davis, und halbe Noten, ganze Noten und übergebundene ganze Noten geben einem Solo wie »High Modes« große innere Kraft, indem sich die symmetrischen Gestalten zu einer massiven Form fügen. Zur Zeit von »Children of the Night« (1961) waren die Jazz Messengers eine andere Gruppe geworden, aber wenn auch die radikalen Ideen Lee Morgans nun fehlten, so dominierten doch noch immer modale Stücke das Repertoire der Band, und viele von ihnen stammten aus der Feder Shorters. Diese Stücke bestehen meist aus mehreren Teilen, wobei die Einleitungsteile gewöhnlich harmonisch statisch sind, während andere Abschnitte auf Akkordabfolgen beruhen.

»Wayning Moments« eröffnet seiner Musik eine ungekannte lyrische Qualität, trotz seiner Direktheit ist sein Solo nicht weniger intim als eines von Miles Davis, besonders in seiner Loslösung von der (statischen) Harmoniegrundlage. Waren seine Improvisationen in den ersten Jahren keinem Stil eines bestimmten Saxophonisten verpflichtet gewesen, so baute er 1964 mittlerweile in jedes Solo unverkennbare Merkmale von Coltranes Musik ein, gelegentlich in epigonaler Häufigkeit. 1964 verließ er Blakey, schloß sich Miles Davis an und spielte darüber hinaus nun regelmäßig eigene LPs für das Blue-Note-Label ein. Es überrascht nicht, daß auf den ersten drei dieser Platten der Schlagzeuger Elvin Jones heißt: der früher vollkommen extrovertierte Shorter hat sich nun einer inneren Suche zugewandt, und wo eigene musikalische Gestalten nicht mehr genügen, liegen Anleihen bei Coltrane nahe.

Shorters Stilwandel – ein Wandel, der seine ganze weitere Laufbahn durchzieht – ist also oft ein schmerzlicher Prozeß gewesen. *Adam's Apple* (1966) zeigt seine Musik in einer Krise, und in »Footprints« und »Chief Crazy Horse« flüchtet er sich in Coltrane-Phrasen. »Adam's Apple« und »502 Blues (Drinking and Driving)« stehen nicht ganz so sehr unter dem Schatten Coltranes, doch sind auch diese Stücke keine persönliche musikalische Aussage Shorters: sie hätten genausogut von Sam Rivers oder Joe Henderson oder einem Dutzend anderer begabter Tenoristen der Sechziger stammen können. Bei der *Adam's Apple*-Session entstand jedoch auch »The Collector« – ein derart erschreckendes Stück, daß es erst ein Jahrzehnt später veröffentlicht wurde. Eine aufgelöste Harmonik verunsichert das Spiel des Quartetts; noch vager wird das Geschehen durch eine diskontinuierliche Baßlinie, und diskontinuierlich ist auch Shorters Spiel: fragmentierte Phrasen, von Pausen getrennt. Die neue musikalische Ordnung, die sich in »The Collector« ankündigt, ist eine sehr persönliche Aussage Shorters: die einer Suche inmitten von Chaos. Und dies ist weder seine einzige, noch seine wichtigste musikalische Errungenschaft in dieser Periode.

Das Thema von *The All-Seeing Eye* (1965) ist die Erschaffung der Welt. Alan Shorter, Waynes trompetespielender Bruder, steuert die schöne Komposition »Mephistopheles« bei, und weitere Höhepunkte sind Wayne Shorters intensive und persönliche Tenorsoli in »Genesis«, »Face of the Deep« und »Chaos«. Die Verwirbelungen Shorters rhythmischer Fluten geben *Etcetera* (1964) einen durchgängig faszinierenden musikalischen Fluß; die kraftvollen Wogen seiner solistischen Zyklen in »Barracudas« und »Indian Song« verdichten sich zu beeindruckenden Gestalten. Das freundliche Antlitz und der Optimismus von »Toy Tune« resultieren aus Shorters ungewöhnlicher Plazierung seiner Phrasen und der ebenso ungewöhnlichen Verteilung der Akzente; unruhige Schroffheit durchzieht hingegen »Etcetera« mit seinem durchbrochenen Thema, seiner gebrochenen Bewegung; wie »The Collector« ist auch dieses Stück ein Werden von Gestalt aus dem Gestaltlosen. Die geheimnisvolle Aura eines weiteren Solos von 1964, »Gnostic«, entsteht aus dem Rubato-Arrangement und den wie aus der Ferne erklingenden Imitationen elektronischer Klänge der Begleiter. Shorter antwortet darauf mit herrlich langgezogenen Tönen und ausgedehnten Linien; ein gellendes Forte klingt in einer Pianissimo-Phrase aus: Lautstärkekontraste sorgen für formale Gliederung. Verglichen mit seinen plastisch erzählenden Soli bei Blakey in den Jahren 1959 bis 1961 scheint dies eine Wendung zum Gegenteil zu sein: zur Abstraktion. Doch in den sechziger Jahren vereinigten sich freiere Formen im Jazz mit klassischem Formbewußtsein, und so entsteht, wenn diese Synthese gelingt, eine neue, nicht minder persönliche Qualität musikalischer Aussage.

Um die modalen Abstraktionen von *Etcetera* wagen zu können, war Wayne Shorter auf gleichgesinnte – und gleichermaßen fähige –

Mitspieler angewiesen. Gegen Mitte der sechziger Jahre gab es jedoch eine große Anzahl begabter, meist etwas jüngerer Musiker, aus der Shorter wählen konnte – Musiker, die die Grenzen zwischen Hard Bop und Free Jazz zu überbrücken verstanden. Viele wesentliche Entwicklungen vollzogen sich im Kontext der Rhythmusgruppe, doch hier erwies sich die Rolle des Basses als problematisch: nachdem sich das Schlagzeug von der Rolle des »Timekeepers« emanzipiert hatte, blieb der Baß als entscheidende Quelle des rhythmischen Pulses. Und was tut nun ein Bassist, der diese traditionelle Rolle ablehnt, der lebendige Musik im Ensemblezusammenhang gestalten will? Ob man sie nun mag oder nicht: die dekorativen Resultate von Scott LaFaros Freiheitsstreben erwiesen sich für das modale Baßspiel der sechziger Jahre als im großen und ganzen maßgeblich. Während die Stilistik des Free Jazz David Izenzon und seinen Nachfolgern keine Probleme der Integration in die Gruppe stellte, gelang es Hard Bop oder modal spielenden Bassisten nur in außergewöhnlichen Situationen, neue Synthesen mit dem Spiel anderer Instrumente einzugehen – so etwa Richard Davis in seinen Duetten mit Dolphy von 1963 oder in der Rhythmusgruppe der *Out to Lunch*-Session ein Jahr später.

Der nächste Schritt im Jazzschlagzeug nach Elvin Jones – unmittelbar vor Sunny Murrays vollständiger Auflösung funktionalen Schlagzeugspiels – wurde von **Tony Williams** vollzogen, der im Alter von siebzehn Jahren seine Heimatstadt Boston verließ, um 1962 während der Weihnachtswoche mit Jackie McLean in New York aufzutreten – und gleich dort blieb. In »Frankenstein« haben Williams' Kreuzrhythmen und Beckenschläge keine erkennbare Beziehung zu McLeans Solo, aber in Anbetracht der freien Form dieses Solos ist das geschäftige, unstete Schlagzeugspiel vollkommen passend. 1963 brachte den Anfang seiner langjährigen Zusammenarbeit mit Miles Davis, während der er die abstraktesten Qualitäten seines Stils verfeinerte: Gegensätzliche Metren und Tempi; Unterbrechung des Pulses; Linien, in denen im allgemeinen Kontrast auf Reihung folgt. Nach der nervösen Spannung der Davis'schen Rhythmusgruppe mit Philly Joe Jones gelang es Williams, das Maß an Instabilität innerhalb der Jazzrhythmusgruppe noch einmal zu steigern. Davis setzte das Spiel Williams' dazu ein, die Nerven der Zuhörer in Aufruhr zu versetzen, während es, wie wir gesehen haben, bei Dolphys *Out to Lunch*-Aufnahmen eine andere Funktion hatte: Dolphys strukturelle Deformationen zu reflektieren und die innovative Rhythmusgruppe des Ensembles zu inspirieren.

Ein anderer Schlagzeuger, Joe Chambers, arbeitete wie Elvin Jones und Art Blakey mit komplexen Wechselwirkungen und kombinierte die Kraft Blakeys' und Jones' mit den explosiven Rhythmusverschiebungen Tony Williams'. Seine gewaltigen Wirbel und Beckenschläge gegen Shorters Tenorspiel werden in *Etcetera* zu einem zweiten Gravitationszentrum des Ensembles, und diese opponierenden Strömungen von Saxophon und Schlagzeug bewegen den Pianisten Herbie Hancock dazu, instabile Einwürfe und einhändige elektrisierende Soli zu spielen, die der Musik der Gruppe eine Aura von Gespanntheit und klaustrophobischer Angst geben. Neben Pianist Andrew Hill ist Chambers auch einer der entscheidenden Akteure in **Bobby Hutchersons** *Dialogue* (1965), der sich weit über die Grenzen von Hard Bop und modalem Jazz hinauswagt. So sind beispielsweise »Les Noires Marchent« und »Dialogue« nicht nur ohne klar ausgeprägte Soli, sondern lassen in ihrer schillernden Klangopulenz überhaupt jegliche lineare Bestimmtheit vermissen: die Musik ist nichts als Farbe, ständig variiert durch wechselnde Instrumentenkombinationen. »Dialogue« hat tatsächlich nicht einmal ein Thema; die Struktur des Stücks wird durch Zwischenspiele von Klavier und Baß (Richard Davis) artikuliert.

Wie Tony Williams hatte auch der Vibraphonist Bobby Hutcherson sein Plattendebüt in Jackie McLeans *One Step Beyond* (1963). Die spontanen Surrealismen des Schlagzeugers verstärken hier noch die mysteriösen Abstraktionen der Vibraphonklänge, und es sind Hutchersons raffiniert plazierte Sounds, die dann McLeans *Destination Out* eine Atmosphäre unheimlicher Vorahnungen geben. Hier, wie auch in Dolphys *Out to Lunch* und Grachan Moncur IIIs *Evolution* ersetzt das Vibraphon das Klavier im Rhythmustrio. In »Air Raid« spielt Hutcherson eine, man möchte sagen, vergiftete Begleitung – pure Säuretropfen zwischen den Phrasen der solistischen Bläser –, doch sollte er die vielversprechenden abstrakten Ansätze, die er hier und in anderen frühen Aufnahmen wie »Evolution« vorführte, in späteren Jahren nicht weiter verfolgen. Er griff vielmehr wieder auf die Begleitung eines Pianisten zurück und ließ romantisch-wohltemperierte Lyrik an Stelle der dramatischen Mysterien seiner radikalen Anfänge treten.

Die drei Stücke, die **Andrew Hill** zu Hutchersons *Dialogue* beisteuerte, sind völlig verschieden voneinander und wiederum völlig anders als alle anderen Stücke, die dieser äußerst produktive und unermüdlich experimentierende Komponist zu dieser Zeit schrieb. Hill war ein Klaviervirtuose, ein Virtuose nicht nur der Technik, sondern auch der Stile. Im Verlauf seiner Soli findet man Spuren buchstäblich aller Avantgarde-Pianisten zwischen Art Tatum und Cecil Taylor, oft dargeboten mit der Schrulligkeit eines Horace Silver oder der Phrasierung Thelonious Monks. Solch außergewöhnlicher Eklektizismus gewinnt jedoch durch Hills Art der Sologestaltung persönliche Qualität – eine Gestaltung, die ebenso abstrakt ist wie die Dolphys: Hill kreiert Klangmosaike, in denen sein leichter (cooler?) Anschlag der einzig beständige Faktor einer sonst unbeständigen Musik ist.

Hill liebt das Verschlungene, Indirekte: »Pumpkin« ist eine Kette falscher Kadenzen; in »Siete Ocho« ist der 7/8-Takt eines der desorientierenden Elemente. In Stücken wie »Black Fire« imponiert insbesondere seine rhythmische Virtuosität: seine Akzente verstreut er mit zufallsgleicher Spontaneität, und die Metren und Tempi des Klaviers scheinen über dem festen (wenn auch stark akzentuierten) Puls der Begleiter regelrecht zu schweben. »Reconciliation« (mit Hutcherson und Elvin Jones) dagegen ist insofern erfolgreich, als hier auch seine Begleiter an den abstrakten Strukturen teilhaben. Hills Kunst ist zerbrechlich; ihr Gelingen hängt von der simultanen Virtuosität derart vieler Parameter (Technik, Intellekt, Linie, Emotion) ab, daß eine Schwäche in nur einem Aspekt die ganze Musik zu vagen romantischen Klangmalereien verkommen lassen kann. So überrascht es kaum, daß viele von Hills Platten nach diesen Aufnahmen aus den Mittsechzigern Solo- oder Trioeinspielungen sind. Eine Ausnahme ist *Spiral* von 1974, wo der Altsaxophonist Lee Konitz einer von mehreren interessanten Solisten ist.

Die jungen modal spielenden Musiker, die in den späten sechziger Jahren die Szene betraten, waren (wie schon Tony Williams) nicht mehr im Bebop verwurzelt, und so experimentierten sie zumindest mit Aspekten des Free Jazz – nicht bloß mit einigen »freien« Klängen wie den Sounds Albert Aylers oder John Coltranes, sondern mit Abschnitten oder gar vollständigen Stücken in freien Formen. So gibt es eine LP des Pianisten Stanley Cowell, *Brilliant Circles* von 1969, die an das in Hutchersons *Dialogue* Erreichte anzuknüpfen versucht – Hutcherson ist dann auch Mitglied von Cowells Sextett bei dieser Aufnahme. Ein ausgedehntes Stück ist völlig durchkomponiert; zwei längere Stücke sind frei gestaltet, mit Metrum- und Tempoveränderungen, Kollektivimprovisationen, spontanen Crescendi, die jedoch insgesamt etwas akademisch wirken. Andere Stellen aber sind uneingeschränkt gelungen, so die wechselnden Instrumentengruppierungen rund um Tyrone Washingtons Klarinette in »Bobby's Tune«. Dies ist Musik an der Schwelle zur Freiheit, doch schienen sich die beteiligten Musiker offenbar eher ihres Scheiterns als der gelungenen Passagen bewußt zu sein, denn nur einer von ihnen, der Trompeter Woody Shaw, sollte sich später noch einmal derart hochgesteckte musikalische Ziele setzen. Und es ist bezeichnend, daß das am befreitesten klingende Stück auf *Brilliant Circles* ein schneller modaler Swing-Titel ist: »Boo-Ann's Grand«.

Tyrone Washington und Joe Henderson wirkten als Tenorsaxophonisten in verschiedenen Besetzungen von Horace Silvers Quintett mit. Ganz gleich, ob Silvers spätere Kompositionen nun auf Harmoniewechseln basieren oder nicht: in ihnen artikuliert sich in jedem Fall die Öffnung der Song-Form, die durch das modale Spiel herbeigeführt worden war. Washingtons bemerkenswerte Soli bei Silver und auf seiner eigenen LP *Natural Essence* sind Melodramen voll grober Huptöne, schreiender Klimaxe und Antiklimaxe: alles ist auf spektakuläre Wirkung ausgerichtet. Doch spricht aus seinem antilyrischen Spiel und seinen unvermeidlich symmetrischen und einfachen Gestalten eine Strenge und Kargheit, nicht weniger schroff als die Coltranes. In den siebziger und achtziger Jahren hat sich Washington größtenteils aus der Jazzszene zurückgezogen.

Joe Henderson, Joe Farrell und Sam Rivers sind drei weitere begabte Tenoristen, die im Zuge der modalen Bewegung gegen Mitte der sechziger Jahre bekannt wurden. Rivers, der Erfahrenste von ihnen, entfernte sich später noch weiter von harmonischen Bindungen, bis hin zum konsequenten Free Jazz. Farrells Weg führte vom modalen Spiel zum Pop-Jazz von Chick Coreas »Return to Forever«, einer der erfolgreichsten Gruppen der siebziger Jahre. Allein Henderson spielt nach wie vor im Hard-Bop-orientierten modalen Stil. In Kalifornien wurden der Tenorist Charles Lloyd und der ehemalige Mingus-Altsaxophonist John Handy III zu den populärsten Exponenten modalen Spiels. Wie die anderen genannten Musiker sind auch sie Eklektiker. Lloyd, dessen Platten sich am besten verkauften, war wohl am stärksten der Musik Coltranes verhaftet. Drei weitere prominente modale Altsaxophonisten sind Gary Bartz, Robin Kenyatta und Sonny Fortune.

Woody Shaw sprach wohl für seine ganze Generation modal spielender Musiker, als er sagte: »Ich spiele nicht gerne zu lange ›outside‹, und ich spiele nicht gerne zu lange ›inside‹. Ich will in meinem Spiel in viele verschiedene Richtungen gehen und viele verschiedene Farben zum Ausdruck bringen.«[4] Auch Shaw ist ein Eklektiker, dessen Vorbilder die Trompeter Booker Little, Lee Morgan und Freddie Hubbard sind; die vielen Schnörkel und dekorativen Details seines Spiels lassen vermuten, daß er auch Eric Dolphy genau zugehört hat. Seine Soli neigen zu großangelegten Abstraktionen, die ihm eine vollkommene Koordination vieler verschiedener musikalischer Elemente abverlangen. Der persönlichste Aspekt seiner Musik ist ihre eckige Lyrik, die auch zwischen den exaltierten Bögen und Stürzen von »Natural Essence« für Beruhigung sorgt. Seine 1970 eingespielte Version von »Boo-Ann's Grand« ist eine hellklingende, thematisch sorgfältig entwickelte Improvisation; in »Blackstone Legacy« verfestigen sich seine Arabesken und Fanfarenmotive zu einer langen linearen Struktur. Shaw ist ein facettenreicher Spieler, dessen Musik im Verlauf der Jahre mal introvertiert, mal warm gewesen ist. Zu seinen musikalischen Erkundungen zählen spätere Aufnahmen mit Free-Jazz-Musikern wie Muhal Richard Abrams und Anthony Braxton. Seine Abenteuerlust und seine Vorliebe für ein abwechslungsreiches Repertoire sind es wohl, die seine Kreativität über die Jahre vital erhalten haben. Nur wenige andere modale Musiker sind bis heute so interessant für den Hörer geblieben wie Woody Shaw.

Nach Miles Davis war der zweite führende Musiker der modalen Bewegung **Jackie McLean**. Auch er hatte, wie Davis, seine Laufbahn im Bebop begonnen. McLean, ein Jahr älter als Wayne Shorter, wuchs in New York auf und wurde schon in seiner Jugend mit den neuen Formen des Jazz bekannt gemacht: »Ich erinnere mich noch daran, daß mir mein Onkel ein Altsaxophon schenkte, als ich klein war. Ich mochte es nicht, es hatte so einen süßlichen Sound. Er spielte mir ein paar Platten von Altspielern vor, und mir gefiel nichts davon. Dann spielte er etwas von Lester Young, und ich sagte, daß ich so spielen wollte. ›Das sollst du aber nicht‹, sagte er. ›Das ist ein Tenor, und du spielst Alt.‹ Dann hörte ich eine Platte von Charlie Parker, und ich sagte: ›*Das* ist ein Altsaxophon‹.«[5] Einer der von A. B. Spellmann in *Four Lives in the Bebop Business* beschriebenen Lebensläufe ist der Jackie McLeans: man kann nachlesen, wie der junge Saxophonist von Bud Powell, Parker und Monk in Improvisation unterwiesen wurde. Vielleicht erkannte Miles Davis in dem neunzehnjährigen Jackie ein Stück von sich selbst, als sie 1951 zusammen eine Platte einspielten: in den Altsoli über »Bluing« und »Dig« gibt es einige unbeholfene Passagen, daneben aber auch Merkmale, die für McLeans späteres Spiel charakteristisch bleiben sollten – so seine brüchige, frei-assoziative Phrasengestaltung. Das Bemerkenswerte an McLeans Musik der fünfziger Jahre ist ihre frühe Reife. Er ist sich dessen, was er ausdrücken will, absolut sicher; sein Vorbild ist Charlie Parker, insbesondere die Bluesqualität von Parkers Musik, der gebrochene Schrei, der in ihr mitschwingt. In »Confirmation« (1956) spielt er bereits mit einer Parker-gleichen Freiheit der Akzente und hat seinen charakteristischen Altsaxophonsound ausgebildet: wunderbar gebogene, ungleichmäßige Töne, meist zu hoch im höchsten Register, zu tief in der Mittellage und in den Tiefen.

In *New Soil* ist McLeans Kunst zu voller Blüte gelangt. Die neue Qualität dieser Aufnahme ist die Autorität von McLeans Spiel: seine Linien sind gewagt und weit geschwungen. Seine Phrasen leben von ihrer Dramatik, und wenn McLeans Strukturdenken sich auch meist nur in viertaktigen Einheiten bewegt, so hat doch ein Solo wie »Greasy« einen lebendigen Erzählduktus. Der Wechsel von Phrasierung auf dem Beat und Offbeat-Phrasierung steigert die Intensität seines Spiels, das nun im wesentlichen von seiner reinen Kraft lebt, ungeachtet seiner

vielfältigen Strukturen: der Schein Parker'scher Raffinesse kann die direkte Emotionalität seiner im Wesen simplen Phrasen nicht verdekken. Der Sound McLeans ist es, der sich dem Hörer am unmittelbarsten mitteilt: seine gebrochenen Linien spielt er mit gleichbleibender Resonanz, fast mit dem Gewicht eines Tenorsaxophons, mit beständiger Lautstärke und Kontrolle in allen Registern, aber auch mit jenem Schrei in seinem Ton, der aus tiefster Seele kommt.

Die hochdifferenzierten Techniken von McLeans Musik dienen stets nur seinem obersten Ziel: dem direkten Ausdruck. Die Emotionalität seiner Musik ist so tief empfunden, so genau formuliert, daß sie wie eine gigantische Lupe wirkt, unter der man in gesteigerter Intensität seine eigenen Gefühle wahrzunehmen meint. Mit modalen Strukturen setzte sich McLean erstmals in *Let Freedom Ring* (März 1962) auseinander, und er schrieb dazu: »Die neue Generation auf der Jazzszene sucht nach neuen Ausdrucksmöglichkeiten. Viele haben die alten, verbrauchten Akkordfortschreitungen beiseite geworfen. Skalen und Modi erscheinen uns in Soli interessanter zu sein. Die erweiterte Form (mit der mich erstmals Charles Mingus bekannt machte) ist nichts anderes als eine andere Art des Komponierens und Improvisierens ... Die junge Generation hat mir neue Inspiration gegeben. Die Suche hat begonnen. Laßt Freiheit klingen.«[6] In der in Moll gehaltenen »Melody for Melonae« improvisiert er sechs Minuten der Gewalt, die sich mehrmals von keuchenden Tönen bis zu langem, unkontrolliertem Obertonkreischen erhebt, einer Gewalt, die sowohl Grausamkeit als auch Ekstase umfaßt. Hier wie auch in »Rene« und »Omega« ist es die äußerste Heftigkeit der Leidenschaft, die McLeans Spiel seinen Glanz verleiht. »I'll Keep Loving You«, eine Ballade Bud Powells, ist ein flüssig gespieltes Solo, dessen Schönheit in den warmen, dunklen, bluesigen Tönen besteht, die McLean seinem Instrument regelrecht abzuringen scheint; die gekreischten Töne aber auf dem Höhepunkt des Rubato-Teils legen wieder die nackten Emotionen unter dieser Schönheit bloß, während das Stück in reinen, Lee-Konitz-artigen Altsaxophontönen ausklingt.

1963 begann McLean, mit jüngeren Musikern zusammenzuarbeiten, unter ihnen Bobby Hutcherson, Tony Williams und der Posaunist und Komponist Grachan Moncur III. Dies war die Zeit mysteriöser und bedrohlicher Altsoli wie »Frankenstein« und »Air Raid« sowie schneller Soli wie »Kahlil the Prophet« und »Saturday and Sunday«, deren unmittelbare Kraft durch die aufwärtsgerichteten Tonartwechsel stimuliert wird. Seine Vorliebe für eher kurzatmige musikalische Strukturen harmoniert aufs Beste mit der Befreiung von langen Akkordketten, die das modale Spiel mit sich brachte; die Lebendigkeit seiner Emotionen und die Dramatik seiner kontrastierenden Phrasen aber geben seiner Kunst in jedem beliebigen Kontext Gestalt. Seine

»Moonscape« (›Mondlandschaft‹) von 1966 erscheint in funkelnden Tönen, die inmitten lang gehaltener Töne über atmosphärischen Beckenwirbeln aufsteigen. Die Obertonschreie von *Let Freedom Ring* kehren in »Old Gospel« wieder, das während jener Session des Jahres 1967 aufgezeichnet wurde, bei der Ornette Coleman Trompete spielte. In »The Inevitable End« zersplittern lange Töne, die dann in die Tiefe fallen, und schließlich, als die Musik ins Unbekannte verklingt, biegen Coleman und McLean gemeinsam die Töne. In den siebziger Jahren leitete McLean ein Sextett modal spielender junger Musiker – »The Cosmic Brotherhood« –, dem auch sein Sohn Rene angehörte, dessen Alt- und Tenorsaxophonspiel deutlich vom väterlichen Vorbild geprägt ist. *Antiquity* (1974) ist eine der abwechslungsreichsten Platten Jackie McLeans: eine Folge temperamentvoller Duette mit dem Perkussionisten Michael Carvin. McLean singt, spielt Flöte, Klavier, Perkussion und kreiert obendrein einige Altsaxophonsoli, so wie das besonders sorgsam modellierte in »De I Comahlee Ah«.

In all den Jahren, in denen McLean modal spielt, hat er auch gleichzeitig ältere Bop-Spielweisen kultiviert, gelegentlich auf Schallplatte (nur wenige seiner nicht-modalen Platten nach *Let Freedom Ring* wurden vor Mitte der siebziger Jahre veröffentlicht), öfters wahrscheinlich jedoch bei Live-Auftritten. Seit mehr als einem Jahrzehnt unterrichtet er in Colleges, daher konzertiert er nur unregelmäßig. Die von ihm unterwiesenen Studenten der Jazzgeschichte befassen sich unter anderem auch mit der Musik früherer Komponisten wie James Reese Europe und Ford Dabney, deren späte Ragtime-Werke an der Schwelle zum Jazz stehen.

Als Miles Davis 1963 ein neues Quintett formierte, bestand die Rhythmusgruppe aus Herbie Hancock, einem beliebten jungen Pianisten in Hard-Bop-Bands, dem Bassisten Ron Carter und Tony Williams am Schlagzeug. Das Tenorsaxophon spielte zunächst George Coleman, später Sam Rivers. Die Intensität Davis' eigener Improvisationen ist ungemindert. Wenn er auch nach wie vor auf Konzertmitschnitten am freiesten spielt, so gibt es doch auch in Studioaufnahmen wie »Joshua« oder dem modalen »Seven Steps to Heaven« ein Gefühl neugewonnener Freiheit. In »Autumn Leaves« vom Antibes-Jazzfestival (1963) besteht sein erster Chorus aus sieben Phrasen, von denen sich keine auf das vertraute Thema bezieht. Wie bei Ornette Coleman werden auch bei ihm Pausen zwischen den Phrasen zum spannungserzeugenden Gestaltungsmittel; seine Linien verströmen nostalgische Traurigkeit oder unbeschwerte Tanzstimmungen, und manchmal wechselt er seinen Kurs inmitten einer Phrase.

Der junge Tony Williams wird nun zur zentralen Persönlichkeit von Davis' Musik. In den fünfziger Jahren hatte er sein Spiel auf dem

Drahtseil von Philly Joe Jones' Schlagzeugspiel balanciert; doch wenn die Musik auch gefährdet schien, so war ihre Spannung doch eine gleichbleibende. Williams aber destabilisierte tatsächlich die Davis-Gruppe der Mittsechziger, nicht allein durch die Impulsivität und Unabhängigkeit seiner Figuren, sondern auch dadurch, daß er Carter und Hancock in Aktivitäten verwickelte – Crescendi, Orgelpunkte, verschiedene Metren, Double- oder Half Time –, die dem Spiel der Solisten widersprachen oder ihnen zumindest die Unterstützung nahmen. Nachdem Wayne Shorter im September 1964 Davis' fester Tenorsaxophonist geworden war, wurden Modi und Instabilität zu den markantesten Kennzeichen der Gruppe. *E.S.P.,* die erste Platte dieses Quintetts, wurde gleich nach ihrer Veröffentlichung zur Sensation. Die LP enthielt ausschließlich neue Themen aus der Feder der Bandmitglieder (jahrelang hatte Davis nur Standards oder Stücke aus seinem alten Repertoire gespielt). Das nervös-geschwätzige gedämpfte Trompetensolo von »Agitation« bewegt sich in raschen Linien; die »Begleitung« opponiert mit riffartigen Figuren und Half Time-Spiel und schafft so eine hektisch-verunsicherte Stimmung. »Agitation« – ›Erregung‹ – ist ein treffender Titel für diese Musik, und die übrigen Titel von *E.S.P.* sind kaum weniger unruhig.

1965 war für Miles Davis größtenteils ein Jahr erzwungener Pause: erst eine Hüftoperation, dann ein gebrochenes Bein. Im Dezember spielte das wieder zusammengerufene Quintett ein Gastspiel im Chicagoer »Plugged Nickel«, und die Aufnahmen aus diesen Konzerten sind eine Offenbarung. Die Hälfte der Titel beginnt im gleichen sehr raschen Tempo, doch ist dieses Tempo nicht mehr als ein Bezugspunkt für alle möglichen Tempovariationen, die ohne Vorwarnung oder zwingende Notwendigkeit herbeigeführt werden. Wieder und wieder werden Soli einfach unterbrochen, meist durch Williams' Impulsivität und seine alles erschlagenden Crescendi; das Schlagzeugspiel ist brillant, wenn auch keine Idee über eine längere Zeitstrecke verfolgt wird. »Agitation« spielt Davis dieses Mal ohne Dämpfer, über eilenden, retardierenden oder einfach anhaltenden Tempi; die übrigen Stücke entstammen seinem bekannten Repertoire der fünfziger Jahre, doch werden sie nun bis fast zur Unkenntlichkeit verzerrt. Davis' eröffnendes Trompetensolo in »Round Midnight« umgeht nicht allein das klassische Thema, sondern auch die originalen Harmonieverbindungen und Phrasenlängen. In den sehr schnell beginnenden Stücken sind Davis' Soli manchmal verworren, ändern mitten in ihrem Verlauf ihre melodische Richtung und ihre emotionale Qualität. Nach zwei abrupten Chorussen wandelt sich der Walzer »All Blues« zum Vierertakt, und mitten in hochsensiblen Improvisationen wird Davis' Spiel plötzlich launisch und grotesk; sein Solo über »Walkin'« endet in Frustration und verliert sich in Klangfetzen.

Ständiger Wechsel ist das wesentliche Ausdrucksmittel des Quintetts. »Yesterdays« stimmt Davis als themenlose Ballade an; bald geht die Musik in Double Time über; nach fünf Minuten nachdenklich-melodischer Improvisation wechselt Davis zum schnell gespielten Thema, worauf Wayne Shorter ein ungebundenes Solo spielt, dem sich der Trompeter dann zu einer kollektiven Improvisation anschließt. Die Interpretation von »Round Midnight« schließt stilistisch an Colemans »Ramblin« und »Lonely Woman« an, ist also ohne Vorbild in der Geschichte Davis' früherer Einspielungen: die freien Perspektiven Colemans und Cherrys sind nun auch diesem Quintett erschlossen worden. Konzentriert durchgehaltene Stimmungen kennt Davis' Musik nun nicht mehr. Die neuen Spielweisen seiner Gruppe dienen nicht zur Integration, sondern zur Betonung der Disparatheit der emotionalen Qualitäten seiner Musik.

»Circle« von der LP *Miles Smiles* ist eine Ballade, in der Davis eine einschmeichelnde Melodielinie mit einer verblüffenden Vielfalt von Klangfarben und Tonbeugungen kreiert – auf einer stark gedämpften Trompete. Auch einige andere Trompetensoli dieser Platte erreichen beinahe die Qualität und die Persönlichkeit seiner Plugged-Nickel-Aufnahmen, und doch kann man nicht leugnen, daß spielerische Energie und Abenteuerlust nachgelassen haben und daß sich das aufgelöste Ensemblespiel nicht nur gegen musikalische Eindeutigkeit, sondern generell gegen jegliche Orientierung sperrt. Mit *Miles Smiles* beginnt der Zerfall des modalen Idioms, und der Hauptgrund dafür ist gerade die Rhythmusgruppe, die noch 1963 und 1964 ein so großer Fortschritt zu sein schien. Die harmonischen Mehrdeutigkeiten, die extrem ausgedünnte Begleitung Herbie Hancocks mögen auf musikalische Emanzipation hindeuten, doch ist Mehrdeutigkeit nicht dasselbe wie die Vagheit, die aus seinen erschlafften Solomelodien und Sequenzen spricht. Ron Carter, der Bassist, spielt flüssige Linien voller Gegenrhythmen und -bewegungen; er gibt nicht nur die traditionelle metrummarkierende Rolle des Basses auf, sondern neigt dazu, mit seinen dauernden Glissandi voller Weltschmerz müde und gelangweilt zu klingen. Tony Williams' Schlagzeugspiel in »Limbo« ist brillant, doch ist dies eine Brillanz ohne tiefere Bedeutung. In »Vonetta« von 1967 begleitet er inzwischen ein Balladensolo Davis' mit militärischen Trommelwirbeln, und es ist ein Zeichen der Zeit, daß das nicht einmal mehr erstaunlich wirkt.

In ausgefeilten Kabinettstücken gibt sich das Rhythmustrio als Einheit: Metrische Zweideutigkeit (»Freedom Jazz Dance«), unterdrücktes Chaos (»Limbo«), Rubatospiel mit plötzlichem Wiederaufnehmen des Tempos (»Madness«), und so fort. Doch in erster Linie ist das Trio daran interessiert, Stimmungen zu erzeugen, Stimmungen, die völlig unbestimmt sind – bis zur gänzlichen Indifferenz der Gefühle

– oder gar zur Gefühllosigkeit. In dieser Atmosphäre manierierter Dekadenz erreicht Wayne Shorters Spiel nicht die Qualität seiner gelungensten eigenen Platten dieser Zeit; hinzu kommt, daß sein Tenorsaxophonsound auf *Miles Smiles* durch aufnahmetechnische Mängel nicht die Kraft seiner Live-Auftritte erreicht. Miles Davis hat, das macht diese Platte deutlich, offenbar nicht vor, die freien Perspektiven der Plugged-Nickel-Einspielungen weiter zu verfolgen. Da es ihm jedoch andererseits auch nicht gelingt, seine früheren Stile wieder zum Leben zu erwecken, existiert seine Musik der späten sechziger Jahre in einem Zustand der Unentschlossenheit. Seine Soli werden fragmentarisch oder ergehen sich in nur zu gut bekannten Wendungen (man höre nacheinander *Sketches of Spain* und »Masqualero«); er spielt repetitive Stücke, die keine emotionale Beteiligung verlangen (»Nefertiti«, ein Titel ohne Improvisation), und was noch an Emotion verbleibt, wird durch das Spiel der der Band hinzugefügten Gitarristen noch weiter reduziert. Einschläfernd wirken die Gitarrenostinati und die auf- und absteigenden Phrasen Davis' in »Circle in the Round«; der logische nächste Schritt ist Stille – die Stille des Schlafs.

Auf *In a Silent Way* (Februar 1969) musizieren Davis und Shorter (der nun Sopransaxophon spielt) mit einer Rhythmusgruppe, die aus Orgel, zwei elektrischen Klavieren, Gitarre, Baß und Schlagzeug besteht. Die Soli sind ausgedünnt; das zurückgenommene Rock-Ostinato des Stücks verwandelt sich stellenweise in eine kraftlose Chicago-Blues-Linie. Noch preziöser gibt sich »Shh/Peaceful« mit den stellenweise hinzutretenden klingelnden Elektroklavieren. Das vollkommen unpersönliche Spiel des Gitarristen ist sozusagen das i-Tüpfelchen auf einer Musik, deren Wirkung der übermäßigen Portweingenusses gleichkommt: ein andauernder süßlich-schwacher, aber wirksamer Rauschzustand.

Als Bop- und Hard-Bop-Musiker anfingen, modale Stücke (oder zumindest solche mit »fortgeschrittenen« Harmonieverbindungen) zu spielen, hatte das modale Spiel einen Nimbus des Neuen, Frischen, Gewagten gehabt. In den späten sechziger Jahren aber war modale Musik meist gleichbedeutend mit Schönklang und Impressionismen: Herbie Hancocks »Maiden Voyage« ist ein Stück, das in mancher Weise typisch für das Ende des modalen Jahrzehnts ist – mit seinen sehnsüchtig-fließenden Harmonien und seiner nur rudimentär vorhandenen Melodik. Modales Spiel war im wesentlichen eine letzte dekadente Weiterentwicklung des Bebop: ein Terrain für konservative Neuerer.

Sonny Rollins

Ein Musiker der Bebop-Ära entdeckte eine Alternative zu Modi, einen anderen Weg, die konventionellen Bebop-Strukturen zu durchbrechen. Doch dieser Musiker hieß **Sonny Rollins**, und wohl nur ein Musiker wie Rollins – ein meisterhafter, selbstbewußter, brillant schöpferischer Künstler – konnte einen derartigen Weg mit Erfolg begehen.

1959 zog sich Rollins gänzlich vom öffentlichen Musikleben zurück und verbrachte lange Zeit damit, seine musikalischen Gedanken neu zu ordnen – und auf der Manhattan und Brooklyn verbindenden Williamsburg Bridge Tenorsaxophon zu üben. 1961 trat er wieder an die Öffentlichkeit, und vermutlich erstmals in seiner Karriere leitete er eine feste, gut einstudierte Gruppe (im Gegensatz zu den ad-hoc-Ensembles, mit denen er vorher gespielt hatte). Im nächsten Jahr gehörten seiner Gruppe die ehemaligen Coleman-Gefährten Don Cherry und Billy Higgins an. Anstelle seiner früheren dicht vernetzten Solostrukturen tendierte er nun zu langen, frei gestalteten, impulsiven Klangfantasien. »Oleo« beginnt extrem schnell, und im Laufe von Rollins' Solo gesellt sich Cherry mit duettierenden oder kommentierenden Linien dazu; Rollins' Spiel löst sich mehr und mehr vom akkordischen Gerüst, bis er das Stück endlich in einen Blues verwandelt. Auch Higgins und Bassist Bob Cranshaw kommen solistisch zum Zuge, und Cherry spielt eine lyrische, offene, rhythmisch freie Improvisation. Die Rhythmusgruppe begleitet in Viertaktfolgen, setzt aus, bricht aus dem Rhythmus aus, spielt in Half- und Double-Time-Prozeduren, wie sie auch bei den frühen Free-Jazz-Ensembles an der Tagesordnung waren. Wirkt Rollins' Spiel in dieser Gruppe auch manchmal spröde, extrem in seinem Stakkato, so bieten Cherrys lyrische Soli willkommene Abwechslung: er erreicht mit Sicherheit jene Freiheit der (rhythmischen und harmonischen) Bewegung, nach der Rollins noch sucht.

Was sich aus Rollins' Ideen in dieser Gruppe ergab, war nicht Freiheit im Sinne Ornette Colemans, sondern jene frei assoziative Potpourri-Form, der er sich bis heute bedient. Das beste Beispiel dafür auf Platte ist das *There Will Never Be Another You*-Konzert von 1965, eine herrliche Selbstdarstellung des generösen Rollins' in übersprudelnder Laune: aus einigen Themen entwickelt er lange, elaborierte Soli, andere handelt er wie witzige Kuriositäten ab; er spielt unbegleitete Kadenzen und erweist sich überhaupt als charmant, witzig und großzügig. Sind seine späteren Aufnahmen auch von variabler Güte, so erreicht er in *Don't Stop the Carnival* (1978) doch zumindest über weite Strecken noch einmal ähnliches Niveau, wenn seine Musik hier auch zuweilen satirisch oder schroff wirkt. In den siebziger Jahren fügte er seinem Repertoire schlichte Rocktitel und einfache modale Kompositionen zu; ist seine Musik mittlerweile auch um einiges weniger dramatisch, dafür aber ornamentaler geworden, so gibt es in seinen weitausholenden Improvisationen doch noch immer Spontaneität und Kraft.

6.
Der Free Jazz Underground und Sun Ra

Während der ganzen Hard-Bop-Ära hatten sich die Clubs und die Schallplattenfirmen ausgiebig für den Jazz engagiert, ein Engagement, das um 1960 einen Höhepunkt erreichte. Der nun einsetzende Niedergang vollzog sich angesichts der sprunghaft wachsenden Popularität der Rockmusik recht abrupt, setzte sich aber in Amerika das ganze Jahrzehnt über fort. Wenn auch in dieser Situation der kommerzielle Konkurrenzkampf zwischen vielen Bebop- und Hard-Bop-Musikern heftig war, so waren sie sich doch in ihrer Ablehnung jener Musiker einig, die avantgardistische künstlerische Positionen zu vertreten begannen.

Und Musiker, die sich von den revolutionären Konzepten Colemans oder den Neuerungen anderer Free-Jazz-Pioniere inspirieren ließen, gab es nun immer mehr. Für diese zweite Generation von »Outside«-Musikern hätten die Aussichten kaum schlechter sein können. Mut und Hingabe werden ohnehin in reichlichem Maß von jedem verlangt, der sich für eine Existenz als Künstler entscheidet. Die sichere Aussicht aber, arm bleiben zu müssen und kaum Gelegenheiten zum öffentlichen Auftreten zu haben, stellte die Willenskraft dieser jungen Musiker auf eine noch härtere Probe. Die Türen der Clubs und der Aufnahmestudios waren ihnen verschlossen – wo also sollten sie spielen?

Dies war die Zeit, als die amerikanische Gesellschaft, wenn sie auch nicht gerade gerecht und integriert geworden war, sich doch zumindest dem Gedanken der Chancengleichheit für alle Bürger nicht mehr ganz so hartnäckig verschloß. Die treibenden sozialen Kräfte jener alternativen Gesellschaft, die sich gegen Ende der fünfziger und in der ersten Hälfte der sechziger Jahre ausbildete, waren einmal die Antikriegsbewegungen, die sich hauptsächlich gegen die Orgie der Gewalt und der Lügen in Vietnam richtete, und – wohl noch bedeutsamer, da unmittelbar aufs eigene Land bezogen – das erwachende Selbstbewußtsein der Afroamerikaner, ihre Erkenntnis, daß Armut, Diskriminierung und Rassentrennung, die ihr Leben bestimmten, nicht unabänderlich sein mußten. Die Fortschritte der gewaltfreien Bürgerrechtsbewegung waren langsam und schmerzvoll, und als Folge der Gewalt der Polizei und der Politiker gab es ein Neuerwachen und eine rasche Verbreitung schon totgeglaubter Ideen revolutionärer Gewalt.

Für die zweite Welle des Free Jazz hatte all dies zwei Konsequenzen. Erstens wurde das neue schwarze Selbstbewußtsein zu einem wesentlichen Faktor der Jazzrevolution. Die Forderung nach Gerechtigkeit wurde zum Bestandteil der musikalischen Programme führender Musiker und manifestierte sich in ambitionierten Projekten wie Max Roachs *We Insist: Freedom Now Suite* und *Percussion Bitter Sweet*, die Marcus Garvey und den »Tender Warriors« (›Sanften Kriegern‹) der »Freedom Rides« und der Bürgerrechtskämpfe, also den Katalysatoren der damaligen gesellschaftlichen Veränderungen, gewidmet waren. Unmißverständlich spricht aus solchen Aktivitäten die Erkenntnis, daß nicht nur die Musik, sondern auch die Gesellschaft im Wandel begriffen ist. Archie Shepp schrieb: »Hier beginnt die Avantgarde. *Sie ist nicht eine Bewegung, sondern eine Geisteshaltung*. Sie ist eine endgültige Absage an technologische Präzision und eine Neubekräftigung der Idee der Gemeinschaft.«[1]

Zweitens: ein neues Publikum, das sich weder für kommerzielle Rock-and-Roll-Fließbandware noch für das Nachtclub-Milieu interessierte, wuchs heran. So wie der Bebop den Jazz aus den Tanzsälen in die Nachtklubs – also in Hör-Räume – getragen hatte, so etablierte sich der neue Jazz in den Coffeehouses, kleinen Theatern, Galerien, Jugendzentren, Kirchen, Buchhandlungen, kleinen Kneipen oder wo auch immer Free-Jazz-Fans und -Musiker es schafften, musikalische Aktivitäten zu initiieren. Dem Vorbild Ornette Colemans folgend (der sein Town-Hall-Konzert von 1962 selbst organisiert hatte), begannen Musiker, ihre Auftritte selbst zu planen, Aufführungsräume zu mieten, Plakate zu kleben, Kleinanzeigen in den aufkommenden Underground-Zeitschriften zu plazieren – und auch, finanzielle Defizite selbst zu tragen. Diejenigen von ihnen, die über größere Wohnungen oder Übungsräume verfügten, veranstalteten in ihren eigenen Räumen »Outside«-Jazz-Auftritte und knüpften so an die Tradition der legendären »Rent Parties« der zwanziger und dreißiger Jahre an. Anfangs war es den Musikern der zweiten Free-Jazz-Generation nicht möglich, sich und ihre Familien mit derartigen Aktivitäten in der New Yorker New-Music-Szene zu ernähren; entscheidend aber ist, daß es nun eine lebendige Jazz-Subkultur *gab*. Künstler und Publikum bildeten eine intime künstlerische Gemeinschaft, die jedoch nicht immer unter sich blieb: das Publikumsgedränge bei manchen Veranstaltungen, so bei der »October Revolution in Jazz« von 1964, war jedenfalls alles andere als intim.

Der Komponist/Arrangeur/Tenorsaxophonist/Schauspieler/Theaterautor **Archie Shepp** (1937 in Fort Lauderdale, Florida geboren) fing als Teenager in Philadelphia mit dem Saxophonspiel an. Mit fünfzehn hatte er seinen ersten bezahlten Auftritt, und zwar als Klarinettist – »wenigstens hatte ich eine Klarinette und hatte gelernt, wie man einen Ton hält; ein klingendes B, also ein C auf der Klarinette, das war mein ›Ride‹-Ton, wie man damals sagte«.[2] Shepp machte eine Schauspielausbildung am Goddard College in Vermont, die er 1959 abschloß und ging dann nach New York, um als Schauspieler zu arbeiten. Engagements erhielt er jedoch keine; stattdessen lebte er von Sozialhilfe und spielte mit einer lateinamerikanischen Band – und mit Cecil Taylors Quartett des Jahres 1960. Die musikalische Richtung seines Spiels kündigt sich schon in »Air« an: sein Sound ist groß und voll, mit einer gewissen heiseren Schärfe; die Harmonik seines Spiels ist mehrdeutig, und er hat eine Vorliebe für dramatisch angelegte Phrasen. Meist aber wirken die tastenden Tenorsoli auf den drei Taylor-LPs von 1960/61 eher fragmentarisch oder auch dekorativ (»Lazy Afternoon«), verglichen mit der ständigen Aktivität des Klaviers und der Bestimmtheit von Taylors improvisatorischen Strukturen.

Archie Shepp

Die *Archie Shepp/Bill Dixon Quartet*-LP von 1962 ist also insofern eine Offenbarung, als Shepps Spiel nun kraftvoll ist, erregend, gelegentlich auch charmant. In »Peace« gibt es nichts von Ornette Colemans Streben nach Gelassenheit. Ganz im Gegenteil: Shepps Spiel gibt sich geschwätzig; sein Double-Time-Solo ist ein unruhiger innerer Dialog. Seine verquere Harmonik zerstört die Broadway-Sentimentalität von »Somewhere«; sein Sound und seine Phrasen karikieren die Emotionen des Schlagers. Shepps Musik ist hier voll Spielfreude und guter Laune, wie auch auf seiner im folgenden Jahr eingespielten LP mit Jazz-Standards. Das neunminütige Solo von »The House I Live In« beginnt mit eleganten Synkopierungen in der trillerverzierten Themenexposition, wendet sich dann rasanten Linien und »Sheets of Sound« zu und endet in Mehrklangpassagen, deren unspezifische Tonhöhen auf das Spiel Albert Aylers vorausweisen.

»The House I Live In« war eine jener längst vergessenen Schlagermelodien, die Sonny Rollins (im Jahr 1956) ins Jazzrepertoire eingeführt hatte. In seinem Solo über »Cisum« zitiert Shepp »Sonny Boy«, als wolle er damit seine Geistesverwandschaft mit Rollins betonen, und tatsächlich zehrte Shepps Spielweise zu jener Zeit von der Dramatik Rollins', von seinen kontrastierenden Phrasen, wie sie in »Ee-Ah« und »Sonny Boy« zu hören waren. »Cisum« entstammt einer 1963 aufgenommenen Platte der New York Contemporary Five, die die Fortschritte von Shepps Spiel seit dem vorausgegangenen Jahr dokumentiert. Nach dem Trompeten- (Don Cherry) und Altsaxophonsolo (John Tchicai) in »Consequences«, beide in fragmentierten Phrasen, bietet Shepps Improvisation den Kontrast längerer Linien von melodischem Gewicht und drängender rhythmischer Energie. Gerade im Vergleich mit anderen Mitgliedern dieses Ensembles weist Shepps Spiel eine Natürlichkeit der Linie auf, die auf hart akzentuierten Rhythmen beruht. Jene Tradition des Tenorsaxophonspiels, die mit Ben Webster beginnt und auf spannungssteigernden Kontrasten rauher und zart gehauchter Töne, verschiedener Register und Lautstärkestufen beruht, diese Tradition wird in diesen Soli Shepps auf entscheidende Weise fortentwickelt.

Die drei Bläser der New York Contemporary Five spielten stilistisch sehr verschieden, so daß die Arrangements als einheitsstiftendes Element dienen mußten. In zwei Bluestiteln Ornette Colemans werden die Solisten von Bebop-Riffs begleitet; außerdem gibt es eine respektvolle Interpretation von »Crepuscule with Nellie«, der schönsten aller Melodien Thelonious Monks. Aufschlußreich sind Shepps aufwendige Kompositionen für die Gruppe. In »The Funeral« erinnert Shepps Arrangement an Miles Davis' »Solea«, doch ziehen die klagenden Trompeten- und Altsaxophonsoli (über in der Ferne pulsierenden Trommeln) kurze, ärgerliche Schlagzeugrepliken und plötzlich kollektive Klagegesänge nach sich. Der schlichte Schluß – Tenortöne, die sich mit Trillern der anderen Bläser abwechseln – spricht aber von endloser Tragik, wie auch das Stück ohne ein richtiges Ende ist. »The Funeral« ist Medgar Evans gewidmet, jenem NAACP*-Mitglied aus Mississippi, der Opfer eines rassistischen Mordanschlags wurde, und diese Widmung ist der Anfang einer klaren Programmatik in Shepps Musik. Wie Rollins, Roach und Mingus interessierte auch er sich nun für musikalische Themen, die einen direkten Bezug zur Erlebniswelt der Schwarzen und zum erwachenden afroamerikanischen Selbstbewußtsein aufwiesen. »Ich glaube nicht an das Wort ›Kunst‹«, sagte Shepp. »Für mich ist es ohne Funktion; es ist passiv. Es ist bürgerlich in dem Sinn, daß sich Kunst dann entwickelt, wenn Leute Freizeit haben. Das ist so wie das platonische Ideal, etwas, das als Kunst beobachtet werden kann, das jedoch außerhalb der Erfahrung liegt.«[2]

1964 trat er schüchtern an John Coltrane heran und fragte ihn, ob er ihn an Bob Thiele, Coltranes Plattenproduzenten, weiterempfehlen würde. Coltrane tat das, und Thiele schlug Shepp vor, *Four for Trane* aufzunehmen: eine LP mit Stücken Coltranes. Auf Coltranes Empfehlung wurde aber auch Shepps Komposition »Rufus (swung at face at last to the wind then his neck snapped)« auf die Platte mitaufgenommen. Die nächste LP Shepps enthielt Eigenkompositionen. »Hambone« besteht aus Folk-Themen und Riffs, die nach Art Paul Robesons oder Béla Bartóks in die Form eines Kunstlieds transformiert werden; die Einfachheit und Ausgelassenheit der Folk-Themen reibt sich mit dem rauhen, manchmal ironischen Spiel der Solisten, und die 5/4- und 7/4-Metren sorgen für unruhige Komplexität. »Los Olvidados« (Die Vergessenen) bezieht sich nicht auf den berühmten gleichnamigen Film Luis Buñuels, wenn auch die Thematik fast die gleiche ist: Shepps Stück ist eine Reflexion über die Hoffnungslosigkeit jener Jugendlichen, die er während seiner Arbeit als Bewährungshelfer für jugendliche Kriminelle kennengelernt hatte. Shepp spaltete die vier Bläser gern in Blech- und Holzblasgruppen auf, mit einem Saxophonsatz, der an die Opulenz Benny Carters denken läßt; die Tempi steigern sich und lassen wieder nach, mit eigenartig zerhackten langsamen und sehnsuchtsvollen schnellen Melodien. Ted Cursons empfindsames Trompetenspiel und der knorrig-verquälte Saxophonsound Marion Browns helfen Shepp, die Bedeutung von »Los Olvidados« klar zu machen.

Im gleichen Maß wie seine kompositorischen Talente entwickelte sich auch sein Tenorsaxophonspiel. Einige wenige Soli wie »Conse-

* Anm. d. Ü.: NAACP = National Association for the Advancement of Coloured People; gemäßigte Bürgerrechtsinitiative in den USA

quences« sind Ausnahmen der Regel, daß Shepp in kurzen, gebrochenen Phrasen von großem rhythmischen Drive denkt, wobei lyrische Erfindungsgabe ins zweite Glied rückt. Shepps Trio des Jahres 1965, mit David Izenzon am Baß und J. C. Moses am Schlagzeug, spielte eine eng aufeinander abgestimmte Gruppenmusik, aus der »Malcolm, Malcolm, Semper Malcolm« als besonders dramatisch herausragt – eine Dramatik, die sich sowohl in Shepps Gedichtrezitation als auch in seinem Tenorsolo manifestiert. »Le Matin Noir« wurde beim Newport Jazz Festival von 1965 aufgezeichnet. Über den in Moll gehaltenen Vibraphonfiguren Bobby Hutchersons schwebt Shepps Saxophon sanft herein, mit kaum vernehmbaren Tönen; dann aber spielt er hart auf dem Beat mit kurzen Phrasen, die zart beginnen und sich zu einem drohenden Forte steigern. Fragmentarische Phrasen verdichten sich zu einem Selbstgespräch; die Dramatik eines Rollins wendet sich durch Shepps schroffe Kontraste (speziell der Lautstärke und der Artikulation) zum Melodrama.

Doch ist Shepps Stil nicht sehr robust: die Balance seiner Bestandteile ist instabil. In extrovertierteren Kontexten, wie beispielsweise kollektiven Improvisationen mit dem Posaunisten Roswell Rudd, wird diese Balance durch das Überwiegen der melodramatischen Elemente zerstört, und durch eine Coltrane-artige Turbulenz, die oft bestimmend für den Charakter der Musik wird. »Portrait of Robert Thompson« ist, wenngleich nur neunzehn Minuten lang, charakteristisch für die Potpourris seiner Clubauftritte (Shepp schreibt die Potpourri-Idee Sonny Rollins zu). Man hört nachdenkliche Themen Shepps, ausführliche Kollektivimprovisationen, die von Duke Ellingtons »Prelude to a Kiss« unterbrochen werden, und das Ganze endet mit einem Sousa-Marsch. Durch die Polyrhythmen des Schlagzeugers Beaver Harris wird die Musik bis zur Ekstase getrieben; dennoch ist die Musik zum großen Teil statisch, da die individuellen Stimmen der Musiker und melodische und emotionale Feinheiten im kollektiven Geplapper (darunter auch Shepps zornig erregtes Tenor) verschwinden. Die Häufung klanglicher Schocks und Zornesausbrüche wird letztlich wirkungslos, erschöpft sich.

Mit Sicherheit aussagekräftig ist aber eines der Theaterstücke Shepps, *Junebug Graduates Tonight*; darüber hinaus ist es abwechselnd nachdenklich, komisch, bitter, liebevoll: die Akteure tragen Namen wie »America«, »Cowboy«, »Muslim«, »Uncle Sam« und – der Protagonist des Stücks – »Junebug«. Die abstrakte Melodie »Wherever Junebugs Go« fängt die das ganze Stück durchziehende subtile Stimmung ein; die Komposition spiegelt die Verwirrung Junebugs wider, und demgemäß hat das Stück keine Auflösung, keinen bündigen Schluß. Wenige Kompositionen Shepps nach 1965 kommen der Qualität dieses Stücks nahe. Und sogar die Ergebnisse seiner Zusammenarbeit mit Cal Massey – in den siebziger Jahren – sind weitschweifig, wenig überzeugend, insbesondere enttäuschend, wenn man sie mit Masseys Kooperationen mit Coltrane und Lee Morgan im vorherigen Jahrzehnt vergleicht.

Im Lauf der Jahre hat Shepp eine ganze Reihe mäßiger Platten aufgenommen, doch wird die starke Emotionalität seines Spiels der Herausforderung des Repertoires der LP *Goin' Home* gerecht, die er 1977 mit dem Pianisten Horace Parlan einspielte. Diese Duo-LP enthält eine Folge klassischer Spirituals; Shepp behandelt die noblen Melodien mit Respekt, so daß auch seine Ornamente in »Steal Away to Jesus« und seine Spaltklänge und Forti in »Amazing Grace« und »Go Down Moses« der ehrfürchtigen Aura der Musik förderlich sind. Dabei scheint ihn Parlans gefühlvolle Klavierbegleitung zu leiten, und die stilistierte Schlichtheit von Paul Robesons Spiritual-Interpretationen ist nicht weit entfernt. In den siebziger und achtziger Jahren ist aber nicht das Spielen Shepps Hauptbeschäftigung gewesen, sondern das Unterrichten: zunächst an der University of Buffalo, dann, zusammen mit Max Roach, an der University of Massachussetts, wo Shepp seit 1978 eine feste Musikprofessur innehat. Er sagt: »Ich habe nicht mehr die Absicht, eine feste Gruppe zusammenzuhalten, wie ich das früher getan habe. Ich glaube, daß wir in mancher Hinsicht Guerillakämpfer sind: wir verstecken uns in den Bäumen, wir tarnen uns, und das müssen wir so lange durchhalten, bis wir und unsere Musik geachtet werden. Also bin ich nicht scharf darauf, in Clubs zu spielen... Auftreten, wenigstens im traditionellen Wortsinn, also auf der Bühne stehen, ist nicht das Wichtigste... Ich beschäftige mich sehr intensiv mit klassischer Musik. Und für mich heißt klassische Musik *schwarze* klassische Musik.«[2]

Die Gruppen Ornette Colemans und John Coltrane waren die stärksten Einflüsse auf die buntgemischte New Yorker Szene der sechziger Jahre. Es gab eine ganze Anzahl guter, aktiver Rhythmusspieler, darunter die Bassisten Gary Peacock, Lewis Worell, Ronnie Boykins und den wunderbaren Henry Grimes, sowie die Schlagzeuger J. C. Moses, Barry Altschul, den gewandten und anpassungsfähigen Beaver Harris und die Neuerer Sunny Murray und Milford Graves. Die Rhythmusgruppen enthielten meist kein Klavier, da die Free-Jazz-Bläser das traditionelle harmonische Gewicht dieses Instruments vermeiden wollten. So kam es, daß die am freiesten spielenden Pianisten – wie etwa Paul Bley oder der junge Don Pullen – entweder als Solisten arbeiteten oder eigene Gruppen leiteten.

Nur wenige der Experimentatoren aus der Zeit vor dem Aufkommen des Free Jazz stellten sich den Herausforderungen der neuen Musik. Jimmy Giuffre war einer dieser wenigen, und seine unnachahmlich phrasierten, quasi schwebenden Holzblasstudien gewannen nun eine markantere expressive Qualität. Das Spiel des Trompeters Ted Curson war eines der Ingredienzen des Feuers der Mingus-Ensembles vor 1960 gewesen. Cursons verfeinertes Formgefühl hebt sein hell-lyrisches Spiel in Archie Shepps *Fire Music*-Sextett deutlich von der eher diskursiven Spielweise der übrigen Musiker ab. In Soli wie den von »Los Olvidados« oder »Hambone« spielt er nicht weniger energetisch als seine Kollegen, dafür aber ausgewogener. Als Paul Bley in den sechziger Jahren die alten Harmonieverbindungen über Bord warf, behielt sein Klavierspiel jedoch seine charakteristische Phrasierung, die Bop-Elemente mit einer Monk'schen Placierung der Phrasen verband. So entstand eine romantische, unstrukturierte, fragmentarische, persönliche Musik, die gelegentlich – so in seinen Selbst-Duetten mit Klavier, Elektroklavier und Synthesizern von 1972 – geistreich und fließend wirkt. Kein Free-Jazz-Pianist hätte sich mehr von Bley unterscheiden können als Cecil Taylor, dessen mächtig ausladende Hochenergiemusik damals wie heute der dominierende Einfluß auf die klavierspielende Avantgarde war und ist.

Das hochenergetische Spiel von Tenoristen wie Coltrane, Shepp und Pharoah Sanders wurde von **Marion Brown** in *Fire Music* und *As-*

Marion Brown

cension auf das Altsaxophon übertragen. In den folgenden Jahren hat sich Brown als Meister verschiedener Stile des freien Spiels gezeigt, und in manchen Aufnahmen aus den siebziger Jahren, so etwa seinen *Duets*, kommen seine persönlichsten Qualitäten zum Tragen. Es sind dies ein Sinn für idyllische, bittersüße, etwas nostalgische Stimmungen; die besondere Wirkung seiner Linien und seiner Phrasierung; sowie die Aura der Erzählungen und Gedichte Jean Toomers, zu denen sich Brown besonders hingezogen fühlt.

Diesen Improvisationen fehlen die urbanen Spannungen, die im Spiel von Browns Free-Jazz-Genossen mitschwingen. Im Spiel des Altsaxophonisten **John Tchicai** sind diese Spannungen enthalten, wenn auch versteckt. So spielt er beispielsweise Coltrane'sche Phrasen, doch ganz ohne den Ausdruck Coltranes; sein reiner Klang und sein gemäßigteres, doch nicht weniger drängendes Tempo verraten eine instinktiv »coole« Herangehensweise an freies Spiel. Es ist diese Insistenz auf seinen eigenen, trocken-lyrischen Bewegungsfluß, die sein Spiel so unverwechselbar im aggressiven Drumherum verschiedener Gruppen macht – in Gruppen Shepps, Aylers und Coltranes (*Ascension*). Wenn seine Musik also wie aus einer anderen Welt klingt, so mag das daran liegen, daß Tchicai gebürtiger Däne ist: kein Afro-Amerikaner, sondern ein Afro-Europäer.

Die Posaunisten des Bebop spielten präzise und mit klarausgewogenem Ton; der Free-Jazz-Posaunist **Roswell Rudd** spielt mit den verschmierten Tönen und Glissandi der Swing- und Dixieland-Virtuosen. In Soli wie »Skippy« zeigt er ein monkisches Talent für kubistische Rekonstruktionen verzerrter und verschobener Themenfragmente. Im allgemeinen ist die Struktur seiner Improvisationen eher offen zu nennen; seine schneidenden, extrovertierten Phrasen sind voller Dramatik, oft auch voller Sarkasmus. Rudd, Tchicai, Lewis Worrell und Milford Graves bildeten des »New York Art Quartet«, das neben den Combos Albert Aylers wohl die experimentierfreudigste der Underground-Gruppen der Stadt war. In den solistischen und kollektiven Improvisationen des Quartetts schienen sich die Rhythmen frei zu bewegen, wurden nur selten direkt artikuliert. In »Number 6« gibt es eine traumhafte Passage: die Spieler improvisieren zusammen, doch befindet sich ein jeder in einem eigenen, ungehetzten, von den anderen unabhängigen Tempo – hier ist ein Quartett, das die rhythmische Emanzipation **Milford Graves** perfekt zum Klingen bringt, die Emanzipation jenes Schlagzeugers, der zusammen mit Sunny Murray die Trommeln aus der Rolle des Timekeepers befreit hatte.

Es ist das interaktive und klar strukturierte Spiel Graves', das der trockenen Romantik des Art Quartets Kontinuität gibt. Die Einspielungen der Gruppe enthalten zahlreiche kurze kunstvolle und intensive Schlagzeugsolopassagen. So spielt Graves beispielsweise nach dem

Schlußthema von »Rosmosis« eine Überleitungspassage, die bis zum leisesten nur vorstellbaren *ppp* diminuiert, bevor er auf einer Snare Drum mit gelockerten Schnarrsaiten einen Tanzrhythmus klopft; danach rezitiert LeRoi Jones eines seiner Gedichte. Eine hochentwickelte Spieltechnik, angewandt auf ein Schlagzeugset, das größer als das Murrays war, gestattete Graves ein dichteres, melodischeres Spiel; trotz seiner musikalischen Autonomie gelingt es ihm, Akzentuierungen und Paraphrasen des Spiels der Solisten in seine eigenen Bewegungen zu integrieren (man höre sein Spiel mit Ayler in »Universal Indians«, mit Rudd am Anfang von »Rosmosis«). In Aylers *Love Cry* ist Graves ständig in Bewegung, scheint nacheinander die Rolle eines jeden Trommlers eines imaginären äquatorialafrikanischen Trommelensembles anzunehmen; seine Polyrhythmen fließen mit bewundernswerter Leichtigkeit. LeRoi Jones sprach über Graves, wenn er sagte: »Das Klopfen, das Du hörst, Mitmensch, ist Dein eigener Puls.«

Die dunkel-ernste Lyrik von **Bill Dixons** Trompetenspiel umfaßt einen großen Reichtum von Rhythmen und Texturen, vergleichbar der Vielfalt des – freilich spontaneren – Spiels Don Cherrys. Dixons Soli sind sorgfältig gestaltet, manchmal mit dramatischem Effekt (»Trio«, wo Satire hinter seinen Melodien hervorlugt). Der Linienfluß und die Dynamik in »The 12th December« (1963) ist frei von den Konventionen des Bebop, und der nervöse Zug in den Spaltklängen und unbestimmbaren Tonhöhen ist ein durch und durch persönlicher Ausdruck Dixons. Dixon schrieb dunkel getönte Partituren, deren schwermütiger Impressionismus von den tiefen Instrumentalstimmen getragen wird. »Metamorphosis 1962–66« besteht aus fünf Sätzen, in denen die Schwere dissonanter Streicher-Holzbläser-Texturen durch das bewegt-dichte Spiel zweier Perkussionisten und durch Dixons schnelle, abwechselnd lyrische und beißende Trompetenphrasen gemildert wird. Dixons besondere Vorliebe gilt den farblichen Aspekten der Musik – Klangfarben, harmonischen und rhythmischen Schattierungen –, was nicht verwundert, da er nicht nur Musiker, sondern auch Maler ist.

Bill Dixon war es, der im Oktober 1964 im New Yorker »Cellar Cafe« jene Konzerte organisierte, die als »October Revolution in Jazz« angekündigt wurden und zum Ziel hatten, die Free-Jazz-Musiker der zweiten Generation einem größeren Publikum vorzustellen – einem Publikum, von dem sich Dixon sicher war, daß es die neue Musik unterstützen würde. Etwa vierzig Ensembles spielten vor einem dicht gedrängten Publikum, und ermutigt durch diesen Erfolg fragte Dixon einige andere Musiker – Shepp, Rudd, Tchicai, Cecil Taylor, Mike Mantler, Burton Greene, Sun Ra, Carla und Paul Bley –, ob sie bereit wären, sich an der Planung und Durchführung weiterer Aktivitäten zu beteiligen. So entstand die »Jazz Composers Guild«, die zunächst eine Serie von vier Konzerten mit acht Gruppen in der Judson Hall und später wöchentliche Konzerte in einer Fabriketage über dem »Village Vanguard« veranstaltete.

Keines der Mitglieder der Guild trat regelmäßig in der Öffentlichkeit auf, und es war eines der Ziele der Gruppe, Verhandlungen mit Veranstaltern und Plattenfirmen nach kollektiv erarbeiteten Kriterien zu führen. Doch bald unterschrieben Mitglieder der Guild Verträge, ohne dies mit dem Kollektiv abzustimmen; andere Risse zeigten sich in der Gemeinschaft, und gegen Mitte 1965 löste sich die Organisation im Stillen auf. Die Big Band der Guild bestand – mit Unterbrechungen – unter dem Namen »Jazz Composers Orchestra« fort, geleitet von Mantler und Carla Bley. Mantler war auch die treibende Kraft hinter der Gründung einer Non-Profit-Organisation – ähnlich der Orchestervereinigung eines Symphonieorchesters –, deren Ziel es war, das Orchester finanziell zu unterstützen. Einige Konzerte wurden durchgeführt, und schließlich gab die »Jazz Composers Orchestra Association« die erste Tonkonserve des Orchesters heraus, eine Zwei-LP-Kassette mit Mantlers 1968 geschriebenen Arrangements, in denen jeweils bestimmte Solisten des Orchesters herausgestellt wurden (darunter Taylor, Rudd, Don Cherry und Pharoah Sanders). In späteren Jahren trat das Orchester gelegentlich immer wieder einmal zusammen (mit wechselnder Besetzung), führte Workshop-Konzerte durch und spielte sechs weitere Platten ein. Die augenfälligste Aktivität der JCOA aber – eine, die seit nun über einem Jahrzehnt anhält – ist die des »New Music Distribution Service«, der die Platten kleiner unabhängiger Jazz- (und gelegentlich auch Rock- und Klassik-) Labels vertreibt.

Dies ist eine wichtige Tätigkeit, denn im Zuge des Niedergangs kommerzieller Jazzplattenproduktion in den sechziger Jahren waren einige unter den Musikern der zweiten Free-Jazz-Generation dazu übergegangen, ihre Platten selbst zu produzieren. Schon in den fünfziger Jahren hatten Charles Mingus und Max Roach das Label »Debut« unterhalten, und Sun Ra hatte die Firma »Saturn Records« ins Leben gerufen: Präzedenzfälle für spätere Aktivitäten der Free Jazzer. Milford Graves und der Pianist Don Pullen gründeten das Label »SRP«, um auf dem Postweg den Plattenmitschnitt ihres Yale University-Konzertes von 1966 vertreiben zu können, und danach schwoll, was zunächst ein dünnes Rinnsal selbstproduzierter Platten war, allmählich zu einer Flut an: 1983 war es einem Musiker möglich, seine eigene Platte quasi als Do-it-Yourself-Projekt für weniger als dreitausend Dollar zu produzieren und zu veröffentlichen. Eines dieser wichtigen Labels in Musikerbesitz ist Paul Bleys »I. A. I.«, das seine Aktivitäten im Jahr 1970 aufnahm.

Sun Ra und seine »Arkestras« treten in lamettaverzierten Raumfahranzügen auf, laden uns zu einer Fahrt durchs Weltall ein (»Next stop Jupiter! Next stop Jupiter!«), oder zumindest durch die Zeit, zurück zur Wiege der Zivilisation im alten Ägypten und Äthiopien. »Ich habe diesem Planeten eine Gabe anzubieten«, sagt Sun Ra, »und Musik ist eine der Brücken zu ihrer Schatzkammer.«

> »Ich habe intergalaktische Musik gewählt – oder vielmehr, sie hat mich erwählt. Intergalaktische Musik dreht sich um die Musik der Galaxien. Sie dreht sich um intergalaktisches Denken, intergalaktische Reisen, also ist sie wirklich außerhalb des Bereichs der Zukunft, am Wendepunkt des Unmöglichen, aber dennoch existiert sie, wie es die Astronomie nachweist.
> ... Mit meiner Musik male ich eigentlich Bilder der Unendlichkeit, und daher kommt es, daß viele Leute sie nicht verstehen können. Wenn sie aber ihr und anderen Arten von Musik zuhören würden, dann würden sie herausfinden, daß in meiner etwas anderes steckt, etwas aus einer anderen Welt. Space Music ist ein einführendes Präludium zum Klang der größeren Unendlichkeit ... Sie ist eine andere Ordnung der Klänge, die auf eine andere Ordnung des Seins abgestimmt ist ... Sie existiert als Zeichen der Natürlichen Existenz des Universums.«[5]

Seien Sie gewarnt: Sun Ra ist ein Prophet, und wenn Sie sich über ihn lustig machen oder ihn verhöhnen, so geschieht das auf eigene Gefahr.

Unter dem Namen Herman Blount wurde er in Birmingham, Alabama geboren, irgendwann gegen Anfang oder Mittte des zweiten Jahrzehnts unseres Jahrhunderts. Mit dem Musikmachen begann er auf der High School; dann war er Pianist in verschiedenen Bands Alabamas, bis er gegen Ende der dreißiger Jahre nach Chicago übersiedelte. Lange Jahre arrangierte er Musik für die Striptease-Shows des »Club de Lisa«, eines der beliebtesten Nachtclubs Chicagos, dessen Band von Fletcher Henderson geleitet wurde. Henderson förderte das Talent Sun Ras. In den späten vierziger Jahren fing Ra an, eigene Bands zu leiten, in denen die Spieler exotisch kostümiert waren und ungebräuchliche afrikanische Instrumente betätigten. Schon damals hatte er die Idee einer Band, die nur aus Anhängern seiner Mythologie bestehen sollte. »Sun Ra hielt einem dauernd kleine Vorträge: er will nichts anderes, als daß man ein sauberes Leben führt und brüderlich denkt«, erinnert sich Von Freeman, der in einer der frühen Bands Ras Tenorsaxophon spielte. »Also, und das ist wirklich wahr: er rief mich einfach an und fragte: ›Von! Bist Du wach?‹ – das war meist so gegen vier Uhr morgens. Ich sagte dann: ›Ja, Sunny‹, darauf er: ›Ich hab

so'ne Idee, ich würde Dir das gern' mal vorspielen‹, und dann fing er an, seine Musik zu spielen. Wenn er irgendwas von dieser Musik in einem dieser Horrorfilme hätte unterbringen können, das wäre genug gewesen.«[6] Ra selbst hat gesagt: »Manchmal habe ich morgens um Drei eine Idee, und dann wecke ich alle. Sie haben keine Lust, aufzustehen, aber sie tun es, und sie bleiben dann da, stundenlang, wenn es sein muß. Oder vielleicht schreibe ich nur gerade acht Takte und sage dann: ›Ihr könnt jetzt gehen.‹ Ich sage meinem Arkestra, daß die ganze Menschheit irgendwelchen Beschränkungen unterworfen ist, daß sie aber im Ra-Gefängnis sind, und das ist das beste auf der Welt. Der Schöpfer hat alle in ein Gefängnis gesteckt – lebenslänglich.«[7]

Als Ra und sein Arkestra anfingen, Aufnahmen zu machen – in den fünfziger Jahren –, trat die Band regelmäßig auf, hatte auch längere Gastspiele: jahrelang spielte sie eine oder mehrere Wochen lang im Pershing Hotel oder im Wander Inn und ähnlichen Räumlichkeiten. Die Ziele des Propheten Sun Ra sind immer ehrgeizig gewesen – »Das wahre Ziel dieser Musik ist, das Denken der Leute zu einem intelligenten Streben nach einer besseren Welt zu koordinieren, zu einer intelligenten Herangehensweise an die lebende Zukunft«[8] –, und die Motivation seiner Botschaft ist deutlich: »Ich fände es schrecklich, auf einem Planeten gewesen zu sein, ohne ihn in einem besseren Zustand verlassen zu haben. Es wäre lächerlich, so viel Zeit und Energie aufzuwenden und ihn dann so zu verlassen, wie man ihn vorgefunden hat.[9] Was ich mache... dreht sich um die Dichte der Menschlichkeit, und darum, auf welche Weise ich möglicherweise helfen könnte.«[3] Der Gegenstand von Sun Ras Bemühungen könnte kaum von größerer Bedeutung sein. Zum Beispiel: »Die Menschen scheinen immer das Gute in der Welt abzulehnen. Es ist sehr schwer, einen Menschen heranzubilden, der von Liebe und Gewaltlosigkeit spricht, so wie Martin Luther King. Sehr schwer. Und dann macht ihn die Welt kaputt... Irgendetwas wird an seine Stelle treten müssen. Und es wird eine Zeit kommen, wenn die Mächte, die uns die Dinge geben, sagen werden: ›Sie wollen also nichts Tolles haben – also sollen sie etwas Schlechtes haben.‹«[5]

Auf den ersten Platten des Arkestras wirkt Sun Ras Kompositionsstil sehr Hard-Bop-artig – verwandt jener Musik, die die Gruppen Art Blakeys und Horace Silvers gegen Mitte der fünfziger Jahre spielten, jedoch für ein größeres, exotischer klingendes Ensemble gesetzt. Dennoch müssen die Stücke Ras – sogar swingende Riff-Nummern wie »Brainville« und »Fall of the Log« – in manchen Aspekten ungewohnt geklungen haben: mit ihren modalen Strukturen, den perkussiven Harmonien in der Begleitung. Im Thema von »A Street Named Hell« spielen ein Schlagzeuger und ein Paukenspieler freie Einwürfe: der volle, schwere Baritonsaxophonklang Pat Patricks trägt das Gewicht der Bläsergruppe, und das Ende des Stücks ist nicht eine zündende

Themenreprise, sondern ein langsamer Walzer. Ra war so sehr in den Klang des Baritons vernarrt, daß er über mehrere Jahre einen zweiten Baritonsaxophonisten, Charles Davis, im Arkestra hatte. Viele Kompositionen folgen der assoziativen Struktur eines »Stream of Consciousness« (Bewußtseinstroms): »Enlightenment« ist eine lange Kette unzusammenhängender sentimentaler Schlagermelodien, an deren Anfang ein von Weltschmerz getragenes Thema steht, das auffällig an die Melodie von »Orfeo Negro« erinnert.

In »Call for All Demons« holpern und stolpern die klotzigen Rhythmen der Begleitung – Baß, elektrischer Baß, Schlagzeug, Pauken und Sun Ras harte Klavierakkorde – auf höchst reizvolle Art hinter dem Thema des Stücks, das trotz seiner zwölftaktigen Form kein Blues ist. In »Ancient Aiethopia« spielen die Schlaginstrumente mächtigpochende Rhythmen, während Ra und die Baritonsaxophone wie Adlige bei einer Musterung ihrer Truppen hereinparadieren; die Flöten zwitschern über dem schabenden und pulsierenden Schlagzeug, das immer eindringlicher wird und schließlich in eine Paukenpassage übergeht; die warmen, vollen, tiefen Trompetentöne Hobart Dotsons kommen in einem modalen Solo zur Geltung, das dann Sun Ras Klavierdonner weichen muß; zwischen Schlagzeuginterludien improvisiert eine Gesangsgruppe tieflagige Melodien in ungehörten Sprachen. All diese merkwürdigen Texturen, all diese verwunderlichen Farben kulminieren unglücklicherweise in einem konventionellen lateinamerikanischen Riff; sieht man aber von diesem Schluß ab, so ist »Ancient Aiethopia« eine durchdachte Komposition, die die oft separaten Fäden von Ras Klängen, Rhythmen und exotischen Farben bündelt.

Die erweiterte Schlagzeuggruppe wird jedoch nicht immer auf so gelungene Weise eingesetzt. »Sun Song« steht am Anfang einer ganzen Reihe von Kompositionen, deren schwüle Exotik arg an die pseudosüdpazifischen Stimmungsbilder der damaligen Zeit erinnert, so wie sie von den Klavierklischees eines Liberace gezeichnet wurden. »Sun Song« und »Paradise« sind derartige exotische Klangtapeten, und im Lauf der Jahre hat sich Sun Ra, als Komponist wie als Pianist, auch in seinen esoterischsten Stücken von den seichtesten Varianten populärer Musik inspirieren lassen. Er ist wohl der einzige Jazzmusiker, der eine Version von »Holiday for Strings« aufgenommen hat.

Gegen Ende der fünfziger Jahre wirkten Sun Ra und das Arkestra in *The Cry of Jazz* mit, einem kuriosen Film, der die These vertrat, daß diese afroamerikanische Kunstmusik, die nun die Höhe ihrer Ausdruckskraft erreicht habe, jetzt dem Untergang geweiht sei, da sie auf jenen verbrauchten harmonischen Strukturen beruhe, die die Weißen aus Europa importiert hatten. Sun Ras Musik aber stand sicherlich nicht unter einem schlechten Stern. Damals befand sie sich in einer langen Phase stilistischer Neuorientierung, und die Musik des Arkestras war nun stark auf das Spiel der Schlaginstrumente ausgerichtet. In *The Nubians of Plutonia* (1959) fehlen spezifische Bebop-Elemente fast völlig; stattdessen ist die Musik stark rhythmusbetont. »Afrika« folgt der Ra'schen Struktur klanglicher Ereignisketten, und nachdem die Musiker über dschungelartigen Paukenrhythmen mehrstimmig gesummt haben, wandelt sich das Stück in ein Paukensolo Jim Herndons, um dann mit ein paar isolierten Tönen der übrigen Instrumente zu schließen. Diese Komposition ist ein Höhepunkt von Ras Phase perkussiver Konzepte und ist in ihrer strukturellen Offenheit Vorläufer des späteren freien Spiels des Arkestras.

1961 verließ das Arkestra Chicago für ein zweiwöchiges Gastspiel in Montreal. Am zweiten Abend passierte, so Bassist Ronnie Boykins, folgendes: »Der Besitzer des Clubs kam dauernd an die Bühne und fragte: ›Wann spielt ihr endlich eure Spezialität?‹ Also spielte Sun Ra seine wildesten Sachen, aber er kam wieder an und sagte: ›Nein, wann spielt ihr es denn endlich?‹ Am Ende des Abends kündigte der Typ der Band; er sagte: ›Ihr spielt alle die Musik Gottes.‹ Dann fanden wir heraus, daß man uns als Rock & Roll-Band engagiert hatte.«[10] Daraufhin ließ sich das Arkestra in einem Gebäude in der Nähe der McGill University nieder, spielte einen Monat lang in einem Urlaubsort in den Bergen von Quebec und reiste dann nach New York, wo es erst einmal hängen blieb, da die Musiker weder Geld hatten noch ein Fahrzeug, mit dem sie nach Chicago hätten zurückkehren können.

Die Arkestra-Mitglieder lebten in New York als Wohngemeinschaft, so, wie einige von ihnen schon in Chicago gewohnt hatten. Als einzelne Musiker arbeiteten sie in den Studios, wirkten bei Pop-Produktionen mit; sie nahmen auch Jobs in anderen Bands an und legten ihr Geld zusammen, um Platten des Arkestras produzieren zu können. Die meiste Zeit über bestand das Arkestra also als bloße »Rehearsal Band«* weiter, was es auch während eines Großteils seiner Chicagoer Zeit gewesen war. Zu diesem entscheidenden Zeitpunkt seiner Kariere hatte Sun Ra über Jahre in drei der größten Städte Amerikas nichts als Desinteresse, Spott und Ablehnung erfahren, und wenn er auch in der Lage war, diese Situation mit ironischer Distanz zu kommentieren – »Ich möchte das einzige sein, was ich in Amerika sein kann, ohne daß mich jemand daran hindert: ein Versager. Also fühle ich mich ganz gut, denn ich bin ein totaler Versager«[11] –, so hinterließen die Armut und der ständige Existenzkampf doch tiefe Verbitterung:

> »Ich wollte nie ein Teil des Planets Erde sein, und ich habe alles getan, um ihm nicht anzugehören. Ich habe nie nach seinem Geld oder seinem Ruhm gestrebt, und alles, was ich für diesen Planet tue, tue ich,

* Anm. d. Ü.: Eine »Rehearsal Band« ist ein regelmäßig probendes Orchester, dessen Mitglieder aber keine feste Bezahlung erhalten

weil mich der Schöpfer des Universums dazu antreibt ... Alles, was sie getan haben, werde ich in den Büchern festhalten, in den Büchern des Himmels selbst, denn es gibt keine Entschuldigung dafür, daß die Menschen so sind, wie sie sind, und ich werde niemandem vergeben ... Wenn die Menschen versuchen, die Güte und Liebe in einer Person zu zerstören, verdienen sie das grausamste Schicksal, das der Schöpfer ihnen zuweisen kann. Ich werde nicht für sie beten, denn schon genug gute Menschen haben für sie gebetet und sind für sie gestorben ... Wenn ich mich der Aufgabe, diesen Planet zu erhellen, entziehen kann, werde ich das mit dem größten Vergnügen tun und sie in ihrer Dunkelheit, ihrer Grausamkeit, ihrem Haß, ihrer Ignoranz allein lassen, und mit all den anderen Dingen, die sie in ihren Häusern der Falschheit haben.«[12]

Sun Ras Musiker waren an ihn durch eine Hingabe gebunden, die mehr als rein musikalisch war. Sie wurden mit den ungewöhnlichsten und anspruchsvollsten interpretatorischen und improvisatorischen Aufgaben konfrontiert und zeigten sich dieser Herausforderung gewachsen: jeder der Holzbläser beherrschte mehrere Instrumente, und alle Musiker spielten diverse Perkussionsinstrumente. Zwischen den eingängig-perkussiven Stücken der frühen sechziger Jahre tauchten dann Platten wie *Cosmic Tones for Mental Therapy* auf, deren zwei Titel »And Otherness« und »Hither and Yon« keinerlei Bezug mehr zu traditionellen rhythmischen oder harmonischen Strukturen aufweisen. Flöten, Baßklarinette und die im Vordergrund stehende Oboe Marshall Allens schaffen eine Atmosphäre der friedvollen Gelassenheit, die paradoxerweise etwas Gewolltes, Forciertes an sich hat; durch die Bläserlinien weben sich Sun Ras elektrische Orgeltöne. In »Hither and Yon« gibt es offenbar keine komponierten Elemente, sondern nur die asymetrischen Melodien der Oboe und die – kollektiven oder individuellen – Antworten der anderen Spieler. Daß eine derartige Gruppenmusik überhaupt entstehen kann, ist äußerst erstaunlich, wenn man in Rechnung stellt, daß dieselben Musiker sich nur wenige Jahre früher ausschließlich um eine Erweiterung des Idioms Charlie Parkers bemüht hatten – und erstaunlich auch angesichts der Tatsache, daß sich so viele ihrer Kollegen der sechziger Jahre den neuen Strukturen des Jazz mit einer Vorsicht näherten, die schon an Furcht grenzte.

Gegen Mitte und Ende der sechziger Jahre, als das Arkestra relativ häufig auftrat, war die Musik des Ensembles gänzlich improvisiert, wobei das Spiel der solistisch oder in verschiedenen Kombinationen agierenden Musiker durch die Zeichen Sun Ras koordiniert wurde. Mysteriöse Töne aus undefinierbaren Klangquellen kollidieren mit dem Gerassel eines geisterhaften Schlagwerks; oft gibt es weder ein Thema noch eine deutliche Struktur, sondern nur eine Folge akustischer Phantombilder. Gerne spielte Sun Ra Stücke wie »Of Heavenly Things«, in denen ein oder zwei Spieler (meist Ra selbst und/oder der bemerkenswerte Boykins) die Hauptmotive und -texturen kreieren, während die anderen Musiker auf Zeichen Ras improvisierte Kommentare, Zwischenspiele oder Weiterentwicklungen dieser Vorgaben ausführen. Vieles in dieser Welt freier Bewegung und dauernd wechselnder Klänge und Texturen klingt unfertig, und so sind unbeständige, weitschweifige Darbietungen typisch für den Stil des Arkestras. Ronnie Boykins' tragische gestrichene Baßlinie liegt »The Sun Myth« zugrunde; die anderen Musiker kommentieren sie mit peitschenden Klängen und Aufschreien; Sun Ras Clavoline übernimmt die Führung; ein rascher Abschnitt exponiert ein massiertes Bläserkollektiv; Trompeten- und Altsaxophonsoli schließen sich an; das kollektive Spiel verebbt, und wir sind wieder mit der Trauer der Boykins'schen Linie allein, die diesmal aber wenigstens vom Clavoline gestützt wird.

»The Magic City« ist eine Parabel enttäuschter Illusion. Sun Ras Pilgerfahrt beginnt in verhaltenen, sehnsüchtigen Akkorden; das Gezwitscher zahlreicher Flöten umschwirrt die hauchigen Linien von Sun Ras Clavoline; nach einem Dialog von Baßklarinette und Kontrabaß treten Ra und Boykins eine windungsreiche Klangodyssee an – einmal winden sich ihre Linien im Raum, um dann traurig zu verlöschen, dann wieder werden sie durch helle Pikkoloklänge zu heftigen Klangfragmenten inspiriert. Plötzlich, nach der Mitte des Stücks, setzt das Gehupe und Geheule zahlreicher Bläser ein: die Pilger haben »The Magic City«, die magische Stadt, erreicht. Das unbegleitete Altsaxophon Danny Davis' hat tatsächlich einen magischen Klang, doch ist hier auch Schmerz, der sich in langen Mehrklangaufschreien artikuliert. In treibendschnellem Tempo brillieren Baritonsaxophonist Pat Patrick und zwei Altsaxophonisten mit farbenfrohen Linien, die zu einer wilden und ausgelassenen Kollektivimprovisation ausarten, aus deren Ekstase auch Härte und Zorn sprechen. Das exaltierte Ensemble unterbricht plötzlich sein Spiel; die kurzen, klagenden Kadenzen des Clavolines erinnern an das sehnsüchtige Streben der Klaviereinleitung, doch wird Sun Ra nun von den dissonant aufheulenden Bläsern überstimmt: aus der »Magic City« führt kein Weg zurück. Das Stück folgt einem sicherlich erratischen Kurs, dessen Leitlinie abstrakt bleibt, sich in einer merkwürdigen Mischung von Emotionen kundtut, und so folgt die Anlage von Sun Ras Gebäude verschiedenster Gefühle und Klänge einem Plan, der im Jazz ohne Vorbild ist: »The Magic City« strebt nach – und erreicht beinahe – Monumentalität.

Die Solisten der frühen Arkestras waren Mainstream-Spieler ihrer Zeit, insbesondere der Tenorsaxophonist John Gilmore mit seinem ungeschliffenen Klang, seiner Hard-Bop-Rhythmik; aber auch der tief expressive Blues von Marshall Allens Altsaxophon in »Ankhnation« und »Blues at Midnight« und das Parker-inspirierte Spiel von Sun Ras Baritonsaxophonspielern hätten ihren Platz in so manchen Hard-Bop-Ensembles finden können. Erstaunlich ist die Wandlung dieser Musiker, als sie sich von der Parker-Tradition lösten, um Free Jazz zu schaffen, der einen völlig persönlichen Ausdruck erfordert, dazu vielleicht einige der Techniken Coltranes und Aylers. Patricks rhythmische Erfindungskraft blüht in seinen Soli in »The Magic City« und »Cosmic Chaos« auf. Allens emanzipiertes Spiel, funkelnd und aggressiv, wurde zum Modell der Stile der Altsaxophon-Section des Arkestras – Danny Thompson, Harry Spencer, Danny Davis. Und da ist natürlich Boykins, dessen Rolle in den Arkestras die wohl anspruchsvollste war – von der Ras einmal abgesehen.

Was gibt es über Sun Ras eigene Improvisationen auf seinen diversen Tasteninstrumenten zu sagen? In »Moon Dance« und »Sun Song« spielt er triviale, plüschige Orgelsoli im Cocktail-Bar-Stil. Sein Klavierspiel gibt sich in einem Stück boppisch, hart perkussiv im nächsten oder deutet er auf raffinierte Weise die Stile Duke Ellingtons oder gar (in »El Is a Sound of Joy«) Herbie Nichols' an. »Nebulae« beginnt als eine Art Weltraum-Cocktail-Celestasolo und bewegt sich dann über rasche Linien zu einer Gegenüberstellung der rechten und der linken Hand (und damit des Celesta- und Klavierklangs) in einem impressionistisch aufgeweichten Cecil-Taylor-Stil. Elektrische Instrumente beherrschten sein Musikdenken in den sechziger Jahren: sein Clavoline und sein Roksichord klingen wie Register einer besonders ausgefallenen elektrischen Orgel. Den Synthesizer spielt er so, als wäre das Instrument eigens für ihn erfunden worden. In »My Brother the Wind« haben die Klänge kaum Toncharakter, lassen eher an einen kalten Wind denken, der über ausgehöhltes Holz bläst; das lange »The Code of Interdependence« ist ein Schaustück für den Synthesizer mit dauernd wechselnden Texturen. Die Synthesizer-Extravaganzen, die ein so typisches Merkmal seiner Auftritte in den siebziger Jahren waren, hatten ihren Prototyp in »Atlantis«, wo er auf einer »Solar Sound Organ« (›Sonnenklangorgel‹) und auf einem »Solar Sound Instrument« (›Sonnenklanginstrument‹) spielte. »Atlantis« beginnt mit einem hypnotisch wiederholten Ton, der sich fast unmerklich zu Akkorden wandelt; der Zauber dieser Einleitung wird vom häßlichsten aller Clavoline-Töne gebrochen. Das sich anschließende weitausholende Solo ist eine furchteinflößende, reich dekorierte Wand elektronischer Klänge, die sich nur allmählich zu dunklen Bläsertexturen, klagenden Saxophonen und dem Weltraumgesang des Arkestra-Chors auflöst.

Seit Mitte der sechziger Jahre hat sich Ra des öfteren wieder dem akustischen Klavier zugewandt. Eine seiner mehreren Klaviersoloplatten ist *Monorails and Satellites, Volume 1*, eine Studie in klanglichen Schattierungen, doch enthalten andere Soloeinspielungen spannungslose Cocktailmusik. Mit dem Arkestra spielt er in »Continuation to Jupiter Festival« auf dem Klavier lebhafte, hart artikulierte Linien und

Cluster. Der Improvisator, der vom Temperament her Sun Ra wohl am nächsten kommt, ist der Vibraphonist Walt Dickerson, den Ra in den Improvisationen der Filmmusik zu *A Patch of Blue* begleitet. Noch aufschlußreicher sind Ras und Dickersons *Visions*; hier spielen beide unbegleitete Fantasien, mal in harten perkussiven Linien, mal in zarten, vieltönigen Dissonanzen. »Space Dance« ist ein wirkliches Duett, in dem beide Spieler in ihren zarten Träumereien genau denselben Gedanken nachhängen; »Constructive Neurons« ist ein langes, nostalgisches Stück, das besonders in Ras Solo eine nachdenkliche und anrührende Qualität gewinnt.

In einem solchen Solo, oder auch in der desillusionierenden Parabel »The Magic City«, scheint Sun Ras Musik nach einem Zustand der Unschuld zu streben, nicht nach naiver Unschuld, sondern eher nach einer *Freiheit* von Schuld – jener Schuld, die auf Gewalt, Grausamkeit, Unmenschlickeit folgt, jener Schuld, an der Sun Ra nicht teilhaben will. »Ich fühlte, daß ich immer das tun sollte, was meine Aufgabe auf diesem Planeten war, ganz egal, ob der Planet das nun zur Kenntnis nahm oder nicht, so daß die Welt nie sagen könnte, ich würde nicht versuchen, meine spirituelle Pflicht zu erfüllen. Wenn die Welt also aus irgendeinem Grund diese Musik nicht gehört hat, so liegt das mit Sicherheit nicht daran, daß ich meine Musik nicht zugänglich mache.«[3] Im letzten Jahrzehnt sind Sun Ra und sein Arkestra tatsächlich wesentlich häufiger gehört worden. Nicht nur haben sie für das Saturn-Label Dutzende weiterer Platten eingespielt, sondern sie haben auch Aufnahmen für andere Plattenfirmen gemacht, und einige ihrer wichtigsten frühen Werke sind mittlerweile wiederveröffentlicht worden. Durch Hinzufügung von Tänzern, flimmernden Disco-Lichtern und manchmal auch Filmen verwandelt das Arkestra seine Auftritte in Multimedia-Ereignisse, und bestenfalls wird das Ganze zu einem großen Zirkusspektakel, bei dem die Musiker durch das Publikum promenieren und dabei singen: »Space is the place! Space is the place!« Eine immer wechselnde Folge von Solisten improvisiert, bevor Sun Ra, in fließende Gewänder gekleidet, seinen Tanz beendet, sich an seine Batterie von Tasteninstrumenten setzt und lange, weit ausschweifende, kontrastreiche, opulente Soli improvisiert. Das Arkestra hat seinem Repertoire Werke Ellingtons, Thelonious Monks und Fletcher Hendersons hinzugefügt; seit einigen Jahren hat es sich in Philadelphia etabliert, von wo aus es seine Reisen in alle Welt antritt.

Die zweite Generation der Free-Jazz-Musiker war nicht regional auf New York beschränkt. Der Altsaxophonist und Flötist Prince Lasha (Lawsha) besuchte – zusammen mit Ornette Coleman – die High School in Fort Worth, Texas; in den sechziger Jahren begann er, in Kalifornien Free-Jazz-Aufnahmen einzuspielen. Einer seiner häufigsten

Partner war der Coleman-beeinflußte Altsaxophonist Sonny Simmons, der oft auch mit der Trompeterin Barbara Donald spielte. Ein anderer Schulfreund Colemans war der Tenorsaxophonist Dewey Redman, der sich in der Gegend von San Francisco niedergelassen hatte, während Colemans Ex-Mitspieler **Bobby Bradford** (der in Dallas, fünfzig Kilometer entfernt von Colemans Heimatstadt, aufgewachsen war) in Los Angeles, wo er nun wohnte, einen weiteren Freund Colemans aus dessen High-School-Zeit kennenlernte: den Holzblasinstrumentalisten **John Carter** (es war Coleman, der die beiden miteinander bekannt machte). Die Free-Jazz-Szene Kaliforniens war freilich klein und weit verstreut, und wenn die gemeinsame Gruppe Carters und Bradfords auch regelmäßig probte, so trat sie doch nur selten öffentlich auf, und erst 1969 spielte sie – als »New Art Jazz Ensemble« – ihre erste Platte ein.

In seinem Alt- und Tenorspiel wie in seinen Kompositionen war Carter eine gemäßigte Variante Ornette Colemans; manche seiner Soli waren ganz im Legato gehalten. In späteren Jahren hat er sich mehr und mehr auf die Klarinette konzentriert, die er seit Ende der siebziger Jahre ausschließlich spielt, und im Zuge einer Hinwendung zu ausgedehnteren Formen bevorzugt er in seinen Kompositionen die zarteren, weniger ausdrucksstarken Klänge von Klarinette, Flöte und Trompete. Die schon erwähnte erste Carter-Bradford-LP enthält ein Solo des Trompeters über »Song for the Unsung«, das Bluesphrasierung, bewundernswerte Vielfalt der Phrasengestaltung und lyrischen Fluß in solch eleganter Ausgewogenheit vereint, daß man mit einigem Recht sagen kann, hier kündige sich eine wichtige Stimme des neuen Jazz an. Spätere Aufnahmen Bradfords haben diesen ersten Eindruck bekräftigt, und Bradfords Meisterschaft beruht im wesentlichen auf zwei Faktoren. Erstens: sein Gespür für organische Formen. Wenn seine Soli auch meist recht ausführlich sind, so fließen seine Linien doch auf elegante und natürliche Weise, und zudem sind seine Soli oft thematisch strukturiert. Zweitens: seine rhythmische Virtuosität, denn Bradford ist unter allen Improvisatoren einer der rhythmisch vitalsten. Sein Spiel wirkt gelegentlich etwas entfernt vom Puls seiner Mitspieler, doch ändert er sein persönliches Tempo nach Belieben, um sich dem der anderen anzupassen, ihm vorauszueilen, ihm hinterherzuhinken, wie er es gerade will, und manchmal von einem Augenblick zum nächsten. Sein Spiel in der aufregenden Kollektivimprovisation »His Majesty Louis [Armstrong]« (1971) ist ein anschauliches Beispiel dieser rhythmischen Flexibilität. In »Love's Dream« (1973) scheint er vor lyrischen Ideen geradezu überzusprudeln. Über das ganze Solo hält er die Spannung durch kurze Phrasen, die zu Linien ausgeweitet werden, die mal hierhin, mal dorthin schießen. Seine Akzente sind so frei gesetzt, daß sein Spiel auf ekstatische Weise befreit wirkt – es ist eine blendende Musik; Bobby Bradfords Musik ist voller Glanz.

7.
Albert Ayler

Alles an Albert Aylers Musik war erstaunlich. Mit Ayler zerschnitt die neue Musik die letzten verbleibenden Bande nicht nur zum Bebop, sondern zur Jazz-Tradition überhaupt. Alle geräuschhaften Exzesse, die man der ersten Welle des Free Jazz vorwarf, zelebrierte er voller Wonne. Er schrie regelrecht in sein Tenorsaxophon, erzeugte Mehrklänge und nahezu unkontrollierte Obertöne, spielte nie einen ›normalen‹ Saxophonton oder klar identifizierbare Tonhöhen. Seine Ensembles improvisierten wirklich mit voller Hingabe, und der Bezug des Spiels eines Musikers zu dem der anderen war rudimentär, wechselhaft – wenn es überhaupt einen Bezug gab. Unter den großen Jazzmusikern war die emotionale Spannweite Aylers vielleicht die beschränkteste: in seiner schöpferischsten Periode wechselte sich rasende Ekstase im schnellsten menschenmöglichen Tempo mit den rührseligsten nur denkbaren Balladen ab – und diese beiden Formen von Hysterie waren der alleinige Gehalt seiner Soli. Er spielte nie swingend, auch nicht im konventionellen Kontext seiner frühesten Aufnahmen; stattdessen gewannen seine schnellsten Soli ihren Schwung durch die kinetische Energie ihrer blitzschnellen Linien. Er umging sozusagen die ganze Jazzgeschichte, um zu musikalischen Haltungen und Ideen zurückzukehren, die der Geburt des Jazz vorausgingen und baute dann seine ganz persönliche Kunst aus ursprünglichen Entdekkungen.

»Es ist spät geworden für die Welt. Und wenn es mir gelingt, Leute zu neuen Ebenen des Friedens und des Verstehens zu erheben, so denke ich, daß mein Leben als spiritueller Künstler lebenswert gewesen ist.«[1] Dies sagte Albert Ayler im Jahr 1966, und kurz darauf fing er an, die primitivste nur denkbare Popmusik zu spielen, komplett mit ärmlichsten Texten. Es war nicht allein sein rätselhafter Tod im Alter von vierunddreißig Jahren, der die Erfüllung seiner Mission verhinderte. Seine Karriere in der neuen Musik währte etwa neun Jahre, und nach fünf Jahren der Innovation verfiel seine Musik schnell und gründlich. Ayler, ein charismatischer Musiker mit einem Ego vom Format eines Armstrong oder Parker, konnte seine Sprache nicht finden, ohne die Tradition des Jazz völlig zu zerstören. Dennoch blieb es anderen überlassen, mit den von ihm entdeckten Mitteln aus den Trümmern seiner Hinterlassenschaft Neues zu gestalten, und ironischerweise tauchten solche fertigen Strukturen gerade auf, als Ayler den Glauben an seine Kunst zu verlieren begann.

Ayler (Jahrgang 1936) verbrachte die ersten einundzwanzig Jahre seines Lebens in Cleveland. Schon früh wurde er von seinem Vater (einem Amateurgeiger und -altsaxophonisten) einer rigorosen musikalischen Schulung unterworfen; als Zweitklässler gab Ayler bereits Altsaxophonkonzerte in seiner Schule. Sonntags spielten Vater und Sohn in der Kirche Saxophonduette; sie gingen gemeinsam zu Jazzkonzerten und hörten sich zu Hause Platten von Swing- und den damals neuen Bebop-Musikern an. Von seinem zehnten Lebensjahr an nahm Ayler sieben Jahre lang Stunden bei einem erfahrenen und weitgereisten Jazzmusiker, der an der Cleveland Academy of Music lehrte, und als er etwa fünfzehn war, spielte er in jungen Jazz- und Rhythm-and-Blues-Bands. Als Anführer des Golf-Teams seiner High School – zu einer Zeit, als die Schulen Clevelands noch weitgehend der Rassentrennung unterworfen waren – war er auch in der lokalen Unterwelt der Zuhälter und Prostituierten kein Unbekannter, und Zeit seines Lebens behielt er eine Vorliebe für die auffällige Kleidung eines Großstadtdandys. Noch als Teenager lernte er als Mitglied der Band von Little Walter die harte, schlecht bezahlte Existenz eines Bluesmusikers kennen. Little Walters Laufbahn weist überraschende Analogien zu der Aylers auf: der immer schick angezogene Walter war ein Innovator des Sounds (auf der Mundharmonika); er war einer der Pioniere des elektrischen Blues; er wurde im Alter von nur siebenunddreißig Jahren ermordet. Für den aus der schwarzen Mittelklasse stammenden jungen Ayler war es jedenfalls eine prägende Erfahrung »mit diesen ganzen wirklich tief verwurzelten Typen unterwegs zu sein«.[2] Seine Beherrschung des Bebop-Stils und des Standard-Repertoires trug ihm in der kleinen Jazzszene Clevelands den Spitznamen »Little Bird« ein. 1958 wurde er zur Armee eingezogen, wechselte zum Tenorsaxophon über und reiste mit einer Militärband quer durch Europa.

Während dieser Armeezeit geschah es, daß Ayler von den Ideen des Free Jazz überwältigt, seine Musik ein für allemal verändert wurde. Er hatte Zeit zu üben, mit anderen Musikern zu jammen, seine neue Musik zu entwickeln; nach seiner Entlassung ging er 1961 nach Kalifornien, wo es ihm wie einst Coleman erging: man lehnte ihn ab. Daraufhin kehrte er nach Cleveland zurück und schockierte seine frü-

heren Freunde mit seinem massiven Ton, seinen klanglichen Extremen, seiner Weigerung, sich an Akkordschemata zu halten. »Die Musik war in meinem Kopf noch nicht ganz ausformuliert. Ich spielte sie, aber sie nahm erst langsam Gestalt an ...«[3] Dann trieb er sich in Europa herum, fand jedoch kaum Gelegenheit, seine persönliche Musik zu spielen, wenn er auch von einigen so verschiedenen etablierten Musikern wie Sonny Rollins, Don Byas und Erroll Garner ermutigt wurde. Nur manchmal konnte er wirklich aus sich herausgehen, so, als er mit Don Cherry und dem Bassisten Henry Grimes spielte, als die beiden mit Rollins auf Tournee waren, und gelegentlich erschien Ayler als viertes (und unbezahltes) Mitglied der Gruppe Cecil Taylors.

Im Oktober 1962 machte er eine Privataufnahme, die ebenso erstaunlich wie bizarr ist. Sein riesiger Tenorsound ist voller Resonanz, voller Spaltklänge, Obertöne, pervertierter R&B-Techniken; seine Intonation ist derart ungenau, daß die von ihm gespielten Themen (»I'll Remember April«, Miles Davis' »Tune Up«, Rollins' »No Moe«) allein durch ihre rhythmischen Konfigurationen kenntlich sind – sicherlich aber nicht durch ihre melodische Gestalt. Seine zerrissenen Phrasen sind kurz, grob und Bebop-artig. Doch schon seine nächste, nur drei Monate später eingespielte Aufnahme, zeigt einen viel klarer ausgebildeten Stil: *My Name is Albert Ayler*, ein Mitschnitt des Dänischen Rundfunks vom Januar 1963.

Dieses faszinierende Programm enthält sein einziges durch eine Aufnahme dokumentiertes Sopransaxophonsolo (»Bye Bye Blackbird«) und einen zwölftaktigen Blues Charlie Parkers (»Billie's Bounce«). Das windungsreiche »C. T.« ist ein themenloses freies Stück ohne vorgegebene rhythmische oder harmonische Strukturen. In »Green Dolphin Street« scheinen zwei gegensätzliche Kräfte an ihm zu zerren: sein Solo enthält zwei verschiedene, simultan ablaufende Soli. Eines dieser Soli ist »inside«, hält sich an die einschmeichelnden Harmoniefolgen (Ayler folgt penibel Kadenzabläufen, Choruslängen, bewegt sich aus freien Passagen immer wieder zurück zur Tonalität); das andere Solo aber ist »outside«: »outside« durch seinen Sound (abwechselnd mächtig, blökend, verwaschen oder weinerlich und nörgelnd), durch seine Phrasierung (schnell, arhythmisch, aufwärts kreisend wie Feuerwerkskörper, aus denen weitere Raketen herausschießen). Unzweifelhaft hört man aus diesen Stücken heraus, daß Aylers Musik sich in einer schweren Krise befindet; »Summertime«, das letzte Stück der Platte, stellt sich dieser Krise und wird in seinem Balanceakt zwischen konventioneller Form und Aylers neuen Klangideen, sei-

Albert Ayler

ner schwebenden Harmonik, zu einem langen, tragischen Meisterwerk.

In »Summertime« werden die Rhythmen des Lebens zum Steigen und Fallen dynamischer Strukturen. Das Stück besteht aus einer Kette viertaktiger Phrasen, die mit vollen, emphatischen Tönen ansetzen, um dann nach und nach leiser zu werden, bis die Linien schließlich kaum noch hörbar in entfernten, unsteten Tonalitäten verebben. Aylers Vibrato ist weit, fast unkontrolliert in den mächtigen Tönen, mit denen er seine Phrasen eröffnet; er verzieht die darauf folgenden Töne, trübt sie ein, bis das gebrochene Ende der Phrase erreicht ist. Auf diese Weise wird jede direkte Aussage – wie der melodische Auftakt einer Phrase – durch einen nachträglichen Gedanken in Frage gestellt, der dann wiederum weitere Nachgedanken nach sich zieht. Im weiteren Verlauf von »Summertime« zeigt sich Aylers Spiel am variantenreichsten in den verlöschenden Endungen der viertaktigen Zyklen – dort, wo sich die Harmonik allmählich auflöst. Hier ist sein Timing stets präzise, auch wenn er verzogene, kaum erkennbare Klänge spielt, wenn lange Töne in gebundene Tonketten übergehen oder wenn sein Vibrato sich so extrem weitet, daß die Tonhöhen verschwimmen. Sein Spiel ist zu extravagant, als daß ein konventioneller Höhepunkt denkbar wäre, doch haben die Klangbögen, die zur Schlußkadenz führen, tatsächlich abschließende Funktion: danach gibt es, an Stelle eines harmonisierenden Schlusses, nur ein letztes Verlöschen der schluchzenden Klänge.

Die stilistische Krise von *My Name is Albert Ayler* mag ihre Ursache in erster Linie in der Tatsche haben, daß sich Ayler hier einer Bebop-orientierten Rhythmusgruppe anpassen mußte. Ursprünglich hatte er beabsichtigt, sich bei diesem Rundfunkmitschnitt von der Gruppe Cecil Taylors begleiten zu lassen, doch stand diese am fraglichen Tag nicht zur Verfügung, und so mußte Ayler auf drei dänische Musiker zurückgreifen. Doch was immer die Gründe waren: in »Summertime« erzeugten die inneren Konflikte seiner Kunst ein Meisterwerk emotionaler Komplexität, dem keines seiner späteren Stücke gleichkommen würde.

Doch dann fügte sich Aylers Musik zu einem eindrucksvollen Ganzen: 1963 kehrte er nach Amerika zurück, wo die zweite Generation der Free Jazzer gerade von sich hören machte. Daheim in Cleveland traf er den Bassisten Earle Henderson und den Trompeter Norman Howard, dessen Übungsraum der Treffpunkt der wenigen Avantgardemusiker der Stadt war. Ayler zog nach New York, spielte gelegentlich mit Cecil Taylor und anderen, und der charakteristische, wüste, erstaunliche Albert-Ayler-Stil ist dann erstmals auf der LP *Witches and Devils* zu hören, die im Februar 1964, also dreizehn Monate nach den dänischen Radioaufnahmen, eingespielt wurde. Seine Mitspieler sind

Howard, Henderson, der Schlagzeuger Sunny Murray, den er aus Cecil Taylors Gruppe kannte, sowie, wechselweise mit Henderson, der geniale Bassist Henry Grimes. Grölende Bläser, in langen Notenwerten und mit riesigem Vibrato, illustrieren das falsche Pathos des Themas von »Witches and Devils« (des Titels, bei dem beide Bassisten spielen); dieses Stück ist, wie auch »Saints«, in langsamem Tempo und im Rubato gehalten. So exzentrisch wie die Gefühlswelt dieser Stücke ist ihre Absage an herkömmliche Vorstellungen musikalischen Zusammenspiels: jeder Spieler ist ganz seinen eigenen Klängen verpflichtet, reagiert vielleicht gelegentlich auf die der anderen, ohne aber jemals die Linien eines der anderen Musiker zu unterstützen. Howards Spiel ist Ayler-orientiert: er überträgt Aylers verwischte, nur angedeutete Linien, sein langsames, weites Vibrato, auf die Trompete, und seine Texturen haben nur wenig mit den lyrischen Klängen eines Don Cherry, Bill Dixon oder Bobby Bradford gemein. Sunny Murray ist der unabhängigste Spieler des Ensembles: nur selten kommen seine Snare-Drum-Akzente, seine Beckenrhythmen mit den Rufen und Antworten Aylers zusammen, und sein Spiel ist im Wesen diskontinuierlich.

Zwei der Titel werden in aberwitzig schnellem Tempo, gespielt: »Spirits« und »Holy Holy«.* In diesem Tempo, zudem ohne jegliches tonale Zentrum, gibt Ayler den letzten Anschein auf, er würde »Töne« auf dem Saxophon spielen. Stattdessen plärrt er eine kontinuierliche Klanglinie heraus, die oft in die höchsten oder tiefsten Register des Instruments überschlägt, in Spasmen von Mehrklängen und Obertönen. Die Differenzierung seiner Phrasen ist hier noch deutlicher als auf späteren Aufnahmen, so daß die Logik seines Spiels für den Hörer nachvollziehbar ist: seine Phrasengestalten sind im Fluß begriffen, sind manchmal kontrastierend, deuten auch gelegentlich thematische Improvisation an: Albert Aylers Musik ist nicht bloß eine Folge exzentrischer Klänge in irrwitzigem Tempo – Albert Ayler *spielt* wirklich so schnell, *denkt* so schnell.

Witches and Devil war die erste Platte jenes Jahres in Albert Aylers Laufbahn, das am besten durch Aufnahmen dokumentiert ist. Im März wandte er seinen eigenartig-unsteten Saxophonklang auf eine Folge von Spirituals an, die er offenbar so schmucklos wie möglich zu spielen bemüht ist. Auf seinen übrigen Aufnahmen des Jahres 1964 – den Trioeinspielungen vom Sommer, der kollektiven Jam Session, den zwei Platten von seiner Europatournee – spielt er mit Sunny Murray und dem Bassisten Gary Peacock und arbeitet weiterhin mit jenen musikalischen Charakteren, die er auf *Witches and Devils* exponiert hatte: pa-

* Ayler ging mit den Titeln seiner Stücke recht sorglos um. Einige seiner Stücke wurden bei späteren Aufnahmen neu benannt; andererseits verwendet er manche Titel mehrfach für verschiedene Stücke.

thetisch-sentimentale Klagegesänge und rasend schnelle Stücke. Seine Themen sind unweigerlich diatonische, meist in Dreiklangharmonien: »Wir spielen Folklore aus der ganzen Welt ... sehr, sehr alte Melodien, weißt du, Melodien sogar aus der Zeit vor meiner Geburt kommen mir einfach in den Sinn.«[4] Europäische Kinderlieder aus dem neunzehnten Jahrhundert scheinen »Ghosts« und den meisten anderen Stücken zugrundezuliegen.

Diese schnellen Stücke werden alle im gleichen Tempo gespielt – im schnellsten nur möglichen Tempo –, sie machen etwa drei Viertel seines Repertoires aus. Sie beginnen mit den in mittlerem Tempo dargebotenen Themen, und dann schließen sich die Improvisationen an, schneller und schneller, wie ein Seifenkistenrenner von Kindern, der einen Berg hinunter rast. Schon bald birst Ayler vor Energie, sein Saxophon vor dröhnenden Klängen, während Murrays Figuren implizit Aylers Tempo folgen. Peacocks Linien sind unterbrochen, mal »richtig« intoniert (anders als die des Tenoristen) und im Metrum, mal nicht. Zum ersten Mal in der Jazzgeschichte ist Chaos zur Prämisse eines Ensembles geworden. Es ist schließlich unmöglich für eine Rhythmusgruppe, Aylers Rubato-Klagegesänge oder seine manisch schnellen Tempi auf herkömmliche Art und Weise zu begleiten; was ein Bassist und ein Schlagzeuger in der gegebenen Situation tun *können*, ist, eine allgemeine Atmosphäre zu erzeugen und auf die Vorgaben Aylers zu antworten. Da die drei Musiker also weitgehend unabhängig voneinander agieren, wird der Ensemblesound als solcher zum entscheidenden Faktor. Zwischen der brutalen Rohheit des Tenorsaxophons und der schmetterlingsgleichen Leichtigkeit von Murrays Schlagzeug steht die Baßlinie, frei im Rhythmus, atonal, auf irreguläre Weise mit den Linien der beiden anderen verzahnt. Gelegentlich viertelt oder halbiert Peacock das Tempo oder löst es ganz auf, denn er ist von den drei Spielern der Selbständigste, doch sind seine Linien stets kohärent, verleihen dem Ensembleklang Dichte.

Sunny Murray verdient besondere Aufmerksamkeit, sind doch seine Neuerungen in mancher Hinsicht nicht weniger bedeutend als die Aylers. Man erinnere sich, daß die Schlagzeuger des Hard Bop aus dem Hintergrund hervortraten und, wie die Lead-Instrumente, musikalische Linien schufen, daß Edward Blackwells intuitive Interaktion mit Ornette Coleman einen Fortschritt gegenüber dieser Hard-Bop-Polyphonie darstellte, daß Tony Williams und Elvin Jones dann die Rolle des Schlagzeugers innerhalb des Jazzensembles bis zum Äußersten beanspruchten. Sunny Murray (1937 in Idabel, Oklahoma geboren) hatte seit 1956 in New York mit Dixieland- und Bebop-Musikern gespielt. In Cecil Taylors *Into the Hot* (1961) sind Aufrechterhaltung von Tempo und Metrum nur noch sekundäre Funktionen für ihn, die er allein mit der Hihat ausführt. Im nächsten Jahr, als er mit Taylor in

Kopenhagen war, gab er das Timekeeping gänzlich auf, in Übereinstimmung mit den sich überstürzenden, unmetrischen Phrasen des Pianisten. Murrays Stil beruhte nun allein auf seinem Wechselspiel (auf Becken und Snare Drum) mit den Melodieinstrumenten, und mit dieser Auflösung der traditionellen metrischen Funktion befreite Murray das Jazzschlagzeugspiel – ein Emanzipationsprozeß, an dem zur gleichen Zeit auch Milford Graves und Rashied Ali arbeiteten. Murrays Spiel mit Ayler (das mit *Witches and Devils*) beginnt) übertrifft in Differenzierung und Komplexität das in der Gruppe Taylors Erreichte.

Wie spielt ein völlig emanzipierter Drummer? Er tritt mit den Solisten in Wechselwirkung, tut dies auf dem hohen Niveau eines Elvin Jones, ohne aber dessen unruhiges Timekeeping zu übernehmen. Oder aber er spielt Repliken auf die Linien der Bläser, die aber so dicht und verwickelt sind, daß sie die Musik in eine ganz andere Richtung lenken. Oder er kreiert reinen Klang, schafft so ein wesentliches Element der Gruppenatmosphäre, ohne die Musik rhythmisch anzutreiben. Sein Spiel kann von Passage zu Passage jede dieser Funktionen übernehmen. Ob es aber nun rhythmisch, polyrhythmisch oder arhythmisch ist: es zeugt immer von großer Meisterschaft, auch wenn es gelegentlich simpel anmutet. Sein Ziel ist impulsive Abstraktion, Abkehr von nur oberflächlichen Klangbeziehungen, auch wenn sich sein Spiel oft mit dem roten Faden des musikalischen Geschehens trifft. Murray verfolgt also eine Politik der Mystifikation – Hand in Hand mit dem Mystizismus Aylers.

In Gegensatz zu den meist lauten Schlagzeugern dieser Zeit arbeitete Murray mit fein abgestuften dynamischen Kontrasten, spielte oft mit Besen oder gar mit Stricknadeln: »Ich habe sechs Jahre mit Cecil gespielt, habe nie laut gespielt, weil Cecil anfangs nicht wirklich laut spielte ...«.[5] Zudem hat Murray immer auf einem normalen oder gar auf ein Minimum von Trommeln und Becken reduzierten Schlagzeugset gespielt; er brauchte keine exotischen Perkussionsinstrumente, keine große Anzahl zusätzlicher Becken. Er *schlägt* die Trommeln nicht; sein Spiel bewegt sich vielmehr in Impulsen und Wellen, die, auch wenn sie sich polyrhythmisch verdichten, doch den Hörer nie klanglich überwältigen. Er hat den zartesten »Touch« aller Schlagzeuger, und vielleicht ist das der Grund dafür, daß sein Spiel neben dem riesigen Tenorsound Aylers nur selten gut aufgezeichnet wurde. In Aylers Stücken beginnen Murrays Linien charakteristischerweise in arhythmischer Ruhe, wachsen dann wellenartig an; dann entstehen Flutwellen klanglicher oder polyrhythmischer Dichte, mit denen Murray auf Veränderungen in den Bläserlinien reagiert; seine abstrakten Klangströme kulminieren dann oft in einem schnellem, gleichmäßigem Klopfen auf der Snare Drum, das aber keine tempomarkierende Funktion hat.

Nicht nur, daß Sunny Murray und Albert Ayler sich nicht an Taktstriche hielten: sie schafften sie ein für allemal ab. Das Fehlen eines Metrums ist wesentlich für Aylers Stil. Daraus ergibt sich für die einzelnen Spieler eine Freiheit des Tempos: sie spielen gleichzeitig, ohne sich aber auf eine Geschwindigkeit zu einigen, oder aber sie vervielfachen oder teilen das Tempo der anderen Musiker. Da Aylers Musik der natürlichen Spannung eines Metrums entbehrt, sind seine Saxophonschreie ekstatisch, und es ist der Sound seines Tenorsaxophons, der sein Publikum am heftigsten begeisterte oder schockierte. Nie gab es vor- oder nachher im Jazz derart nackte Aggression, nie hatte jemand aus rohem, exzentrischem Saxophongeheul eine ganze musikalische Welt erschaffen. Junge Musiker, die gerade erst mit ihrem Instrument vertraut werden, erzeugen zuweilen anomale Klänge, und sie werden dazu erzogen, solche Klänge aus ihrem Spiel zu eliminieren. Ayler aber spielte bewußt nur in solchen »Geräuschen«: von lauten, tiefen, nebelhornartigen Tönen über Mehrklänge im mittleren Register bis zu langem, hohem Obertonquietschen. Er verwendete auf seinem Instrument das härteste käufliche Plastikblättchen; er überblies ständig und regelte die Tonhöhe mit seinem Ansatz, so daß seine außerordentliche Kontrolle über seine Gesichtsmuskulatur weitgehend die herkömmliche Fingertechnik des Saxophons ersetzte.

Eine Inspiration für Ayler war die Art, wie Sidney Bechet mit seinem großen, vibratoreichen Sopransaxophonsound den Klang ganzer Dixielandensembles beherrschte: »Es hat mir viel geholfen, zu erleben, daß ein Mensch einen derartigen Ton kriegen konnte. Es war hypnotisierend – seine Stärke, die Stärke seines Vibratos ... er repräsentierte den wahren Geist, die ganze Kraft des Lebens ...«. Und: »Man muß seinen Sound purifizieren und kristallin machen, um hypnotisieren zu können«.[1] Mit diesem Minimum melodischer und rhythmischer Bezugspunkte wird allein der Sound zu Aylers ganzem Ausdruck. Donald Ayler, Alberts trompetespielender Bruder, sagte: »... versuche, deine Vorstellungskraft auf den Sound zu richten. Es geht darum, dem Sound zu folgen ... die Tonhöhen, die Farben, du mußt zugucken, wie sie sich bewegen«.[1]

Albert Aylers Tenorsoli verzichten gänzlich auf Subtilität und differenzierte Emotionen, sondern folgen allein seinem wilden Streben nach Ekstase, einem Streben, das schon an den Ursprüngen der Musik stand, als die Menschheit erst die primitivsten Arten der Klangerzeugung entdeckt hatte. Im Laufe des Jahres 1964 wandte er sich mehr und mehr den extrem hohen und tiefen Lagen seines Instruments zu. Viele Soli bestehen allein aus Obertonschreien, die nur für kontrastierende tiefe Huptöne unterbrochen werden; kaum wahrnehmbare Atempausen sind die einzigen Zäsuren in seinen blitzschnellen Linien. Es ist diese Art von Spiel, auf die die Ästhetik der »Energy Music« der mittsechziger Jahre aufbaute; der Wert der Musik bestimmt sich aus der Leidenschaft, mit der man so schnell und in solchen Sounds spielt. Es ist eine exaltierte Musik, besonders, wenn mehrere Spieler in das wilde Geschnatter einstimmen, und Aylers eigene Energiemusik hat auch jenseits ihrer kraftvollen Unmittelbarkeit ihren immanenten Wert. Seine nur ungefähren, ungenauen Tonhöhen variieren und karikieren mitten in der Improvisation die Melodik der Themen. Und seine Improvisationen kommen in Schüben, die sich nicht durch ihre melodischen Qualitäten unterscheiden, sondern durch ihre Dauer, ihren Umfang, ihren Klangcharakter. In den Trio-Einspielungen gehorchen seine Soli oft einer Art akustischen goldenen Schnitts: nach irregulären Linien im mittleren und hohen Register spielt er nach etwa sechzig Prozent der Solodauer einige durch Pausen voneinander getrennte Huptöne im tiefen Register, die sich scharf von den darauf folgenden aufsteigenden Quietschern absetzen, die dann ihrerseits in irregulären Phrasen verenden; nach neunzig Prozent der Solozeit tauchen wieder die Huptöne auf, denen dann eine strettaartige Schlußsteigerung folgt, die auch eine letzte entstellte Variante des Themas enthält.

Unter den Trioaufnahmen finden sich einige seiner bedeutendsten Einspielungen, darunter (auf ESP 3030) »Ghosts, Second Variation« (das de facto mit »Spirits« identisch ist) sowie (ebenfalls auf ESP 3030) »Wizard«. In der auf ESP 1002 festgehaltenen Version von »Ghosts: Second Variation« hört man Aylers düstere Demontage des Themas und zentrale Passagen, die aus einer Sturmflut »unbekannter« Tonhöhen, dröhnender Klänge und schroff aufsteigender Phrasen bestehen. Die Leidenschaft und die krasse innere Unordnung dieser Katharsis konstituieren die eindringlichsten Momente in der Laufbahn dieses heftigsten aller Musiker. Noch mehr als in den sentimentalen langsamen Stücken zeigt sich in den schnellen Titeln eine erschreckende Melancholie, die trotz Aylers starkem Ego, trotz seinem extrovertierten Wesen, stets in seiner Musik mitschwingt. Gequälte Sehnsucht spricht aus den aufsteigenden langen Linien, die in fast jedem Stück durch vokalisierte Klänge, Spaltklänge, hilflose Klangeruptionen zertrümmert werden. Hier kommen Hamlet-gleiche Konflikte zum Ausdruck, heftiger noch als die des legendären Prinzen, da Ayler inmitten des unbegreiflichen Chaos' eines noch mehr enttäuschten und verratenen Zeitalters lebte und sich seinen einsamen Idealismus trotz der sicheren Ablehnung seiner Mitmenschen bewahrte.

»Al war trotz seines Charismas und all dem in Wirklichkeit doch ein trauriger Mensch«, sagte sein Kollege Charles Tyler. »Die alte, überlieferte Religiosität war es, die seine Traurigkeit verursachte; sie steckte in seiner Musik.«[2] Tatsächlich nimmt Aylers Spiel oft den Charakter einer Predigt an, wenn man daran denkt, wie die erhobene Stimme, der Sprechgesang mancher Prediger in unbestimmte oder atonale musikalische Linien überzugehen neigen. Offenbar sind die Parallelen zum Gottesdienst in den langsamen Stücken Aylers, angefangen bei seinem von der afroamerikanischen Kirchenmusik inspirierten Saxophonvibrato (und Aylers vokalisierte Klänge sind ein gebräuchliches Stilmittel vieler Gospel-Saxophonsolisten). Ein »Spirits« betitelter Klagegesang (der nicht mit dem früheren »Spirits« identisch ist) erweist sich als eindrucksvoll-groteske Struktur, deren thematischer Schluß einen für Ayler ungewöhnlichen erhebenden Charakter hat. »Prophecy« ist eine Pyramidenstruktur mit Lautstärkekontrasten, die nicht weniger heftig sind als die von »Summertime«. Zunächst gibt es dynamische und rhythmische Kontraste innerhalb der Phrasen; dann weiten sich diese Kontraste auf aufeinanderfolgende Phrasen aus; schnelle Passagen kommen dazu und beherrschen nach und nach das musikalische Geschehen, suggerieren ein rasches Tempo. Aylers auf das Baßsolo folgende zweite Improvisation läßt die schnellen Phrasen dann allmählich wieder in den Hintergrund treten, bis das Ausgangstempo erreicht ist. Nur oberflächlich ist dies eine klangliche Nachbildung des Wechselspiels zwischen Prediger und Gemeinde: die Tragik, die Ayler in den Extremen von »Prophecy« heraufbeschwört, kennt keine Alternative, läßt keine Erlösung zu.

Gegen Mitte 1964 – dreieinhalb Jahre nach Colemans *Free Jazz*, fast ein Jahr vor Coltranes *Ascension* – vereinigte sich das Trio Aylers mit Don Cherry (Trompete), John Tchicai (Altsaxophon) und Roswell Rudd (Posaune) zu einer freien Jam Session, die später als Musik für den Film *New York Eye and Ear Control* verwendet wurde. Erreichte diese Gruppenimprovisation auch nicht den Ruhm der Colemans oder Coltranes, so ist sie diesen doch in mancher Hinsicht überlegen, insbesondere durch ihre Offenheit – des Tempos (oft langsam, aber meistens schnell), der Gruppendichte (die Musiker setzen nach Belieben ein oder aus), der linearen Bewegung. Durch seinen großen Sound und sein überlegenes Formempfinden wird Ayler meist zum Motor des Geschehens; Tchicais störrisch distanzierts Spiel widersetzt sich dieser Dominanz. Die hier erreichte Spontaneität ist ein Präzedenzfall für das informelle freie Gruppenspiel der kommenden Jahre.

Cherry schloß sich in diesem Jahr mehrfach der Gruppe Aylers an, und gegen Ende des Sommers ergänzte er für eine Europatournee das Ensemble zum Quartett. Auf der in Kopenhagen aufgenommenen LP macht sich Cherry einige stilistische Züge zu eigen – nie vorher, nie nachher hat er so schnell so viele Töne gespielt –, doch ist er mehr als eine bloße Ergänzung von Aylers Ego. So wie er das Spiel Rollins' durch seine Phrasen kommentierte, so neigt er auch in Aylers Gruppe dazu, die musikalischen Strukturen aufzulockern. Seine kurzen klanglichen Interpunktionen, seine Beiträge zu Gruppenimprovisationen, seine durchbrochenen Phrasen verleihen der Musik eine intime, sympathische, wiedererkennbare Emotionalität, ganz im Gegensatz zu Aylers heftigen Extravaganzen. Die melodische Schönheit seiner langen, anmutigen Töne in der in Hilversum aufgenommenen Version von »Angels« ist nicht weniger intensiv in ihrem Ausdruck als Aylers Überdehnungen von Klangfarbe und Umfang es sind. Im langsamen »Mothers« führen Ayler und Cherry vor, wie sie aus ihren Divergenzen Einheit schaffen können. Die viktorianische Sentimentalität des zitternden Tenorsaxophonvibratos ist aufrichtig gefühlt, klangliches Gegenstück einer verstaubten Lithographie einer altmodischen Rührszene. Cherrys darauffolgendes Solo, aus reinen Tönen gestaltet, ist überwiegend schwermütig, bekräftigt die sehnsüchtige Lyrik des Themas, jedoch ohne die klanglichen Grotesken Aylers; nachdem Ayler wieder eingesetzt hat, kommt ein Mittelteil, in dem sich Cherrys tiefe Töne zu einem hellen, bewegten Trompeteninterludium aufschwingen – gegen die feisten, pompösen Töne des Tenorsaxophons. Selbstmitleid scheint nicht gerade die geeignete Triebfeder für ein Stück großer Jazzmusik zu sein, und dennoch ist »Mothers« eines der besten Werke Aylers.

Nach ihrer Rückkehr nach Amerika gingen Ayler und Cherry noch einmal gemeinsam ins Studio: für die Aufnahmen von Sunny Murrays *Sunny's Time Now.* In »Virtue« improvisieren Tenorsaxophon und Trompete gegen den heftigen Klangstrom Murrays und gegen zwei polternde Bässe an, und ein intensives Gedicht LeRoi Jones' (»We want poems that kill« – ›Wir wollen Gedichte, die töten‹) wird von aufgeregtem Getrommel und freien, ametrischen Gruppenstrukturen beantwortet. Ausnahmsweise ist Ayler auf dieser Aufnahme einmal nicht die dominierende Figur, und nur in den Kollektivimprovisationen von »Justice« kommt er richtig aus sich heraus, respondiert mit kurzen, heftigen Klangsplittern auf Cherrys längere Linien.

Schon als das Ayler-Quartett 1964 auf Europatournee war, plante Albert musikalische Veränderungen. Auf sein Drängen hin wechselte sein jüngerer Bruder Donald vom Altsaxophon zur Trompete über und begann, zusammen mit dem Altisten Charles Tyler, in Cleveland Alberts Musik einzustudieren. Diese beiden waren dann, neben Murray und einem oder zwei Bassisten, Albert Aylers Mitspieler des Jahres 1965. Themenmaterial gewann nun eine neue Bedeutung in Aylers Musik, weniger als Grundlage für Improvisationen, sondern eher als zusätzlicher Aspekt, der manchmal die Hälfte der Dauer seine Stücke bestimmen konnte, oder gar ganze Titel (so wie im in Paris aufgenommenen »Holy Family«). Die Themen, die Ayler komponiert, sind einfacher, archaischer denn je. Das erste Thema seines »Spirits Rejoice« ist eine Art »Marseillaise« mit einem »Maryland My Maryland«-Zwischenteil; weitere Themen sind ein Fanfarenmotiv und, um die Soli voneinander abzugrenzen, eine repetierte Figur aus Aylers »Truth Is Marching

In«. Das erste der drei »Truth Is Marching In«-Themen ist nun wiederum eine Stephen-Foster-Imitation, »Omega« eine Karikatur eines Weihnachtslieds; »Dancing Flowers« ist nicht weniger geziert als McDowells »To a Wild Rose«, aus dem es auch ein Motiv plagiiert; »Our Prayer« ist ein amerikanischer Thanksgiving-Hymnus, der von den Aylers wie ein Beethoven'sches Finale vorgetragen wird. Und so fort.

All diese und andere Originalkompositionen der Ayler-Brüder werden ganz schlicht und einfach dargeboten: nie gibt es auch nur eine Andeutung von Satire; der Zuhörer wird vielmehr in den Bann des intensiven und leidenschaftlichen Gruppenspiels gezogen. »Reminiszenzen an die Marching Bands von New Orleans«, »wie die Heilsarmee auf einem LSD-Trip«, »die Musik mitteleuropäischer Feuerwehrorchester«, so drückten es drei Kritiker aus, wie Kritiker überhaupt einfallsreich darin waren, Vorbilder für das Spiel der Aylers zu finden. Ayler selbst sagte, er habe es gerne, »wenn verschiedene einfache Melodien in einem Stück ein- und ausgehen. Von einfacher Melodik zu komplizierten Texturen, zurück zur Einfachheit und dann wieder zu dichteren, komplexeren Klängen.«[1] Unter diesen dichteren und komplexeren Klängen ist ein kratziger Klang, wie der Angriff eines überdimensionalen Moskitos: es ist Donald Ayler, der die Trompete in einem kleinen Register weniger ungenau intonierter Töne spielt, und jedes rauhe Summen währt genauso lange, wie der Atem es erlaubt. Tylers kleine Soli werden wild, primitiv, mit kurzen, innerlich vielfältig gestalteten Phrasen. In den Stücken dieser Gruppe werden die schnellen Soli fast statisch: sie sind zu kurz, zu schlecht aufgenommen, als daß sie viel mehr als die Sonorität und den Ambitus scheinbar beinahe ungebrochener Spasmen vermitteln könnten. Freilich gibt es auch Soli – wie das Donald Aylers in »D. C.« –, die deutlich machen, daß es in den Improvisationen dieser Musiker durchaus Logik gibt.

Ein typisches Stück der Ayler-Gruppe bietet sich nun also wie folgt dar: erst eine Reihe von Themen, darunter ein langsames und sentimentales, das von Albert auf dem Tenor gespielt wird; dann eine kurze Runde von Soli, ein kurze, rücksichtslose Kollektivimprovisation und schließlich eine Reprise der schnellen Themen. So ist das originale »Bells« aufgebaut, ebenso die Lörrach-Version von »Bells«, »Spirits Rejoice«, »Truth Is Marching In«, und so weiter; die Stücke sind ununterbrochene Potpourris. Daneben gibt es natürlich auch kürzere Stücke mit nur einem Thema, so wie die auf *Love Cry*. Die Musik der Gruppen der Ayler-Brüder ist wechselweise gutgelaunt-harmlos und aufregend, während die schmerzlicheren Aspekte von Albert Aylers Musik – besonders jene dunkle Melancholie, die in Tragik umschlagen konnte – in den Hintergrund treten. Eines der kürzeren Stücke von 1965 ist ein neues »Angels«, in dem Call Cobbs' ornamentales Cembalospiel ein Tenorsolo Aylers begleitet, das von schmerzlicher Sehnsucht nach alten Großmütterchen, die Apfelkuchen backen und im Stillen vor sich hin furzen, nur so zu bersten scheint; das Vibrato des Tenorsaxophons und die klotzigen Töne des Themas mit ihren kleinen hinterhergeschleiften Umspielungen sind von einem schwerfälligen Charme.

Die Konzertmitschnitte Aylers von Ende des Jahres 1966 sind besonders interessant. Michel Sampson, ein Dämon von einem Geiger, ist an die Stelle Charles Tylers getreten und fiedelt wilde Doppelgriffolgen in Kollektivimprovistationen, ergänzt Aylers neue Klangwelt mit Kirchenharmonien und hektischen, verwickelten Klanggebilden. Nie klang Aylers Musik großartiger, prachtvoller, verstiegener. Seine Ziele waren ohnehin übermenschlicher Natur, und so war die Ausgefallenheit und Einmaligkeit seines Stils schlichte Notwendigkeit. Seinem Publikum teilte er mit: »Die einzige Art und Weise, auf die ich Gott für seine ewigwährende Schöpfung danken kann, ist, ihm eine Musik darzubieten, die von einer Schönheit lebt, die noch niemand vorher verstanden hat ... Unsere Musik ist ein einziges langes Gebet, eine Botschaft, die von Gott kommt ...«[7] Was ist das Neue an dieser Schönheit? »...Wie bei Coltrane, so geht es auch in meinem Spiel um die Schönheit, die nach all den Spannungen und Ängsten kommen wird. Es geht um die Aufschreie nach einem Krieg; ich meine jene Aufschreie der Liebe, die schon in den Jungen sind und die ans Tageslicht kommen werden, wenn die Menschen, die nach Freiheit streben, spirituelle Freiheit erreichen werden.«[8] Solche Offenbarungen waren allerdings keineswegs allen Hörern verständlich. Im Laufe der Tournee von 1966 nahm die Ayler-Gruppe in den Studios der BBC eine Fernsehshow auf, angeblich eine dreißigminütige Improvisation über »Ghosts«. Die völlig entsetzten Redakteure des Senders aber weigerten sich, diese Aufzeichnung auszustrahlen und zerstörten das Videoband.

Viele hervorragende Free-Jazz-Musiker gingen durch die Schule der Ayler-Gruppen. Unter Aylers bemerkenswerten Schlagzeugern waren Sunny Murray, Ronald Shannon Jackson, Milford Graves und Beaver Harris, ein alter Freund aus seiner Armeezeit; Baß spielten unter anderem Gary Peacock, Henry Grimes, Lewis Worell und Alan Silva. Es stimmt freilich, daß seine Musik nach 1966 allmählich an Elan verlor. Zum einen spielte er während des ganzen Village-Theater-Konzerts vom Februar 1967 und ebenso auf *Love Cry* nicht das Tenor-, sondern nur Altsaxophon. Das Ergebnis dieses Wechsels ist, daß sein Spiel nun, ungeachtet seiner Anstrengungen, weniger Resonanz hat, weniger Farbenreichtum; hinzu kommt der Verlust des tiefen Tenor-Registers. »For John Coltrane« spielt er in einem fast konventionellen Altsaxophonton, und dadurch verliert sein Spiel einen guten Teil seiner Ausdruckskraft. »For John Coltrane« ist, davon einmal abgesehen, ein interessantes Stück, in dem Aylers Spiel vom dissonanten, scharf tönenden Klangstrom eines improvisierenden Streichquartetts umgeben wird. Alan Silva spielt auf dem Kontrabaß eine violingleiche Stimme, während Joel Freedman ein tiefes, schwermütiges Cellosolo spielt; zur Abwechslung ist Albert Ayler hier einmal der am wenigsten radikale Musiker eines Ensembles.

Aylers Wechsel vom Tenor- zum Altinstrument ist das erste auf Platte dokumentierte Symptom einer Unzufriedenheit mit seiner Musik. Bis zu diesem Punkt hatte sich seine Kunst schnell und beständig fortentwickelt, wovon man sich durch das Hören der ersten acht Aufnahmen (1964–66) von »Ghosts«, seinem beliebtesten Stück, in chronologischer Reihenfolge überzeugen kann. Man vergleiche die erschütternde Leidenschaft der Version auf ESP 1002 mit der jubelnd-exaltierten Stimmung der Lörracher Fassung (unter dem falschen Titel »Spirits«), in der die neue Schönheit Aylers von Tenorsaxophon, Trompete und Violine gepriesen wird. Es ist richtig, daß Aylers Stil durch seine extreme Individualität, durch seine Bezogenheit auf nur eine Person vom Hauptstrom der Free-Jazz-Entwicklung isoliert war. Dennoch hatte seine Musik bis dahin hohe künstlerische Qualität, und das Village-Theater-Septett mit seinen vier Streichern war ein bemerkenswerter erster Schritt zu einer Erweiterung der linearen, harmonischen und klanglichen Perspektiven seiner Musik. Aylers nächste Schritte weg von seinem alten Stil aber sprechen seiner künstlerischen Größe Hohn.

Die Auswirkungen jahrelanger Armut sind zerstörerisch. Trotz des breiten öffentlichen Interesses, das seine Musik hervorrief, trotz der Begeisterung des Publikums und des Respekts seiner Musikerkollegen, trotz vielfältigerer Auftrittsmöglichkeiten wie etwa bei der Europatournee von 1966, trotz seines jüngst geschlossenen Vertrags mit einer bedeutenden Plattenfirma, trotz all dem war sein Leben nach 1965 nicht sehr viel besser abgesichert als in den früheren Jahren, als er durch Europa zog. In seinen schlechtesten Zeiten in New York hatte ihm John Coltrane Geld geliehen, und Coltrane und einige andere hatten Auftritte für ihn organisiert. »Damals gab es aber nicht viel Geld zu verdienen«, erläutert Donald Ayler. Am Anfang seiner Platte *New Grass* (September 1968) spricht Albert Ayler folgende Worte: »Die Musik, die ich in der Vergangenheit gespielt habe, diese Musik habe ich an einem anderen Ort und zu einer anderen Zeit gespielt.« Nachdem er die Jazztradition zertrümmert, eine neue Tradition begründet hatte, entsagte Ayler damit seiner musikalischen Vision: seine nächsten drei LPs enthalten Rockmusik und modale Klänge. Wie auch der Hüllentext von *New Grass* betont, paßt er nun seine Phrasen den Rhythmen und der Harmonik seiner neuen Begleiter an.

Der Verfall seiner Musik kennt einige Ausnahmen. In »New Grass« spielt er ein dunkles, fast unbegleitetes Tenorsolo, in »Masonic Inborn Part 1« eine derwischgleiche Dudelsackimprovisation. Sein Plattendebüt als Sänger war die 1966 in Paris aufgenommene Version von »Ghosts« gewesen. Einige seiner Gesangsdarbietungen auf den 1968–69 eingespielten Platten sind erstaunlich, denn er singt »in Zungen«, ohne Beachtung von Tonhöhen – genauso, wie er Saxophon spielt. Doch in »Sun Watcher« spielt er ein piepsiges Okarinasolo, und die klangliche Armseligkeit dieses Instruments symbolisiert Aylers Niedergang. Sein Spiel auf diesen Aufnahmen ist meist extrem vereinfacht, dem Gesang von Mary Maria (Parks) und anderen untergeordnet, und Mary Maria wird dann auch bei fast allen Stücken der letzten drei Impulse-LPs als Komponistin angeführt, selbst bei solchen, bei denen sie nicht mitwirkt. »O, dieses Land ist eine Wüste, und wir weilen in diesem Land«, singt sie. »Ein Mann ist wie ein Baum; ein Baum ist wie ein Mann.« »Musik ist die heilende Kraft des Universums/Sie führt einen Zustand der Ganzheit herbei, und sie reinigt/Laß sie in das Innerste Deiner Seele ein ... Manchmal bedarf unsere Seele spiritueller Meditation/Wir brauchen nicht die Pille und ihren Inhalt ...« Und so weiter.

Diese Platten kamen zu einer Zeit auf den Markt, als sich LSD und andere harte Drogen großer Beliebtheit erfreuten, und so erscheinen die banalen Texte wie ein Versuch, sich eine Modewelle finanziell zunutze zu machen. (»Friede, Liebe und Verständnis füreinander!« ruft der Säufer, während er dir mit seiner Spiritualität den Kopf einschlägt.) Albert Ayler freilich war die Sache ernst. Er glaubte, daß es das Ziel seiner Musik sei, eine reinigende Wirkung zu haben, die Menschen zu einer spirituellen Gemeinschaft zu einen: »Die Musik, die wir heute spielen, wird den Menschen helfen, sich selbst besser zu verstehen und leichter inneren Frieden zu finden.«[7] 1969 beschrieb er seine Visionen in einem an Amiri Baraka (LeRoi Jones) gerichteten offenen Brief, der in *The Cricket* veröffentlicht wurde: »Es ist mir offenbart worden, daß wir [Albert and Donald Ayler] das wahre Siegel des allmächtigen Gottes auf unserer Stirn tragen.« Seine Visionen waren eine fliegende Untertasse, die Wiederkehr Christi, das Neue Jerusalem.

> »Denke daran, sagte er, Du weißt nicht die Minute oder die Stunde; also laßt uns gehorsame Kinder von Gottes Gesetzen sein. Jetzt leben wir in Dunkelheit; der allmächtige Gott ist das Licht der Lichter. Du siehst, daß dort mächtige Engel des Himmels sind und daß sie sehr groß sind. Hell wie die Sonne ...
> In einer Vision sah ich, wie Gott, der vom Himmel kam, die neue Erde erbaute. Vor Jahren nannte man sie Neues Jerusalem. Es war ein festes Fundament, von Gott selbst erbaut. Es ist nicht wie das Fundament unserer Zeit, wo Menschen danach streben, den Geist anderer Menschen zu töten.«[9]

Die Musik der drei letzten Studio-LPs ist also nicht bloß ein Versuch, einer Mode nachzurennen. Nein, Albert Ayler hatte eine Botschaft, die ihm so wichtig war, daß er, um sie mitteilen zu können, seine originellsten Ideen aufgab.

Doch wandte er sich vier Monate vor seinem Tod bei einem Konzert in Frankreich noch einmal musikalisch vielversprechenderen Perspektiven zu. Die bei diesem Konzert mitgeschnittenen Platten enthalten nur ein Rock-Stück, nur einen von Mary Maria gesungenen Titel, wenn auch die rhapsodischen Kadenzen des Pianisten Call Cobbs der ganzen übrigen Musik einen etwas kränklichen Unterton geben. Das Konzert umfaßt auch Aylers schöne, freie, sensible Tenorsaxophon-Interpretationen der Stücke »Truth Is Marching In«, »Spirits Rejoice« und »Universal Message«. »Spiritual Reunion« ist ein kraftvolles Stück; in der leidenschaftlichen Entwicklung seines Spiels zerschmettert Ayler das sentimentale Ambiente mit zwei geschrienen Tönen, die die ganze Agonie enthüllen, aus der diese Musik entsteht. In diesem letzten Konzert fühlt man eine neue Entschlossenheit Aylers, der sich von seinen modalen und Rock-Experimenten abzukehren scheint; möglicherweise standen wesentliche Veränderungen in seiner Musik unmittelbar bevor. Doch Anfang November 1970 verschwand Albert Ayler; drei Wochen später fand man seine Leiche in New Yorks East River. Die Beschreibung seines Geisteszustands in diesem letzten Jahr sind widersprüchlich – er war optimistisch, oder aber: er war besorgt und deprimiert, je nachdem, wen man fragt – und die Umstände seines Ertrinkens bleiben ein Rätsel, oder vielleicht ein Geheimnis.

Albert Ayler war einer jener seltenen visionären Künstler, die genau zum historisch richtigen Zeitpunkt die Szene betreten. Fast sofort nach seiner Ankunft in New York wurde er zu einer Modellfigur für andere Musiker, ähnlich wie Coleman und Coltrane. Es war nach einer Session mit Ayler und Tyler im Jahr 1963, daß Coleman (der so die klanglichen Konzepte Aylers kennengelernt hatte) auch auf der Geige zu improvisieren begann, und Coltrane seinerseits war der Meinung, er habe auf *Ascension*, einer seiner folgenreichsten Einspielungen, wie Ayler gespielt. Zwei Entdeckungen Aylers sollten sich zu charakteristischen Merkmalen des Free Jazz im allgemeinen weiterentwickeln: einerseits seine neue Konzeption einer Jazzgruppe, andererseits die von ihm entwickelten neuen Klangfarben.

Auf der Grundlage verbindlicher Konzepte von Harmonik und Rhythmus fiel es den Musikern der Generationen vor Coleman relativ leicht, zusammen Musik zu machen. Augenfällige Beispiele sind all jene All-Star-Combos, in denen manchmal Dixieland-, Swing- und Bebop-Musiker gemeinsam spielten. Den Free-Jazz-Musikern aber fehlte – außerhalb ihrer eigenen engen Zirkel – ein solches gemeinsames Territorium (man stelle sich beispielsweise Coltrane in der Gruppe Colemans vor, und umgekehrt). Jede der Persönlichkeiten der neuen Musik hatte ihre individuelle Vorstellung davon, was musikalische

Freiheit heißt, und so wurden Jazzensembles im Zuge der Loslösung von einem festen Tempo und Metrum zu instabilen Gruppierungen von Spezialisten. Aylers Musik war so vollständig persönlich, daß es ihm nicht schwer fiel, Vielfalt oder Widerspruch zu tolerieren: seine Gruppen des Jahres 1964, die sich aus völlig selbständigen Spielern konstituierten, wurden gerade durch den gemeinsamen Glauben an musikalische Freiheit zusammengehalten. Bald tauchten andere emanzipierte Ensembles auf, wie etwa das New York Art Quartet. Natürlich hatte Albert Ayler mit den Gruppen, in denen sein Bruder mitwirkte, geprobt und sie in seiner persönlichen Art des Gruppenspiels geschult, und doch kam in diesen Combos sehr Verschiedenes zusammen. Der musikalische Fluß der Ayler-Ensembles von 1965 bis 1967 beruhte sicher auf der Dominanz Albert Aylers, aber auch auf seiner Bereitschaft, einen Dialog verschiedener musikalische Temperamente innerhalb der Gruppe zuzulassen.

Vor Albert Ayler war es für Jazzmusiker das selbstverständlichste auf der Welt, daß Musik auf Rhythmen und Tonleitern beruhte. Nein, sagte Ayler: Musik beginnt mit dem Klang an sich, und von da aus kann man beliebige Beziehungen schaffen, ohne auf überkommene Theorien Rücksicht zu nehmen. Aylers Entdeckungen haben nichts mit parallelen Entwicklungen in der komponierten Musik gemein – Minimalismus, Aleatorik, die vieltönigen Skalen Harry Partchs, elektronische Musik. All diese Konzepte erwuchsen aus musikalischen Theorien; der Ursprung von Aylers Musik aber war nichts als das Spiel auf dem Saxophon – mit den Händen, mit dem Atem, den Nerven, dem Verstand. Die auffälligsten Merkmale seiner Klangkonzeption finden sich im Spiel der »Energy Music«-Saxophonisten der zweiten Free-Jazz-Generation wieder. Die tieferen Implikationen seiner Ideen aber führten zu Roscoe Mitchells *Sound* von 1966, dem nächsten wesentlichen Fortschritt musikalischer Kommunikation im Jazz.

Wirkte Albert Aylers Themenauswahl zu Mitte der sechziger Jahre noch reichlich exzentrisch, so tut sie das heute nicht mehr – nicht nach den Themen, die dann in der Musik der AACM-Musiker Chicagos, der frei improvisierenden Musiker Europas, der Weltmusik Don Cherrys und anderer zu hören waren. Mingus und Shepp sind bedeutende Künstler, deren kompositorische Absichten auch die Integration folkloristischer Materialien beinhalteten. Ayler aber verwandelte sich selbst in einen Volksmusiker: seine Wirklichkeit waren Märsche, alte Schlager, »einfache, volkstümliche Themen«, und das Intervall der großen Terz, dem er in seinen Stücken so huldigt, ist die Quelle und das Symbol westlicher Harmonie – musikalischer wie menschlicher.

Nach seinem Weggang von Ayler hat Sunny Murray in einer kaum noch überschaubaren Anzahl von Post-Coleman-Gruppen mitgewirkt oder sie geleitet, so etwa sein vergleichsweise konservativ agierendes

»Untouchable Factor«-Ensemble von 1978 oder seine 1981 gegründete Perkussionsgruppe »Drums Inter-Actuel«. Im Mittelpunkt von Drums Inter-Actuel stehen vier Schlagzeuger: Murray, Edward Blackwell, Dennis Charles und Steve McCall. Alle vier sind einfühlsame Meister des Schlagzeugklangs, und ihre individuellen freien Konzepte von Rhythmus und Dynamik sind so verschieden, wie das nur denkbar ist. Murray selbst, der am subtilsten und raffiniertesten Spielende der vier, beschränkt sich ganz auf arhythmische Klangtexturen, auf eine Art Kommentierung des lebhaften Spiels seiner Partner. Auch hier haben wir wieder das Paradox des Free Jazz: aus großen Differenzen kreieren die Musiker eine kollektive Einheit.

Charles Tyler, der seine ersten Platten im Jahr 1965 als Mitglied der Gruppe Aylers machte, lebte in den frühen siebziger Jahren als Musiker und Lehrer in Kalifornien, kehrte dann 1974 nach New York zurück, wo er drei Jahre lang »The Brook«, einen Jazz-Loft in Manhattan, leitete. Im Laufe mehrerer stilistischer Wandlungen ist es ihm gelungen, die klanglichen Entdeckungen seiner Ayler-Zeit in eine im Wesen swingende und lyrische Musik zu integrieren, die von Aspekten der Bebop-Harmonik, der Rhythmik des R&B und der Melodik Ornette Colemans geprägt ist. Im 1981 aufgenommenen »Just for Two« spielt er ein leidenschaftliches, aber dicht strukturiertes Solo voll lebhafter, hochexpressiver Phrasen, und diese Synthese von lyrischem Gehalt und expressivem Charakter macht die besondere Stärke seiner besten Aufnahmen aus. Seit einigen Jahren improvisiert er auch des öfteren auf dem Baritonsaxophon, in einem Stil, der an die Tenorstrukturen eines Sonny Rollins denken läßt.

Tylers *tour de force* von 1976, *Saga of the Outlaws*, ist ganz von seinen ideenreichen Altsaxophonimprovisationen geprägt. In diesem Stück, einer Kollektivimprovisation für fünf Musiker, sind Stile und Stimmungen in ständigem Fluß begriffen, und in gewisser Weise ist es die logische Fortsetzung von Ornette Colemans »Ramblin'« von 1959. Die Länge und die Texturen der *Saga* enthalten das Panorama von »Ramblin'«, doch wird nun der Mythos des Grenzlands von der Wirklichkeit zerschmettert: die beiden Bässe rumpeln und poltern in diversen Tempi, und Klagelaute und vereinzelte Aufschreie schildern einen Zustand der Entmutigung. Auch Tylers *Saga* ist ein volkstümliches Märchen, aber eines, das die Zerstörung jener Illusionen schildert, auf denen »Ramblin'« beruhte: beide Werke, hintereinander gehört, sind ein Abriß der amerikanischen Pioniergeschichte.

8.

Chicago, Klang und Stille, St. Louis

It was only for kicks cracks and flacks
plicks and placks and plickers
Lackplacker Lackplicker
loundwadtti Daago
Nickers flickers lackpicker
Kicks flicks plack and ack lackflacmac
ack ack macflacklack
Concladoso Oselacon Seaco
Decoula Seaco Coonclaso
oolinoundnighhentti
ooo——tti nigoundhheintti
ouncladose lacontti
ooo——oun——tay

Roscoe Mitchell[1]

Die Brennpunkte des Free-Jazz-Geschehens in der Provinz befanden sich im Mittleren Westen, mehr als tausend Meilen vom Hauptstrom New Yorks entfernt. Als Sun Ra und sein Arkestra Chicago 1961 verlassen hatten, schien die Stadt Ödland für avancierte Jazzkonzepte zu sein. Es gab vereinzelte Individualisten wie den Tenoristen Fred Anderson, der von der Bebop-Clique Chicagos links liegen gelassen wurde. Es gab das Coleman-inspirierte Joe Daley Trio, das ab und an auftrat und sogar, kurz nach seinem Gastspiel beim Newport Jazz Festival von 1963, eine Platte einspielte. Die Studenten des Wilson Junior College, die zusammen studierten und jammten, – darunter der Bassist Malachi Favors und die Saxophonisten Joseph Jarman, Roscoe Mitchell, Anthony Braxton, Henry Threadgill –, sie also spielten Hard Bop. Im Mittelpunkt eines kleinen Avantgarde-Zirkels in der South Side der Stadt standen der Bassist Rafael (Donald) Garrett und der Pianist und Komponist Muhal Richard Abrams. Diese kleinen Cliquen hatten zunächst nur wenig miteinander zu tun. Dann aber, im Jahr 1962, gründete Abrams eine Rehearsal Band, die wöchentlich in einer Kneipe in der South Side probte.

Diese Band stand allen Musikern offen, und besonders die jungen und mutigen von ihnen nahmen Abrams' Einladung an. Die Musik der Band war vom Charakter her experimentell, und so nannte man die Gruppe bald »Experimental Band«. Das Ensemble experimentierte mit Polytonalität, ultrachromatischen und seriellen Strukturen, und Jarman definierte das Repertoire einmal als Third-Stream-Musik mit starker Betonung der Jazz-Komponente. Abrams schrieb die Mehrzahl der Partituren; unter den anderen Komponisten der Band waren Troy Robinson, Jack DeJohnette, Phil Cohran, Maurice McIntyre, Jarman und Mitchell. Die Experimental Band trat nicht öffentlich auf. Sie probte vielmehr kontinuierlich im Abraham Lincoln Center, einem der ältesten Gemeindezentren Chicagos – gegen Mitte der sechziger Jahre war der Jazz in den Chicagoer Nachtclubs wahrlich nicht mehr willkommen. Es war im Rahmen dieser schöpferischen Aktivitäten und dieser nicht gerade vielversprechenden Situation, daß sich vier der erfahrensten Avantgardisten – Abrams, Cohran, Steve McCall, der Pianist Jodie Christian – dazu entschlossen, eine Do-it-Yourself-Kooperative zu gründen, deren Ziel es sein sollte, Konzerte zu organisieren und in der mitzuarbeiten alle Mitglieder der Experimental Band aufgerufen waren.

Die Kooperative erhielt den Namen »Association for the Advancement of Creative Musicians« (AACM) (zu deutsch etwa: ›Verband zur Förderung kreativer Musiker‹) und wurde im Mai 1965 als gemeinnütziger Verein eingetragen. Die sechs Ensembles der ursprünglichen AACM waren: Jodie Christians rauhes Hard-Bop-Quintett, Cohrans mehr dem Pop-Jazz zugeneigtes »Artistic Heritage Ensemble« (in dem Cohran als Solist auf einem elektrisch verstärkten Daumenklavier hervortrat), die fröhlichmodal spielende Gruppe des Altsaxophonisten Troy Robinson, die Experimental Band und die Ensembles Joseph Jarmans und Roscoe Mitchells. Die Gründung der AACM hatte eine stürmische Zunahme musikalischer Aktivitäten zur Folge, und, was das eigentlich Überraschende war: es gab ein Publikum für die Konzerte der AACM, manchmal sogar ein recht großes. Scheinbar braucht man nichts anderes tun, als den neuen Jazz den Hörern zugänglich zu machen. Die Musiker der AACM spielten also nicht in Nachtclubs oder Jazzlokalen, sondern in kleinen Theatern, einem Wohnheim, in Cafés, Kirchen, Kneipen in ganz Chicago, und Jarman leitete darüber hinaus Jam Sessions in einem studentischen Gesellschaftsraum der University of Chicago. Mitte 1966 begann die Firma »Delmark Records«, einiges von dieser aufregenden jungen Musik auf Platte zu dokumentieren, wobei das Sextett Roscoe Mitchells den Anfang machte.

Roscoe Mitchell, 1940 in Chicago geboren, begann als Teenager mit Klarinetten- und Saxophonspiel, spielte zu Beginn der sechziger

Jahre – gemeinsam mit Albert Ayler – in einer in der Bundesrepublik stationierten Armeekapelle und war, als er 1961 heimkehrte, ein Bebop-Musiker. Er hörte sich aber auch die Platten Ornette Colemans und Coltranes »Out of This World« und *Africa/Brass* an; und während er so die neue Musik entdeckte, übte er lange gemeinsam mit Joseph Jarman, einem Saxophonisten, der wie er Schüler Abrams' war. Der Durchbruch zu musikalischer Freiheit kam für Mitchell nicht von selbst. »Nachdem ich angefangen hatte, dieser Musik wirklich zuzuhören, spürte ich beim Spielen den Drang, gewisse Dinge zu spielen, die ich innerlich hörte, und ich kämpfte lange dagegen an, weil ich mir nicht wirklich sicher war, daß das meine Musik war. Doch dann hörte ich auf, mich dagegen zu sträuben, und dann sprudelte es nur so aus mir heraus.«[2] In einer Aufnahme von 1965 wird der simple, wohltuende Pop-Gesang von Nick »the Greek« Gravenites im Stück »Whole Lotta Soul« plötzlich von einer Explosion hinweggefegt: von Mitchells Altsaxophonbreak, frei, ungebändigt und übermütig. Dies war Mitchells Schallplattendebüt, und die meisten seiner späteren Platten sollten ähnlich spektakuläre Klänge enthalten.

Die erste Platte des neuen Chicagoer Jazz, Mitchells *Sound* (1966), schlug wie eine Bombe ein. Die Hauptströmung der Avantgarde war zu dieser Zeit die Energiemusik der zweiten Generation der New Yorker Free Jazzer, so wie sie sich in den Stücken Cecil Taylors, der Musik Aylers oder in Coltranes *Ascension* manifestierte. Auch »Ornette«, ein Virtuosenstück des Mitchell-Sextetts, verwendet innerhalb eines strukturierten Kontexts Verfahren der »Energy Music«; »Little Suite« und »Sound« aber leiten eine radikal neue Entwicklung im Jazz ein. An keiner Stelle hört man in »Sound« die herkömmlichen Klangfarben der beteiligten Instrumente: Verfremdung wird zum Mittel der musikalischen Kommunikation; die Musiker spielen in Obertönen, Flageoletts, undefinierten Tonhöhen, verwenden extrem hohe und tiefe Töne, die den Umfang ihrer Instrumente erweitern. Natürlich waren dies auch gebräuchliche Stilmittel Aylers und der anderen New Yorker, doch für sie war die Intensität des Spiels – »kinetische Energie« war der übliche, und zutreffende, Begriff – die treibende Kraft ihrer Improvisationen. Das Mitchell-Sextett aber führt in »Sound« die Musik zu ihren ersten Ursprüngen zurück: zur Entdeckung und Kombination von Klängen vor dem Hintergrund der natürlichen Stille.

So erscheinen die rätselhaften, ständig wechselnden Texturen des »Sound«-Themas über gehaltenen Baßtönen und einem bedrohlichen, wie aus der Ferne erklingenden Strom von Beckenklängen – und dann herrscht Stille. In diesem Vakuum hört man ganz verhaltene Seufzer, dann einen schwachen pfeifenden Triller; die urzeitlichen Klänge werden zu einem kindlichen Wimmern, das Lester Bowie auf der Trompete nachbildet, stets leise, von Pausen durchsetzt. Dann setzt Kalaparush(a) Maurice McIntyres Tenorsaxophon ein, mit gequetschten, in einzelne Ober- und Untertöne zerlegten Klängen; die Stille und die vereinzelten Klänge bauen eine immense Spannung auf, die fast wie von selbst eine Struktur ergibt. Die Spannung ist so außerordentlich intensiv, daß, als Bassist Malachi Favors kurz mit streitbaren Pizzikati dazwischenfährt, McIntyre darauf antwortet, ohne seine fein aus Klang und Stille balancierte Linie zu durchbrechen. Lester Lashleys Posaune, die wie das dünne Pfeifen eines Teekessels klingt, gestaltet die erste ungebrochene Linie in »Sounds«, freilich eine risikoreiche Linie, voller Verwinkelungen und Verschlingungen; Mitchells Altsaxophonsolo, ganz in Mehrklängen und Obertönen, wirkt zornig-gequält; Malachi Favors streicht wilde, schroffe Baßwellen, bis Alvin Fielders mysteriöse Beckenklänge »Sound« schließlich zu seinen archaischen Anfängen zurückführten.

»The Little Suite« bringt weitere Offenbarungen. Glocken, Kürbisrasseln, Kinderspielzeug – vorgefundene Objekte, die nie zuvor im Jazz verwendet wurden – ziehen nun Linien durch den musikalischen Raum, gestalten eine »Suite der Klangfarben«. Das Kratzen, Pfeifen, Bimmeln dieser »Little Instruments« tritt zueinander in Beziehung, wird abschnittsweise gegliedert in ein Mundharmonika-Kürbisrassel-Duett, einen Marsch von Spielzeugsoldaten und zwei perkussive Steigerungswellen. Das zugrundeliegende Prinzip ist mit dem von »Sound« identisch: *Musik ist die Spannung von Klängen im Freiraum der Stille*; Klang und Stille sind potentiell gleichwertige Elemente der musikalischen Struktur. Musikalische Freiheit entsteht aus der Wechselwirkung von Klang und Stille.

Musik von solcher Originalität und Sensibilität erfordert exzeptionelle Interpreten. Mitchell stellte sein Sextett aus Kollegen aus der Experimental Band zusammen, von denen der Bassist Malachi Favors (Maghostut) einer der erfahrensten war. Die üblichen Biographien sagen, daß er 1937 geboren wurde; Favors selbst aber hat geschrieben:

> »Begann mein Sein in diesem Universum vor etwa 43 000 Jahren. Reiste umher und wurde dann von den höheren Kräften zu diesem Planet Erde beordert, Allah De Lawd Thank You Jesus Good God a Mighty, durch die wertvolle Vermittlung von Bruder Issak und Schwester Maggie Mayfield Favors, um nur zwei von zehn zu nennen.
> Kam über Lexington, Miss. nach Chicago, um dort meiner Pflicht als Musikalischer Bote Genüge zu tun.«[3]

Er orientierte sich zunächst am Spiel der damals modern spielenden Bassisten, insbesondere an in Chicago ansässigen Musikern wie Wilbur Ware und Israel Crosby; schon als Teenager wirkte er in diversen Jazzgruppen verschiedener Stilrichtungen mit.

Lester Bowie hingegen wurde 1941 in Frederick, Maryland geboren und wuchs in St. Louis auf, wo er von Louis-Armstrong-Platten zum Trompetenspiel animiert wurde: »Ich las die Geschichte, wie Louis Armstrong zur Band King Olivers kam, und daher spielte ich beim Üben immer aus dem Fenster heraus, in der Hoffnung daß Louis Armstrong vorbeikommen würde und mich für seine Gruppe engagieren würde.«[4] Mehrere Jahre lang ging er mit Rhythm-and-Blues-Bands auf Tournee; er spielte in Karnevalskapellen; er spielte Bebop; er führte die Band an, die die talentierte Soul-Sängerin Fontella Bass – seine damalige Ehefrau – begleitete. Er schloß sich auch dem jungen Avantgarde-Zirkel von St. Louis an, der unter Ausschluß der Öffentlichkeit neue Strukturen erprobte – abgeschirmt von der Mißbilligung der Clubbesitzer und der älteren Musiker. Als Bowie 1966 nach Chicago zog, enttäuschte ihn zunächst der Mangel an interessanten Jazzaktivitäten, und so blieb er zu Hause und übte mit seinen »Music Minus One«-Platten. Doch dann nahm ihn eines Abends ein Freund zu einer Probe der Experimental Band mit, und dort lernte er Abrams, Mitchell und die AACM kennen.

Bowie stand im Mittelpunkt jener Folge von Gruppen, die sich unter dem gleichbleibenden Namen »Roscoe Mitchell Art Ensemble«

Lester Bowie

schließlich zum Quartett von 1967 wandelten. Diese Gruppe präsentierte die Vielseitigkeit und ausgeprägte Rollencharakteristik einer musikalischen Commedia-dell'Arte-Truppe. Bowie spielte Trompete, Flügelhorn, Kuhhorn und sogar ein Horn aus Seetang in luftigen Arabesken, wobei er auf Zehenspitzen umherschwankte oder gefährlich nach hinten taumelte. Er war abwechselnd Clown und Tragöde, und seine Linien im Klangraum waren die markantesten aller musikalischen Gesten des Ensembles. Oft war seine »Lead«-Stimme Replik auf die Klänge der anderen Spieler. Favors Spiel dagegen war das Herz der Musik, von einer Intensität, die gelegentlich zu gequälter Satire abdriftete – dargestellt auf Kontrabaß, Banjo, Zither oder elektrischem Baß. Unbarmherziger, schärfer war der Witz von Phillip Wilsons Spiel – er verlieh dem Ensemble eine dadaistische Aura, er, ein wahres Klangfarbengenie, erweiterte sein Schlagzeugset um Röhrenglocken, Waschbrett, Gongs, Tablas. Mitchell steuerte, meist aus dem Hintergrund, den Fluß der Gruppenimprovisationen, kündigte musikalische Veränderungen an, wobei es manchmal nicht mehr bedurfte als einer dynamischen Schattierung, eines Klangfarbenwechsels, eines leise repetierten Motivs. Er war der Initiator der Idee der »Little Instruments«, unter denen sich mittlerweile freilich auch eine große Marschtrommel und riesige Gongs befanden, und er komponierte überdies die meisten Themen, die die Gruppe in ihrem Repertoire hatte.

Das Konzept der Mitchell-Gruppe war so flexibel, so offen für spontane Ereignisse, daß auch theatralische Elemente zum Bestandteil der Konzerte des Ensembles wurden. Gelegentlich rezitierten Dichter ihre Werke, oder aber es tauchte plötzlich ein Musiker mit einer Lyndon-Johnson-Maske auf, verbeugte sich, gestikulierte bombastisch – bis Mitchell ihn mit einer Sahnetorte zum Schweigen brachte. Ein Konzert begann mit Favors' Banjospiel, zu dem Schlagzeuger Abdullah Yakub (Leonard Smith) mit einer überdimensionalen Raggedy-Ann-Puppe tanzte, während Wilson ihn mit einem Gewehr anpeilte, bei einem anderen marschierten die Musiker gemeinsam auf die Bühne, kostümiert als »Spirit of 1776«-Pfeifer (Mitchell und Jarman), Trommler, verwundeter Fahnenträger, wozu Favors in zerfetztem Kostüm Banjo spielte. Schon die Musik der Gruppe war dramatisch, so daß die visuelle Komponente eine logische Erweiterung war.

Das Mitchell-Quartett von 1967 war eine der großen Gruppen des Jazz, auch wenn sie nur sechs Monate lang bestand. Sie machte keine Plattenaufnahmen, wenn auch 1975 ein Privatmitschnitt nachträglich als Platte veröffentlicht wurde. Er enthält »Old«, ein Portrait eines imaginären New Orleans mit ostinatem Baß, Snare-Drum-Wirbeln und schnatternden Trompetenklängen, sowie »Quartet«, eine freie Improvisation, in der Wilsons Spiel zum Katalysator der – individuellen und kollektiven – Aktionen der anderen wird: eine eindrucksvolle Demonstration seiner aktiven und reaktiven Fähigkeiten. Auf der Hülle von Bowies LP *Numbers 1 & 2* sieht man ein Gemälde Mitchells, das das Zusammenspiel von Wilson, Bowie und Favors überraschend naturgetreu abbildet – aber Wilson ist gar nicht mehr dabei, und »Number 1« ist ein Stück in Triobesetzung. In ihm entwickelt sich Bowies Spiel von fragmentierten Phrasen und abstrakten Klängen bis zu ausführlichen musikalischen Gestalten, mit denen er gegen Ende des Stücks in einen Dialog mit Mitchell eintritt. »Number 2« arbeitet mit thematischem Material und verdichtet den musikalischen Raum durch Hinzufügung von Jarman, der Holzblasinstrumente und »Little Instruments« betätigt.

Die Spontaneität, die das Wesen dieser Musik ausmacht, beruht auf der Prämisse komplexer Gruppeninteraktion. Aleatorische Prozeduren hingegen beschränken die Wahlmöglichkeiten der Spieler, und in der »Energy Music« dieser Zeit andererseits drohten die individuellen Qualitäten der Musiker in kollektiven Lautstärke- und Geschwindigkeitsorgien unterzugehen. Mitchell, Bowie, Favors und Wilson konnten ein halbes Jahr lang all ihre persönlichen Erfahrungen und Fähigkeiten in eine offene Ensemblestruktur einbringen. (Das Repertoire dieser Gruppe enthielt übrigens, auch wenn es größtenteils aus Eigenkompositionen bestand, auch folkloristische und Bebop-Themen, Bach-Fugen, den »Muskrat Ramble« und anderes sehr verschiedenartiges Material. Jeder Spieler konnte die Gruppenimprovisation mit beliebigen Themen anreichern.) In der neuen Klangwelt der Chicagoer Musiker gab es jedoch von Anfang an Alternativen zur freien Interaktion der Mitchell-Gruppen: beispielsweise die Konzepte **Joseph Jarmans,** die auch detailliert vorstrukturierte Gruppenimprovisationen umfaßten.

Jarman, der 1937 in Pine Bluff, Arkansas geboren wurde, wuchs in Chicago auf, lernte in der High School Schlagzeug unter Anleitung des renommierten Lehrers Walter Dyett und begann während seiner Armeezeit in den fünfziger Jahren mit dem Saxophonspiel. Zur Zeit, als er und Mitchell zusammen übten und ihre eigenen Musiken in kreativer Wechselwirkung entwickelten, hatte er ein entscheidendes Erlebnis: er hörte in einem Club das Zusammenspiel von Coltrane und Dolphy:

> »... wenn man so spielen mußte, um als Musiker anerkannt zu werden, dann würde ich das nie und nimmer schaffen ... Ich sage nicht, daß es mir nicht möglich gewesen wäre, diese Sachen technisch zu bewältigen, aber emotional und in Bezug auf das, worum es in der Kunst geht ... Man kann sich hinsetzen und Akkordfolgen lernen, und das wird Tag für Tag in all diesen Schulen gemacht. Aber das ist keine Musik – und diese beiden Typen machten Musik. Es machte mich wütend, weil mir klar war, daß ich nie, nie eine Chance haben würde, wenn

> das der Standard war, an dem man mich messen würde ... Weißt du, was ich sagen will? Daß ich meine Vorbilder gefunden hatte ... Es ging um ein Ziel, um Entschlossenheit, um die geistige Einstellung. Es geht darum, was ich ausdrücken will, welche Farben ich verwenden will, darum, ob ich mich trauen werde, mich in die Öffentlichkeit zu wagen. Es geht darum, ob ich kreativ sein werde.

Das Wichtigste aber, das Jarman in dieser neuen Musik hörte, war »*die feste Überzeugung, daß sie richtig war.*«[5]

Seit den fünfziger Jahren, als er Allen Ginsberg, LeRoi Jones und andere bekannte junge Dichter kennengelernt hatte, hatte er Gedichte geschrieben, später machte er eine Schauspielausbildung an der Second City Theater School und an der Art Institute of Chicago School. Sein spezielles Interesse galt Multimedia-Präsentationen, und so enthielten seine Konzerte unweigerlich den Auftritt eines oder zweier Tänzer oder eines Dichters, bewegtes Licht, »Happenings« – oder meist eine Kombination dieser Elemente. Auf seiner ersten LP (1966, vier Monate nach Mitchells *Sound*, eingespielt), verzahnt er sein Gedicht »Non-Cognitive Aspects of the City« auf komplexe Weise mit den Improvisationen seines Quartetts. Zerrissene und mehrdeutige Klänge weiten sich zu Bildern der Trostlosigkeit, bis die Zeilen »Exit the tenderness/for power« einen Trommelwirbel und einen Klangblitz aus Jarmans Saxophon herbeiführen. Klavier und Baß bewegen sich, so wie sich das Gedicht im »quiet city«-Abschnitt bewegt, suggerieren »Schmerz«, künden von »Verhängnis«. Ein Klavierzwischenspiel malt aus derartigen Assoziationen eine dunkle Rhapsodie; Altsaxophon und Rhythmusgruppe beschließen das Stück mit einem schlichten Blues. Vier markante Musikerpersönlichkeiten geben sich im weiten und offenen Spektrum dieses Klangpoems zu erkennen: der lebhafte Jarman, der grüblerisch-komplex spielende Bassist Charles Clark, der Klavierromantiker Christopher Gaddy, der einfühlsam reagierende Schlagzeuger Thurman Baker.

In mehreren anderen Stücken Jarmans wird Stille zum spannungserzeugenden Medium. In »Song For« und »Song for Christopher« erwachsen klangliche Verdichtung, klangliches Gewicht erst allmählich aus klanglicher Leere; es gibt Crescendi zu äußerst bewegten musikalischen Strukturen und nachfolgende Decrescendi. In »As If It Were the Seasons« wechselt sich die Statik ruhiger Klangräume mit dem – von einzelnen Musikern gesungenen oder gespielten – preziösen Thema ab; trotz Jarmans herrlicher Dynamik- und Klangkontraste auf dem Altsaxophon ist dies ein Stück minimaler Bewegung. Jarmans Klangräume sind oft gedehnt, wirken schwebend, leicht mysteriös – eine Alternative zu den Strukturen Mitchells oder zur Intensität des Geschehens in »Non-Cognitive«. In zwei der *Three Compositions* der Gruppe Anthony Braxtons (1968) ist der Klangraum jedoch ohne jede

Spannung; darüberhinaus gibt es in dieser Musik weniger Interaktion als separate gleichzeitige Bewegungen.

Einige wenige Saxophonisten früherer Epochen – so Coleman Hawkins, Lee Konitz und Sonny Rollins – hatten sich durch unbegleitete Saxophonkabinettstückchen profiliert, doch waren ganze Solowerke auf einem anderen Instrument als dem Klavier vor der Zeit der Chicagoer so gut wie unbekannt. Sorgsam ausgearbeitet wirkt Roscoe Mitchells unbegleitetes »Solo«, das er mit Glocken, »Little Instruments« und Holzblasinstrumenten gestaltet; diese Aufnahme war eine erste Skizze für das aufsehenerregende Konzert, das er 1967 zusammen mit Favors gab und das allein aus Solostücken und Duetten bestand. Seite eins der LP *Congliptious* (1968) enthält drei unbegleitete Improvisationen: ein dichtes, intensives Baßsolo Malachi Favors'; ein thematisch strukturiertes, nicht weniger ausdrucksstarkes Solo Mitchells und schließlich eine Improvisation Bowies, die der Trompeter mit der besorgten Frage »Ist der Jazz, so wie wir ihn kennen, bereits ... tot?« eröffnet, mit der frei-assoziativen Lyrik und dem gedämpften Humor seines Trompetenspiels fortsetzt, um sie mit folgender Aussage zu beschließen: »Das hängt allein davon ab, was du kennst, hä, hä, hä!« Recht hat er! Braxtons im nächsten Jahr eingespielte Doppel-LP *For Alto* – eine Sammlung intelligenter, charmanter, intensiver, brillanter Altsaxophonsoli – mag vielleicht den Rest der Jazzwelt erstaunt haben; in Chicago freilich hatte man Braxtons eindrucksvolle künstlerische Fortentwicklung längst zur Kenntnis genommen. Diese solistischen Pioniertaten (und weitere Jarmans und anderer Musiker, die jedoch nicht auf Platte dokumentiert wurden) waren die Vorboten einer regelrechten Flut von Soloeinspielungen, die dann in den siebziger Jahren hereinbrach.

Ein Grundstock gemeinsamer Erfahrungen war es, der die Mitglieder der AACM einte: sie lebten in der schwarzen Gemeinschaft der South Side, hatten alle Erfahrungen als Blues- und Gospel-Musiker – denn diese beiden Musikrichtungen florierten in Chicago besonders gut –, und, am wichtigsten: sie waren alle unter der Führung **Muhal Richard Abrams'** in der Experimental Band zusammengekommen. In den fünfziger Jahren hatte Abrams ein Leben als vielbeschäftigter und erfolgreicher Bebop-Komponist und Pianist geführt, doch empfand er die Grenzen dieses Stils im Lauf der Zeit als immer einengender. Er fing an, sich Art Tatums Soloklavieraufnahmen aufmerksam anzuhören: »Von Art Tatum lernte ich, daß ich mich mehr nach meinem Rhythmusgefühl richten müßte; dann würde ich weniger Schwierigkeiten haben, das darzustellen, was aus mir herauskommen wollte ... Die wahre Genialität Art Tatums bestand in seinem rhythmischen Konzept. Erweiterung und Verdichtung des Rhythmus: das war genau das, was ich immer brauchte ... Ich habe dieses Konzept nie verworfen.«[6]

Abrams hat einmal gesagt: »Ich komponiere immer, um eine Geschichte zu erzählen«; diese Geschichten sind natürlich gemeinsame Schöpfungen des Komponisten und gleichgesinnter Improvisatoren. »Ich denke mir einen Handlungsrahmen aus, und die Musik erweitert einfach die Symbolik.« In den späteren sechziger Jahren übte Abrams kaum noch direkte Kontrolle über den Ablauf seiner Konzerte aus: »Du brauchst gar nicht viel zu tun, um die Dinge in Gang zu kriegen, wenn die Musiker nur spontan genug sind – probe einfach ein bißchen und laß' die Dinge einfach passieren. Donald Garrett sagte mir immer, daß man eines Tages keine ausgeschriebenen Kompositionen mehr benötigen würde – er hat das vor mir erkannt. Ich mußte eine ganze Menge Stücke schreiben, bis ich Musiker fand, die ihre Stimme *erfinden* konnten, und danach schrieb ich weniger und weniger auf. Heute kann ich acht Takte nehmen und damit ein Konzert gestalten.«[6]

Sieht man einmal von der verkürzten Dauer ab, so ist Abrams' LP *Levels and Degrees of Light* charakteristisch für seine Auftritte in den sechziger Jahren. Metallisch schimmern die hohen Klarinettenquietscher in »Levels and Degrees«; schnelle Tempi und frei gestaltete Improvisationen prägen den Charakter der Musik. »Bird Poem« ist ein Klanggedicht; das Orchester spielt Crescendi kollektiven Gezwitschers. Treten individuelle Charakteristika hier auch in den Hintergrund, so leben Abrams' Gruppen im allgemeinen doch von den verschiedenen Temperamenten ihrer Mitglieder. »My Thoughts Are My Future« ist dafür ein treffendes Beispiel. Besonders ausgeprägt ist der Kontrast von Braxtons stürmischem und frustriertem Altsaxophonsolo und der Gelassenheit von Maurice McIntyres Tenorimprovisation, deren rhythmisch souveräne Linien frei über der treibenden Rhythmusgruppe schweben, kurz ins Schwimmen geraten, um dann plötzlich zornig vorwärts zu stürmen. Charakteristisch sind Abrams' Klaviersoli in diesem Stück und im ebenso gelungenen »Young at Heart«: rasche Klangwellen und Cluster, mit leichtem Anschlag gespielt, mit herben Interjektionen durchsetzt, mit häufigen Gegenüberstellungen beider Hände. Seine Phrasen sind turbulent, gebrochen, ständig bewegt, und doch klingen seine Improvisationen fließend, frei lyrisch, vergleicht man sie mit den unendlichen Formen und Kontrasten Cecil Taylors, des führenden Stilisten freien Klavierspiels.

Fast alle der Dutzende von Musikern, die bei den AACM-Konzerten der sechziger Jahre mitwirkten, spielten in einer der vielen Gruppen, die Abrams im Lauf der Zeit geleitet hat. Einer seiner Lieblingspartner war Lester Lashley, dessen Posauneninnovationen in Mitchells *Sound* ein wesentlicher Schritt in der Geschichte des Instruments waren; fast ebenso virtuos beherrschte er Kontrabaß und Cello. Es ist ein großer Verlust für den Jazz, daß der Maler und Lehrer Lashley sich im letzten Jahrzehnt fast völlig von der Musikszene zurückgezogen hat. Alvin

Fielder gab dem Jazzschlagzeug neue Impulse, indem er die Polyrhythmen Elvin Jones' in den Kontext Post-Coltrane'scher Ensembles übertrug; er verließ Chicago in den frühen siebziger Jahren. Charles Clark war das Wunderkind der AACM: der junge Baßvirtuose spielte dunkel-abstrakte oder dissonante Melodien, kreierte dramatische Klangballungen aus dicht gepackten Linien und führte so Ideen von Charles Mingus weiter. In den Monaten vor seinem Tod im Jahr 1969 spielte er im Chicago Civic Orchestra, dem Nachwuchsorchester des Chicago Symphony Orchestra.

Musikalisch und gesellschaftlich erwies sich die AACM als erfolgreich. Die AACM-Schule nahm ihre Lehrtätigkeit im Jahr 1969 auf; Mitglieder der Kooperative gaben Kurse, betreuten Schüler im engeren Stadtbezirk, kümmerten sich sogar um Instrumente für ihre Schüler, deren Zahl gelegentlich bis auf fünfzig anwuchs. Musiker der in St. Louis ansässigen »Black Artists Group« (BAG) spielten manchmal bei Veranstaltungen der AACM, während Chicagoer Musiker ihrerseits in St. Louis und bei der Detroiter »Artists Workshop«-Kooperative auftraten. Sieht man von diesen Gastspielen und von einigen wenigen Auftritten Jarmans, der Mitchell- und Braxton-Gruppen an der Ost- oder Westküste ab, so war die AACM bis dahin fast ausschließlich ein lokales Chicagoer Phänomen. Steve McCall lebte jedoch seit 1967 in Europa, und Platten und Zeitschriftenartikel hatten die internationale Jazz-Gemeinde mit der Musik anderer AACM-Mitglieder bekannt gemacht. Im Juni 1969 brachen das Art Ensemble (Jarman, Mitchell, Bowie, Favors) und das Anthony Braxton Trio (Leroy Jenkins, Geige; Leo Smith, Trompete) ihre Zelte in Chicago ab und stürzten sich in ein europäisches Abenteuer – ohne Aussichten auf oder gar Verträge für Auftritte.

Das Art Ensemble (dessen Namen ein Plakatmaler den Zusatz »of Chicago« hinzufügte) wurde fast schlagartig berühmt. Schon zwei Monate nach ihrer Ankunft in Frankreich – ihrer ersten europäischen Station – hatten die Musiker sechs LPs eingespielt – mehr, als die vier zusammen in den USA aufgenommen hatten. Die besten Stücke dieser Platten – »Ericka«, *People in Sorrow, Reese and the Smooth Ones* – sind die am freiesten fließenden Aufnahmen des Art Ensembles. Im zweiten Abschnitt von *People in Sorrow* wird die einsame, bluesige Trompete einem wild aggressiven Baß gegenübergestellt, und nach einer von heftigem Schlagwerk dominierten Passage beschließt Jarmans ironisches Altsaxophonsolo (das zarte, akademisch reine Töne mit verzogenen oder vokalisierten Klängen kontrastiert) die große, klug angelegte und fein differenzierte Spannungskurve dieser freien Gruppenimprovisation; der sich anschließende dritte (und letzte) Abschnitt ist eine furiose Kollektivimprovisation.

In der Filmmusik *Les Stances à Sophie* wird das Ensemble erstmals um das Schlagzeugspiel von (Famoudou) **Don Moye** bereichert.

Moye, 1946 in Rochester im Staat New York geboren, war mit einer Gruppe Detroiter Free Musiker nach Europa gekommen, hatte sich auf dem ganzen Kontinent und in Nordafrika herumgetrieben, hatte in Rom mit Steve Lacy und anderen gespielt, bis er in der Festival-, Konzert- und Fernsehszene auf das Art Ensemble stieß. Moyes großes Arsenal von Schlaginstrumenten erweiterte das ohnehin schon eindrucksvolle Instrumentarium der Gruppe, das von riesigen Gongs und Baßsaxophonen bis zu winzigsten Glöckchen reichte, zu einer unvergleichlichen Klangfarbenpalette. Viele seiner Ideen waren von afrikanischen Trommeltechniken inspiriert, und da sein Stil auf andauernder Aktivität, auf polyrhythmischer, polykoloristischer Dichte beruht, verweigert er sich enger musikalischer Interaktion. Es konnte nicht ausbleiben, daß sich der Stil der Gruppe durch das aufregend komplexe Spiel Moyes veränderte. Die Aggressivität seines Trommelns wurde zu einer einheitsstiftenden Kraft, verdrängte aber auch weitgehend Stille als Parameter der Gruppenimprovisation. Wie Favors und Jarman kostümierte sich auch Moye bei Konzerten mit afrikanischen Hüten, bunten Gewändern und diversen Gesichtsbemalungen: visuell wie musikalisch wurden Darbietungen des Art Ensembles zu einem farbenfrohen Spektakel.

Don Moye

Als Quintett hat das Art Ensemble eine ganze Reihe ausgezeichneter Platten eingespielt, von denen *Urban Bushmen*, ein auf zwei LPs vereinigter Konzertmitschnitt, die musikalische Vielgestaltigkeit und die dichte Gruppeninteraktion des Ensembles wohl am besten festhält. Seit 1971, dem Jahr der Rückkehr in die Vereinigten Staaten, haben die gemeinsamen Aktivitäten des Ensembles oft geruht, um den fünf Musikern Zeit für individuelle künstlerische Projekte zu geben. Der Name der Gruppe ist mittlerweile zum Anachronismus geworden, da nur noch Favors und Moye in Chicago ansässig sind, wo sie eigene Gruppen leiten und mit anderen AACM-Musikern auftreten; Moye freilich hat seit 1971 zeitweise auch in Kalifornien und New York gelebt und dort Gruppen ins Leben gerufen.

Lester Bowie ist ein würdiger Erbe jener New Orleans-Trompeter, die auf den legendären Riverboats in seine Heimatstadt St. Louis kamen; denn ihm gelang es, den sensiblen Ausdrucksreichtum dieser Musiker wieder in den aktuellen Jazz einzubringen. Bowies Spiel evoziert Komik, Tragik, Witz, Vulgarität, Fröhlichkeit, Schmutzigkeit so direkt, wie es in der abstrakten Sprache der Musik nur möglich ist und beschwört so noch einmal das heroische Zeitalter des Jazz. Nicht nur seine Melodien – brillante Zickzack-Kurven, lyrisch gehauchte Figuren – sind bemerkenswert, sondern auch seine sprachnahen Klangfarben: er erzeugt rätselhaftes Atemrauschen, macht groteske Mundstückgeräusche, plappert ohne Worte, bringt stöhnende Laute hervor. In seinen Balladen hört man also auch grobe und vokalisierte Klänge, in seinen brillanten schnellen Stücken auch ersticktes Gewimmer, und Schlagermelodien wie »Hello, Dolly!« werden mit groben, schmutzigen Tönen übermittelt. Die sehr persönliche Emotionalität Bowies ist launisch und unberechenbar, und an den unvorhergesehensten Augenblicken schlägt Heiterkeit in Gefühlsschwere um. Die stilistische Offenheit der Musik des Art Ensembles kommt Bowies künstlerischem Temperament entgegen, und so leben einige seiner besten Aufnahmen – »St. Louis Blues (Chicago Style)« oder das grandiose »Great Pretender« – von den in langen Soli gestalteten stilistischen Transformationen.

Extravaganz, Übertreibung und Abenteuerlust sind wesentliche Faktoren seiner Persönlichkeit. Zweimal verließ er während der siebziger Jahre Amerika: einmal ließ er sich auf Jamaika nieder, das andere Mal in Nigeria. »Meistens bin ich völlig pleite, wenn ich da ankomme. Also, als ich in Jamaika ankam, da zahlte ich für die Fahrt, gab den Typen Trinkgeld, und dann hatte ich noch fünf Dollar. Ich blieb zwei Jahre da.«[7] In diesen zwei Jahren lebte er auf dem Land, gab jungen Leuten Trompetenunterricht und trat nur zwei Mal auf – einmal bei einem ihm gewidmeten Fernsehfeature. Auch in Nigeria war er schon am zweiten Tag pleite. Er stellte sich Fela Anikilapo Kuti, dem umstrittenen, enorm populären Sänger, vor und schloß sich dessen riesiger Afro-Rock-Truppe an, die aus Musikern, Sängern und Felas siebenundzwanzig Ehefrauen bestand. Bowie hat Konzertreisen mit seiner Gospelgruppe »From the Root to the Source« durchgeführt, hat ein »New York Hot Trumpet Quintet« geleitet, und 1979 stellte er für ein Konzert in New York das neunundfünfzigköpfige »Sho Nuff Orchestra« zusammen – ein wahr gewordener Traum. (Es gibt keine Aufnahmen dieses Orchesters, doch gewinnt man vielleicht eine Vorstellung von der Art seiner Musik, wenn man sich Bowies einundzwanzigköpfiges europäisch-amerikanisches Ensemble von *Gettin' to Know Y'All* (1969) mit seiner verrückten Mischung verschiedenster Musiker anhört.) »... Ich habe mein ganzes Leben lang dasselbe gemacht. Die Träume, die ich jetzt habe, habe ich schon seit Jahren. Ich bin sehr stolz auf die Zeit, als ich in Karnevalkapellen spielte – das war eine große Bereicherung. Die Sachen, die ich mit Joe Tex gemacht habe, das Art Ensemble, all die Kontexte, in denen ich spiele, sind mir gleich wichtig. Der Geist der AACM durchdringt eigentlich alles, was ich tue. Einfach die Idee, daß Typen sich zusammentun können und etwas in einer Stadt [Chicago] auf die Beine stellen können, die mit Kultur nichts am Hut hat ...«[7]

Die Free-Jazz-Szene, die Lester Bowie in St. Louis zurückließ, existierte im Verborgenen. Sie setzte sich aus Musikern zusammen, die ihr Geld mit Bebop oder mit Rhythm-and-Blues verdienten und sich in ihrer Freizeit im Park oder im Haus Oliver Lakes trafen. Abdullah Yakub und Phillip Wilson, zwei Schlagzeuger aus St. Louis, spielten kurzfristig in Chicago, und der Altsaxophonist Oliver Lake verbrachte einen Teil des Jahres 1967 dort, lernte AACM-Musiker kennen, ging zu ihren Konzerten und probte mit Jarman und Mitchell – gelegentlich an den Stränden des Michigan-Sees, um sechs Uhr morgens.

> »Roscoe und Joseph und Muhal, als ich die besuchte, das war einfach phantastisch. Julius [Hemphill] und ich und ein paar andere Musiker in St. Louis spielten gerne frei, in freien Formen, aber wir machten das nur für uns und dachten nie ernsthaft daran, das vor einem Publikum zu spielen. Wir wußten, daß uns damit kein Club engagieren würde ... Die Regel war: wenn man auftreten wollte, spielte man Bebop. Und wenn man noch jung ist, dann denkt man nur ständig daran, daß man entdeckt wird und so weiter; man denkt nie daran, daß man auch die Rolle des Veranstalters, des Kartendruckers, des Kartenverkäufers oder des Menschen, der nach dem Konzert den Laden ausfegt, spielen sollte. Aber genau das war es, was die Typen in Chicago machten, und das hat mich unheimlich beeindruckt und wirklich inspiriert. Es war also nach diesem Besuch, daß ich zurückkam, meine Gruppe gründete und mir sagte: ›Also, worauf warte ich denn? *Tu* es – *das* ist die Antwort! Geh' einfach und such' Dir einen Raum, wo du deine Musik präsentieren kannst.‹ Es war ja eigentlich so einfach. Es war so, als hätte jemand den Schleier vor meinen Augen weggezogen.«[8]

Die Black Artists Group (BAG) nahm ihre Arbeit 1968 auf; unter den Gründungsmitgliedern waren Lake, Yakub, der Altsaxophonist Hemphill, der Trompeter Floyd LeFlore und der Schlagzeuger Bobo Shaw; sehr bald wurden auch Schauspieler, Tänzer, Dichter und bildende Künstler hinzugezogen. Anfangs arbeitete die Gruppe in einem Gebäude in Gashouse Square, dem Nachtclub-Viertel von St. Louis, siedelte dann aber bald in ein Gebäude um, das groß genug war, um Platz für Aufführungs-, Wohn- und Unterrichtsräume zu bieten (wie die AACM nahm sich auch die BAG junger Nachwuchsmusiker an). Die BAG war finanziell gut ausgestattet – wesentlich besser als die AACM – und erhielt Zuschüsse vom National Endowment for the Arts sowie vom Missouri Arts Council. Als die Zuschüsse aber 1972 versiegten, löste sich die BAG auf.

Ursprünglich war **Oliver Lake** ein Jackie-McLean-Fan gewesen, der das Bebop-Repertoire und Bebop-Phrasen übte; aber dann merkte er, daß zu viele Saxophonisten genau dasselbe taten. »Ich dachte einfach; ›Verdammt nochmal, es muß doch noch etwas anderes geben. Wenn ich dieses Vokabular lerne, dann werde ich genau die Sätze aufsagen können, die dieser andere Typ auch aufsagt.‹ Lester Young war ein wichtiger Einfluß für mich, mit seiner Einstellung, die zu sagen

Oliver Lake

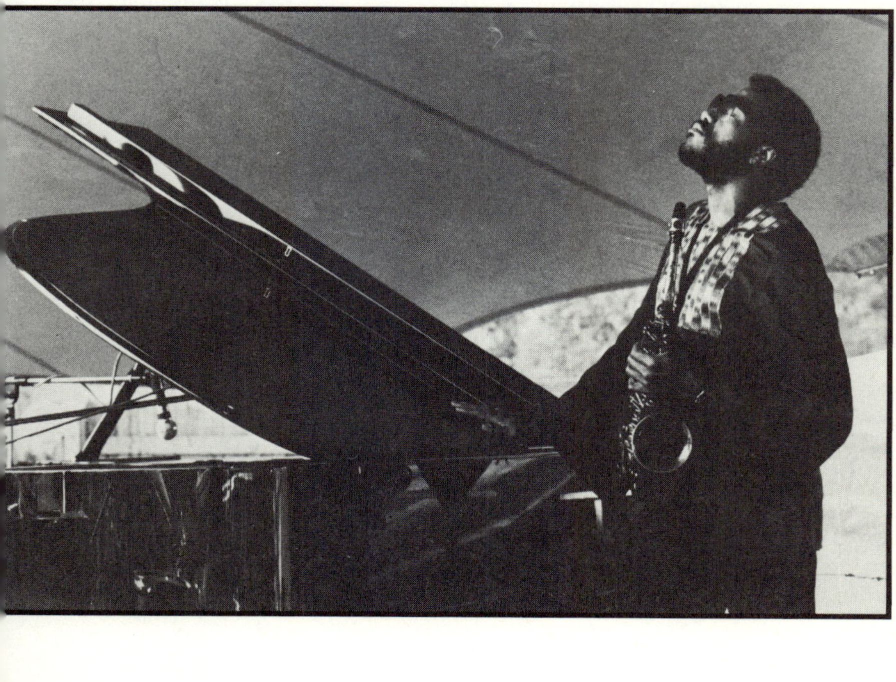

schien: ›Was hat es für einen Sinn, genau so wie jemand anderes zu klingen?‹ Ich sagte mir also: ›Versuche, etwas anderes zu entwickeln, das dir eine eigene Identität gibt, statt ein kleiner Jackie McLean zu sein.«[8] Sein eklektischer Free-Jazz-Stil ist eine Neuinterpretation der Konzepte der ersten und zweiten Free-Jazz-Generation – Shepp, Coleman, insbesondere Eric Dolphy – im Lichte Post-Ayler'scher Ausdrucksmittel. Er hat eine natürliche Vorliebe für eckige Intervalle und abwechslungsreiche Dynamik, und dies zusammengenommen mit seiner Neigung, Phrasen zu spielen, die keinen gemeinsamen Fluß ergeben, führt zu einer Kunst musikalischer Schattierungen, wie sie sich etwa im klanglich hochdifferenzierten »Zaki« artikuliert. An und für sich drückt sein Sound eine gewisse natürliche Härte des Saxophons aus, doch spielt er gelegentlich auch in einem weicheren, »reineren« Ton. Klangkontraste und Intensität vereinigen sich in den besten seiner treibenden, gelegentlich schmerzhaft schroffen Linien, so in »Owshet« oder den Stücken für Altsaxophon und drei Violinen auf *Heavy Spirits*. Einige seiner Improvisationen auf anderen Instrumenten (man höre sein Sopranspiel in »Hymn for the Old Year«) erreichen die expressive Vitalität seines Musizierens auf dem Altsaxophon, während er ein dicht strukturiertes, sehr durchdacht aufgebautes Altsolo wie »Improv 1« der Hauptlinie seiner Musik zu widersprechen scheint. In den achtziger Jahren ist sein Spiel stark Dolphy-inspiriert geworden, ohne aber von ähnlich euphorisierender Wirkung zu sein. Lakes Phrasen sind gebrochener als die Dolphys, seine Klangfarben aggressiver: zornig-bedrohliche Klänge eröffnen »Clevont Fitzhubert«, und den Dolphy-Stücken auf *The Prophet* verleiht Lake neue Komplexität.

Der Altsaxophonton **Julius Hemphills** ist reiner als der Lakes, seine Technik weniger spektakulär, seine Klangkontraste weniger krass. Seine Vorliebe für klangliche Phantastereien, für romantisch frei-assoziative Phrasensequenzen aber machen ihn dennoch zu jenem Saxophonisten, der Lake vom musikalischen Temperament her am nächsten steht. Die Ähnlichkeiten und die Differenzen sind auf *Buster Bee*, der Duo-LP der beiden Saxophonisten, gut zu verfolgen, und die Wärme dieser Musik strahlt auch auf Hemphills eigene Einspielungen aus, besonders auf sein ausgedehntes Flötensolo »The Painter«. Trotz seiner eckig-gebrochenen Phrasen fühlt man die natürliche Liebenswürdigkeit seiner Musik, selbst dann, wenn er, wie in »Space«, schroffe, schreiende Klänge spielt. Seine bislang wichtigsten Aufnahmen sind seine beiden Doppel-LPs *Roi Boyé and the Gotham Minstrels* und *Blue Boyé*, deren Flöten- und Saxophontexturen er im Mehrspurverfahren ohne Mitwirkung anderer Musiker gestaltet hat. Auf *Roi Boyé* wird die Musik nach und nach immer erregter: Klanggewirr auf Seite 3, und dann, auf Seite 4, ein nervös-bedrängtes Altsaxophon über geknurrten Flötendrohungen, die nur teilweise gespielt sind. Auf *Blue Boyé* hört man das tiefe Flötenstöhnen, -summen und -knurren von »Antecedent«: schwerfällige Monster erheben sich aus den Urschlamm. »Kansas City Line« spricht Julius Hemphill aus dem Herzen: es ist eine nur wenig modernisierte Variante eines Charlie-Parker-Blues', ein langes Solo voller Parker-Phrasen, voller Parker'scher Lyrik, doch ohne die Verquältheit Parkers. In diesen Ein-Mann-Mehrspur-LPs und auch in Kompositionen wie »Lyric« zeigt sich Hemphills tiefe Zuneigung zum Klang der Holzblasinstrumente, der sich in seinen Arrangements vermischt, in den Kollektivimprovisationen durcheinanderwirbelt – eine Zuneigung, die dann 1980 zur Gründung des »World Saxophone Quartet« führte. Doch davon einmal abgesehen; in den freischwebenden Kurven der Soli Hemphills gewinnt lyrischer Instinkt gelegentlich die Oberhand über emotionale Entwicklung, und das Ergebnis sind Soli wie »Pensive«, die das Interesse des Hörers nicht ständig zu binden vermögen.

Bis 1975 hatten sich die meisten der führenden BAG-Musiker in New York niedergelassen. Der von Lester Bowie beeinflußte Trompeter Bakaida Carroll, der Posaunist Joseph Bowie, der Baritonsaxophonist Hamiet Bluiett, die Schlagzeuger Bobo Shaw und Phillip Wilson – das sind einige der anderen wichtigen St.-Louis-Avantgardisten, die dem Jazz des letzten Jahrzehnts vitale Impulse gegeben haben. Wilson tourte mehrere Jahre lang mit Rock-Bands, nachdem er 1967 die Gruppe Mitchells verlassen hatte; in den siebziger Jahren aber hat er sich wieder dem Jazz zugewandt. Besonders in Aufnahmen mit Lester Bowie so wie »TBM« und »3 in 1« demonstriert er jene feine freie Kunst klanglicher Schattierung, jenes Einfühlungsvermögen, das schon sein Spiel der Jahre 1966 und 1967 prägte.

Drei Generation von AACM-Musikern sind mittlerweile zu schöpferischer Reife gelangt, und bemerkenswerterweise spielen die jüngeren von ihnen, die ja meist in der AACM-Schule lernten, ganz anders als die älteren. Der kräftig, mit vollem Ton spielende Tenorsaxophonist **Fred Anderson** war einer der ersten musikalischen Avantgardisten Chicagos – bereits in den fünfziger Jahren. Seine langen, groben, formlosen Linien haben brutale Gewalt, und seine Kompositionen wie »Saxoon« und »Little Fox Run« fangen den rauhen Blues-Aufschrei seiner Improvisationen ein. Einige der besten Musiker Chicagos – von Joseph Jarman bis George Lewis – verbrachten lehrreiche Jahre in einer seiner Combos, doch hat keiner der Chicagoer Saxophonisten so wie er gespielt. Leroy Jenkins spielt Free-Violine und tut dies, anders als Coleman, mit einer herkömmlichen Technik und stets, auch in den aggressivsten klanglichen Kontexten, ohne elektrische Verstärkung; doch obwohl er sich seit Mitte der sechziger Jahre für die Geige im Free Jazz stark gemacht hat, hat keiner der späteren Chicagoer sich des Instruments angenommen. Das intime Klavier- und Orgelspiel **Amina Claudine Myers** – und ihr ebenso gearteter Gesang – sind einfach und direkt, haben eine warme, schlichte, manchmal etwas schwermütige Emotionalität. Unter »Outside«-Musikern ist sie insofern ein Sonderfall, als sie weniger eine linear improvisierende Musikerin ist als eine improvisierende Arrangeurin, deren Medien Reharmonisierung, Neuorchestrierung und Neuverzierung sind. Die Harmonien und Rhythmen vieler Generationen afroamerikanischer sakraler Musik sind in ihrem Blut; es ist kein Zufall, daß sie die ideale Interpretin der Musik Marion Browns ist (vielleicht gar besser als Brown selbst), denn sie hat den pastoralen Charme ihrer Kunst über die Jahre ungetrübt erhalten. Ihre persönlichste, eigenste Musik folgt keinen Schulen oder Trends, kennt nicht die Spannungen des Hauptstroms des zeitgenössischen Jazz, und so ist sie viel weniger bekannt, als sie es verdiente – auch Amina Claudine Myers hat keine Nachahmer gefunden.

Eine der aktivsten der AACM-Gruppen der sechziger Jahre war die All-Star-Band Myers und des Schlagzeugers Ajaramu (Jerol Donovan). Der Tenorsaxophonist dieses Ensembles war meist **Kalaparush(a) Maurice McIntyre,** jener Musiker, der in den Ensembles Abrams' und Mitchells durch seine einmalig entspannten und gelassenen Soli aufgefallen war. Auch auf der gewöhnlichen B-Klarinette hat er gelegentlich freie Soli von großer Expressivität gestaltet. Trotz seiner relaxten Rhythmik kann Kalaparush ein durchaus aufbrausendes musikalisches Temperament an den Tag legen. Seine hitzigen Improvisationen sind im Lauf der Jahre von recht wechselhafter Qualität gewesen, wobei *Humility* (1969), seine erste LP unter eigenem Namen, sowie *Ram's Run* (1981) als seine gelungensten Platten gelten können. Auf der letztgenannten LP nehmen seine ausgeklügelten Tenorlinien plötzlich einen zornigen, gequälten Ausdruck an, was den Altisten Julius Hemphill zu uncharakteristischer Double-Time-Heftigkeit inspiriert. *Humility* überzeugt durch ein attraktives, vielseitiges Programm, und in »Humility in the Light of the Creator« drückt sich Kalaparush in einer fast klassischen Eleganz aus. Sein Zorn ist hier nach innen gekehrt; sein Spiel offenbart auf ergreifende Weise ein Streben nach Transzendenz, das in der bewegenden Schlußkadenz gipfelt.

Einer der Senioren unter Chicagos Avantgardisten, der Tenorsaxophonist **Von Freeman,** war nie Mitglied der AACM. Seine Musikerlaufbahn begann bereits zu einer Zeit, als die meisten AACM-Mitglieder noch nicht einmal geboren waren, und viele Jahre lang spielte er in Bebop-, Blues- und Showkapellen, ehe er in den siebziger Jahren endlich eigene Combos leitete. Freemans Musik ist von herrlich swingendem und dramatischem Charakter, und das persönlichste Element seines Spiels ist sein großer, warmer Sound. Obwohl sein Repertoire konventionell ist, schert er sich ebenso wenig wie Ornette Coleman um herkömmliche Vorstellungen von Tonhöhe und Intonation, was seinen harmonisch extravaganten Linien eine besondere Prägnanz verleiht. Freemans Formsinn ist von der klassischen Qualität eines Coleman Hawkins oder Lester Young; doch sind seine Formen in einem endlosen Prozeß ständiger Erneuerung begriffen. Seine Musik hat eine bluesige Intimität, auch dann, wenn seine entspannten Phrasen nur der Auftakt zu mächtigen Klangkaskaden sind (»Time after Time«, »Swinging the Blues«) oder wenn warmes Rubato-Spiel plötzlich schnellen, merkwürdig verzerrten Linien weicht, rauhen Chorussen im tiefsten Register und spontanen Exkursen zu unsteten hohen Tönen (»I'll Close My Eyes«, »Mr. Lucky«). Seine schroff-zerrissenen Phrasen in »Have No Fear, Soul Is Here« sind kaum weniger faszinierend als die Coltranes; doch während Coltrane nach jedem befreienden Schritt auf neue Hindernisse stieß, gelingt Freeman hier eine vollständige, endgültige Emanzipation. Bemerkenswert ist, das sei noch am Rande vermerkt, die musikalische Einheit, zu der Freeman und der einfühlsame Schlagzeuger Wilbur Campbell auf beiden der 1975 eingespielten Platten Freemans gelangen.

Die AACM-Schule hat sich als *self-fulfilling prophecy*, als selbsterfüllende Prophezeiung, erwiesen. Chico Freeman, Mwata Bowden, Douglas Ewart (Holzblasinstrumente), Iqua (Gesang) und Adegoke Steve (Klavier, Komposition) Colson, George Lewis (Posaune), Pete Cosey (Gitarre) – das sind die wohl bekanntesten der Chicagoer Musiker, die in den siebziger Jahren die Szene betraten, und fast alle von ihnen sind aus der AACM hervorgegangen. Chico Freeman, der talentierte Tenorsaxophonist, ist der Sohn Von Freemans, und zumindest in den USA ist er der wohl populärste AACM-Musiker. Ganz anders als sein Vater spielt Chico Freeman eine hochstilisierte, Post-Coltrane'sche modale Musik, und einige seiner besten Aufnahmen hat er gemeinsam mit Muhal Richard Abrams eingespielt. Douglas Ewart hingegen lernte das Altsaxophonspiel bei Jarman und Mitchell, und im Zuge seiner Hinwendung zu anderen Mitgliedern der Holzblasinstrumentenfamilie ging er auch dazu über, sorgsam konstruierte und reich dekorierte Bambusflöten verschiedenster Größen herzustellen. Seine Improvisationen könnte man als weniger intensive Synthesen der Stile seiner AACM-Lehrer bezeichnen, doch ist sein dramatisches Altsolo in »Homage to Charles Parker« ein eindrucksvolles Beispiel jener Vorliebe für Tonbeugungen und kontrollierte Klangfarbenmanipulationen, für die die Chicagoer berühmt sind. Sein Klarinettenquartett *Red Hill* ist eine unprätentiöse, energiegeladene Erkundung der Rohrblattklänge zwischen kratzigen und vokalisierten Sounds und mächtigen Klangbögen, wobei immer andere der vier Musiker aus den bewegten Ensembletexturen hervorstechen.

George Lewis, als Komponist und Arrangeur mittlerweile viel bewundert, ist der Autor der »Homage to Charles Parker«, und dies ist nur eines von mehreren Stücken, in denen er konventionelle und elektronische Instrumente kombiniert. Darüber hinaus ist Lewis einer der führenden Posaunisten des heutigen Free Jazz. Soli wie die in »Another Place« und »BFG-12« klingen so, als sei einer der alten Tailgate-Posaunisten von New Orleans am Jüngsten Tag wieder auferstanden und blase eine Armageddon-Fanfare; daneben gibt es freilich auch fein strukturierte Soli wie »Olobo« und »Music for Trombone and B flat Soprano«, die eher an Lester Lashleys Synthese von Lyrik und Abstraktion denken lassen. Das im Mehrspurverfahren entstandene »Piece for Three Trombones Simultaneously« ist mit seinen fein verschlungenen Phrasen, seinen heftigen Posaunenwettkämpfen, seinen majestätischen Soli das wohl enthusiastischste Stück Musik dieses enthusiastischen Musikers. Nicht minder vital und extrovertiert gibt sich das Spiel Ray Andersons, des langjährigen Chicagoer Posaunistenkollegens von Lewis. Anderson, der nie der AACM angehörte, macht eine direkte, humorvolle, expressive, rauh tönende Musik, die man als modernere, fließendere Variante des Spiels Roswell Rudds charakterisieren kann.

George Lewis

Einer der heftigsten Augenblicke des Jazz der siebziger Jahre ist Wallace McMillans Tenorsaxophonsturm in »Triumph of the Outcasts Coming«. Der Multiinstrumentalist McMillan war der einzige St.-Louis-Musiker, der nach Chicago kam und – ein Jahrzehnt lang – da blieb; er war einer der letzten, die die Stellung hielten, als eine AACM-Generation nach der anderen aus ihrer Heimatstadt abwanderte. New York war das erste Ziel dieser Auswanderer, denn seit der Rückkehr Steve McCalls und des Braxton-Trios aus Europa hatten sich die New Yorker als interessiertes und enthusiastisches Publikum für die Chicagoer Klänge erwiesen – so bei Konzerten, die die Rückkehrer im Mai 1970 zusammen mit Abrams und dem Bassisten Richard Davis gaben. Diese farbenreichen Darbietungen waren nämlich völlig verschieden von den Energiemusik-Manifestationen, die in New York zu der Zeit als Inbegriff des Free Jazz galten. Die herausragenden Auftritte der Heimkehrer wurden von den Hörern begeistert aufgenommen und später unter dem Titel *Creative Construction Company* auf zwei LPs veröffentlicht. Braxton und Leroy Jenkins ließen sich daraufhin in New York nieder und initiierten so die Emigration der AACM-Musiker gen Osten.

Henry Threadgill hatte der Experimental Band als Saxophonist angehört; doch statt sich an den sich anschließenden Chicagoer Aktivitäten zu beteiligen, ging er auf Tournee quer durch die Vereinigten Staaten, spielte bei Gottesdiensten der kirchlichen Erweckungsbewegung und – später – in einer der Armee angehörigen Rock-Band. 1969 engagierte er sich dann schließlich in den Projekten der AACM. Eines Tages fuhr er mit seinem Auto auf dem Chicagoer Dan Ryan Expressway lang ...

> »da war so ein Typ auf der Maxwell Street, die man vom Expressway aus sehen konnte, der hatte lauter Radkappen auf seinem Schrottplatz: die Sonne schien auf sie drauf, und sie *leuchteten*, sie beleuchteten den ganzen Expressway – es blendete einen richtig. Also fuhr ich vom Expressway 'runter, um zu sehen, was das war. Und als ich mir die Dinger anguckte, waren sie so fantastisch – ich guckte mir die Markenzeichen auf diesen Radkappen an, weißt du –, und während ich mich so da durchwühlte, ließ ich ein paar fallen, um an andere 'ranzukommen, und dann fiel mir der Klang auf, den sie beim 'Runterfallen machten. Ich nahm also ein paar von ihnen mit nach Hause und machte sie sauber und fing an, auf sie draufzuschlagen und ihren Klang zu erproben; ich konstruierte mir ein Gestell dafür und baute das Ganze zusammen.«[9]

Das so entstandene »Hubkaphone« (hubcap = Radkappe) betätigt Threadgill (neben Flöten und Saxophonen) im Trio »Air«, das er gegründet hatte, als man ihn bat, für eine Schauspielproduktion Musik

Scott Joplins zu spielen. Die beiden anderen »Airmen« waren Schlagzeuger Steve McCall und Bassist Fred Hopkins, der, nachdem er das Charles-Clark-Memorial-Stipendium des Chicago Symphony Orchestra erhalten hatte, im Chicago Civic Orchestra mitwirkte. Durch das Spielen der Joplin-Rags mit ihren mehreren Themen, die Air im Two-Beat- und Four-Beat-Stil darbot, entwickelte sich bald ein dichtes Zusammenspiel. Und es dauerte nicht lange, bis Threadgill eine spezifische kompositorische Konzeption gefunden hatte:

> »Ich begann, über die Persönlichkeiten in der Gruppe nachzudenken, darüber, wie sie spielten. Ich kam dazu, nicht einfach Musik zu schreiben, sondern Musik für bestimmte Menschen. Man hört so oft, daß ein Instrument im Vordergrund steht und die anderen beiden eine Art Begleitung sind. Davon möchte ich wirklich loskommen. Also schreibe ich Musik aus der Vorstellung heraus, ich sei der Schlagzeuger. Manchmal gehe ich auch vom Baß aus, aber im Augenblick geht es mir darum, aus der Schlagzeugperspektive zu schreiben …
> Das verändert den ganzen Kontext in Bezug darauf, was Begleitung ist. Es tötet sozusagen die Begleitung und stellt alles auf die gleiche Stufe, und das ist es, was ich zu erreichen versuche.«[9]

Threadgills »No. 2« ist vom Schlagzeug her aufgebaut; das Thema besteht aus Stakkato-Tönen in raschem Tempo, die aber durch Pausen voneinander abgesetzt sind. Das erste Solo gehört McCall. Es beginnt mit zarten Klängen in spannungsgeladener Stille; die Bewegungen verdichten sich, werden intensiver, ohne aber jemals laut zu werden, schwellen wieder ab, werden weniger dicht. Über das beinahe arhythmische Schlagzeugspiel legen sich Baß- und dann Altsaxophonklänge, die die Esoterik dieser Klangwelt noch steigern. Der Walzer »Dance of the Beast« geht von einem komplexen Baßsolo Hopkins' aus, verwendet als Gestaltungsmittel vornehmlich stark betonte Taktschläge und Modulationen um eine kleine Terz. Der kompositorische Anteil dieser Stücke ist quantitativ nicht sehr bedeutend: einige Vorgaben und globale Absprachen reichen diesen drei bemerkenswerten Improvisatoren völlig aus. »Subtraction« hingegen, eine Studie in der Gegenüberstellung von Klang und Stille, ist fast vollständig auskomponiert.

»Abra« ist ein schleppendes Funk-Thema im langsamen Dreiertakt; Threadgill spielt aggressive Tenorpassagen, doch endet das Stück in einem müden Absinken. Das rasche »Air Raid« baut auf einer Abfolge von sieben Skalen auf; Threadgills Altsolo ist zunächst fragmentarisch, steigert sich aber dann zu langen, heftigen, ungebrochenen Linien. In der Studioversion von »Keep Right on Playing Through the

Mirror over the Water« entsteht Intensität aus dem eröffnenden Schlagzeugsolo: es ist eine brüchige, unsichere Konstruktion, die dann schlagartig von einem harten Tenorthema unterbrochen wird, das in ein zorniges Solo überleitet. Differenzierte Texturen exponiert Hopkins' Komposition »R. B.«: gestrichener Baß mit »Hubkaphone« und tiefen Trommeln; ein Baßflötenthema; kraftvolle Triopassagen von Tenor, Baß und Schlagzeug, in denen Trauer in Zorn umschlägt. Die gelungensten Aufnahmen von Air sind die ersten drei Studioproduktionen des Trios: *Air Song* (1975 in Chicago aufgenommen), *Air Raid* (1976 in New York eingespielt, nachdem die Gruppe dorthin übergesiedelt war) und *Air Time* (Chicago, 1977): auf diesen LPs hört man Threadgills überzeugendste Improvisationen. Anfangs hatte es den Anschein, als würde er für jedes seiner Instrumente einen individuellen Stil kreieren: melodisches Flötenspiel (»Air Song«); zerbrechliche Altsaxophonklänge (»No. 2«, »Dance of the Beast«); volltönend-aggressive Baritonsounds (»The Great Body of the Riddle«); Tenorsaxophon-Improvisationen von kräftiger Bestimmtheit (»Untitled Tango«, »Midnight Sun«, die Studioversion von »Keep Right On Playing«). In »Untitled«, einem herrlichen, aufregenden Stück, ist Threadgills Solo nach bester Sonny-Rollins-Manier (des Jahres 1956) gestaltet: wiederkehrende lange Töne dienen als Verankerung; dazwischen stehen krass kontrastierende Phrasen. Seit 1977 folgen seine Soli oft dem enigmatischen Stil seiner »No. 2«-Improvisation.

Fred Hopkins führt die von Wilbur Ware und Malachi Favors getragene Chicagoer Tradition gruppendienlichen Baßspiels fort. Gelegentlich, so in »Dance of the Beast«, sind seine Linien so eng mit denen Threadgills verzahnt, daß man meinen könnte, beide Instrumente würden von einem Musiker gespielt. Er hat eine natürliche Vorliebe für komplexe Gestalten; seine Linien bestehen aus vielen Tönen, und doch sind das Resultat nicht ornamentale Arabesken, sondern Kraft und Drive. Steve McCall, bis 1982 Schlagzeuger von Air, ist ein musikalisches Weltwunder. Für jedes Stück schafft er eine besondere klangliche und rhythmische Aura – zart, aggressiv, kontrastreich, komisch, Hard-Bop-artig, donnernd, euphorisch – und führt so die bereits hochdifferenzierte Kunst von Hard-Bop-Meistern wie Max Roach und Wilbur Campbell noch einen Schritt weiter. Die Sensibilität McCalls äußert sich in einem derart gefühlvollen, leidenschaftlichen Spiel, wie es im Jazzschlagzeug ohne Vorbild ist. Seine emotionale Bandbreite kommt der eines Spielers eines Melodieinstruments gleich: wie Lester Youngs Musik kann einem auch das Spiel Steve McCalls das Herz brechen.

»Eine ganze Menge Musiker, die absolut kommerzielle Musik spielen, haben nicht so angefangen. Unter den Musikern, die hier zehn oder fünfzehn Jahre dabei sind, wirst du keinen finden, der nicht schon ein mal ernsthaft daran gedacht hätte, ins kommerzielle Lager überzuwechseln. Die, die das getan haben, waren wohl der Meinung, sie hätten es verdient, nach all den schweren Jahren ... Es gibt haufenweise gute Musiker im ganzen Land, Musiker, die wie die AACM-Leute spielen, aber keine öffentliche Unterstützung bekommen. Die AACM inspiriert Musiker dazu, sich zusammenzutun und ihre Sachen gemeinsam zu machen, da sie sonst gar nicht gemacht werden ... Soweit ich gehört habe, werden wir von Musikern in der ganzen Welt hoch geachtet, besonders aber in den Vereinigten Staaten. Und das weniger wegen der Musik an sich, sondern wegen der Idee. Denn wenn die AACM überhaupt etwas ist, dann ist sie eine sehr hervorragende Idee. Es geht nicht so sehr darum, was wir tun oder nicht tun, es ist die Idee und was sie verschiedenen Gruppen bedeuten könnte, je nachdem, wieviel Energie sie haben. Die Idee: unsere Energien für eine gemeinsame Sache zu bündeln.«[10]

Diese Bemerkungen machte **Muhal Richard Abrams** im Jahr 1975, kurz vor dem zehnjährigen Jubiläum der AACM. »Wenn wir zuhause sind, dann sind wir Chicagoer Musiker«, fügte er hinzu, »aber es ist ganz klar, daß unsere Bestrebungen immer auf ein internationales Publikum abzielten.« Mittlerweile waren die AACM- und BAG-Musiker zu allgemein akzeptierten Mitgliedern der New Yorker und der internationalen Jazzszene geworden, und zwischen Kalifornien und Connecticut – und ebenso in Europa – waren im Kielwasser der AACM unzählige Musikerkooperativen entstanden, von denen einige wachsen und gedeihen, andere bald wieder in der Versenkung verschwinden sollten. In den siebziger Jahren leitete Abrams ein Sextett (mit den Saxophonisten Threadgill, Kalaparush und McMillan), das in Clubs und bei Konzerten auftrat und Tourneen unternahm; außerdem gab er wöchentliche Konzerte mit der AACM-Big Band, trat als Solist auf und spielte, auch bei Schallplattenaufnahmen, mit dem Art Ensemble, mit Braxton, Mitchell und Chico Freeman. Auch er zog schließlich 1977 nach New York, und das war ein Symbol dafür, daß eine Ära der AACM-Geschichte zu Ende gegangen war.

Nach 1975 hat Abrams zwei Arten von Schallplatten eingespielt. Da sind einmal seine Klavierplatten, Solo- oder Duoimprovisationen, in denen sich sein Spiel romantisch-enigmatisch gibt. Seine Musik ist noch immer vom Staunen über die unendlichen Möglichkeiten freien Spiels erfüllt, und seine Lust am Experiment ist nicht zu bändigen, auch wenn dabei gelegentlich Fragwürdiges herauskommt oder bloß vordergründig Humoristisches, so wie seine Boogie- und Ragtime-Duette mit Amina Claudine Myers oder Anthony Braxton. Die zweite Kategorie der Abrams-Aufnahmen umfaßt seine Combo- und Orchesterkompositionen. Einige davon stammen aus der Zeit seiner ersten Experimente mit freien Strukturen – »Blues Forever« ist ein zwanzig Jahre alter Experimental Band-Klassiker –, die meisten entstanden aber offensichtlich in den siebziger und achtziger Jahren. Doch ist das Kompositionsdatum letztlich irrelevant; entscheidend ist, daß diese Stücke nun auf Platte vorliegen, handelt es sich doch um Meilensteine in der Entwicklung des freien Jazz.

Was in diesen Aufnahmen zutage tritt, ist, daß Abrams' Experimentiergeist stets mit den individuellen Talenten und Neigungen der beteiligten Musiker rechnet: hier sind Musiker, die, wie Abrams sagt, »ihre Stimmen erfinden«. Diese Atmosphäre eines offenen musikalischen Wachstumsprozesses bringt außerordentlich inspirierte Improvisationen hervor: so die Altsaxophondialoge Ewarts und Jarmans in »Bud P«, die rohe Gewalt von Wallace McMillans Altsaxophon in »Balu« und, auf den Big-Band-LPs, die Beiträge des Trompeters Bakaida Carroll, des Posaunisten George Lewis, des Hornisten Vincent Chancey sowie das fließende, lyrisch-verletzliche Spiel des Altisten Jimmie Vass. Der überzeugendste Improvisator aber ist – solistisch wie im Ensemble – Abrams selbst; seine kraftvollen, beißenden, lyrischen Klavierlinien sind es, die den Charakter der Duette in »Charlie in the Parker«, »Arhythm Song« und »Ritob« prägen. Seine Musik zielt auf eine bewegte Vielfalt von Klang- und Farbkombinationen ab. In »Ja Do Thu« wird die ganze Fülle Abrams'scher Instrumentalkombination auf intensiv ausgefüllte acht Minuten komprimiert; »Spihumonesty« wagt sich auf das Territorium rätselhafter Synthesizersounds vor, wobei sich menschliche und elektronische Klänge zu mächtigen Harmonien auftürmen.

In Abrams' Big Bands der achtziger Jahre gewinnen dicht strukturierte Orchestertexturen an Bedeutung. Wieder befinden sich die Klanggewebe in ständigem Fluß, wobei Improvisationen mal hervor-, dann wieder in den Hintergrund treten. Abrams erkundet hier Wege, die zuletzt von George Russell und Johnny Carisi begangen wurden. Gospelmusikfragmente und schnelle Themen wechseln sich in »Mama and Daddy« ab: hier werden Polaritäten exponiert, die dann in den Soli entwickelt werden. Einen ähnlichen Prozeß gibt es in »Cluster for Many Worlds«: die individuellen Motive von vier Instrumenten wachsen zu bewegten Orchesterclustern an; dann, während Sprecher ein Motto rezitieren, entsteht eine freie Improvisation, an der sich zunächst nur wenige, dann aber immer mehr Musiker beteiligen. »Quartet to Quartet« beginnt mit dem freien Kontrapunkt eines Saxophonquartetts; eine kollektive Passage in raschem Tempo schließt sich an; der dritte Abschnitt ist eine offene Improvisation eines Blechbläserquartetts. Kaleidoskopartig ist die Abfolge der Klangereignisse in »Malic« und »Chambea«; das romantische »Duet for One World« beginnt seinerseits als Variation von »Chambea« und setzt sich als dreistimmiger Kontrapunkt von solistischem Horn, Trompete und Ensemble fort.

Unendliche Veränderung ist die einzige Konstante in diesen Aufnahmen Abrams'. Abrams: »Ich kann ›Gott‹, ›Allah‹ oder ›Jehova‹ sagen, aber damit fühlen sich nicht alle Menschen angesprochen. Mit Veränderung aber kann jeder etwas anfangen, und ich glaube, daß Veränderung ein Synonym für jede beliebige Vorstellung einer Gottheit ist. Veränderung ist eine ganz grundlegende Sache für die Menschheit; sie ist in unserer physischen Konstitution, im Verfall und Wachsen der Zellen, und nichts von Menschen Erschaffenes kann sich darüber hinwegsetzen.«[10] Abrams und die AACM haben Veränderungen als spirituelles Prinzip nicht bloß akzeptiert, sondern sie aktiv zu ihrem eigenen Anliegen gemacht. Das ist die Einstellung, aus der neue Klangwelten entstehen können.

9.
Cecil Taylor

Einer der roten Fäden in der Geschichte des neuen Jazz besteht darin, daß zahlreiche Innovationen dieser Musik erstmals in der Musik Cecil Taylors auftauchten. Wie Herbie Nichols war auch Cecil Taylor in den fünfziger Jahren seiner Zeit voraus; doch anders als Nichols hatte Taylor das Glück, das Kommen seiner Zeit noch erleben zu können. Schon seine erste Schallplatte etablierte ihn unmißverständlich als musikalischen Avantgardisten – und diese Platte entstand zu einer Zeit, als John Coltrane gerade seine Laufbahn bei Miles Davis begann und sich in den Strukturen des Bebop zu finden versuchte, als Eric Dolphy als Bebop-Musiker in Los Angeles arbeitete, als Ornette Coleman noch mehr als zwei Jahre auf die Aufnahme seiner ersten revolutionären LP zu warten hatte. In den folgenden Jahren trat Cecil Taylor nur selten und vor kleinem Publikum auf und verdiente sein Brot als Geschirrspüler, als Sandwichlieferant, als Angestellter in Plattenläden. Wenn er aber Gelegenheit zu musikalischer Betätigung hatte, dann wagte er sich auf tabuisiertes atonales Territorium vor, komponierte herbklingende Stücke, die die Grenzen der alten Song-Form sprengten und führte viele der heute renommierten Free-Musiker (darunter Steve Lacy, Archie Shepp und Sunny Murray) in die Kunst freier Gruppenimprovisation ein – und das während all der Jahre, als der Hard Bop zu letzter Blüte gelangte, allmählich in Klischees verwelkte, während die Ära des Free Jazz herandämmerte. Die hitzige Energie und übermenschliche Virtuosität seiner Musik der sechziger Jahre wurde zum Katalysator der »Energy Music« -Obsessionen des Avantgarde-Mainstreams; aber erst in den siebziger Jahren sollten seine grundlegenden Untersuchungen struktureller Möglichkeiten verbindlich für eine ganze Generation der Avantgarde werden. Bis heute ist Cecil Taylor einer der faszinierendsten improvisierenden Musiker geblieben, denn es bleibt unmöglich, ihm »bequem« zuzuhören: nur unter den Prämissen seiner eigenen Ästhetik kann man sich ihm zu nähern oder gar ihn zu verstehen versuchen. Sein einsames Beispiel ist anderen Musikern zum Vorbild geworden, und heute, in der Post-Coltrane-, Post-Ayler-Ära, ist Cecil Taylor kein Unbekannter mehr.

Die Tradition des Jazzklaviers verläuft größtenteils parallel zur (und ist zugleich Bestandteil der) Tradition des Jazzensembles. Unter den großen Jazzpianisten gab es einige, die ihr Spiel an das ihrer Mitspieler anglichen, ohne daß es dadurch an musikalischem Gewicht eingebüßt hätte. Andere hingegen, so Earl Hines, Art Tatum und Thelonious Monk, provozierten die Bläser mit der orchestralen Gewalt ihres Instruments – und Hines und Tatum gingen im Lauf der Jahre dazu über, ihre wesentlichen musikalischen Aussagen solistisch und damit ungehemmt zu formulieren. Herbie Nichols komponierte allein für Klavier und ging ohne Bläser ins Studio, und einer der größten aller Pianisten, Jimmy Yancey, spielte stets allein (außer wenn er seine Frau, die Sängerin war, begleitete). Cecil Taylor musiziert entweder als Solist oder aber in Gruppen, in denen sein Spiel Zentrum aller Aktivität ist – und damit stellt er sich in die Tradition der großen Pianisten und widerlegt so jene Kritiker, die behaupten, sein Spiel sei zu dominierend oder zu individuell.

Das Ausmachen spezifischer Einflüsse in Taylors Klavierspiel ist ein interessantes Ratespiel. »Also, ich bin immer eine Art Schwamm für das Spiel der Musiker gewesen, die ich gut fand«, sagt Taylor dazu. Inspiriert haben ihn die meisten der oben angeführten Klaviermeister und darüber hinaus Fats Waller, Lennie Tristano, der frühe Dave Brubeck, der frühe Erroll Garner – nicht zu vergessen Solisten auf anderen Instrumenten, so Miles Davis und Milt Jackson, und Komponisten wie Strawinsky, Ellington, Basie und Bartók (»Bartók hat mich gelehrt, was man mit folkloristischem Material anfangen kann«). Interessant ist, daß das blendende Klavierfeuerwerk Art Tatums, der unendliche, aber immer wieder durchbrochene Fluß seines Spiels, seine rhythmische Vielgestaltigkeit, für Taylor offenbar weniger wichtig wurden als das Spiel anderer Pianisten, und auch Bud Powells Intensität hat ihn eher indirekt, nämlich durch dessen Schüler Horace Silver, beeinflußt. In den fünfziger Jahren war Silvers Spiel oft eine Art Flohmarkt der Ideen – Rhythm and Blues-, Schlager- und Folk-Phrasen, Swing- und Bebop-Riffs, voll nervöser Spannung aneinandermontiert über einem verhaltenen Hintergrund aus brüchigen Staccato-Akkorden. Manche Soli Silvers (so die Ruf-Antwort-Struktur im zweiten Chorus von »Sister Sadie«) haben im Jazz der fünfziger Jahre keine Parallelen – *außer* in manchen Improvisationen Cecil Taylors.

Taylor, 1933 auf Long Island im Staat New York geboren, wo er auch aufwuchs, hörte in seiner Jugend vornehmlich klassische Musik und die Musik der bekannten Swingorchester. Seit seinem fünften Lebensjahr erhielt er Klavier- (und später Schlagzeug-) Unterricht bei einem der Musiker von Toscaninis Symphonieorchester. Er besuchte das New York College of Music und anschließend drei Jahre lang das New England Conservatory of Music. Eine intensive Beschäftigung mit der komponierten Klaviermusik des zwanzigsten Jahrhunderts verlief parallel zur Erkundung der improvisatorischen Möglichkeiten des Jazzklavierspiels. In den frühen fünfziger Jahren trat er gelegentlich mit Swingmusikern wie Hot Lips Page, Johnny Hodges und einem nicht näher bekannten Trompeter namens McCoy oder Coy auf: »Das war wahrscheinlich instruktiver als alle anderen Auftritte zusammen ... Mann, der Typ engagierte nie einen Bassisten und er spielte immer in solch schrecklichen Tempi, also er spielte immer in solchen Wahnsinnstempi, und er ... Seine Art zu spielen verlangte es, daß die linke Hand des Klaviers wirklich sprechen mußte, und wenn er einmal gerade nicht spielte, lehnte er sich immer zu mir herüber und sagte: ›Junge, wo bleibt denn deine linke Hand?‹«[1] Gegen Mitte der fünfziger Jahre spielte Taylor dann, wenn auch nur selten in der Öffentlichkeit, mit eigenen Gruppen in New York City.

Im Dezember 1955, im Alter von 22 Jahren, nahm er seine erste Platte unter eigenem Namen auf. Es war eine temperamentvolle Session, und man hört, daß seine Harmonik – wenn auch nicht seine Rhythmik – den Bebop schon weit hinter sich gelassen hatte. Kontraste bestimmen den Charakter seiner Soli: einfache Dissonanzen gegen Cluster, weite gegen enge Lagen, Ruf gegen Antwort (die Call-Response-Struktur ist bei ihm die häufigste Art der Phrasengestaltung). Der harmonische Fluß der Akkorde in Ellingtons »Azure« wird durch Taylors spröde Verzierungen gebrochen; Fortspinnungen des Themas enden in harten Baßeinwürfen; Riffs und Double-Time-Linien durchbrechen die melancholische Stimmung; Taylers Hände geraten in Widerspruch zueinander: der Pianist bringt seine Individualität auf bewußt querköpfige Art zur Geltung. Es ist die Querköpfigkeit eines Musikers, der die Vielfältigkeit und Verschiedenheit seiner Möglichkeit erkundet – in langen, enthusiastischen, oft geradezu fröhlichen Soli, die vom üppigen Swing des Schlagzeugs von Dennis Charles getragen werden. In seinen frühen Platten, umgeben von Bebop-orientierten Musikern, verdient sich Taylor seinen Ruf als exzentrischer Avantgardist: seine Akkorde und seine frei gesponnenen Linien verschleiern oft die Tonalität seines Spiels, was, wie Gunther Schuller beobachtet hat, auch Taylors Bassisten Buell Neidlinger dazu ermutigt, sich von den Akkordprogressionen zu lösen.

Immer wieder betont Taylor die Divergenz zwischen dem eher Mainstream-orientierten Spiel seiner Partner und seiner eigenen Synthese aus verschiedenen Stilen der europäischen und afroamerikanischen Musik. Durch Überbrücken solcher Differenzen versucht Taylor, zu einer Einheit des Gruppenspiels zu gelangen: in »Charge 'Em Blues« imitiert seine Klavierbegleitung die Sopransaxophonphrasen Steve Lacys, und dann tritt er mit Dennis Charles in einen echoartigen Dialog ein, in dem sich jeder über das Spiel des anderen lustig macht. Der Vibraphonist wird über weite Strecken von »Excursion on a Wobbly Rail« mit Baß und Schlagzeug allein gelassen, und als Taylor endlich mit Begleitfiguren hinzukommt, geben sie den Linien des Solisten wirkliche Impulse. In diesen Quartettaufnahmen hat man oft den Eindruck, als würde ein Melodieinstrument von einem imaginären Orchester in Taylors Klavier begleitet: so scheint hinter Lacys Solo in »Johnny Come Lately« eine riffende Jump Band zu swingen, und das gleiche Achtundachtzig-Tasten-Orchester »begleitet« Earl Griffith in »Luyah! The Glorious Step« mit Fortspinnungen des Themenmaterials, wobei das Zusammenwirken von Vibraphon und Klavier beträchtliche Intensität erzeugt.

Vor allem vermittelt diese frühe Musik Taylors eine gewisse Kühnheit, ja Dreistigkeit, und damit ist er gar nicht einmal so weit von Earl Hines entfernt. Wie Hines hat auch Taylor eine Neigung zu gelegentlichen krassen, unbarmherzigen Passagen: man höre seine derb-komische Einleitung zu »Get out of Town«. Der einzige Fehlschlag unter Taylors Aufnahmen vor 1961 war ausgerechnet die am vielversprechendsten anmutende Session: die mit Coltrane; alle übrigen Einspielungen aber erweisen sich als Fortschritt gegenüber den vorausgegangenen. In Aufnahmen von 1959 macht er sich über »Love for Sale« und »I Love Paris« lustig, indem er Fragmente der Themen zu rockenden Riff-Nummern verarbeitet. Seine Klaviersoli werden allmählich fließender, obwohl sie innerlich immer konflikt- und kontrastreicher werden; seine Soli in »Little Lees« sind nicht weniger konsequent entwickelt als Improvisationen Thelonious Monks aus derselben Periode. In Ted Curson (der hier einen seiner ersten Auftritte auf Schallplatte hat) hat Taylor nun einen gleichgesinnten Solisten gefunden. Cursons Spiel ist markant, mutig, volltönend, gelegentlich ironisch, von spontaner Dramatik – wie das Lee Morgans, doch etwas weniger rauh-vulgär (und nur in dieser Hinsicht erweist sich Morgan als der überlegene Künstler).

Die Blues auf seinen frühen LPs scheinen völlig improvisiert zu sein; doch Taylor hatte auch kompositorische Ambitionen. »Tune 2« von 1957 bedeutet in dieser Hinsicht einen persönlichen Durchbruch. Es ist ein achtundachtzigtaktiges Thema, das sich aus zwölf (vier- bis achttaktigen) Phrasen zusammensetzt, in denen drei Hauptmotive entwickelt werden; zusätzlich gibt es eine Passage mit einem spannungssteigernden Orgelpunkt. Ganz offenkundig können Taylor die üblichen zwölf-, sechzehn- oder zweiunddreißigtaktigen Strukturen nicht mehr genügen, wenn er zu derart komplexen kompositorischen Vorgaben greifen muß, um anregendes Material für Improvisationen zu finden. Nun sind achtundachtzig Takte in mittlerem Tempo nicht gerade ein sehr handliches Format für eine Jazzkomposition. Also schrieb Taylor im folgenden Jahr (1958) das Stück »Toll«, in dem sich eine andere kompositorische Richtung ankündigt, der er dann eine ganze Zeit lang treu bleiben würde. In »Toll« wird das Thema in drei verschiedenen Tempi und drei verschiedenen Instrumentenkombinationen exponiert: zunächst Vibraphon plus Walking Bass, dann unbegleitetes Klavier mit einzelnen Einwürfen von Baß und/oder Schlagzeug, schließlich alle vier Instrumente zusammen. Hier offenbart sich eine Art abstrakt-expressionistische Herangehensweise an Jazzkomposition.

Das Theaterstück *The Connection* war der Hit der Off-Broadway-Theater gegen Ende der fünfziger Jahre. Zu den Mitwirkenden zählte auch das Freddie-Redd-Quartett, ein Hard-Bop-Ensemble, das im Lauf des Jahres 1960 für einige Monate durch Cecil Taylors Gruppe ersetzt wurde, die nun neben Buell Neidlinger und Dennis Charles den Tenorsaxophonisten Archie Shepp umfaßte. An einer Klimax des Theaterstücks erklingt »Air«: Taylor läßt ein abstraktes Nebeneinander von lyrischen Phrasen und hart attackierten Dissonanzen hören, und dann beginnt Shepps schnelles Solo. Die intensive Dramatik seiner eigenen

Cecil Taylor

frühen LPs ist in Shepps Soli im Taylor-Quartett noch nicht voll ausgeprägt, doch verleiht die körnig geschärfte Fülle seines Tons einem Stück wie »Cell Walk for Celeste« (Januar 1961) zusätzliches Gewicht. Nach der Originaleinspielung von Monks »Evidence« und Taylors »Toll« ist »Cell Walk« ein weiterer Schritt hin zu musikalischer Abstraktion – ein Schritt, den nicht mehr viel von Taylors »Unit Structures« der mittsechziger Jahre trennt. »Cell Walk« beginnt mit einem Austausch von Klangfetzen; ein Tenor-Klavier-Dialog schließt sich an, bewegt sich auf leise, tiefe Akkorde hin; Baß und Schlagzeug kommentieren das Geschehen mit kurzen Interjektionen, bis dann die schnellen Soli folgen; das abschließende Thema ist, wie der Anfang, zerrissen und fragmentarisch. Dies ist eine hochdifferenzierte Komposition – die Schemata des Bebop bedeuten Taylor nichts mehr, ist doch seine Musik nun eine völlig persönliche geworden – und die Komplexität dieses Stücks geht Hand in Hand mit der zunehmenden Komplexität seiner Klavierimprovisationen.

»Air« ist ein Titel der LP *The World of Cecil Taylor*, einer Platte, die dokumentiert, daß die mannigfaltigen Facetten von Taylors anfangs etwas problematischem Klavierstil um 1960 zu einer stabilen Balance gefunden hatten. *The World of Cecil Taylor* ist die bis dahin eingängigste Platte des Pianisten; sie enthält fünf Stücke verschiedener Länge (drei Originalkompositionen, zwei Standards), wobei jeder Titel einen ganz individuellen Charakter zeigt. Ganz und gar nicht abstrakt geben sich seine Interpretationen der Standards, die mittelschnell und mit entspanntem Swing dargeboten werden. Vollkommen natürlich wirkt das Auf und Ab von Konsonanz und Dissonanz, von Lyrik und Drama in »This Nearly Was Mine«, und nicht weniger selbstverständlich fließen die pastoralen Impressionismen von »Lazy Afternoon«, wo Taylor nicht über das Thema oder die Akkordprogressionen improvisiert, sondern über den (ungehörten) Text. Dieser Text handelt von schlafenden Kühen, umherschwirrenden Käfern, aus dem Wasser emporspringenden Forellen, von »a place that's quiet 'cept for daisies runnin' riot« (›einem Ort, wo alles ruhig ist, außer dem wilden Treiben der Gänseblümchen‹), und nach einer fließenden umherschweifenden Klaviereinleitung spielt Taylor zarte Klangwellen hinter Shepps Tenorimpressionen. Doch dann folgt ein präzise strukturiertes Klaviersolo: Taylor isoliert eine dieser Klangwellen, formt sie zu einer Folge von Klangkaskaden um, zu einer plötzlichen Klangwolke im tiefen Register, und so fort – bis dieses ganze plastische Klangbild in dahingetupften Triolenakkorden verebbt. Kaum verschiedener könnte der Anfang seines Solos in »Air« sein: zarte Akkorde werden mit grellen, harten aufsteigenden Tönen in der hohen Lage des Instruments kontrastiert. Der Mittelteil dieses Solos besteht, ebenso wie ein Großteil seiner ausgedehnten Improvisation in »E. B.«, aus langen, unregelmäßigen raschen Triolenlinien in einer eng umgrenzten hohen Lage, die gelegentlich von sparsamen, vagen Baßakkorden unterbrochen werden. Diese leisen Linien im hohen Register wirken fast reserviert im Kontext von Taylors sonst so direkter Musik, doch sollten derartige zartere Stimmungen in späteren Einspielungen an Bedeutung gewinnen.

»Cell Walk for Celeste« entstand bei einer Aufnahmesitzung, die offiziell unter dem Namen Buell Neidlingers lief, und so lag streng genommen fast ein Jahr, darunter der größte Teil von 1961, zwischen *The World of Cecil Taylor* und der nächsten Einspielung, die die persönliche Musiksprache Cecil Taylor dokumentiert: der LP *Into the Hot*, die unter dem Namen Gil Evans' veröffentlicht wurde.

> »1961 war ein sehr wichtiges Jahr. Es war das Jahr, in dem mein Vater starb. Es war die endgültige Prägung meines musikalischen Charakters, denn was die meisten Leute für entweder Selbständigkeit oder Verrücktheit oder was auch immer halten, wurde tatsächlich sehr liebevoll von einem Vater gefördert, der um seinen Sohn besorgt war – der sich sorgte, ob sein Sohn irgendetwas von dem sei, was die Leute über ihn sagten – aber es war *sein* Sohn, die *Fortsetzung* seiner selbst, und er unterstützte meine musikalischen Bestrebungen und meine Maßlosigkeiten. Aber nun war er nicht mehr da. Dieser Mann, der Liebe gegeben hatte, war nicht mehr da, und diese ökonomische Sicherheit war auch nicht mehr da. Und ich mußte mir nun endlich darüber Gedanken machen, wie es weitergehen sollte.
> Hatte ich eben vielleicht noch die Perspektive gehabt, eine Figur von ähnlicher ökonomischer Bedeutung wie, sagen wir, Oscar Peterson zu werden, so fand ich mich nun plötzlich als Tellerwäscher wieder. Es ist eine Ironie des Schicksals, daß gerade zu der Zeit im *Down Beat* ein Artikel über unsere Musik herauskam, und kurz nachdem er erschienen war, fing ich an, Geschirr zu spülen; aber inzwischen war mir schon klar, *warum* ich als Tellerwäscher arbeitete.«

Cecil Taylor entschied sich dafür, sich von Standard-Material zu lösen und der Versuchung zu widerstehen, seinen Stil zu ändern oder wenigstens zu mäßigen, um so ein Publikum »erreichen« zu können. Dreizehn Jahre nach dieser folgenschweren Entscheidung sagte er:

> »Im Nachhinein, wenn ich die Entwicklung der kulturellen Basis der ›Unit‹ betrachte, bereue ich die Entscheidung, die ich getroffen habe – die, mich allein nach künstlerischen Kriterien zu richten – keinesfalls. Was ich den Leuten sagen kann, die sich doch entschlossen haben, kommerzielle Figuren zu werden und Musik zu einem Geschäft zu machen, das ihnen finanzielle Sicherheit gibt – auch wenn das durch vordergründiges Gerede über Kommunikation verschleiert werden mag – ist folgendes: *die oberste Verpflichtung des Künstlers besteht darin, mit sich selbst zu kommunizieren.*«[2]

Gil Evans hat keinen Takt Musik seiner LP *Into the Hot* selbst komponiert oder arrangiert; die Platte ist vielmehr ein Forum für seine

Freunde Taylor und Johnny Carisi. Shepps Tenorsound wird nun durch das Altsaxophon von Jimmy Lyons im Unisono, in Oktaven, in dissonanten Zweiklängen verstärkt: ein zwei-Saxophon-Sound, den Taylor liebte und der in repetierten Motiven seine eigenen Improvisationen in »Bulbs« und »Mixed« begleitet. Die drei mehrteiligen Kompositionen Taylors exponieren auch jeweils mehrere Tempi. »Pots« lebt von eindrucksvollen Phrasen, die zuerst im Klavier erklingen, dann von den Saxophonen fortgeführt werden. Die Trauer von »Mixed« wird anfangs im Rubato von einer einsamen Trompete und Posaune artikuliert, steigert sich anschließend zum Zorn eines herausgeschrienen Saxophonostinatos und donnernder Klavierschläge. Was in »Tune 2« noch wie eine unüberwindbare Schwierigkeit gewirkt haben mag, ist im Lauf der Jahre durch Taylors charakteristische Standfestigkeit überwunden worden – und durch sein Glück, mit Solisten zusammenarbeiten zu können, die seinen tonal vieldeutigen Strukturen gewachsen sind.

Into the Hot schlägt eine Brücke zwischen dem frühen Cecil Taylor, bei dem fast jedes neue Stück einen technischen wie stilistischen Fortschritt dokumentiert, und dem zweiten Cecil Taylor: dem Cecil Taylor von heute.

In mehr als nur einer Hinsicht ist **Johnny Carisi** eine ungewöhnliche Figur im Jazz. Er studierte bei dem temperamentvollen, zu Unrecht vergessenen Komponisten Stefan Wolpe und schlug dann eine Laufbahn als Big-Band-Trompeter ein. 1949 komponierte er zwei bahnbrechende Stücke: »Israel« (für die *Birth of the Cool*-Aufnahmen Miles Davis') und »Lestorian Mode« (für das Septett Brew Moores); beides sind Drei-Minuten-Werke, die ursprünglich als 78er-Platten herauskamen; in beiden zeigt Carisi eine virtuose Meisterschaft in bewegten Linien und Klangfarben. Dann, 1961, folgten seine drei ausführlicheren Stücke für *Into the Hot*, die Carisi als »tonal und seriell« bezeichnete. Sie sind fast zur Gänze auskomponiert und übertragen die in »Israel« vorgestellte Klangwelt schwebender Tonalität auf eine Big-Band-Besetzung. »Moon Taj« ist eine klangliche Impression des Taj Mahal bei Mondschein: hier und da leuchten Melodiefragmente auf, Altsaxophonterzen, die vor einem statischen Hintergrund ungewöhnlich lebhaft wirken, steigen auf und verschwinden wieder; ein Klavier ruft ins Leere, erhält sonore Antworten verschiedener Instrumentalgruppen; glitzernde Phrasen wandern ständig zwischen den Musikern hin und her, und mit einer pendelnd wiederholten Figur klingt »Moon Taj« aus. Es gibt hier kein Thema, keine konventionelle Struktur: der klangliche Organismus scheint allein aus dem evozierten Naturbild zu wachsen; die unendliche Bewegung reinen, brillanten Klangs ist eine Struktur für sich. Trotz der asiatischen Thematik gibt es aber weder hier noch in »Angkor Wat« ausgeprägte Orientalismen: ganz im Gegenteil hört man im letztgenannten Titel Tuba- und Altsaxophonsoli mit den Erwiderungen einer Gospel-Band. Rhythmisch sind diese Stücke dem späten Swing, höchstens dem Bebop zuzuordnen: eine Konzeption, die eine Interpretation durch Musiker wie Ted Curson oder Dennis Charles – ganz zu schweigen von Archie Shepp oder Jimmy Lyons – a priori ausschließen würde. Die einzigen dem Verfasser bekannten späteren Jazzkompositionen Carisis – eine Folge von Jazz-Rock-Nummern für den Studiotrompeter Marvin Stamm – sind von deutlich minderer Vitalität. Carisis Stücke von 1961 aber sind eine unvergeßliche Bereicherung der Gefühlswelt des Jazz.

Bei Taylors *Into the Hot*-Stücken wirkten Jimmy Lyons und Sunny Murray mit, und im folgenden Jahr taten sich die drei Musiker als »Cecil Taylor Unit« zusammen. Der Name »Unit« (›Einheit‹) ist treffend gewählt, denn eine für den neuen Jazz neuartige Einheit ist es, die sich in den im November 1962 in Kopenhagen entstandenen Aufnahmen manifestiert. Diese Musik kennt zwei Grundstimmungen: balladenartiges Rubato und blitzartige Geschwindigkeit – eine Geschwindigkeit, die an die äußersten Grenzen des spieltechnisch oder hörphysiologisch Möglichen geht. Dies ist die Geburtsstunde der »Energy Music«, und bei solchen Extremen des Tempos gehört das Thema »Swing« der Vergangenheit an: in den hurrikangleichen Tempi wird Kontinuität nur noch durch kinetische Energie erreicht. Taylor führt hier de facto ein völlig neuartiges rhythmisches Konzept in den Jazz ein, ein Konzept, in dem Rubatospiel und übermenschliche Geschwindigkeit nicht Gegensätze, sondern verschiedene Aspekte eines Grundtempos sind. So beginnen beispielsweise zwei Versionen von »Nefertiti, the Beautiful One Has Come« in anscheinend freiem Tempo, doch mit zunehmender Häufigkeit kleiner Notenwerte ergibt sich aus dieser Dichte und der Anhäufung von Akzenten das Gefühl eines eindeutigen Tempos. Während dieses ganzen Prozesses hat Murrays Schlagzeugspiel allein kommentierende Funktion, aber auch seine Figuren verdichten sich, werden zu einem Kontrapunkt: aus der anwachsenden Dichte der Texturen entsteht fast unmerklich ein schnelles Tempo, und als Lyons schließlich einsetzt, ist das rasende Tempo völlig deutlich geworden. Für diese rhythmische Konzeption gibt es auf der Platte noch mehrere gute Beispiele: man hört etwa, wie Taylor im ersten Take von »Nefertiti« verschiedene Intensitätsebenen benutzt, um das Tempo zu vervielfachen oder zu teilen. Taylors Idee, daß alle Tempi letztlich einem Tempo entspringen, weist natürlich weit über die Rhythmik des Bebop hinaus, doch ist dies nicht mit jenem freien Fluß von Tempo, Metrum, Klang und Stille gleichzusetzen, den die Chicagoer vier Jahre später entdecken sollten.

Welche Art von Stücken spielte die Cecil Taylor Unit von 1962? Das Repertoire des Trios enthält, als Solo-Feature für Lyons, der hier die

Parker-Qualitäten seines Spiels andeuten kann, eine Komposition aus dem traditionellen Jazzfundus. Unter den weiteren Stücken sind »Call«, eine Ballade mit einer mächtigen akkordischen Klavierklimax und – wohl das eindrucksvollste Stück der Platte – »D Trad That's What«, ein offenbar völlig improvisierter Titel. Hier hört man wieder die hochlagigen Klavierwellen von »E. B.«, doch gewinnen nun die mehrdeutigen Akkorde der linken Hand eigenes Leben, wachsen zu einem murmelnden Unterstrom, der sich gegen die Bewegung der Hauptlinie rhythmisch erweitert und wieder zusammenzieht. Aus dem zweiten Solo Lyons' in »D Trad« entsteht eine ungewöhnliche Kollektivimprovisation: das Altsaxophon spielt die Oberstimme, das Schlagzeug die Unterstimme (*nicht* die Begleitung) und das unglaublich bewegte Klavier alle anderen Stimmen eines mächtigen orchestralen Höhepunkts. Es kann kein Zweifel daran bestehen, daß sich Taylor nun endgültig von seinem früheren, in sich durchaus ausgereiften, Stil gelöst hat: nun gibt es nicht mehr Auslotungen oder ironische Verzerrungen von Standard-Themen, nicht mehr einfache emotionale Gebilde wie »Mixed«. Angesichts der explodierenden Dichte und Komplexität seiner jüngsten Musik muß Taylor die Gefühlswelt dieser früheren Interpretationen eher oberflächlich vorgekommen sein. Taylors vielzitiertes Diktum »In dieser Gesellschaft gibt es nichts Erschreckenderes als das Gefühl« wird zum Ausgangspunkt seines künftigen Musizierens. Denn seine Innovationen der frühen sechziger Jahre erforderten eine tiefere Untersuchung der Emotionen, eine Neuordnung der Empfindungen, als Mittel einer inneren Suche – und die Alternative zu dieser inneren Suche ist der Tod der Psyche.

1962 machte die Cecil Taylor Unit noch weitere Entdeckungen. Es war zu jener Zeit, daß Sunny Murray das metrische Spiel verwarf und seinen *völlig* kontrapunktischen Stil entwickelte, und es war während der Europatrips von 1962, daß die (in Kopenhagen aufgenommenen) LPs mit Albert Ayler entstanden. Die Konzerte in Europa konstituieren tatsächlich einen Großteil der öffentlichen Auftritte der Unit in den frühen sechziger Jahren, und es dauerte mehr als zwei Jahre, bis Taylor seine nächsten Plattenaufnahmen machte. »Ich habe die Fortschritte eines arbeitenden Jazzmusikers simulieren müssen«, sagt Taylor, »ich habe mir selbst Situationen des Wachstums schaffen müssen ...«[3] Zeitweise war die Sozialhilfe sein einziges Einkommen, doch probte er in jedem Fall wöchentlich mit seiner Gruppe. Und dann entstanden 1966 gleich drei bemerkenswerte Aufnahmen: zwei Blue-Note-LPs und ein auf einer Doppel-LP festgehaltener Mitschnitt, den der französische Rundfunk anläßlich eines Pariser Konzerts aufgezeichnet hatte.

Taylors Schlagzeuger heißt nun Andrew Cyrille. Wie Sunny Murray spielt auch Cyrille ametrisch, anders aber als Murray geht er durch

Akzente direkt auf das Spiel der anderen Musiker ein. Dadurch erhält die Ensemblebewegung wechselnde Dichte, gewinnt an Dynamik – wie auch durch die Tatsache, daß Taylor seiner Unit nun den Kontrabaß hinzugefügt hat. Nicht nur einen, sondern gleich zwei Bassisten gibt es auf den beiden Blue-Note-LPs, und beide erfüllen in der Gruppe ganz verschiedene Aufgaben – ganz im Gegensatz zu Coltrane, der, wenn er gelegentlich zwei Baßspieler einsetzte, den zweiten eher wie eine Verstärkung des ersten behandelte. Henry Grimes, berühmt für seinen großen Ton, für seinen Drive, war einer der energetischsten, vitalsten Jazzspieler der sechziger Jahre, und seine besondere Stärke war es, Ensemblebewegungen zu stützen und voranzutreiben – ein Talent, das in diversen Gruppen Sonny Rollins' und Albert Aylers und nun in Taylors Unit zur Geltung kam. Der zweite Bassist ist Alan Silva, und seine Rolle in der Gruppe läßt an einen baßspielenden Sunny Murray denken. Silvas Spiel ist völlig impulsiv. Er markiert kein Metrum, spielt keine gruppenintegrierende Rolle; stattdessen streicht er Linien, meist in hohen, schrillen Lagen, mit denen er auf das Spiel der anderen reagiert, Linien, die dem Ensembleklang eine bittersüße Farbe und Phantastik hinzufügen. Bill Dixon ist der Trompeter auf *Conquistador*, der LP, auf der Taylor die vielleicht beste Gruppe anführt, die er je haben sollte – ökonomische Zwänge aber verhinderten, daß dieses Sextett außerhalb des Studios fortbestehen konnte, und Grimes und Dixon verfolgten ohnehin andere Interessen, die ihnen ein längeres Mitwirken in Taylors Gruppe nicht erlaubt hätten.

Die Blue-Note-Alben enthalten Stücke, die zu den farbenreichsten Taylors zählen – und zu den abstraktesten. Das wesentliche Element ist die gesteigerte Komplexität seiner Strukturen. Der LP-Titel *Unit Structures* ist ein treffender Begriff für Taylors Art, diese Gruppenmusik zu organisieren. In seinem Buch *Free Jazz* stellt Ekkehard Jost anschaulich dar, wie Taylor in dem ausgedehnten Stück »Unit Structure/As of a Now/Section« primäres und sekundäres thematisches Material strukturiert und darüber hinaus mit einleitenden, ornamentalen und kontrastierenden Struktureinheiten arbeitet. Kurz zusammengefaßt: in den ersten fünf Minuten des Stücks gibt es fünfzehn Struktureinheiten (»units«), die die sieben Musiker in wechselnden Konstellationen vorstellen, in ständiger, meist polyphoner Bewegung. Themenelemente tauchen auf; das erste Thema setzt sich aus einer Folge kurzer, voneinander abgesetzter Motive zusammen; Tempi und Metren etablieren sich und lösen sich rasch wieder auf; verschiedene Motive werden kurz weiterentwickelt. Die Struktureinheiten sind kurz, und so kann es keine lang durchgehaltenen Entwicklungslinien geben; vielmehr läßt sich der Anfang des Stücks als lange Kette von Mehrdeutigkeiten und Unterbrechungen schildern, teils komponiert, teils improvisiert. In den sich anschließenden Soli stabilisieren sich die Tempi und die Beziehungen der Musiker zueinander, und so kommt es zu einer gewissen Kontinuität.

Die anderen Ensemblestücke auf den Blue-Note-LPs folgen im wesentlichen ähnlichen Mustern; die Soli in »Enter, Evening« sind jedoch in freiem Tempo gehalten, während »Conquistador« ein vergleichsweise einfacher aufgebautes Stück ist. Ein Vorfahre dieser »Unit Structures« war offenbar »Cell Walk for Celeste« gewesen; weniger offensichtlich ist vielleicht, daß sich viele dieser strukturellen Feinheiten aus der Vielfalt von Taylors Klavierstil herleiten lassen – etwas, was vielleicht beim Hören von »Tales (8 Whisps)« deutlicher wird. Auf diesen Einspielungen gibt es jede Menge unmittelbar reizvoller Passagen. Zu meinen persönlichen Favoriten zählen der Klang der tiefen Oboe und die langen, verzogenen Baßtöne in »Enter, Evening«; Jimmy Lyons' melodische Schöpfungen im gleichen Stück; das einsame Anfangsthema von »With (Exit)«; das gesamte Spiel Bill Dixons. Sein Trompetensolo in »With (Exit)« hat beinahe klassische Konturen und kontrastiert so klar mit Taylors komplexen Strukturen. Die langen Töne am Anfang und am Ende von Dixons Solo betonen seine Distanz von der Intensität der Rhythmusgruppe; doch besteht der größte Teil seiner Improvisation aus flüchtigen Klangfetzen und Tonpunkten: Motive blitzen auf, lösen sich sogleich wieder auf, schließen sich den heftigen Aggressionen des Klavierbegleiters an. Dixons spezifische Lyrik, so wie sie sich in »Conquistador« entfaltet, ist ein deutlicher Gegensatz zum Fluß der Klänge und Motive in Taylors übriger Musik. Bill Dixons Spiel ist einzigartig; nur selten hatte Taylor später Gruppenmitglieder, die sich seinem Spiel so profiliert entgegenstellten.

Die Unit, die im November in Paris spielte, bestand aus Taylor, Lyons, Silva und Cyrille. »Amplitude« ist ein Mysterium zart schwebender Klänge : klagende Baßtöne, eigenartiges Kratzen und Schrummeln (auch auf den Klaviersaiten), Saxophonaufschreie; außerdem gibt es ein Klaviersolo, das Taylor dadurch fast unkenntlich macht, daß er die Saiten des Flügels mit Blechplatten bedeckt. Die »Student Studies« sind voll intensiver Vorgefühle. Im Mittelpunkt stehen ein schroffer, repetierter Altsaxophonton und erbarmungslose tiefe Klavierklänge, und das Gefühl drohender Gefahr setzt sich in Rubato-Abschnitten und schnellen Passagen fort, in einem dichten Klavier-Schlagzeug-Duett wie in einem stotternden, vom Baß begleiteten Altsolo. Mit »Niggle Feuigle« kommt ein emotionaler Zug in Taylors Musik, der, so weit man das an seinen Schallplatten ablesen kann, seine Musiksprache der folgenden Jahre fast vollständig bestimmen sollte. Von Anfang an ist »Niggle Feuigle« ein heftiges Stück Musik, ein Feuersturm im schnellsten den Musikern nur möglichen Tempo. Derartige Tendenzen hatte es in Taylors Musik natürlich schon seit 1962 gegeben, doch nun werden Geschwindigkeit und Dichte gnadenlos, erlauben keinerlei

Entspannung – höchstens dann, wenn der Altsaxophonist aus purer Erschöpfung zu spielen aufhört und Taylors duettierende Linie so unfreiwillig zum Solo wird.

Während Taylor in den späten sechziger Jahren mehr und mehr Auftrittsmöglichkeiten fand, erlangte er auch eine gewisse Reputation dafür, besonders lange und ausdauernd in dieser Art zu spielen – als ob »Energy Music« per definitionem eine Art Wettbewerb sei, in dem Taylor durch seine Ausdauer den Rang des Champions erreicht habe. Das gelungenste Stück der 1968 eingespielten Doppel-LP des Jazz Composers Orchestra ist Mike Mantlers wuchtige Orchestration – wagnerianisch? mindestens aber Stan-Kenton-isch – des Klavierstils Cecil Taylors; Taylor spielt dazu ein ausführliches Solo von charakteristischer kinetischer Energie. *The Great Concert of Cecil Taylor* besteht aus nahezu zwei Stunden beinahe ungebrochener Geschwindigkeit, mit Soli und kollektiven Improvisationen. Die Musik ist eindimensional, ohne lyrische Passagen oder Atempausen (abgesehen von einem eingeschobenen Saxophonduett) und trotz der Gewaltsamkeit des Spiels und der bis ins Extreme übersteigerten Saxophonsounds fast ohne jede Emotion. Was von Emotion bleibt, ist allein Erregung, die keine andere Motivation als ihre immanente kinetische Energie kennt. Dies ist ein Trance- oder vielleicht ein Rauschzustand – wie bei einem Athleten, dessen Körper bei fortwährender konzentrierter Anstrengung eigene Stimulantien erzeugt und in die Blutbahn leitet. Taylors Konzertkleidung besteht aus einem Trainingsanzug, und es überrascht nicht, daß er in der High School ein hervorragender Sportler war:

> »... als ich Basketball spielte, war ich wahrscheinlich der aggressivste aller Basketballspieler ... Ich war schnell.«
> Interviewer: »Hast du ›schmutzig‹ gespielt?«
> Taylor: »... Ich habe schon aufgepaßt, denn alle anderen waren viel größer als ich ... Ich habe meine Körpergröße ausgenutzt, so daß mich manche Leute gewähren ließen ... aber ich habe doch eine ganze Menge Punkte gemacht.«[1]

Also beginnen die Anforderungen der Musik Cecil Taylors mit den körperlichen Forderungen, die er an sich selbst stellt; seine Gruppen sind natürlich vom Klavier her aufgebaut. Er hat gesagt, seine Unit kreiere Musik in konstanter Bewegung des ganzen Körpers,

> als Klang innerhalb
> des *ganzen* Körpers, der in
> ein Stadium vollständig entpersönlichter
> Aktion
> versetzt werden muß[4]

Gemeinsam ergeben die gebündelten Energien der Spieler ein »nukleares Gedankengebäude«. Taylor warnt freilich: »Die physische

Kraft, die bei der Erschaffung Schwarzer Musik beteiligt ist – wenn die falsch verstanden wird, ist das Resultat Geschrei ...«[5] Und dennoch gibt es in Darbietungen wie *The Great Concert* zahlreiche Stellen, die nicht anders klingen als eine komplexere, technisch verfeinerte Art von Geschrei.

1970 begann Taylor, an der University of Wisconsin in Madison Kurse über die Geschichte der Schwarzen Musik und über Schwarze Ästhetik abzuhalten. Außerdem gründete er eine Studenten-Big-Band und schrieb Musik für sie: »Am ersten Tag versammelte ich im Probenraum eine Gruppe von Musikern und sagte ihnen: ›Jetzt werden wir einen Blues spielen.‹ Also spielten sie; ich setzte mich hin und hörte zu, und was ich hörte, war nicht gerade genau ein Blues. Es war gut, daß ich keine vorgeformten Ideen hatte – ich ließ mich von ihnen unterrichten, so daß wir Ideen austauschen und gemeinsam etwas schaffen könnten.«[5] Die Studenten, von denen einige nie zuvor Jazz gespielt hatten, interpretierten und improvisierten über einige der bemerkenswertesten Kompositionen Taylors. Der Sound der Unit wurde nun auf das Ensemble von fünfzehn, zwanzig oder mehr Musikern ausgeweitet; die dichten Harmonien Taylors, die orchestrale Fülle seines Spiels wurden nun von einem regulären Orchester verwirklicht, und das mit dem zusätzlichen Vorteil täglicher Proben über einen Zeitraum von vielen Monaten. Zwei Jahre darauf wechselte Taylor von Wisconsin ans Antioch College in Yellow Springs, Ohio, wo auch Lyons und Cyrille – die übrigen Mitglieder der Unit – dem Lehrkörper angehörten. Wieder wurde eine Studenten-Big-Band gegründet; wieder wurden keine Aufnahmen des Orchesters gemacht. Taylors Big-Band-Kompositionen zählen zu den bedeutendsten Leistungen seiner Musikerlaufbahn – sie sind eine wirkliche Offenbarung –, und so ist es mehr als bedauerlich, daß sie nicht auf Platte dokumentiert wurden.

1973 und 1974 entstanden endlich Taylors erste Soloklavierplatten – und damit seine konzentriertesten, am dichtesten strukturierten Darbietungen. Die vier herrlichen Tokio-Soli reichen von der mächtigen, blendenden Intensität von »Choral of Voice (Elesion)« bis zu den konsequenten thematischen Fortspinnungen von »Lono«. Nicht weit vom Anfang des in Tokio aufgezeichneten Titels »Indent« hört man schnelle, widerhallende Linien, die lawinenartig die Tastatur hinabschießen, und genau diese Strukturen werden dann zum Höhepunkt der vollständigen *Indent*-Version, die in Antioch aufgenommen wurde. *Indent* besteht aus drei »layers« (›Schichten‹). Die erste dieser Schichten bewegt sich trotz gelegentlicher rascher Passagen (die dann in den Klanglawinen kulminieren) im wesentlichen in einem mittelschnellen Rubato. Die zweite Schicht exponiert alle nur erdenklichen musikalischen Kontraste: hoch-tief, laut-leise, Ruf-Antwort; die dritte ist in Taylors vehementestem Stil gehalten, wobei die mächtigen Klanglawinen noch zweimal auftauchen. Diese Strukturen sind so monumental, wie Musik nur sein kann, und *Indent* ist das beste von Taylors groß angelegten Werken.

Die sieben Stücke auf *Silent Tongues* sind für Taylors Verhältnisse recht kurz, so daß die musikalischen Strukturen dem Hörer deutlicher als sonst werden: nicht nur die vielfachen Eruptionen seiner Improvisationen, sondern auch die individuellen Qualitäten jedes Titels sind prägnant wahrzunehmen. Das Thema von »Abyss« ist anfangs nur ein schwaches Gemurmel, steigert sich dann aber schließlich zu einem Finale gewaltiger klanglicher Gegensätze. Mit einer rhythmischen Gestalt beginnt »Petals and Filaments«; Taylor verwandelt sie in eine melodische Phrase und demontiert sie anschließend, wobei er zwischen die Tonrepetitionen noch eine Fülle rascher Läufe, brillanter Glissandi und tiefer Baßinterpunktionen einschiebt. Eine Variante des »Abyss«-Themas steht am Anfang der ausführlichen Klangprozesse von »Crossing«, wechselt sich mit einer Gegenüberstellung tiefer Figuren und hoher Sprünge, mit abwärtsstürzenden Linien, mit leuchtenden Klangexplosionen ab. Sowohl Lyrik als auch immense Komplexität klingen im letzten, »After All« titulierten, Satz an – und mittlerweile hat sich Taylor so in den Enthusiasmus seiner Musik hineingesteigert, daß er gleich zwei Zugaben anfügt.

Mehr denn je ist das Klavier für Taylor eine Art wunderbares Orchester:

> »Allein auf der Ebene des Klaviers kann ich, wenn ich will, vier oder fünf mehrdimensionale Klangkörper erzeugen. In anderen Worten, ich kann beispielsweise drei oder vier verschiedene Stimmen oder Chöre schaffen, deren individuelle Bewegungen mit verschiedener Intensität vorangetrieben werden … Man kann also – nehmen wir an, daß zwei oder drei Oktaven unter dem mittleren C das Gebiet des Abgrunds ist, daß die Mittellage die Erdoberfläche ist und die Sternenwelt im hohen Register – dann hat man also drei wohldefinierte Klangkörper, die auch durch eine bestimmte Lage, durch bestimmte Tonbeziehungen innerhalb dieser Gruppen und zwischen den Gruppen gekennzeichnet werden. Was zunächst wie eine lineare Stimme beginnt, wird also quasi in sich selbst zu einem horizontalen Gebilde, wegen der vielfachen Wechselbeziehungen zwischen den Stimmen.«[2]

Unklar bleibt, was in den drei »layers« von *Indent*, den fünf Sätzen von *Silent Tongues* improvisiert ist, was komponiert. Nur wenig auskomponiert wirkt jedenfalls die Musik auf Taylors nächster Soloklavier-LP *Air Above Mountains (Buildings Within)* von 1976 – man hat vielmehr den Anschein, als handele es sich um ein gänzlich improvisiertes Stück. Das Dreitonmotiv des Anfangs wird im Zuge seiner Weiterverarbeitung vielen Sequenzierungen unterworfen; einige Minuten später entwickelt sich eine andere Figur zur thematischen Zelle, noch ein paar Minuten später eine wieder neue, und so fort. De facto ist dies eine weiterentwickelte Version der Form von »Nefertiti« von 1962 – weit raffinierter, technisch weit brillanter, und eine wiederum ähnliche Form liegt der Soloklavierseite von *Spring of 2 Blue-Js* (1973) zugrunde, die man als Taylors solistisches Meisterwerk bezeichnen kann. Balladenartige Phrasen werden von zornigen Figuren im tiefen Register beantwortet, die dann in akkordisches Spiel übergehen, anschließend in die Höhe steigen. Phrasen voll innerer Reibungen lösen sich in Fragmente auf; lyrische Momente wandeln sich zu heftigen Clusterpassagen. Ein Sperrfeuer aus Clustern und Motivfragmenten geht auf das Klavier nieder; Taylor kontrastiert tiefe Baßakkorde und vehemente Klangbögen in allen erdenklichen Permutationen. Diese Darbietung ist, ungeachtet ihrer meisterlichen Qualität, nicht von der klanglichen Gewalt seiner anderen Soli, denn Taylor läßt auch die eher impressionistischen Stimmungen zum Zuge kommen, gestattet ein vorübergehendes Nachlassen der Intensität. Die Klangkontraste werden bis zum Ende des Stücks durchgehalten, kommen nicht, wie in »Crossing«, zu einer Synthese.

Verrückt war schon die bloße Idee des gemeinsamen Konzerts von Cecil Taylor und Mary Lou Williams, das 1977 stattfand und auf der LP *Embraced* documentiert wurde. Williams war eine Swing- und Boogie-Pianistin aus Kansas City, die ihren Stil in den vierziger Jahren um einige Bebop-Elemente bereichert hatte; sie war die einzige Pianistin, die Kompositionen Herbie Nichols' einspielte (von Nichols selbst einmal abgesehen), und in den siebziger Jahren spielte sie bevorzugt romantische modale Stücke. In *Embraced* improvisiert sie über eine Folge von Blues', von denen jeder in einem verschiedenen Stil gehalten ist. Taylor aber kümmert sich nicht um die großformalen Schemata ihres Spiels, sondern pickt sich aus ihren Soli einzelne Figuren heraus, die er dann zu mächtigen Klangfantasien aus ungewöhnlich langen und verwickelten Linien steigert, turbulent wie eh und je und im schnellsten seiner Tempi. Williams und Taylor improvisieren in ihren eigenen Klangwelten und finden nicht einmal ansatzweise zu einer musikalischen Zwiesprache, sieht man einmal von einigen Stellen in den beiden längsten Titeln der Platte ab. Hier finden wir die deutlichste Manifestation der romantischen Grundhaltung hinter dem Konstruktivismus Cecil Taylors: seine vollständig isolierte Klangwelt ist reich, autark, allumfassend, kann jegliches Material integrieren, und so geht die Zerstörung der Klangwelt von Mary Lou Williams fast unbemerkt vonstatten.

In den frühen sechziger Jahren, in den Jahren der Armut, sagte Cecil Taylor voraus, daß ihm seine Musik irgendwann einmal das Einkommen eines guten Kammermusikspielers verschaffen würde. Als

Taylor seine Lehrtätigkeit in Wisconsin antrat, war es, den Aussagen Jimmy Lyons' zufolge, endlich soweit, daß die Auftritte der Unit (die noch immer aus Taylor, Lyons und Cyrille bestand) ihren Mitgliedern ein Auskommen sicherten. Ergebnis der ersten Japantournee des Trios von 1973 war, außer einer Soloklavier-LP, der Plattenmitschnitt des unglaublich vitalen *Akisakila*-Konzerts: zwei LPs unablässiger Intensität im charakteristischen übermenschlichen Tempo. Gegen Ende des Jahres folgte *Spring of 2 Blue-Js*, wo der Bassist Sirone (Norris Jones) die Unit zum Quartett erweitert. Da die Quartett-Seite dieser LP die Fortschritte von **Jimmy Lyons'** Spiel deutlich werden läßt, ist dies ein geeigneter Zeitpunkt, etwas über dessen Musik zu sagen.

1962 schien es noch so, als sei Lyons' Altsaxophonstil allein eine Fortführung Parker'scher Ideen; doch im Lauf der Jahre färbte die Intensität von Taylors Pianistik immer mehr auf sein Spiel ab, wenn auch Lyons' Version dieser Intensität weniger kontinuierlich erscheint – aus dem einfachen Grund, daß ein Altsaxophon nun einmal nicht die Klangressourcen eines Konzertflügels hat. Einmal, in »Chorus of Seed« (1976), versucht sich Lyons sogar in einer Imitation einer donnernden Taylor-Klimax (der dann Taylors eigene mächtige Klimax folgt). Tatsächlich ist sein Spiel so Taylor-inspiriert, daß auch die Musik seiner eigenen LPs von der Geschwindigkeit und Intensität, wie sie für die Unit typisch sind, geprägt sind. Eine andere Facette aber seines Spiels sind herrliche bluesige Passagen wie am Anfang der »Student Studies«; Lyons' Spieltechnik ist hochdifferenziert und flexibel. In *Blue-Js* beginnt er mit zarten, balladenartigen Phrasen, gänzlich unbeeindruckt vom Aktionismus der übrigen Spieler. Plötzlich aber schließt er sich Taylors schnellem Tempo an, und sofort wird das Gruppenspiel intensiv, mitreißend, heiß. Stellenweise spielt Taylor dann so, als würde er Lyons begleiten, während Lyons seinerseits Fragmente spielt, die wie eine Begleitung der Improvisationen des Pianisten wirken; dann aber werden diese Fragmente länger und eckiger, steigern sich zu Huptönen und überblasenen Schreien. Taylor versucht, diese Gruppenimprovisation mit einer zirkulären Bewegung und einem darauffolgenden mächtigen tiefen Donnerschlag zu beenden – aber Lyons' Aufschreie setzen sich einfach fort, und die heftigen Klanggestalten finden kein Ende, bis *er*, Lyons, durch eine repetierte Figur das Signal zum Ritardando gibt.

Seit Cyrille die Unit im Jahr 1975 verließ, haben Lyons und Taylor mit wechselnden Besetzungen gespielt. Wichtig für die Erweiterung Taylors musikalischer Perspektive war das Sextett der ersten Jahreshälfte von 1978, dem außer Taylor, Lyons und Sirone der strahlende Trompeter Raphe Malik (ein ehemaliger Student Taylors am Antioch College), der Geiger Ramsey Ameen und der Schlagzeuger Ronald Shannon Jackson angehörten. Wie die Violinisten Aylers ist auch

Ameen sowohl Solist als auch Begleiter. Er spielt harmonisch völlig emanzipiert, dabei aber weniger eckig als Taylor; Klavierklänge und Doppel- und Tripelgriffe der Geige ergeben zusammen dichte, oft intensive Texturen; manchmal aber behauptet sich Ameen inmitten der faszinierenden Hektik der anderen Musiker mit lyrischen Emotionen (so beispielsweise in »Serdab«). Etwa in der Mitte der letzten Plattenseite von *One Too Many Salty Swift and Not Goodbye* spielt er ein Solo von einer Melancholie, die Taylor üblicherweise nicht zuläßt; diesmal aber ist die Klavierbegleitung zart und schlicht, und kommt es zu schrofferen Passagen, so dürfen sie in schluchzenden Glissandi ausklingen; bis zum Ende des Konzerts erhalten beide Spieler diese Stimmung größter Traurigkeit aufrecht.

»Idut« beginnt als polyphoner Tanz, der sich von der Geige her aufbaut; Klavierinterludien dienen nicht nur dazu, die vielen diversen Texturen (tänzerisch oder riffartig oder heftig) voneinander abzusetzen, sondern verhindern auch, daß »Idut« in die emotionale Beschränktheit stürmischer Tempi und unablässiger Vehemenz abgleitet. »Serdab« wird von warmen, impressionistischen Bluesmelodien eröffnet; bis zum Ende des Klaviersolos gibt es hier keine durchgehend heftigen Passagen. Unverkennbar ist, daß Taylors Musik offener geworden ist, daß es nicht mehr zwangsläufig zu rasend schnellen, brutalen Klangballungen kommen muß, daß Taylors emotionales Spektrum breiter geworden ist. Darüber hinaus ist zu konstatieren, daß dieses Sextett ein *Ensemble* ist: wohl sind die Spieler selbständige Individuen, aber sie teilen die neuerreichte Freiheit, Aussagen der anderen Spieler zu bekräftigen, sie zu kommentieren, einander zu bestätigen, den Fluß der Musik gemeinsam zu verändern. Der exzentrischste Musiker des Sextetts ist Ronald Shannon Jackson. Wie seine Vorgänger früherer Taylor-Gruppen betont und verstärkt auch er oft die freien Bewegungen der übrigen Spieler; er hat jedoch auch eine Vorliebe dafür, dem Ensemble feste rhythmische Muster aufzunötigen, die er geschickt von den anderen Musikern (insbesondere vom Klavier) übernimmt und dann wie ein Marschtrommler wiederholt und variiert. Dies ist natürlich ein konservativer musikalischer Kommentar zur Radikalität der Musik des Ensembles – die Beziehung zwischen Cecil Taylor und Mary Lou Williams wird hier sozusagen auf den Kopf gestellt.

All diese Tendenzen zu einem neuen, allumfassenden Konzept musikalischer Freiheit spiegeln sich in *3 Phasis* wider. Auf der ganzen ersten Seite spielt Taylor Klavierinterludien, denen sich ein oder mehrere Spieler anschließen; musikalische Strukturen, darunter einige sehr vehemente, entwickeln sich zu verschiedener Ausdehnung – einige sind recht lang –, um dann wieder im verhaltenen Klavierspiel Taylors zu verklingen. Die Rollen von Solist, Begleiter und Tuttispieler wandern von Musiker zu Musiker; jeder Spieler reagiert auf das Spiel der anderen mit freien Einwürfen, entwickelt Ideen der anderen in den eigenen Linien weiter. Seite 2 beginnt mit Klavierklängen, die von trivialen marschkapellenartigen Schlagzeugrhythmen begleitet werden, doch wird dieses Schlagzeug dann zum Herzstück des witzigen Hintergrunds, den die Rhythmusgruppe dem Solo Jimmy Lyons' unterlegt – einem schnellen, fragmentierten Solo, dessen Intensität sich bis in die extremen Lagen des Instruments steigert. Die folgenden Klavier- und Ensemble-Improvisationen begleitet das Schlagzeug mit einem neuen Marschrhythmus. Das freie Spiel der Ideen, die *Wachheit* dieser Musiker ist es, die *3 Phasis* seinen musikalischen Wert gibt. Und die Begleitung von Lyons' Solo zeugt von einem Spielwitz, wie man ihn sonst nur vom Art Ensemble of Chicago kennt.

Taylors langes Klaviersolo in *It Is in the Brewing Luminous* (1980) ist einzigartig durch seinen Mangel an großen dramatischen Gesten; gegen Ende des Stücks singt Taylor übrigens und klingt dabei wie ein meditativer Screamin' Jay Hawkins – soweit man sich das vorstellen kann. Die Klaviersolo-LP *Fly! Fly! Fly! Fly! Fly! Fly!* (1980) beruht fast zur Gänze auf einem einzigen rhythmischen Muster. Dieser rhythmische Kern ist in den meisten Stücken der Platte in reiner Form zu hören, in den tiefen (Abgrund-), hohen (Sternen-) und, am häufigsten in den mittleren (Erden-)Registern des Instruments. Diese Suite hat nichts Monumentales oder blendend Virtuoses an sich. Sie existiert in einem offenen rhythmischen Schwebezustand, lebt von einem inneren Puls jenseits von Tempo oder Metrum, der auf seine Art beeindruckender ist als unablässiger Drive: dies sind die Rhythmen des Lebens, nicht die des Willens oder der Kraft. Nicht, daß Cecil Taylors Musik der achtziger Jahre nicht die großartige Wucht früherer Zeiten erreichen könnte – sie kann es durchaus; doch wendet sich Taylor nun auch anderen, keineswegs weniger lohnenden Ausdrucksbereichen zu. Taylors Leidenschaft ähnelt, oberflächlich betrachtet, dem ewigen Streben John Coltranes, seiner fortwährenden Ruhelosigkeit, doch ist in Taylors Aufnahmen nach den sechziger Jahren eine Entwicklung spürbar, die auf eine Versöhnung mit der Vielfalt der Facetten seines emotionalen Spektrums hinausläuft. Aber nicht Selbstzufriedenheit ist das Ergebnis, sondern Fortschreiten auf dem einmal eingeschlagenen Weg: einem Weg, auf dem noch immer neue Entdeckungen liegen.

Inzwischen ist Cecil Taylor mit Ehrungen überhäuft worden wie sonst nur wenige Musiker. Er unterrichtet, arbeitet mit Dramatikern und Tänzern zusammen, erhält Förderpreise und trat sogar beim »Jazz Day« auf, den Präsident Carter 1979 im Weißen Haus zelebrierte. Es ist schwer, mit ihm Schritt zu halten. Trotz alledem ist er keine musikalischen Kompromisse eingegangen, hat seine klanglichen Extreme, seine rigorosen Strukturen, seine radikalen Abstraktionen kein bißchen entschärft. Im Jahr 1974 sagte er:

»Ich glaube, daß unsere größere Verantwortung nun darin besteht, dafür zu sorgen, daß uns so viele Menschen wie nur möglich hören. Es ist eine wunderbare Sache, die da im Gang ist. Es gibt da eine Entwicklung, die man in Worten kaum beschreiben kann: die Freude, die Musik wachsen zu sehen. Ob es *einen* Zuhörer gibt oder aber tausend, so wie in Japan, man kann seine eigene Weiterentwicklung erkennen.
Es gibt eine große Anzahl gewissenhafter, liebevoller, denkender Menschen, die sich sehr ernsthaft mit Lyrik beschäftigen, mit Musik, Tanz, Theater, die dorthin gehen, weil das ihnen etwas gibt. Es gibt mehr von diesen Menschen, als man allgemein annimmt, und wir haben die Möglichkeit gehabt, sie kennenzulernen.«[2]

Dieses Zusammentreffen war natürlich alles andere als selbstverständlich – der Beharrlichkeit Cecil Taylors haben wir also einiges zu verdanken.

10. Pop-Jazz, Fusion Music, Neoromantik

Die Hälfte seines Lebens war Jazz eine populäre Musik gewesen – in der Swing-Ära zählte der Jazz gar zu den *populärsten* Musikrichtungen –, auch wenn man einschränkend anmerken muß, daß Jazzgrößen wie King Oliver oder Fletcher Henderson nie dem kommerziellen Erfolg der Original Memphis Five oder Tommy Dorseys nahekamen. Doch nach und nach gab es unter den Stars des Show Business immer weniger Jazzmusiker, und das lag nicht zuletzt daran, daß für ein normales amerikanisches Publikum, das sich mittlerweile an Patti Page oder Pat Boone orientierte, der Bebop und seine Folgestile eine reichlich schräge und neutönerische Musik waren. Nach den Kriterien des Fernsehzeitalters waren selbst die berühmtesten Jazzmusiker, so wie Dave Brubeck oder die Gruppen des »Soul«-Jazz, nur mäßig erfolgreich. In den »Soul«-Jazz-Gruppen stand meistens eine elektronische Orgel im Mittelpunkt, die die Lautstärke und Spielart einer riffenden Swing-Band annäherungsweise simulieren konnte. Eine ganze Reihe begabter Bop-Musiker fand ihr Auskommen in solchen Orgel-Combos, während die übrigen Jazzer in den sechziger Jahren für ein spezifisch jazzorientiertes – und immer kleiner werdendes – Publikum spielten. Diese spezielle Variante des Pop-Jazz zeichnete sich durch ihre direkte Wirkung aus: die Musik war stark bluesdurchtränkt, betonte überdeutlich den Beat – und die Leute tanzten dazu. Die folgende Spielart des Pop-Jazz, die Fusion Music, die aus dem Niedergang des modalen Spiels resultierte, schwächte solche Züge ab und drängte sie letztlich ganz in den Hintergrund.

Als es mit **Miles Davis'** Musik in den späten sechziger Jahren bergab ging, rutschten auch die Verkaufszahlen seiner Platten in den Keller, und das zu einer Zeit, als das neue Management von Columbia Records die Mindestverkaufs-Sollzahlen seiner Vertragskünstler heraufsetzte. Davis' Bosse machten ihm unmißverständlich klar, daß er nun gefälligst eine gut verkäufliche Platte abzuliefern habe, sonst ... Miles' Antwort vom August 1969 hieß *Bitches Brew*. Das offenkundigste Rock-Element auf dieser Doppel-LP ist das Spiel des elektrischen Basses, der in jedem Stück ein rhythmisches Muster von Anfang bis Ende stur wiederholt. Die Gruppe umfaßt drei Schlagzeuger und einen Perkussionisten, von denen keiner laut spielt, sowie eine elektrische Gitarre und zwei oder drei elektrische Klaviere. Ein Kontrabaß fügt ausschmückende Elemente hinzu, und hinter den Soli der beiden Bläser spielt ein Baßklarinettist verzierende Gegenmelodien. All dies ist nur Hintergrund für die Solisten Davis und Wayne Shorter; sie schweben über einem sanft bewegten modalen Klangteppich, aus dem das Schlagzeug gelegentlich etwas hervortritt. In jedem Stück gibt es lange statische Abschnitte, die vielleicht – doch kann man das nicht mit Sicherheit bestimmen – als gitarren- oder klavierbegleitete Klavier- oder Gitarrensoli intendiert sind; jedenfalls gibt es in diesen Abschnitten keine großen Linien.

Shorter spielt hier Sopransaxophon, spielt rhythmisch frei über dem Beat von »Bitches Brew«, schwebt in expandierenden und kontraktierenden Rhythmen über dem Unterstrom von »Miles Runs the Voodoo Down«. Sein Ton ist leicht, aber nicht dünn oder unflexibel; die seit Coltrane übliche nasale Klangfarbe des Instruments fehlt, und herrlich klingt das Sopran in den imaginären Elfentänzen seines komplexen »Spanish Key«-Solos. In seinem »Voodoo«-Solo beugt Davis jeden einzelnen Ton; hier und in »Spanish Key« vernimmt man sein vitalstes Spiel seit Jahren. Sein Stil beruht mittlerweile auf einer Balance melodischer und allein rhythmischer Elemente; aber dann, bei musikalischen Höhepunkten, werden die Notenwerte kürzer, schießt Davis in die hohen Register empor, spielt dann flatternde Triller, die ihren Zorn in diatonischer Abwärtsbewegung aushauchen. Sieht man von der Vielfalt seiner Tonbeugungen ab, so ist Davis' Stil elementarer geworden: seine musikalischen Statements sind einfach, kurz, oft einsilbig, weniger lyrisch, stärker an den Beat gebunden. *Bitches Brew* wurde zur erfolgreichsten Platte, die Davis je aufnahm und zur bis dahin meistverkauften Jazzplatte überhaupt. Davis betrat nun die Szenerie der großen Pop-Konzerte und verließ das Milieu der Jazzclubs.

Eine stilistische Umkehr sollte es nicht geben. Alle späteren Gruppen Davis' orientierten sich am Modell der modal spielenden, E-Baß-dominierten *Bitches Brew*-Band. Manchmal wurden die klanglichen Gewichtungen etwas verschoben – in manchen Ensembles gab es Sitars, in anderen trat das Spiel der Perkussionisten stärker hervor –, doch blieb es stets bei der für den neuen Stil charakteristischen Dämpfung der Emotionen. Keiner der späteren Saxophonisten der Davis-Band erreichte das Niveau Wayne Shorters, und Davis' Trompetenspiel wurde im Lauf der Zeit immer asketischer, als habe er seinen Stil nun nach dem Kriterium maximaler Wirkung modelliert und dabei viele Elemente seiner früheren Spielweise wegrationalisiert. Es gibt vereinzelte Ausnahmen zu diesem Trend, so beispielsweise zwei schöne Soli auf *Jack Johnson,* doch tendierten seine Improvisation zu einer klischeehaften Verfestigung, wobei sein verengtes Ausdrucksspektrum ein wenig durch allerlei elektronische Hilfsmittel – Echogeräte, Mehrspureffekte, Effektgeräte, Bandmontagen (*Jack Johnson* hat den Charakter einer fast willkürlichen Collage) – überdeckt wird. Der Gehalt seiner Musik reduzierte sich damit auf die Suche nach neuen Klangideen oder Effekten; das Wort Innovation wurde bedeutungslos. Es mutet schon fast ironisch an, daß Davis, nachdem er nun seine Trompete über einen Gitarrenverstärker (und mit dem dadurch eingeengten Sound) spielte, in Stücken wie »Ife« den Klang zusätzlich durch ein Wah-Wah-Pedal modifiziert – ein Gerät, das erfunden wurde, um Gitarristen die Möglichkeit zu geben, bestimmte Trompeteneffekte zu imitieren! 1975, als die repetitiven Klangteppiche von Perkussion und elektrischem Instrumentarium seine Musik vollständig dominierten, zog sich Davis aus der Musikszene zurück.

Erst in den achtziger Jahren wurde er wieder aktiv. Wenn sein heutiges Spiel auch vielfach ebenso fragmentarisch ist, wie es in den

Miles Davis

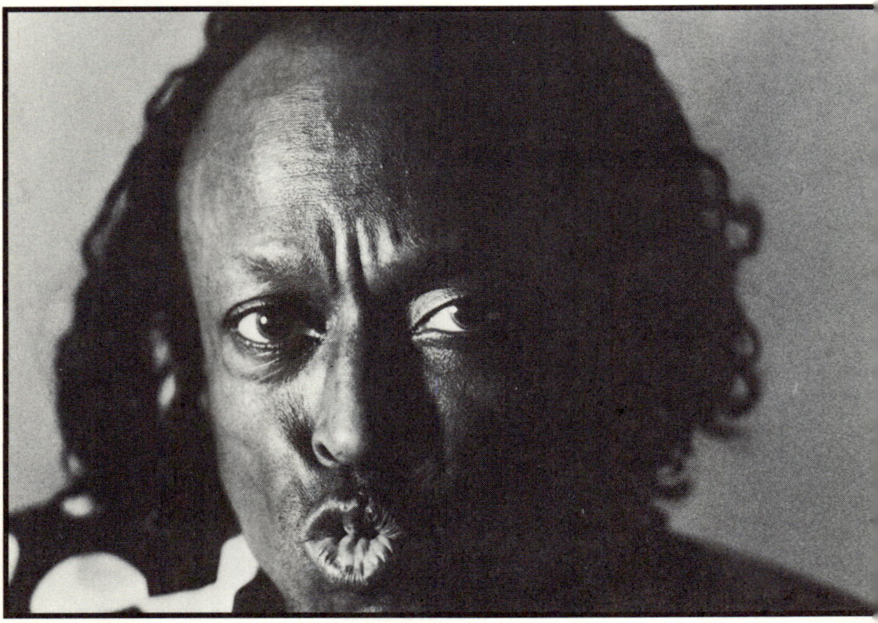

siebziger Jahren war, so gestaltet Davis jetzt auch wieder längere Soli. Seine Musik wird noch immer von den Rock-Patterns von elektrischem Baß und Schlagzeug geprägt, doch ist seine jetzige Gruppe nicht mehr ein großes vor sich hin dudelndes oder hämmerndes Ensemble, sondern ein aggressives junges Quintett.* Sein Trompetenton ist jetzt rauh, seine Intonation manchmal ungenau, was brillant aufblitzenden Phrasen wie in »Fast Track« zusätzliche Kraft gibt. Aber an solchen Stellen beruhigt die repetitive Rhythmusgruppe uns gleich wieder: der Zorn in Davis' Spiel ist nicht echt, und »Fast Track« besteht ohnehin fast ausschließlich aus derartigen Phrasen. Lyrische Phrasen klingen gelegentlich wieder an, so in »Kix« (das an »Swing Spring« von 1954 denken läßt) und »My Man's Gone Now« (das nun einem Rock-Rhythmus folgt). Insgesamt ist diese neue Miles-Davis-Musik etwas weniger erratisch, etwas weniger weitschweifig als seine Rock-Jazz-Fusionen der siebziger Jahre, doch hat Davis in seinem Trompetenspiel noch nicht wieder ganz zu sich selbst gefunden.

Kaum zwei Wochen nach *Bitches Brew* spielte **Wayne Shorter** unter eigenem Namen die LP *Super Nova* ein, auf der er nur Sopransaxophon spielt. Voll Dynamik sind die schnellen, zornig aufsteigenden Phrasen von »Super Nova«, lyrisch dagegen die melodischen Gestalten von »Swee-Pea« und »Capricorn«. *Super Nova* ist ein Dschungel exotischer Klänge, insbesondere in »Dindi«, das die Atmosphäre des brasilianischen Karnevals heraufbeschwört, und die Lebendigkeit dieser Musik beruht ganz darauf, daß die anderen Musiker der Führung Shorters folgen. Shorters Spiel ist es, das die verschiedenen Klangelemente in Balance hält: ohne ihn gibt es keinen Zusammenhalt. Dies trifft besonders für das im Rubato gespielte »Capricorn« zu, aber auch in den übrigen Stücken zeigt sich Shorters gelassene Souveränität, seine musikalische Autorität, die er auch auf dem kleinen, hohen Sopraninstrument hat. Abstrakt wirkt sein Solo in »More Than Human«. Es ist eine Abfolge untypischer, unzusammenhängender Abschnitte, als würde Shorter nacheinander das kaum aufeinander bezogene Spiel eines jeden seiner Begleiter aufgreifen. Manche dieser Passagen sind von wohlklingender Süße, andere zählen zu den intensivsten und vehementesten Momenten der ganzen Platte.

Super Nova und ihr Nachfolger *Moto Grosso Feio* sind aussagekräftige Belege für Shorters Vorliebe für exotische Stimmungen (das spätere *Native Dancer* gibt sich wieder konventioneller). Diese Vorliebe war es, die ihn dazu veranlaßte, nach seinem Weggang von Miles

* Anm. d. Ü.: Mittlerweile (Anfang 1988) ist Davis' Gruppe wieder zum Oktett angewachsen: Trompete, Saxophon, Gitarre, zwei Keyboarder, Baß, Schlagzeug, Perkussion.

Davis im Jahr 1970 zusammen mit **Joe Zawinul** die Gruppe »Weather Report« ins Leben zu rufen. Auch Zawinul hatte, im Jahr 1969, bei Davis gespielt; davor hatte er als Pianist in diversen »Soul«-Jazz-Combos mitgewirkt und ein paar äußerst erfolgreiche Stücke für die Band Cannonball Adderleys geschrieben. Bei **Weather Report** spielte er diverse elektrische Klaviere, Synthesizer und Orgeln, um so den Sound der Gruppe abwechslungsreicher zu gestalten; die übrigen Gruppenmitglieder waren ein (elektrisch spielender) Bassist, ein Jazz-Rock-orientierter Schlagzeuger und ein Perkussionist, dessen Kollektion von Trommeln und »Little Instruments« für weitere Farbtupfer sorgen sollte. Als Leader und maßgeblicher Komponist des Ensembles verstand es Zawinul vor allen Dingen, Stimmungen zu erzeugen: Stücke wie »Waterfall« und »Morning Lake« evozieren genau die Assoziationen, die ihre Titel vermuten lassen. Die Talente und das Instrumentarium der Gruppe waren gute Voraussetzungen für vielfältige musikalische Strukturen, und wenn es Zawinul auch an melodischer Erfindungsgabe gebrach, so hatte er doch ein gutes Sensorium für Rhythmen und Klangtexturen. Und schließlich gab es ja auch noch Shorter, der einem Stück wie »Directions« melodisches Leben einhauchen konnte, der sich in »Seventh Arrow« souverän von der rhythmischen Basis der Begleitung lösen konnte, der in »Eurydice« eine swingende, lang gewundene Linie spielte, deren rhythmische Differenzierung noch über die Raffinesse seines »Toy Tune« von 1965 hinauswies. Selten hat Zawinul später ein ähnlich ambitioniertes Stück wie »Unknown Soldier« versucht, in dem es um Krieg und seine Folgen geht. Hier gibt es düster anmutende Passagen und ein schroffes Tenorsolo, doch ungeachtet der das ganze Stück durchziehenden bedrohlichen Aura der Trommeln scheint der elegische Schlußabschnitt anzudeuten, daß die menschliche Selbstgefälligkeit so schnell kein Ende haben wird.

Wirkte Miles Davis' Fusion aus Rock und Jazz eher wie ein unendliches Brodeln rhythmischer und klanglicher Elemente, so war Weather Report bestrebt, den einzelnen Titeln jeweils einen deutlicher ausgeprägten individuellen Charakter zu verleihen. In »Tears« und »Waterfall« beispielsweise spielen Zawinul und Shorter bewußt zurückgenommen, um so die Aufmerksamkeit auf den rhythmischen Hintergrund zu lenken; das Thema von »Orange Lady« wird in der unüblichen Klangmischung von Sopransaxophon und gestrichenem Baß exponiert. Schon sehr bald zeigten sich in dieser Vorliebe für atmosphärische Klangmalereien Zeichen von Manieriertheit. »Second Sunday in August« besteht aus lang gehaltenen Tönen über schnellen Rhythmen und gedehnten Orgelakkorden und ist ähnlichen Stücken Miles Davis' in erster Linie durch seine Kürze überlegen.

Im Laufe der Jahre, in denen sich die Besetzung von Weather Report – mit Ausnahme der Gründungsväter Zawinul und Shorter –

mehrfach änderte, wurde eine immer stärkere Betonung impressionistischer Klangflächen und gezierter Soundspielereien auf Kosten musikalischer Vitalität unüberhörbar. Vieles der späteren Musik von Weather Report – so etwa die LP *Mr. Gone* – unterscheidet sich kaum mehr von der »Mood Music«-Berieselung mancher Rundfunkstationen. »Fusion Music« wurde zum Etikett jenes neuen Stils, wie ihn Miles Davis und Weather Report kultivierten, sowie Gruppen, die von ehemaligen Davis-Sidemen geleitet wurden: den Pianisten Herbie Hancock, Keith Jarrett und Chick Corea, dem Perkussionisten Airto Moreira, den Schlagzeugern Jack deJohnette und Tony Williams (in dessen Gruppe wiederum zwei ehemalige Davis-Mitspieler agierten: Organist Larry Young und Gitarrist John McLaughlin). Was in der Fusion Music fusioniert wurde, waren, kurz gesagt, die atmosphärischen Elemente des modalen Jazz und die rhythmischen Muster des Rock. Die Schwerkraft, die der moderne Rock-Beat auf die rhythmischen Strukturen der Solisten ausübt, begünstigt einfachste lineare Entwicklungen. Die Folge ist, daß andere musikalische Merkmale wie Atmosphäre, Klangfarbe, kleine Veränderungen akzessorischer musikalischer Details in den Vordergrund rücken: sie werden zu den primären

Weather Report: Joe Zawinul, Alphonso Johnson, Alex Acuna, Chester Thompson, Wayne Shorter (v. l. n. r.)

Faktoren einer Musik, die ganz vom Dekorativen lebt. Darin besteht die Loslösung der Fusion Music aus der Jazztradition; die Erfindung kohärenter musikalischer Linien wird zur Nebensache. Die Evolution der Bebop-inspirierten Jazzstile ist damit an einem Endpunkt angelangt. Doch scheint es für manche der berühmtesten Exponenten der Fusion Music auf Dauer nicht befriedigend zu sein, sich nur in diesem musikalischen Idiom zu artikulieren, und so wenden sie sich gelegentlich wieder dem modalen Spiel oder dem Hard Bop zu. Und wenn sich beispielsweise Williams, Shorter oder der Tenorsaxophonist Stanley Turrentine wieder als »richtige« Jazzmusiker betätigen, so zeigt sich, daß ihre einstmaligen Jazztalente keinen Schaden gelitten haben.

Wie wir am Beispiel Ornette Colemans oder James »Blood« Ulmers gesehen haben, gibt es Jazzmusiker, die sich der Materialien des Rock bedienen, ohne damit die ästhetischen Prämissen der Fusion Music zu akzeptieren. Auch **George Russell** hat Rock-Rhythmen nur als eines von vielen Elementen in die Konzeption seiner differenzierten musikalischen Strukturen einbezogen. Russell, der in den sechziger Jahren in Skandinavien lebte, kam damals zu der Überzeugung, daß seine Musik nicht mehr auf einem einheitlichen Tempo und Metrum aufgebaut sein müsse, und so gibt es in seinen »vertikalen Formen« (»ein Zustand jenseits von Zeit«) eine Gleichzeitigkeit von Ereignissen aus verschiedenen rhythmischen und klanglichen Welten. Die elektronischen Klänge, die er über seine improvisierte Orgelsonate von 1968 montierte, wurden zur Grundlage der »vertikalen Form« seiner *Electronic Sonata for Souls Loved by Nature* (1969; in einer revidierten Fassung 1980 erneut eingespielt). Überwältigend ist die bloße Vielfalt des klanglichen Geschehens in seiner Big-Band-Komposition *Living Time.* Fragmente von Fusion Music, Rock, Blues, lateinamerikanischer Musik, Free Jazz, Bebop, neoklassischen Texturen vereinigen sich zu einer turbulenten Klangwelt aus wellenförmigen Gestalten des tiefen Blechs, Klaviertremoli, Ensemble-Riffs, gebrochenen Trompetenlinien, Saxophonaufschreien, Crescendi und Decrescendi – alles ist in Bewegung. So viel simultane Aktivität kann schwerfällig wirken und tut das auch stellenweise in *Living Time* oder der 1976 entstandenen *Vertical Form VI.* Ein kürzeres, ebenfalls nach den Prinzipien der »vertikalen Form« gestaltetes Stück, »Listen to the Silence« (1970 komponiert, 1978 aufgenommen) klingt hingegen eher wie ein endloser stilisierter Blues. Bezeichnenderweise enthält das erste (und wichtigste) von Russells »Vertical Form«-Werken keine Rock-Elemente. Die *Othello Ballet Suite* (1967) ist von den ersten Glockenschlägen an ein düsteres, bedrohliches, innerlich zerrissenes Stück Musik. Die Saxophongruppe spielt, als würde ein ganzer Chor von Jagos stöhnen; solistische und orchestrale Linien geraten in einen Fluß ständig wechselnder Tempi,

Dichten und Farben; schließlich löst sich über aggressiven Ensembletexturen ein rauh-verzogenes Tenorsaxophonsolo Jan Garbareks in Klangsplitter auf. In keiner anderen Komposition Russells werden die dramatischen Qualitäten seiner facettenreichen Kunst so deutlich wie hier: die *Othello Ballet Suite* erweist sich als würdiger Nachfolger Ellington'scher Klangportraits wie *Such Sweet Thunder.*

Auch **Don Ellis** und Carla Bley, zwei Kollegen Russells aus den frühen sechziger Jahren, führten später Rock-Elemente in einige ihrer Partituren ein. Seine bedeutendste Musik schuf der Trompeter Ellis bereits als Mitglied von Russells Sextett und auch vorher, um 1960, als er erstmals mit Reihentechnik, freien Formen, ametrischen Passagen und atonaler Harmonik experimentierte. Mit dabei bei diesen Klangabenteuern waren unter anderem der Pianist und Altsaxophonist Jaki Byard und der bemerkenswerte Al Francis, der emanzipierteste Vibraphonist seiner Zeit: schon 1961 nimmt Francis die gewagtesten Ideen Bobby Hutchersons vorweg; doch ist er dabei sogar konsequenter in seinem Innovationsdrang – bei ihm gibt es nicht, wie bei Hutcherson, Anzeichen eines späteren musikalischen Konservatismus. Die äußerst populären Big Bands, die Don Ellis dann seit Mitte der sechziger Jahre leitete, hatten hauptsächlich Stücke mit komplizierten Taktarten in ihrem Repertoire. Einfache Dreier- und Vierertakte wurden zur Ausnahme, während zusammengesetzte Metren, Vierzehn- oder gar Siebzehn-Viertel-Takte und indisch inspirierte rhythmische Strukturen zur Norm wurden. Gelegentlich schien Ellis' Wahl seiner musikalischen Mittel etwas beliebig zu sein: in seinen Arrangements kombinierte er komplexe Metrik mit Rock-Patterns; er, Ellis, spielte seine Solotrompete über allerlei Effektgeräte, und auch die Bläsergruppen seiner Band bedienten sich elektronischer Klangverfremdung. Nur noch ausnahmsweise schien die Lyrik und Klangsensibilität seiner frühen Musik durch; seine ungeraden Metren und instrumentalen Extravaganzen verkamen jedoch bald zu Klischees kommerzieller Routiniers.

Carla Bley komponierte Stücke für das Sextett George Russells und für ihren Ex-Ehemann Paul Bley, ehe *A Genuine Tong Funeral* (1967–68) sie als bedeutende Komponistin ausgedehnter Formen auswies. *Funeral* ist eine Art modernes Concerto Grosso, in der das Quartett Gary Burtons einem aus fünf Bläsern und den Tasteninstrumenten Carla Bleys bestehenden Ensemble gegenübergestellt wird. Die Musik ist schwermütig, gelegentlich streng, enthält nur einen schnellen Titel, und doch sind Balance und Vielfalt der Texturen erstaunlich. Ständige Kontrastierungen von Klängen, Rhythmen und Klangfarben und der Erfindungsreichtum des Vibraphonisten Burton sorgen dafür, daß die Thematik der Platte – der Tod – lebendig wird. Eine ähnliche Balance erreicht sie wiederum in der Musik, die sie 1969 für Charlie Hadens

Liberation Music Orchestra schrieb. Diese Suite von Liedern aus dem spanischen Bürgerkrieg enthält Ausschnitte aus Film-Soundtracks und, über den Klängen des Ensembles, die frei schwebende Trompetenlyrik Don Cherrys und das ausdrucksstarke Tenorsaxophon Gato Barbieris, das sich in einen langen Schrei hineinsteigert. Das sensible ametrische Spiel des Schlagzeugers Paul Motian wird im Verlauf der auf der zweiten Plattenseite festgehaltenen Suite immer zerrissener, diskontinuierlicher – jener Suite, deren Höhepunkt eine klangmalerische Imitation der Ereignisse des chaotischen Parteitags der Democratic Party in Chicago im Jahr 1968 ist. Zum Abschluß erklingt »We Shall Overcome« – das einzige Moment der Hoffnung in dieser Musik, die ansonsten nur die Vernichtung persönlicher Freiheit darstellt.

Die folgenden Aufnahmen spielte Carla Bley mit einem eigenen Ensemble ein; einige von ihnen erreichen das schöpferische Niveau ihrer frühen Werke. Die Ouvertüre zu *Escalator over the Hill* ist das erste ihrer satirischen Stücke. Diese Musik hat den modrigen Beigeschmack Weill'scher Dekadenz, der durch die düstere Posaune Roswell Rudds und die Tenorschreie Barbieris noch verstärkt wird. *Escalator* ist eine drei LP füllende »Chronotransduction« (zu deutsch etwa: ›Zeitübertragung‹), in der Dutzende von Musikern, Sängern und Sprechern mitwirken, die Gestalten wie einen »jodelnden Bauchredner«, einen »Sandhirten«, einen »Mutanten« darzustellen haben, dabei einer Textvorlage von Paul Haines folgend. (Hier eine Kostprobe des – kaum übersetzbaren – Texts: »Bullfrogs are/having their thoats/ cut. You pick hysterically/at your memory./O Rawalpindi!« ... »Oh how beautiful the goatsuckers whirl/Serving our uncertainty«.) »Ida Lupino« (1976) parodiert die Seifenoperndarstellungen verhinderter Liebe; »Drinking Music« ist auf perfekte Art und Weise subtil dissonant; »Dining Alone« ist eine stilisierte schmachtende Liebesweise mit einem Nonsenstext, den Carla Bley selbst singt. Ihre gelungensten Klangsatiren greifen auf die beinahe – im Russell'schen Sinn – »vertikalen« Formen von *Liberation Music* zurück. Aus dem Schluchzen eines Kindes, einer rauchigen Trompete und dem Gemurmel einer Posaune konstituiert sich das langsame, weinerliche Thema von »Jesus Maria and Other Spanish Strains« (1978); auch Radiorauschen und spanische Marsch- und Walzerthemen klingen an. »Star Spangled Minor and Other Patriotic Songs« wird seinem Titel voll und ganz gerecht: eine wilde Mischung von in Moll gehaltenen Nationalhymnen, mit einem hysterischen Tenorsaxophon, einer Wah-Wah-Gitarre, der souligen Orgel Carla Bleys, die in einem wüsten Tumult von Rhythmen und Dissonanzen endet, in den sich aber noch die Melodie von »Stars and Stripes Forever« mengt. Die einfachen Rock-Patterns in vielen ihrer Stücke sind im allgemeinen weniger virtuos, dafür aber flüssiger als die Rockelemente, die man sonst in Fusion Music hört; Carla Bleys

Adaption des Rock läßt sogar den Swing zu seinem Recht kommen und ist eine echte Bereicherung jener ausgewogenen Vielfalt der Klangmittel, die ihr so wichtig ist.

Der mit Abstand einflußreichste Pianist der sechziger Jahre war **Bill Evans.** Vorher hatte er in den Gruppen Charles Mingus' und Miles Davis' mitgespielt und hatte zu verschiedenen Einspielungen George Russells wertvolle Improvisationen beigesteuert: so zu den wichtigen »Jazz Workshop«-Sextettaufnahmen von 1957 und zu frühen groß dimensionierten Stücken wie »All About Rosie«, wo er den Soloklavierpart spielte. (Übrigens war es Evans, der dann später, in den frühen siebziger Jahren, Russells *Living Time* in Auftrag gab.) In den sechziger Jahren, als Evans einen unverkennbar zarten und raffinierten Klavieranschlag entwickelte, hatte seine Musik schon einiges von ihrem Elan eingebüßt. Seine einmalige Klangkultur war die perfekte Tarnung für ein nicht besonders bemerkenswertes melodisches Talent, und Meister war Evans auch darin, mit beschränkten rhythmischen Mitteln den Eindruck brillanter Aktivität zu erzeugen. Viele seiner Soli bestehen überwiegend aus Triolen – unterschiedlich akzentuiert, beschleunigt, verlangsamt –, die er gelegentlich mit der jazztypischen Folge punktierter Achtel- und Sechzehntelnoten alterniert; ab und zu durchbricht er dieses Jonglieren mit rhythmischen Klischees mit weniger regelmäßigen Phrasen, die er dann sequenzartig über die Tastatur laufen läßt. Seine Klaviertechnik war recht hoch entwickelt, und so konnte er auch durch die Geschwindigkeit seines Spiels Vitalität erzeugen. Seine undramatische Musik spielte sich überwiegend in der Mittellage des Klaviers ab, und Summe all der genannten Qualitäten war eine Kunst des Understatement und eine Ausdrucksskala, die von »hip« über »schön« bis zu »schwermütig« reichte: Bescheidenheit und gute Manieren als Kern einer künstlerischen Aussage.

Evans-inspiriertes Understatement wurde auch für das Spiel populärer modaler Pianisten wie **Chick Corea** und **Herbie Hancock,** einem Eklektriker mit Vorliebe für vage Impressionismen, charakteristisch. Hancock wandte sich dann der Fusion Music zu und wurde einer der finanziell erfolgreichsten Musiker der siebziger Jahre. In seinem Hit »Chameleon« erhebt sich über einem zugrundeliegenden Schlagzeugmuster ein maschinelles – und auch von elektrischen Instrumenten erzeugtes – Gerüst in halbem, doppeltem und dreifachem Tempo, worüber wiederum eine schlichte Melodie liegt, die Hancock auf einem seiner vielen Synthesizer spielt. Hancock singt auch gelegentlich, doch bedient er sich dann bevorzugt elektronischer Klangmanipulationen, um so die Emotionalität des Gesangs zu einer indirekten zu machen. Seine Abstecher zurück zum Jazz nehmen manchmal die Form fließender modaler Klavierduette mit Chick Corea an: hier wird die Vagheit seiner Klavierimpressionismen verdoppelt.

Corea seinerseits leitete »Circle«, ein hervorragendes Free-Jazz-Quartett, dem 1970, in der kurzen Zeit seines Bestehens, außer Corea der Holzblasinstrumentalist Anthony Braxton, der Bassist David Holland und der Drummer Barry Altschul angehörten. Danach leitete Corea mehrere Gruppen, die unter dem einheitlichen Namen »Return to Forever« ein Gemisch aus West-Coast-gefärbtem Post-Bop mit lateinamerikanischen Elementen und lautstarker Jazz-Rock-Fusion servierten. Der Reiz seiner Musik ist ihr Optimismus. Seine populäre LP *Light as a Feather* gibt sich in jeder Hinsicht dezent: die zarten Klänge eines Flötisten und seines Sängers gesellen sich zu Coreas elektrischem Klavier in Pop-Jazz-Nummern und schnellen Sambas. Emotional ist Coreas Welt nicht weniger eingeschränkt als die Evans', der auch das deutlichste Vorbild seines Klavierstils ist. Also re-interpretierte Corea 1981 die Musik Thelonious Monks als eine fröhlich-unschuldige Musik, ohne Nachdenklichkeit, Ironie oder Nostalgie, aber mit gelegentlichem klugen Witz, der freilich nichts mit den herben Späßen Monks gemein hat. Monk aber ließ sich durch Masken wie Optimismus oder Pessimismus nicht täuschen: der harte realistische Zug, der sich in seinen Formen, Rhythmen und Harmonien manifestiert, ist allein die beste Kritik an Coreas Interpretation.

Auch in **Gary Burtons** Musik lebt die Sensibilität Bill Evans' weiter, wenn Burtons Instrument auch nicht das Klavier, sondern das Vibraphon ist. Auch Burton ist ein technisch hervorragend geschulter Musiker und darüber hinaus einer, der rhythmisch und harmonisch stringent zu spielen versteht; Improvisationen wie die in *A Genuine Tong Funeral* haben keinen Ausnahmecharakter. Doch erlaubt es ihm seine Technik auch, in einem Stil zu musizieren, der dem von Evans sehr nahe kommt: so in »Crystal Silence«. Dieses Stück ist eines seiner zahlreichen Duette mit Corea, in denen der Pianist meist repetierte Kadenzen in modernen Voicings spielt, über die Burton dann die Durdreiklänge legt, die für ihn so typisch sind. Pastellfarbige Dreiklänge haben tatsächlich ein solches Gewicht in Burtons Linien, daß der Rest seiner Improvisationen wie eine bloß dekorative Zutat wirkt. Ergebnis solcher »Vox Humana«-Kadenzen ist ein nostalgisches Sehnen, die Sentimentalität einer liebeskranken Opernheroine des neunzehnten Jahrhunderts.

Unter den Fusion-Musikern waren auch Sängerinnen wie Flora Purim und Urszula Dudziak und Geiger wie Michal Urbaniak und Jean-Luc Ponty. In Indien begannen Musiker wie der Violinist L. Subramaniam, die modal ausgerichtete traditionelle Musik ihres Landes mit Techniken des Jazz zu verbinden. Die Fusion Music verursachte auch die Rückkehr der Gitarre in die Gefilde des kommerziellen Jazz. Das große Vorbild aller Fusion-Gitarristen war der Rock-Star Jimi Hendrix, der insbesondere Musiker wie Larry Coryell und John

McLaughlin inspirierte. Miles Davis' Platten des Jahres 1969 sind der erste Beleg für McLaughlins außerordentliche Fähigkeit, Motive anderer Musiker aufzugreifen und weiterzuverarbeiten; im Lauf der Zeit wurde McLaughlin dann der schnellste und lauteste der »Freak-Out«-Gitarristen und beeindruckte sein Publikum mit rasenden Folgen von Tonleitern und Arpeggien. Ich vermute, daß die meisten der folgenden Fusion-Gitarristen, so wie John Abercrombie, Ralph Towner und Pat Metheny, überdies unter dem Einfluß von John Faheys improvisierten eklektischen Fantasien über amerikanische Folk-Themen standen, eine Vermutung, die durch die überwältigende Dominanz pastoraler Stimmungen in der Musik dieser Spieler genährt wird. Der wehmütige Schmerz seufzender Kadenzen ist das bestimmende Element dieses zeitgenössischen Pop-Jazz; die Dynamik ist reduziert; die Farben sind gedämpft, pastell abgetönt, werden nicht durch Kontrast, sondern nur durch Schattierung variiert; trotz gelegentlicher perkussiver Backgrounds ist die rhythmische Aktivität im Großen und Ganzen auf ein Minimum reduziert. Schwerlich läßt sich eine beruhigendere Musik denken als die auf Methenys *Offramp*-LP: in diesen besänftigten Klängen gibt es nichts mehr von Emotionalität, von Spannungen, von lebendiger Kommunikation. Hier wird Fusion Music zum Medium eines reinen Eskapismus.

Und der Pianist **Keith Jarrett,** der romantischste unter den Tastenindividualisten, erhebt die Flucht ins Gefühl zum Ideal, wenn er schreibt:

> »Improvisation ist mehr, als Worte ausdrücken können. Sie verlangt wiederum ein größeres Verantwortungsbewußtsein, da die Teilnahme am Augenblick – hoffentlich – eine vollkommene ist. Sie ist die ›flammende Kraft‹ eines ›göttlichen Willens‹ – und sei sie nur göttlich wegen ihrer größeren Kraft. Das bedeutet nicht nur, daß man – als Pianist – das Medium einer Botschaft (eines Impulses) ist, die weit hinausgeht über die eigenen menschlichen Gedanken und Vorstellungen; es heißt auch, daß man soviel wie möglich davon umsetzen muß in die Welt des Klangs, nachdem man sich dem Impuls völlig anheimgegeben hat.«[1]

Die entscheidenden Begriffe sind hier »Impuls« und »Augenblick«. Sie treffen den Kern seiner Konzeption eines göttlichen Willens, die jeglicher moralischen Komponente entbehrt, wie es Jarrett in Kahlil-Gibran-artigen Sentenzen demonstriert, die sich nicht viel um Tatsachen scheren: die Sprache des Klaviers »ist eine vollkommenere, subtilere, vitalere Sprache als die der Worte«; Jarrett verabscheut die bloße Idee von Originalität, denn »der ganze Jazz beruht auf dem Zwang, einzigartig zu sein – er ist ich-zentriert«; »Wir sollten versuchen, mehr/ Wie eine Blume zu sein/ Die jeden Tag Geburt und Tod erfährt«.[2] Mögen dies nun göttliche Offenbarungen sein oder nicht, auf jeden Fall ist Jarretts Hingabe an den »Impuls« und an den »Augenblick« gleichbedeutend mit »Sensualismus«. Die offenkundigsten Manifestationen reiner Sinnlichkeit in Jarretts Musik sind seine ausgedehnten Ostinati und die narzißtischen Seufzer, Stöhn- und Grunzlaute, die er ausstößt, wenn er vom Klavierhocker aufspringt und sein vorgewölbtes Becken gegen die Tastatur drückt. All dies ist Bestandteil von Jarretts Charisma; über Jahre ist er der erfolgreichste aller Fusion-Musiker gewesen, wenn auch zumindest in Amerika die Jarrett-Welle in den achtziger Jahren etwas abgeflaut ist. Seine Flucht in bloße Sinnlichkeit, sei sie nun göttlicher Wille oder eigene Entscheidung, paßt nur zu gut zum Lebensstil der »Me Generation«, der »Ich-Generation«, mit ihrem Rückzug ins eigene Innere.

Keith Jarrett hatte jahrelang Hard Bop, modale Musik und Fusion Music gespielt, bevor er gegen Mitte der siebziger Jahre ein merkwürdig zurückhaltend spielendes Quartett aus an sich hervorragenden Musikern leitete (Dewey Redman, Tenorsaxophon; Charlie Haden, Baß; Paul Motian, Schlagzeug). Im letzten Jahrzehnt sind Solokonzerte zu seiner bevorzugten Ausdrucksform geworden. Jedem Konservatoriumsstudenten, der in seiner Übezelle Musik im Stil verschiedener Komponisten improvisiert, werden die Strukturen von Jarretts Solo-

Keith Jarrett

darbietungen vertraut vorkommen. Er unternimmt lange Klangwanderungen durch ein größtenteils historisches Europa, ergeht sich in den wiegenden Figuren amerikanischer Gospelmusik, die sich dann unmerklich zu Begleitmustern einer Polonaise oder eines ungarischen Tanzes wandeln. Mendelssohn, Brahms, Tschaikowsky und Dvořák lassen grüßen; chromatische Passagen wechseln sich mit schlicht diatonischen ab; die Hymnen César Francks treffen auf die Melodien des jungen Debussy; das zwanzigste Jahrhundert meldet sich mit einigen aleatorischen Momenten und atonalen Wendungen zu Wort. Jarretts Phantasie treibt ihn von einem Stil zum nächsten; Ostinato-Abschnitte weichen Hymnen, süßlich pathetischen Melodien, wilden Hetzjagden über die gesamte Tastatur, bombastischen Steigerungen oder einer Unzahl anderer Texturen. Die Überfülle von Pathos in seiner Musik ist ein unvermeidliches Nebenprodukt seiner Hingabe an reine Klangsinnlichkeit. Nur für Geisteskranke oder Menschen unter dem Einfluß von Drogen kann das Leben eine Folge von Augenblicken höchster Inspiration sein; gewöhnlich aber sind aufeinanderfolgende Momente stets von unterschiedlicher Intensität. So ist auch Jarretts Kreativität keine konstante Größe. Dem Hörer wird Geduld abverlangt: erst, nachdem Jarrett kadenzierende Floskeln zahllose Male wiederholt hat, leuchten plötzlich faszinierende Impulse auf; andererseits werden interessante Linien zu immer weniger interessanten Strukturen weiterentwickelt oder aber durch unablässige Wiederholung zu Tode geritten. Sieht man einmal von der manifesten Sinnlichkeit dieser Musik ab, so darf man sonst keinen emotionalen Inhalt von ihr erwarten. Ihr Pathos ist ein passives Gefühl, ein Gefühl des Hörers, nicht des Pianisten, der in seinem unersättlichen Drang nach Ekstase weiter und weiter spielt.

Es gibt einen bedeutenden Klavierromantiker, der stets modale Musik gespielt hat, ohne sich dabei in der Ästhetik der Fusion Music zu verstricken oder dem allgemeinen Verblassen des Post-Hard Bop zu erliegen. Sein Name ist **McCoy Tyner.** Er begann seine Musikerlaufbahn als Teenager in verschiedenen Jazz- und Rhythm-and-Blues-Bands Philadelphias und freundete sich, wie schon erwähnt, im Jahr 1955 mit John Coltrane an. Sein ganzes Leben als Erwachsener hat er im Rampenlicht der musikalischen Öffentlichkeit verbracht. 1960 ging er mit dem bekannten »Jazztet« auf Tournee; später in diesem Jahr, als er gerade einundzwanzig geworden war, schloß er sich Coltranes neu formiertem Quartett an.

Schon damals war Tyner auf dem Klavier ein Könner, der die zu dieser Zeit aktuelle Spielweise beherrschte. Dies war der Stil, den Red Garland in den Miles-Davis-Combos der Jahre 1955 bis 1958 spielte: technisch raffiniert, mit verfeinerter Substitutionsharmonik und Höhepunkten in Blockakkorden. Doch scheint solche Meisterschaft Tyner auf Dauer nicht genügt zu haben, denn schon im Frühjahr 1961 zeichneten sich in seinem Spiel – parallel zur stilistischen Evolution Coltranes – Veränderungen ab. Ein schnörkelloses Klaviersolo wie in »Blues Minor« wird nun zur Ausnahme; typischer sind dagegen Improvisationen, die nicht auf linearer Entwicklung, sondern auf Kontrasten beruhen – mit Half- oder Double-Time-Passagen, Trillern, Ruf-Antwort-Strukturen, Blockakkorden und mächtigen Akkorden auf den Taktschwerpunkten. Der beste Teil von »Aisha« ist Tyners Solo mit seiner vibrierenden Flut von Tönen. Nacht für Nacht spielte er aus nur einem einzigen Akkord bestehende Begleitmuster hinter den Soli Coltranes, und seine eigenen Soli nahmen immer stärker die Merkmale von Coltranes Strukturen in sich auf: so spiegelt sich die zyklische Struktur des Tenorsolos über »Out of This World« in Tyners Improvisation mit ihren wiederholten Ruf-Antwort-Entwicklungen wider. Und 1965, als sich Coltranes Spiel noch einmal drastisch wandelte, gab es auch radikale Veränderungen in den Soli Tyners. In *Meditations,* der letzten Aufnahme, die er mit Coltrane machte, hat sich seine Harmonik in reine Klangimpressionismen aufgelöst und damit einen Zustand der Befreiung erreicht, über den er nie hinausgehen sollte.

Doch allmählich fühlte sich Tyner der großen Suche Coltranes weniger und weniger verbunden:

> »Bei ihm wurde es fast zu einer Manie: Musik kann genauso zur Obsession werden wie irgend etwas anderes auch. Es gab ein Bestreben, immer neue Dinge zu finden, und das hatte den Punkt erreicht, wo ich dachte, daß alles einmal einen Gipfelpunkt erreicht, und dann läßt es allmählich nach, und man sollte sich nach etwas anderem umsehen. Und auf der persönlichen Ebene wurde mir klar, welche Opfer man bringen muß, um sich so tief auf etwas einzulassen. Mir ist es lieber, mein Leben im Gleichgewicht zu halten und auch auf andere Dinge Rücksicht zu nehmen, die genauso wichtig wie Musik oder manchmal sogar wichtiger als Musik sind.«[3]

Nach seiner Zeit bei Coltrane hat Tyner – manchmal simultan – eine dreifache Karriere verfolgt: als Komponist und Arrangeur, als Bandleader, als Klaviersolist. Viele seiner bemerkenswertesten Stücke schrieb er zwischen 1967 und 1970, als er für Blue Note mehrere LPs in diversen Besetzungen einspielte. Eine seiner Gruppen war ein Quartett mit Bobby Hutcherson am Vibraphon, eine andere ein Sextett, dem die Harfe Alice Coltranes eine spezielle Klangfarbe verlieh. Weiterhin gab es ein Septett mit Altsaxophon, Gesang und Gitarre, ein Nonett mit der Besetzung des *Birth of the Cool*-Ensembles, ein Ensemble mit Streichquartett. Fast immer spielen die Holzbläser in seinen Gruppen wechselweise auch Oboe, Klarinette und diverse Flöten; die Rhythmusgruppe seiner Blue-Note-LPs ist in der Regel mit dem vital und erfindungsreich agierenden Team von Herbie Lewis (Baß) und Freddie Waits (Schlagzeug) besetzt.

Einige der Arrangements dieser LPs sind deutlich von seiner persönlichen Klaviertechnik geprägt. So überträgt Tyner in »The High Priest« einen von ihm besonders geschätzten Klaviereffekt – einen gehaltenen Akkord auf dem Taktschwerpunkt, dem eine Antwort im hohen Register folgt – auf tiefes Blech und Saxophone. Nach demselben Prinzip verwandeln sich so seine pianistischen Ruf-Antwort-Strukturen in Klavier-Bläser-Dialoge, seine Klaviertriller in Flötentriller. Die Themen dieser Stücke sind meist schlichte, Hard-Bop-artige modale Melodien, bestehen manchmal nur aus Riffs; manchen sind aber die Rhythmen der Samba oder des afrikanischen High Life unterlegt, und »The High Priest« überrascht mit einem raffinierten Thema von unüblicher Taktzahl. Tyner schätzt orientalische Stimmungen, so wie im (trefflich betitelten) »Song of Happiness« mit seinem Koto-ähnlichen Cello oder in »Forbidden Land«, wo jedes der Holzblas- und Rhythmusinstrumente einer eigenen Linie folgt. Unter diesen farbenreichen Einspielungen sticht die LP *Expansions* (1968) durch ihr besonders breites Klangspektrum hervor, das auch freie Strukturen wie eine Duo-Improvisation von Klarinette und Holzflöte umfaßt sowie das unge-

McCoy Tyner

wöhnliche »Smitty's Place« mit seiner historisierenden Stride-Piano-Einleitung und einer Folge von Duetten zwischen jeweils zweien der sieben Spieler anstelle regulärer Soli.

Die Blue-Note-LPs entstanden zu einer Zeit, als sich McCoy Tyners Karriere an einem Tiefpunkt befand. Im Zuge einer allgemeinen Jazz-Rezession hatte es Tyner schwer, sich als Leiter einer eigenen Gruppe zu etablieren, und so wurden einige der Blue-Note-Einspielungen erst Jahre nach dem Zeitpunkt ihrer Entstehung veröffentlicht. In den siebziger Jahren aber war Tyner in der Konzert-, Club- und Festivalszene nicht weniger erfolgreich als die populärsten der Fusion-Musiker und trat mit Ensembles in Erscheinung, die drei bis sieben Musiker umfaßten. In diesen Gruppen gibt es meist Coltrane-orientierte Saxophonisten, einen brasilianischen Perkussionisten, der für zusätzliche Farben sorgt und einen Schlagzeuger, der, ganz nach Rock-Manier, mit steifen Handgelenken spielt und auch in den kompliziertesten Passagen keinen Millimeter vom Beat abweicht. Die starken Taktzeiten werden, und dies insbesondere von Tyner, schwer betont; wie im Coltrane-Quartett, so spielt der Pianist auch hier ständig repetierte Akkordfolgen zur Unterstützung der Solisten. Seine eigenen Soli haben die Wucht von Erdbeben. Sie bestehen in erster Linie aus fortwährenden Sequenzierungen viertöniger Motive (wobei er sich in den meisten Soli des gleichen Motivs bedient), die von mächtigen Akkorden oder Ruf-Antwort-Passagen durchbrochen werden. Sein Klavierspiel hat eine stark perkussive Qualität, und Tyner liebt pianistische Klanggewitter und komplexe Harmonien. Es gibt kaum aufregendere Momente im Jazz, als wenn eine von Tyners vehement aufspielenden Bands ihren Auftritt mit einer schnellen Nummer eröffnet, und das Herzstück dieser Gruppen ist stets das Klavier des Leaders.

Oft kommt die Rhythmusgruppe während eines Solos des Pianisten zum Stillstand, und Tyner spielt ausgedehnte unbegleitete Kadenzen, und nicht selten spielt er auch gänzlich unbegleitete Stücke. Es ist während dieser Passagen, in denen er allein spielt, daß man seine persönlichsten Ideen hört, daß man die Fortschritte in seiner Musik seit seiner Trennung von Coltrane wahrnimmt. Tyner ist sicherlich kein melodischer Improvisator; sein Talent besteht in erster Linie in der Konstruktion schroff kontrastierender Strukturen, und wie Cecil Tylor betrachtet er das Klavier als ein selbständiges Orchester. Die massive Kraft seiner Improvisationen resultiert nicht allein aus seinem festen Anschlag, sondern insbesondere aus der Quartenharmonik, auf der seine ganze Musik beruht. In McCoy Tyners Musik ersetzt das Intervall der reinen Quarte die große Terz als Symbol von Einheit und Konsonanz. Seine Soli sind von einer vielfältig abgestuften Dichte der Akkorde gezeichnet und von dekorativen Linien, die sich in schnellen, harmonisch unbestimmten Figurationen im höchsten Register verlieren.

Die Preziosität der Fusion Music hat in seinem Spiel keinen Platz; ganz im Gegenteil fühlt man auch in Balladen wie »A Silent Tear« die natürliche Stärke seiner Musik. Manchmal, so in »In an Sentimental Mood«, verlieren sich die Konturen von Themen in einem üppigen Geflecht von einleitenden Figuren und dekorativen Zusätzen. Besonders ausgeprägt ist das auf *Echoes of a Friend* (1972), einer Sammlung opulenter Klaviersoli, in denen Tyner sehr frei mit dem Metrum operiert. »Naima« wird hier sowohl als Ballade als auch als fröhlicher Tanz interpretiert; »Folks«, eine weitere Ballade, geht in ihrem Verlauf in erdige Ruf-Antwort-Passagen über; am gelungensten aber ist eine Fantasie über »My Favorite Things«, die voller verspielter Arabesken steckt. Am größten angelegt ist »The Discovery«, eine Folge von Themen und Variationen (oder Dekorationen); hier breitet Tyner seine ständig bewegten Texturen über eine Zeitspanne von siebzehn Minuten aus.

Es läßt sich nicht abstreiten, daß Tyners spätere Einspielungen nur selten die schöpferische Höhe seiner Soloklavieraufnahmen der frühen siebziger Jahre erreichen. Seine Musik ist nun oft recht vorhersehbar in ihren Entwicklungen; auch dann, wenn sich Tyner durch neue Besetzungen seiner Gruppen inspirieren läßt, auch dann, wenn einige dieser Gruppen All-Star-Qualität haben; sogar eine Wiedervereinigung mit Elvin Jones (*Trident* von 1975) klingt etwas forciert. Aufschlußreich ist, was Tyner 1979 sagte: »Ich habe mir immer gedacht, daß ich mit Ornette spielen könnte, auch wenn ich nie etwas zusammen mit ihm gemacht habe. Aber ich habe immer gefühlt, daß ich etwas mit ihm machen könnte, oder mit irgend einem anderen Bläser. Selbst jetzt habe ich noch das Gefühl, daß ich in jede beliebige Richtung gehen könnte, denn ich habe immer derartige Dinge gemacht; es ist kein fremdes Gebiet für mich.«[4] Entsinnt man sich an die vielen gelungenen freien Passagen in seinen unbegleiteten Improvisationen, so kommt diese Aussage nicht überraschend: es ist gar nicht ausgeschlossen, daß sich Tyners Musik in Richtung des Free Jazz entwickeln könnte, und die Nachricht, er habe in den achtziger Jahren tatsächlich einmal mit Coleman gespielt, gibt Anlaß zu den faszinierendsten Gedankenspielen. In jedem Fall aber ist Tyners beste Musik, die er nach seiner Zeit bei Coltrane schuf, ein Beweis dafür, daß Romantizismus nicht notwendigerweise zu Eskapismus führen muß, sondern ein Vorstoß in ungekannte emotionale Tiefen sein kann.

11.

Free Jazz in Europa

Als der Jazz sich gerade erst über die Vereinigten Staaten ausbreitete, trat er bereits die Reise nach Europa an. Schon 1916 statteten die »Jazz Kings« Louis Mitchells den Britischen Inseln einen vielbeachteten Besuch ab, und sie waren möglicherweise nicht einmal die ersten afroamerikanischen Jazzmusiker, die östlich des Atlantik Erfolg hatten. In den zwanziger Jahren wurde Jazz in Europa nicht mehr nur von durchreisenden oder in die Alte Welt übersiedelten Amerikanern gespielt: Europa hatte nun seine eigenen Musiker, die jene frischen, »primitiven« Klänge imitierten und assimilierten, die aus der (schon nicht mehr ganz so) Neuen Welt kamen. In den folgenden vier Jahrzehnten sollte sich die Situation der europäischen Jazzer kaum ändern: hervorragende wie mittelmäßige Musiker verdankten ihre Ideen den amerikanischen Vorbildern. Die große Ausnahme war Django Reinhardt, der fantastische Zigeunergitarrist. Heute, dreißig Jahre nach seinem Tod, tauchen seine Ideen nicht nur im Spiel junger europäischer Avantgardegitarristen wieder auf, sondern auch in der Musik Amerikas, sei es Pop oder Jazz.

Nicht einmal der Zweite Weltkrieg konnte den Jazzenthusiasmus der Alten Welt dämpfen, ganz im Gegenteil: Jazz wurde, wie schon in Amerika, zum Symbol von Freiheit – die Gestapo verhaftete Jazzfans, konnte aber die Weiterverbreitung der Musik nicht aufhalten. So war es auch nicht überraschend, daß nach Kriegsende, als die Platten Parkers und Gillespies noch neu und umstritten waren, aus den Trümmern Mitteleuropas sogleich die ersten Bebopcombos auftauchten. In den sechziger Jahren dann, als das Jazzgeschäft in den USA eine Talfahrt durchmachte, war es das europäische Publikum, das die amerikanischen Free Jazzer willkommen hieß: man denke an die europäischen Erfahrungen Dolphys, Aylers, Taylors, Colemans, der Chicagoer. Dies hatte in den siebziger Jahren zwei entscheidende Entwicklungen zur Folge. Erstens: europäische Clubs, Konzertsäle, Festivals und Aufnahmestudios wurden zur wesentlichen Einnahmequelle – auch zweitrangiger – amerikanischer Free-Jazz-Spieler. Zweitens: nach und nach betraten europäische Avantgardisten die Szene, entwickelten persönliche Stimmen und wuchsen so zur ersten europäischen Jazzgeneration von internationalem Rang heran. Westlich des Atlantik treten diese Musiker nur selten auf. Der Reichtum ihrer eigenen Kulturen ist ihnen eine Inspiration, liefert ihnen einen musikalischen Hintergrund, der ihnen nicht weniger wichtig ist als die Tradition des Jazz. Den Begriff »Jazz« verwende ich hier ohnehin in einem sehr weit gefaßten Sinn: bei einigen dieser Musiker erinnern allein bestimmte Verfahrensweisen an die Ideen des Free Jazz; noch weniger läßt sich ihre Musik aber auf andere Traditionen zurückführen.

Von den amerikanischen Free-Jazz-Exilanten ist **Steve Lacy** der bedeutendste. Er, ein gebürtiger New Yorker (Jahrgang 1933), wurde durch Sidney Bechet zum Sopransaxophonspiel angeregt, wandte sich aber bald vom Dixieland ab und wurde in der fünfziger Jahren zum einzigen Modernisten auf seinem Instrument. Auf den ersten beiden Platten Cecil Taylors (1955 und 1957) ist sein Spiel von einem leichten, animierten Swing, wirkt schlicht verglichen mit dem verwickelten Aktivismus Taylors. Schon früh wurde deutlich, was die wesentlichen Inhalte seiner musikalischen Konzeption sein würden: das Streben nach improvisatorischer Spannung, nach Strukturpinzipien für Soli. Instinktiv erkannte er, daß Thelonious Monk einige der Probleme, die ihn beschäftigten, gelöst hatte, und so beschäftigte er sich, beginnend mit einer LP mit Monk-Stücken von 1958, jahrelang mit nichts anderem als dem Oeuvre dieses großen Komponisten, und es gelang ihm sogar, Monk dazu zu überreden, ihn im Jahr 1960 für einige Monate als Saxophonisten zu engagieren. Es ist verblüffend, wie vollständig Lacy in der musikalischen Welt Monks aufgeht: selbst sein Solo in Taylors »Air« (1961) besteht fast ausschließlich aus Monk'schen Klaviermotiven. Die Spannung von Lacys Musik ist nach Monk'schen Kriterien aufgebaut, betont jene zart lyrische Qualität, die schon in seinen frühen Aufnahmen mit Taylor spürbar war und entwickelt sich in den Soli von 1963 (so beispielsweise »Monk's Mood«) zu wirklicher Schönheit. Und vor allem taucht nun in seiner Musik die für Monk wesentliche rhythmische Radikalität auf: man höre Lacys frei schwebende Phrasen in »Monk's Dream« und »Bolivar Blues«. Die schroffsten Züge von Monks Musik und ihre nostalgischen Momente fehlen bei Lacy; dafür gestaltet er seine lyrischen Klangbilder immer offener, und sein Zusammenspiel mit dem Posaunisten Roswell Rudd ist, wenn vielleicht auch nicht gänzlich »free«, so doch sicherlich vollkommen spontan. Lacy sagt, daß er und Rudd Monk-Stücke spielten, »weil das ein Weg war, durch etwas hindurch zu gehen und dadurch zu etwas anderem zu gelangen. Wir wußten daß es da etwas auf der anderen Seite gab ...«[1]

Schon im Cecil-Taylor-Quartett hatte Lacy wesentliche Schritte auf dem Weg zum Free Jazz kennengelernt, doch als Ornette Coleman und Don Cherry erstmals in New York auftraten, traf es ihn »wie ein Schlag«. Cherry, der die hellen, schneidenden Trompetensoli auf Lacys *Evidence*-LP (1960) spielte, wurde zum Katalysator der musikalischen Emanzipation des Saxophonisten:

> »So um 1959, 1960 kam er immer bei mir vorbei, und dann sagte er stets: ›Nun, laß' uns spielen.‹ Also sagte ich: ›O.K. Was spielen wir?‹ Und da hatten wir es. Das Dilemma. Das Problem. Es war ein schrecklicher Augenblick. Ich wußte nicht, was ich tun sollte. Und ich habe etwa fünf Jahre gebraucht, um aus diesem Zustand heraus zu gelangen, um diese Mauer zu durchbrechen ...
>
> Es war ein allmählicher Prozeß, der darin bestand, immer wieder Stücke und Stücke zu spielen und dann schließlich zu einem Stadium zu kommen, wo das nicht mehr wichtig zu sein schien, wo es einem nicht mehr weiter half, Stücke zu spielen. Also vergaß man die Stücke. Und man spielte einfach. Es vollzog sich in graduellen Phasen. Erst gab es hier einen Augenblick, dort eine Viertelstunde, woanders wieder eine halbe Stunde, einen Nachmittag, einen Abend, und dann war es

Steve Lacy

ständig da ... Aber es hatte eine Menge mit der musikalischen Umgebung zu tun. Man braucht ein paar gleichgesinnte Leute. Und zu dieser Zeit lag das einfach in der Luft. Es passierte überall.«[2]

Spätestens in »Recitativo E Aria« von 1966 hatte Lacy dann eindeutig die Freiheit »auf der anderen Seite« erreicht; sein langes Solo zeichnet sich durch die paradoxe Beharrlichkeit aus, mit der er hinter dem Beat schwebt. Lacy nahm dieses Solo in Italien auf, während einer zwei Jahre währenden Periode, in der er in den verschiedensten Städten Europas und Südamerikas auftrat. Als er 1968 in die USA zurückkehrte, waren die Auftrittsmöglichkeiten genauso schlecht wie zur Zeit seiner Abreise, und so mußte er eine Brotarbeit annehmen, um finanziell über die Runden zu kommen. Als er dann 1969 erneut nach Europa reiste, blieb er dort; er lebt nun abwechselnd in Rom und Paris und ist mit einer Musikerin aus der Schweiz verheiratet, der Sängerin/Cellistin/Geigerin Irene Aebi, die auch in seinen Ensembles mitwirkt. Seine rege Aufnahmetätigkeit weist ihn als den wohl produktivsten Musiker nach Coltrane aus; erst seit wenigen Jahren aber ist eine nennenswerte Anzahl dieser vielen LPs auch in den USA erhältlich.

Im Free-Jazz-Zeitalter, wo außerordentliche instrumentale Virtuosität die Norm ist, ist der wirklich erstaunliche Musiker der, der mit einfachen Materialien arbeitet. Lacy spielt allein das Sopransaxophon mit seinem beschränkten, hoch gelegenen Ambitus, und überdies ist das rhythmische Innenleben seiner Phrasen nicht weniger prä-Bebop-schlicht als das der Linien Thelonious Monks. Aus den feinen Spannungen, die schon seine frühe Musik auszeichneten und aus eng aufeinander bezogenen einfachen Phrasen konstruiert er die rigiden Formen, die er zur Freisetzung seines lyrischen Temperaments benötigt. Hitzige Intensität darf man in seinen Soli nicht erwarten. Schritt für Schritt verarbeitet er das musikalische Material geduldig weiter, wobei er sich meist kurzer Motive bedient, die er ständig wiederholt, im Detail abwandelt, bis sich daraus eine neue Konstellation der Ideen ergibt, oder bis eine andere, ebenfalls schlichte, Figur auftaucht. Diese sehr intime Konzeption motivischer Transformation führt dann zu Soli wie dem unbegleiteten »Threads«, in dem die variativen Evolutionen in immer höhere Lagen des Instruments aufsteigen bis hin zu fragmentarischen Obertönen und schließlich einer hohen, gezackten Linie in extremsten Pfeiftönen. Lacy ist ein Meister der Klangerforschung und Klangdifferenzierung auf dem Sopransaxophon: im virtuosen Kabinettstück »Josephine« erklingen die zartesten nur vorstellbaren, allein auf dem Mundstück erzeugten Sounds; in »Micro Worlds« werden höchste Pfeifgeräusche variiert, gedehnt und schließlich ausgehalten; *Axieme I* exponiert eine Fülle hackender, zwitschernder, brummender Laute. Nur jemand, der eine ungewöhnliche Sensibilität für den Wert eines jeden Tons hat, kann aus derart exzentrischen Materialien einheitliche Soli bauen. Die genannten Stücke sind unbegleitete Soli, ein Medium, in dem sich Lacy erstmals versuchte, nachdem er um 1970 ein Solokonzert Anthony Braxtons gehört hatte. Dabei geht es Lacy in seinen Improvisationen um folgendes:

> »Ich versuche, mich auf den Rhythmus zu konzentrieren, der das wichtigste Element in einem Solokonzert ist. In anderen Worten, Rhythmus ist für mich die Frage, wenn man etwas gespielt hat, was man dann als nächstes spielt, und die Distanz zwischen beiden Klangereignissen, die Proportionen. Der Rhythmus ist das Schwierigste in Solokonzerten – und auch der Klang, denn in Solokonzerten geht es um Klang und die Abwesenheit von Klang; das ist alles, was man bei Soloauftritten hat.«[3]

Dies ist eine deutlich Chicago-orientierte Herangehensweise an Klang und Stille.

Die Kunst Steve Lacys geht also von einfachsten Materialien aus und läßt von da aus Soli entstehen, so wie Sanddünen wachsen: langsam und vollkommen natürlich. Es ist nur passend, daß er Texte aus dem *Tao Te King* vertont hat. Diese Musik ist auf *The Way* zu hören, einer LP, auf der Lacy mit einem größtenteils aus Exilamerikanern bestehenden Quintett musiziert. Die Verbindung seiner schlichten, repetitiven Kompositionen mit dem klassischen Gesangsstil Irene Aebis resultiert so in einer Art deutsch-expressionistischem *Tao*. Es ist dies eine sehr pittoreske Musik: das Rascheln der Schnarrsaiten, eine langsame Geigenmelodie und weit entfernte Saxophonechos lassen in »Life on Its Way« an die unabänderlichen Konstanten des Lebens denken; »The Way« erinnert mit den pausendurchsetzten Altsaxophonphrasen Steve Potts über dem tiefen gestrichenen Baß an chinesische Fächermalereien des dreizehnten Jahrhunderts, die nebelumhüllte Berge abbilden. In »The Breath« kommt Lacy hitzig-erregtem Spiel so nahe wie sonst kaum je, und »Name« enthält eines seiner gelungensten Soli: eine dicht gefügte Struktur, die mit herrlichen Linien beginnt, die dann von Growls und verzerrten Klängen durchbrochen werden.

Lacys Assoziation mit dem Pianisten Mal Waldron begann schon mit seiner Monk-Platte von 1958, und nachdem beide die USA verlassen hatten, kamen sie oft wieder zusammen, unternahmen gar als Duo im Jahr 1982 eine Tournee durch die Vereinigten Staaten. Es ist eine Partnerschaft, die beide Musiker wechselseitig stimuliert. Schon vor langer Zeit hat der erfindungsreiche Waldron einen harmonisch differenzierten Stil thematischer Repetition und Transformation entwickelt, der einfacher ist als Lacys formale Konzeptionen. Was für Lacy die Linie ist, ist für Waldron die Harmonik; im *Snake Out*-Konzert liefern die Figuren des Klaviers einen soliden, festen Untergrund für die Ausbrüche des Sopransaxophons, dessen Linien steigen und fallen und sich dann in freien Flug erheben. Als Mitglied des zupackend musizierenden *Hard Talk*-Quintetts Waldrons spielt Lacy einige seiner gelöstesten Soli: schwebend, rhythmisch völlig emanzipiert und doch in emotionaler Einheit mit den dunklen Klängen des Ensembles. Lacys Stil ist wohl einzigartig, zugleich aber so flexibel, daß es ihm leicht gefallen ist, sich an die Musik der vielen Dutzend anderen Gruppen zu assimilieren, in denen er – als Sideman oder Leader – gespielt hat. *Threads* enthält experimentelle, äußerst intensive Trioimprovisationen von Lacy, dem Pianisten Frederic Rzewski und dem Multiinstrumentalisten Alvin Curran; ihre ständig bewegten Dissonanzen vereinigen sich zu Klangschwärmen (»Rabbit«), werden zu unheimlichem, verrücktem Gerassel (»Shambles«), führen zu hoffnungslos düsteren und schroffen Stimmungen (»Broils«). Von genau entgegengesetztem Charakter ist *Trickles,* eine ansonsten nicht weniger ausdrucksstarke Aufnahme: hier spielt ein gutgelauntes Quartett auf, dem Kent Carter (Lacys regulärer Bassist), der fast übermütig-fröhlich agierende Posaunist Roswell Rudd und der sensible Beaver Harris angehören, dessen Klang- und Rhythmustexturen erkennen lassen, daß er Lacys Musik besser versteht als irgend ein anderer Schlagzeuger. Hier hört man Lacys freie Linien (in »Trickles«) und, in »The Bite«, jene Posaunenglissandi und -stöße, die genau der passende Kommentar zu Lacys kinderreimartigen Phrasen sind.

Darüber darf man Lacys zahlreiche »Enten« nicht vergessen, seine »Ducks« mit ihren zügellosen Klangspäßen – darunter das weit ausholende Solo »New Duck« (1972), das hohe übermütige »Duck« (1977), das Quintett »Duckles« (1977), die Kollektivimprovisation »Swiss Duck« (1979), alle mit den gleichen Growl-Repliken im Thema, alle erfüllt von Lacys quakenden Klängen. (Das 1976 in Triobesetzung eingespielte »Ducks« ist wohl falsch betitelt worden, da es ganz und gar nicht »entenhaft« ist.)

Eine der ersten aller öffentlich aktiven Free-Jazz-Combos – aktiv bereits 1960, als Ornette Coleman gerade in New York für Furore sorgte – war in London ansässig. Es war das experimentierfreudige Quintett des Altsaxophonisten **Joe Harriott.** Die Gruppe spielte Stücke ohne Metrum oder Puls, andere in frei schwebender Tonalität, und selbst ihre konservativsten Nummern waren zumindest frei modale Strukturen. Harriott und seine Partner spielten ganz nach Lust und Laune freie Kommentare zu den Linien der anderen Musiker – kollektives Improvisieren war eine Selbstverständlichkeit für sie, und so erreichten sie eine beispielhafte Einheit des Gruppenspiels. Zu den erfreulichsten Aspekten dieser Musik zählen ihre vitale Spontaneität und die lyrischen Linien des Trompeters Shake Keane; das eng miteinander verzahnte Spiel der Musiker in »Shadows« (1961) verdeutlicht, daß eine solche Gemeinsamkeit der linearen und klangfarblichen Konzeption in der frühen Free-Jazz-Ära kein Monopol des Coleman-Quartetts war.

Steve Lacys gewichtiges Sopransaxophonsolo, die Trompetenarabesken Don Cherrys und ein ausgedehntes Klaviersolo Giorgio Gaslinis sind die wichtigsten Ingredienzen von Gaslinis »Recitativo E Aria« von 1966. Gemeinhin wird jeder bewegt und technisch brillant spielende Free-Jazz-Pianist, der sich in dissonanten Texturen ergeht, als Cecil-Taylor-Nachahmer bezeichnet, mag dieser Vergleich nun fundiert sein oder nicht. Gaslini aber legt in diesem Solo tatsächlich eine ungewöhnlich ausgeprägte Vorliebe für Taylor'sche Solostrukturen an den Tag. Er ist ohne Zweifel ein begabter Pianist, und auch seine Gruppe besteht aus talentierten Musikern: aus drei italienischen Landsleuten, einem französischen Bassisten und Gato Barbieri, dem argentinischen Tenorsaxophonisten, der später in Amerika ein Star des kommerziellen Jazz wurde. Die Free-Jazzer Europas waren dabei, sich gegenseitig kennenzulernen. Gegen Ende der sechziger Jahre waren unter den prominenteren Mitgliedern der Szene die Holländer des »Instant Composers Pool« (darunter der Pianist Misha Mengelberg, der Schlagzeuger Han Bennink und der Saxophonist Willem Breuker) und die Musiker des von Alexander von Schlippenbach ins Leben gerufenen »Globe Unity Orchestra«, und als Lester Bowie im Jahr 1969 beim alljährlichen Free-Jazz-Meeting des bundesdeutschen Südwestfunks sein *Gittin' to Know Y'All* in Szene setzte, war diese musikalische Institution bereits einige Jahre alt. Vielen Amerikanern vermittelte Gunter Hampels *The 8th of July 1969* ein erstes Zeichen der Vitalität des neuen europäischen Jazz – eine Aufnahme, bei der drei Europäer und drei Amerikaner mitwirkten. »Crepuscule« beginnt mit vom menschlichen Atem bestimmten Strukturen (mit der Kontrabaßklarinette Anthony Braxtons, den Lippen-, Stimm- und Kehlgeräuschen Jeanne Lees); trotz des niedrigen Lautstärkeniveaus bleibt die Musik in der ersten Hälfte ihrer fünfundzwanzig Minuten lebendig und spannungsreich, bis Breukers Tenorsaxophon schließlich der Ruhe ein Ende bereitet und eine direktere Art von Intensität herbeiführt. Ohne Zweifel ist dies für 1969 eine äußerst avancierte Musik; die einzigen Vorläufer der Strukturen und Klangfarben Hampels waren die selbst noch recht neuen Entdeckungen der Chicagoer.

Schon seit Mitte der fünfziger Jahre war der deutsche Posaunist **Albert Mangelsdorff** für Amerikaner ein Symbol für europäischen Jazz höchster Qualität gewesen. Als Mitglied diverser Ensembles vollzog Mangelsdorff die Entwicklung von Bebop zu Hard Bop zu modalem Jazz mit; daneben jammte er mit allen durchreisenden oder in Europa ansässigen Amerikanern, auf die er stieß. Gegen Ende der sechziger Jahre hatte er mit seinem festen Ensemble die Grenze zum Free Jazz überschritten. Soli wie »Never Let It End« offenbaren eine Meisterschaft expressiver Techniken, die in ihrer Vollkommenheit und Subtilität mit der amerikanischer Virtuosen musikalischer Differenzierung wie Lee Morgan und Hank Mobley auf einer Stufe steht – doch Mangelsdorffs Solo gehorcht den Gesetzen seines frühen freien Spiels, mit sorgfältig konstruierten Linien, in denen es Interpunktionen rauher tiefer Staccati oder langer Triller gibt. Die Einführung von Posaunenmehrklängen in den Jazz wird allgemein Mangelsdorff zugeschrieben; er erzeugt sie, indem er während des Spielens in das Instrument summt, wodurch zusätzliche Obertöne entstehen. In »Creole Love Call« stellt er auf diese Weise Solisten und alle »Sections« einer imaginären Big Band dar – so spielt er beispielsweise solistische Rufe, denen er simulierte mehrstimmige Ensemble-Antworten folgen läßt. »Creole Love Call« ist ein A-Capella-Solo, denn wie Lacy und einige der besten Chicagoer und Europäer spielte auch er nun unbegleitete Solokonzerte. Trügerisch ist die bescheidene Eleganz seines glatten Tons und seiner geschmeidigen Linien in »Tromboneliness«: unter der schönen Oberfläche steckt brodelnde Vitalität mit reichen inneren Kontrasten von Motivgestalten, Rhythmen, dynamischen Stufen; daneben gibt es auch aufgerauhte Töne und Mehrklänge sowie breit angelegte Phrasen, die sich dann in einem Gewirr feiner Verzierungen verlieren. Auch

Albert Mangelsdorff

Humor hat in diesem hochdifferenzierten Stil seinen Platz, ein Humor, der leicht ironisch gefärbt ist. In den emanzipiertesten europäischen Ensembles, so wie im Globe Unity Orchestra oder als Gast des Brötzmann/Van Hove/Bennink-Trios, wendet er sich jedoch von jeglicher Bebop-Raffinesse ab und spielt Folgen vollständig verfremdeter Posaunenklänge.

»For Adolphe Sax« ist eine krasse Fehlbetitelung eines 1967 aufgenommenen Stücks des Peter-Brötzmann-Trios: »For Albert Ayler« wäre angemessen gewesen, denn kein anderes Ensemble ist dem Sound des Ayler-Trios von 1964 so nahe gekommen wie diese europäische Formation. Brötzmanns Tenorklang ist ständig zu Mehrklängen und schreienden Obertönen verzerrt; manchmal spielt er aber auch Phrasen, die Assoziationen an Shepp oder Kalaparush wachrufen. Brötzmanns Medium ist kreischende »Energy Music« mit einer bewußt manischen Komponente, so in »Filet Americaine« mit seinen langen Tönen, die im Zuge ihres Verklingens in die Höhe steigen. Jahrelang waren Han Bennink mit seinem reichen Perkussionsarsenal und der Pianist Fred van Hove, dessen dissonante Klangballungen die harmonischen und rhythmischen Traditionen Europas attackierten, seine ständigen Partner. Die Musik des Trios steht in ihrer betonten Radikalität der führender New Yorker Energiemusik-Formationen der Mittsechziger in nichts nach. In »Florence Nightingale« wird ein sehr frei gestaltetes Posaunensolo des als Gast mitwirkenden Mangelsdorff von den rauhen Tenorstößen Brötzmanns und von Mehrklängen »begleitet«, die Bennink auf einem »Dhung«, einem großen tibetanischen Horn, erzeugt; hier zeigt sich die Musik des Ensembles von ihrer wildesten Seite.

In der europäischen Musiktradition hat Peter Brötzmann keine Vorläufer. Doch Chris McGregor berichtet, es habe in Südafrika einen älteren Baritonsaxophonisten gegeben, der viele Neuerungen Albert Aylers vorweggenommen hätte. McGregor war der Pianist der »Blue Notes«, einer Band, die Jazz mit Kwela, einer populären schwarzen Musik Südafrikas, fusionierte. Die Blue Notes hatten als gemischtrassige Gruppe jahrelang mit den Apartheidsgesetzen der Regierung zu kämpfen, und diese ständigen Auseinandersetzungen führten dann dazu, daß sich die Musiker im Jahr 1965 in Europa, überwiegend in England, niederließen. Seitdem hat McGregor mehrere Big Bands geleitet, in denen unter dem Namen **Brotherhood of Breath** ehemalige Blue-Notes-Mitglieder und englische Musiker zusammenspielten, wobei das Repertoire deutliche Kwela-Einflüsse aufwies.

Im Vergleich zur Musik bekannterer Exilsüdafrikaner wie Hugh Masekela oder Dollar Brand ist die der Brotherhood of Breath zugleich komplizierter und vitaler. Gleichzeitig erklingende Riffs verschiedener

Instrumentalgruppen sind ein klangliches Markenzeichen des Orchesters, das man kaum je schöner hört als in »MRA«, wo die Trompeten-, Posaunen- und Saxophongruppen Riffs untereinander austauschen. Am unmittelbar eindrucksvollsten aber in der Musik der Brotherhood sind die komplexen Spannungen, denen sich das Ensemble so bereitwillig hingibt. Die Ballade »Davashe's Dream«, die den Konventionen des Jazz am nächsten kommt, ist somit eher untypisch für die Musik der Gruppe. Einfache Swing-Big-Band-Harmonien liegen unter einer Altsaxophonlinie Dudu Pukwanas, die sich durch verschiedenste Klangfarben windet, sich von der temperierten Stimmung und der Akkordstruktur des Stücks entfernt und sich ihr wieder nähert, plötzlich in schrille Spaltklänge oder atonales Wimmern ausbricht. Das Trompetensolo Mongezi Fezas widersetzt sich beharrlich den Harmoniefolgen der Komposition, schnattert hemmungslos drauflos; Pukwanas abschließendes Solo steigert sich zu vokalisierten atonalen Passagen – trotz aller klischeehaften Elemente des Arrangements enthält diese Musik Wahrheit: in den verquälten Soli. Auf der im schweizerischen Willisau mitgeschnittenen Live-LP der Band vermengen sich swingende Ensemblepassagen und eingängige Rhythmen mit kollektiver Kakophonie, aus der sich einzelne Soli herausheben: das Altsaxophondelirium Pukwanas, das wütend-aggressive Tenor Evan Parkers, das unstete, distanziert wirkende Trompetensolo Fezas. Hier mischen sich auf unbeschreibliche Art und Weise Ekstase und heftigster Schmerz; in der Musik der Brotherhood lösen sich impulsiv Spannungen auf in – ja, worin? Die Musik kennt keinen endgültigen Schluß, keine Katharsis, nicht einmal einen Zustand der Erschöpfung.

Der Bassist Johnny Dyani, ein weiteres ehemaliges Blue-Notes-Mitglied, betont: »Ich bin ein Folklore-Musiker.« Doch in »Wish You Sunshine« verwandelt sich sein Quartett nach den folkloristischen Riffs des Themas in ein Ensemble nach dem Muster Ornette Colemans. Dyanis »Heart With Minor's Face« ist ein schöner Hard-Bop-Blues, der Dudu Pukwana und John Tchicai zu einem heftigen freien Altsaxophonduell inspiriert – beide Bläser geben sich hier wunderbar jähzornig. In anderen Stücken Dyanis erklingen populäre brasilianische Rhythmen; »Magwaza« ist dagegen wiederum eine traditionelle Melodie, die zu einer ansteckend rhythmischen Begleitung gesungen und dann in jazzigen Saxophonlinien weiterverarbeitet wird. Diese Combos Dyanis, in denen es nicht die extremen Spannungen der Brotherhood of Breath gibt, sind dann am überzeugendsten, wenn sie schnörkellosen Free Jazz spielen. Auf der *Song for Biko*-LP besticht Makaya Ntshoko durch sein leidenschaftliches Schlagzeugspiel, während die Trompetensoli des Amerikaners Don Cherry eine verhalten-lyrische Note anklingen lassen, die sonst auf diesen südafrikanisch inspirierten Einspielungen fehlt.

Auf weniger subtile Weise verbinden sich in **Mike Westbrooks** *Marching Song*-Projekt von 1969 traditionelle und avantgardistische Elemente. Dies ist wirkungsvolle Programmusik, eine »Anti-Kriegs-Jazz-Symphonie«, die den Verlauf eines Kriegs von den Vorbereitungen bis zu den Folgen nachzeichnet. Die Improvisatoren gehen auf unterschiedlich differenzierte Weise mit den Sprachelementen des freien Jazz um, wobei ihre Beiträge einem klug geplanten Strukturschema gehorchen, mit Soli, Duetten, Trios, stilistischen Brüchen. Das Formgefühl des Posaunisten Malcolm Griffith ist von fast klassischer Qualität. Jeder musikalischen Logik widerspricht jedoch die unglaublich virtuose Darbietung Paul Rutherfords, des zweiten Posaunensolisten, in »Landscape (II)« – man kann dies nur als Vorspiel des fortschreitenden Wahnsinns des »Krieg« -Abschnitts begreifen, der als lange, laute, kakophonische Kollektivimprovisation gestaltet wird. Teile von »Marching Song« sind pure Klangmalerei, andere sind übersteigerte Karikaturen patriotischer Musik, wie beispielsweise eine Parodie einer Nationalhymne mit wimmernden Saxophonen. Manches erinnert an die (ebenfalls 1969 entstandene) *Liberation Music* Charlie Hadens und Carla Bleys, die die Schrecken des Kriegs ebenfalls durch Kontraste rigider und freier musikalischer Strukturen abzubilden versuchte. Wenn Westbrooks ausgedehntes Werk auch als Musik überzeugt, so verfehlt es doch seine programmatische Absicht: die Spannung und Erregung dieser Musik wirkt stimulierend, während die harmlosen Popnummern der *Love Songs* (1970) nur durch die solistischen Glanzlichter Griffiths' und Rutherfords vor gänzlicher Trivialität gerettet werden. Folgt man der Musik Westbrooks, so wäre Krieg sehr viel interessanter als Liebe.

Das Programm von *Marching Song* hätte ein Fernsehdokumentarfilm sein können. Das Programm des **Willem Breuker Kollektiefs,** einer einige Jahre später gegründeten holländischen Big Band, sind dagegen linke Polit-Cartoons, die dem Rhythmus einer Stoppuhr folgen. Die Zielscheibe von Breukers musiktheatralischer Satire ist die bürgerliche Kultur Europas. Breukers Stücke sind musikalische Bilderbögen, in denen in pausenloser Abfolge diverse Stile kontrastiert, übertreibend verzerrt, potpourriartig aneinandergereiht werden. Die Musik ist voll zwanghafter Aktivität, die sich in konstanter Lautstärke und zu einem unbarmherzig stampfenden, meist Two-Beat-artigen Rhythmus vollzieht. Breukers Europa wird von ordinär aufgedonnerten, neurotischen Walküren durchritten; geisteskranke Zigeuner tanzen einen eigenartigen Neo-Boogie; ein Rachmaninoff-Konzert verwandelt sich in Stride-Piano-Spiel; verängstigte Bauern tanzen zu den Rhythmen eines Trauermarschs; ein Oberek wird zu einem mittelalterlichen Tanz verzerrt; in einem – angemessen betitelten – »Tango Superior« gibt es Slide-Whistle-Breaks und ein plärrend-stotterndes Altsaxophonsolo; »Ham & Egg Stango« ist eine reine Slapsticknummer. Über Radio und Fernsehen kommnt natürlich auch der Kulturschrott Amerikas nach Europa, und so kann das Kollektief dann beispielsweise die Plastikvitalität von Las Vegas aufs Korn nehmen oder sich über den ältlichen Teenager-Zynismus von »Our Day Will Come« lustig machen – auf holländisch gesungen, versteht sich. In dieser Musik wimmelt es von Tangos, Polkas, Habaneras, Märschen, Rumbas, Cocktail-Akkordeonisten, Opernfragmenten, zweitklassigen Theaterorchestern – oder was es auch immer an originalem oder plagiiertem Material geben mag, das sich den parodistischen Absichten des Kollektiefs anbietet. Was man unter den komponierten Materialien meist vermissen wird, ist Jazz. Allerdings gibt der Breuker-Posaunist Willem van Manen »Swing Along with Babe«, eine Free-Jazz-Parodie auf den Hard Bop, zum Besten, und Breuker selbst liefert eine wüste Karikatur des von Rahsaan Roland Kirk popularisierten Spiels auf zwei Saxophonen gleichzeitig.

Breukers Satire ist gnadenlos; manchmal hat man den Eindruck, als würde die Band von einem Donald Duck in Gestapo-Uniform dirigiert. Ohne Auflockerung durch Jazz-Elemente würde die Musik erdrückend wirken, aber es gibt ja vitale Hard-Bop-Soli und post-

Willem Breuker

Ayler'sche Saxophonkaskaden, die die arrangierten Passagen erweitern und kommentieren. Und in der »La Plagiata« betitelten Folge von Imitationen und Parodien äfft ein Schlagzeuger Gene Krupa nach; ein Tenorsaxophonist bemüht sich vergeblich, »funky« zu spielen; gichtige lateinamerikanische Rhythmen führen zur tonalen Auflösung eines Klaviersolos. Und auch in den »De Vuyle Wasch«-Stücken sorgt Jazz für Abwechslung und musikalische Charakteristik: die auftrumpfenden Mollklänge der Ouvertüre weichen Tenor- und Posaunensoli, und der Trauermarsch wird von einem klagenden Baßklarinettensolo Breukers unterbrochen. Als Komponist ist Breuker in seinen besten Momenten ein schrofferer Nachfolger Kurt Weills, und sein Kollektief ist Weills *Dreigroschenoper*-Orchester fünfzig Jahre später (angeblich hat Breuker Musik zu anderen Brecht-Stücken komponiert). Es ist schon ein kleines Wunder, daß es diesen lebendigen Musikern zumeist gelingt, dem Absinken aufs reine Varieté- oder Klamauk-Niveau zu entgehen. Es scheint jedoch zuzutreffen, daß Breuker Dramatik um ihrer selbst willen liebt – mehr liebt als sein satirisches Programm. Auf einer 1982 eingespielten Platte Breukers gibt es eine völlig schlichte Interpretation von Gershwins *Rhapsody in Blue,* jenes verstaubten Repertoirestücks von High-School-Versammlungen und daneben eine Originalkomposition, »Spanish Wells«, die, denkt man sich die Jazz-Soli einmal weg, glatt aus der Filmmusik eines Spaghettiwesterns stammen könnte. Wird Breuker zahmer werden, seinen Zorn und seinen Witz entschärfen, wie so viele Satiriker vor ihm – darunter auch Weill – und sich jener Illusionskultur anschließen, die er einst so gnadenlos kritisierte?

Für Breuker sind die Hoch- und Trivialkulturen Europas jener Hauptstrom des Lebens, dem seine modernen Jazz-Bänkelsänger huldigen. Vollkommen entgegengesetzte Prioritäten setzen einige der Komponisten, die Stücke für das **Globe Unity Orchestra** schreiben. So ist freie Improvisation die Hauptkomponente in Peter Kowalds »Local Fair«, auch wenn sich ein griechischer Folklore-Sänger, ein fünfundzwanzigköpfiges Akkordeonorchester, eine Drehorgel und eine marschierende Blaskapelle in die Klänge der Improvisatoren mischen. Mit Kowald kehren wir zur Grundidee musikalischer Freiheit zurück, die für ihn gleichbedeutend ist mit: Alles Geschehen Lassen. So ist auch »Jahrmarkt«, wie schon »Local Fair«, kaum mehr als eine Abfolge von Gruppierungen und Solisten, wobei sich etliche Bebop-Fetzen (besonders Parker und Monk) in das Getümmel mengen. Auch Alexander von Schlippenbach zitiert gerne aus Monk-Titeln, die er zudem in Arrangements verarbeitet; wichtiger aber sind seine Leistungen als Pianist und Komponist. Das einzig Kontinuierliche in seiner »Kunstmusik II« (1975) ist die Fragmentierung der Phrasen der Globe-Unity-Musiker und die Zergliederung ihrer Musik in zahlreiche Abschnitte mit wechselnden Instrumentenkombinationen. Dies ist jene Art von abstraktem musikalischem Expressionismus, die man als Fortführung der Gedanken von Anthony Braxtons *Three Compositions* (1968) deuten kann, und so ist es nur passend, daß einer der Improvisatoren in der »Kunstmusik II« Anthony Braxton heißt.

Die Anfänge des Globe Unity Orchestra reichen bis 1968 zurück, als Schlippenbach seine Band für die Aufführung seiner Komposition »Globe Unity« zusammenstellte, die er als Auftragswerk für die Berliner Jazztage geschrieben hatte. In der Folgezeit kam das Ensemble einmal jährlich, gelegentlich auch häufiger, für Konzerte zusammen, während die Musiker in der übrigen Zeit ihren individuellen Projekten nachgingen. Kowald und Schlippenbach sind beileibe nicht die einzigen Komponisten des Orchesters. Gelegentlich steuert eines der Gruppenmitglieder ein traditionelles Big-Band-Arrangement bei; auf der anderen Seite gibt es aufsehenerregende Stücke wie »The Forge«, eine vital-vehemente Komposition Schlippenbachs, esoterisch-individuelle Titel wie Steve Lacys »Worms« und vollständig Experimentelles wie Günter Christmanns »Trom-Bone-It« mit seinen Crescendi improvisierter Kontraste. Doch das wirklich herausragende Merkmal des Globe Unity Orchestra ist die Qualität der einzelnen Spieler, die meist die führenden europäischen Free-Jazz-Musiker auf ihren jeweiligen Instrumenten sind, so daß das Orchester die eindrucksvollste Vereinigung von Avantgarde-Musikern seit den Tagen der AACM-Big-Bands ist, die Muhal Richard Abrams einst in Chicago leitete. So gehören der Holzbläsergruppe in der Regel Steve Lacy (Exilamerikaner), Peter Brötzmann (Deutscher) und Evan Parker (Engländer) an; in der Trompetengruppe finden wir den renommierten Enrico Rava (Italien); die Posaunisten sind Paul Rutherford (England) sowie Albert Mangelsdorff und Günter Christmann (beide Deutschland), und so ist es nicht übertrieben, wenn eines der gelungensten Stücke des Ensembles, eine fünfundzwanzigminütige Reihung herausragender Soli und Duette, den Titel »Every Single One of Us Is a Pearl« (»Jeder einzelne von uns ist eine Perle«) trägt. Alexander von Schlippenbach, der Leiter des Orchesters, ist einer der führenden Pianisten des Free Jazz, einer der unsentimentalen Nachfolger Cecil Taylors, wenn auch sein Spiel nicht die extreme strukturelle Komplexität Taylors erreicht.

Die Existenz des Globe Unity Orchestra läßt vermuten, daß es unter den Free Jazzern Westeuropas eine lebendige Gemeinschaft gibt. Auch im östlichen Europa gibt es Free Jazz, wenn es auch von dieser Seite des Eisernen Vorhangs schwer zu beurteilen ist, wie es um seine Quantität und Qualität bestellt ist. Wenn Musiker aus den kommunistischen Staaten im Westen auftauchen, so werden sie von den sie begleitenden Bürokraten gegängelt, und es ist ihnen nicht gestattet, Geld in ihrer Landeswährung ins Ausland mitzuführen. Da Vorauszahlungen an Jazzmusiker unüblich sind, ist es also nicht einfach, Tourneen für Musiker aus dem sowjetischen Machtbereich zu arrangieren. Aus Rußland kommt der Free-Jazz-Pianist Sergej Kuryokhin. Seine LP *The Ways of Freedom* wurde aus Bändern mit manipulierter Bandgeschwindigkeit montiert, und so klingen seine dissonanten Klangkaskaden und Cluster wie etwas wirre, humorlose, vergleichsweise einfache Versionen der mechanischen Klavierwalzenmusik des amerikanischen Komponisten Conlon Nancarrow. Es gibt wohl kaum nationalistischere Jazzmusiker als die Russen Vyacheslav Ganelin (Klavier, Gitarre), Vladimir Tarasov (Perkussion) und Vladimir Chekasin (Holzblasinstrumente), die zusammen das Ganelin-Trio bilden. Ihre Grundmaterialien sind populäre und folkloristische Musik, die sie mit den Techniken des Free Jazz zu einer hochenergetischen, ewig gutgelaunten und fröhlichen Musik verarbeiten, die nicht viel mit post-Ayler'scher Ernsthaftigkeit oder mit dem emotionalen Spektrum ihrer westlichen Kollegen gemein hat. Der eindrucksvollste Free-Jazz-Musiker des östlichen Europa, den ich gehört habe, ist Conrad Bauer aus der DDR, der eine Schlüsselfigur im heutigen Revival des Posaunenspiels ist.

Die große Leistung Albert Mangelsdorffs war die Synthese von befreitem Posaunenspiel, Hard Bop und seiner persönlichen ausdrucksstarken Emotionalität. Das Spiel **Conrad Bauers** bringt den nächsten Schritt in Hinblick auf technische Weiterentwicklung und auf jene fließenden Formen, die aus einer bestimmten Melodik hervorgehen. In »Maxi« hält er einen Ton sieben Minuten lang aus, improvisiert über ihn eine Struktur aus Mehrklängen. Manchmal ändert der Grundton seine Höhe, wird so zu einem langsam bewegten Kontrapunkt, und an einer entscheidenden Stelle des Stücks wird die Oberstimme zur Begleitung der nach wie vor ununterbrochenen Unterstimme. Was an »Maxi« so fasziniert, ist aber weniger derartige Virtuosität als die nachdenkliche Natürlichkeit von Bauers Solostrukturen. In »Lotte« wird er zu einer Ein-Mann-, Ein-Instrument-Rock-Band, und er hat eine Vorliebe dafür, aus rhythmisch belebten Themen improvisierte Strukturen abzuleiten; dies ist, wie der Hummelflug von »Otto«, Musik von warmem Humor. In »Rüdiger« demonstriert Bauer, daß er aber auch den exzentrischen Klangfantasien seiner europäischen Vorgänger Paul Rutherford und Günter Christmann nicht abgeneigt ist.

Christmann ist ein unermüdlicher Experimentator, Rutherford ein ewig surrealer Expressionist; eine extremere Avantgarde als die dieser beiden Musiker ist auf dem Gebiet des Blasinstrumentenspiels wohl schwerlich vorstellbar. Christmann komponiert auch: »Mandolympia« für Mandoline und Schreibmaschine; »Sinjuku«, eine Collage aus Straßengeräuschen; »Airmade«, ein Stück, in dem vier Menschen gemeinsam ein- und ausatmen und sich bis zu preßluftflaschengleichem Überdruck steigern – sieht man einmal von der Vehemenz dieses Höhepunktes ab, so könnte die Harmonie von »Airmade« kaum eine natürlichere sein. Wie der Posaunenpionier Lester Lashley ist auch Christmann ein hervorragender Bassist, während seine frei-assoziativen Posaunensoli Aneinanderreihungen der exzentrischsten Klänge des Instruments sind. Mangelsdorff und Bauer glänzen durch ihre instrumentale Geläufigkeit, doch Christmanns Technik ist übermenschlich: typisch für sein Spiel sind lange Abschnitte aus völlig verschiedenartigen Tönen in unterschiedlichsten Registern, die mit schwindelerregender Geschwindigkeit aufeinanderfolgen; nicht minder charakteristisch sind sparsam verteilte, zarte, »ungewöhnliche« Sounds (dafür ist »Trombath« ein schönes Beispiel). Auch Rutherford lebt in dieser Welt blitzschnellen Posaunengeschnatters, -gemurmels, dieser Welt aus Pfeifengeräuschen, Glissandi, verzogenen Tönen, vokalisierten Klängen, Obertönen, Mehrklängen, klickenden oder gurgelnden Geräuschen – der Unterschied zwischen beiden Spielern besteht im wesentlichen darin, daß Christmanns Improvisationen zumindest zeitweise eine gewisse Logik innewohnt (so in seinem Duettieren mit dem Cellisten Tristan Honsinger), während Rutherford die personifizierte Irrationalität ist. Wenn seine Solo-LP *The Gentle Harm of the Bougeoisie* verglichen mit den aleatorischen Praktiken John Cages als Fortschritt empfunden werden mag, so liegt das allein daran, daß Rutherfords Spiel von so vollkommener Spontaneität ist – aber Jazzmusiker haben seit den Pioniertaten Lennie Tristanos von 1949 ja immer das Ideal der Spontaneität im Auge gehabt.

Wie sieht es mit Free-Jazz-Aktivitäten in den übrigen europäischen Ländern aus? In Dänemark finden wir John Tchicai, dessen Altsaxophonsound inmitten der extrovertierten Aufschreie der New Yorker Free-Jazz-Musiker der frühen sechziger Jahre so intim anmutete. Auch in Tchicais Musik der letzten Jahre gibt es noch diese Intimität, und sie kommt in einer Vielzahl musikalischer Kontexte zum Tragen. Im *New Jungle Orchestra* des Gitarristen Pierre Dørge wird die Exotik der Brotherhood of Breath nach Westafrika verlagert. Anstelle der charakteristischen Spannungen der Brotherhood findet man hier jedoch detailliert ausgearbeitete Riff-Arrangements, vielfältigeres musikalisches Material und auf jeden Fall eine genauer kontrollierte Beziehung zwischen Komponiertem und Improvisiertem. »Jungle Rituals« und »Fullmoon in Brikama« sind zwei besonders reizvolle Stücke dieser Skandinavier.

In Frankreich gilt **Vinko Globokar** als eine der renommiertesten Figuren der Avantgardeszene: als Komponist, Interpret und Forschungsleiter für »natürliche Klänge« am Pariser IRCAM, einem akustisch-musikalischen Forschungsinstitut, dem Pierre Boulez vorsteht.

Globokar ist ein Posaunist, der, als Improvisator, in erster Linie mit extremen Spieltechniken und undefinierten Tonhöhen arbeitet, ohne auch nur die Andeutung einer konventionellen musikalischen Linie. Dies ist natürlich das gleiche Terrain, auf dem sich auch Christmann und Rutherford bewegen. Im Quartett »New Phonic Art« gestaltet Globokar gemeinsam mit seinen Partnern mobile Mehrklang-Texturen, die in ihren gelungensten Momenten (»Improvisation No. 2«) an die abstraktesten Erkundungen des frühen Art Ensemble of Chicago denken lassen. Einer seiner regelmäßigen Kollegen ist der Holzblasinstrumentalist **Michel Portal,** der seine Doppel-LP *Arrivederci/Le Chouartse* (1980) mit einer dicht strukturierten Altsaxophonlinie eröffnet; doch dann läßt die Spannung nach, und Portal bietet nacheinander auf seinen diversen Instrumenten Varianten des Spiels von Roscoe Mitchell, des amerikanischen modalen Altisten Sonny Fortune, von Anthony Braxton und Benny Goodman. In früheren Jahren hatte er wie Coleman, Coltrane oder wie Albert Aylers klägliche Okarina geklungen (»Walking Through the Lane«, 1969); eine gewisse Sensibilität für klangliche Gewichtungen, die er in der Zwischenzeit erworben hat, scheint auf Einflüsse der Chicagoer zurückzugehen. Das persönlichste Kennzeichen der Musik dieses aggressiven Spielers ist seine Vorliebe für kurze, aufsehenerregende Phrasen, mit denen er Soli eröffnet, wenn er sie nicht rein dekorativ einsetzt. Die Aufnahmen Portals, die ich gehört habe, sind meist technisch gekonnt, aber emotional unterkühlt. Portal ist anscheinend einer der am meisten respektierten Free Jazzer Europas, was in gewisser Hinsicht kein gutes Zeichen ist.

Dem improvisierenden Musiker der Gegenwart steht eine verwirrende Fülle musikalischer Möglichkeiten offen. Da er oder sie ein musikalischer Weltbürger ist, für den es keine kulturellen Imperative mehr gibt, kann die Beschränkung auf ein Genre oder einen Stil als willkürliche Selbsteinengung aufgefaßt werden, und sogar gewisse Arten des freien Spiels können restriktive Züge annehmen, wenn sie auf irgendeine Weise die Kommunikationsfähigkeit der Musiker schmälern. Eine Alternative bestände darin, sich einem bewußten Dilettantismus oder Eklektizismus hinzugeben; vielversprechender aber erscheint eine andere Alternative, für die sich der Gitarrist **Derek Bailey** entschieden hat: »Freie Improvisation« (»free improvisation«) nennt er seine Art des Musikmachens. Vorläufer der freien Improvisation, so sagt Bailey in seinem Buch *Improvisation,* findet man in allen möglichen Arten von Musik, keinesfalls nur in einer einzigen. So wie freie Improvisation in der Musik Baileys und seiner Freunde Christmann, Rutherford, Evan Parker (um nur einige zu nennen) definiert wird, bedeutet das: kein festes Tempo oder Metrum, keine erkennbare Melodik oder Form; Verzicht auf jegliche vorgegebenen Elemente. Die vier aufgeführten

Musiker sind zwar virtuose Instrumentalisten, aber auch das ist keine notwendige Voraussetzung für freie Improvisation. Entscheidend ist das Sensorium für musikalische Freiheit. Bailey betont, daß freie Improvisation kein Stil ist, sondern eine Art des Musikmachens, eine Kombination bestimmter musikalischer Positionen und Verfahrensweisen.

Die Platten Derek Baileys sind in den Vereinigten Staaten nur schwer zu finden. Dennoch haben seine Gitarrentechniken eine ganze Reihe junger amerikanischer Saiteninstrumentalisten beeinflußt, und seit einigen Jahren kommt er mindestens einmal im Jahr in die USA, bleibt mehrere Wochen und initiiert Konzerte. Bailey, der als Sohn einer Musikerfamilie im englischen Sheffield geboren wurde, fing schon in seiner Jugend mit dem Gitarrenspiel an, und bereits in den frühen fünfziger Jahren war Bailey, damals noch ein Teenager, ein professioneller Musiker.

> »Ich bin kein, wie man so sagt, ausgebildeter Musiker. Was ich gelernt habe, war allein, wie man als Musiker seinen Lebensunterhalt bestreiten kann. Aber ich habe das Glück gehabt, Musiker kennenzulernen und mit ihnen zusammenzuarbeiten, Musiker, die eine Quelle vielfältigster Informationen waren, die ich aus ihnen in vielen Fällen regelrecht herausgekitzelt habe – so lief das. Übers Unterrichten weiß ich überhaupt nichts, aber übers Lernen weiß ich schon ein wenig Bescheid.
> Als ich mit dem Spielen anfing, interessierte ich mich für Jazz. Aber in den späten Fünfzigern versiegte mein Interesse sozusagen ... also, ich hatte das Gefühl, daß das sowieso nicht genau meine Musik war. Also machte ich mich daran, mit Musik Geld zu verdienen, und das machte ich dann etwa zehn Jahre lang und spielte dabei fast jede Art von Musik, die man auf meinem Instrument spielen kann. Es gab damals in England einige Jazzaktivitäten, was traditionellen Jazz anbetrifft – aber keine wirklich professionelle Jazzszene -, also spielte ich in Tanzsälen, in Nachtclubs, ich begleitete Sänger, was ich sehr gerne tat, ich arbeitete in den Studios ... überall stößt man auf Improvisation. Ohne die Fähigkeit des Improvisierens ist es unmöglich, in dieser Art Halbwelt der Unterhaltungsmusik seinen Lebensunterhalt zu verdienen, also außerhalb des klassischen Bereichs ... Es war gegen Ende meiner Studiotätigkeit, daß ich anfing, mich für das zu interessieren, was ich heute mache.«[4]

1963 war Bailey Mitglied eines aus Gitarre, Baß und Schlagzeug bestehenden Trios, das anfangs Jazz in festen Tempi und festgelegten Harmoniefolgen spielte. Im Verlauf von drei Jahren aber wurden Tempo und Metrum nach und nach eliminiert; das Trio improvisierte modal, und dann:

> »... war die Musik größtenteils improvisiert und die Soli waren unbegleitet. Was es an Begleitung gab, war eher eine Art gelegentlicher Kommentar der anderen Instrumente.

Also war das Ganze vom Charakter her eher atonal; die Musik war diskontinuierlich, episodisch, und zwei Instrumente – verstärkte Gitarre und Schlagzeug – paßten sich der Lautstärke eines sehr leise gespielten Kontrabasses an.«[5]

Das Trio blieb drei Jahre lang zusammen und trat meist einmal in der Woche in einem Jazzclub in Sheffield auf. Doch dann zog Bailey im Jahr 1966 nach London.

»In London gab es so eine Art Free-Jazz-plus-frei-improvisierte-Musik (das ist noch so eine schöne Kategorie)-Szene, und das spielte sich hauptsächlich im sogenannten ›Little Theater‹ ab und wurde meist von einem Schlagzeuger namens John Stevens organisiert. Ich fing also an, mit diesen Typen zusammenzuspielen – Evan Parker, Paul Rutherford, John Stevens, Trevor Watts. Die Szene im Little Theater entwickelte sich hervorragend, aber das Publikum entwickelte sich nicht ganz so prächtig. Wir konnten jedenfalls drei oder vier Nächte in der Woche in dieser idealen Umgebung spielen, mitten im Zentrum Londons. Diese Gruppe von Leuten spielte weiter dort bis 1968, und mit dabei waren auch Leute wie [der Trompeter] Kenny Wheeler und Dave Holland und ein oder zwei andere Typen. Und zu dieser Zeit kriegten wir auch ab und zu ein paar Auftritte – meistens außerhalb Englands. Vergleicht man es mit heute, so muß ich sagen, daß damals in allen musikalischen Bereichen eine Menge los war. Natürlich kümmerte sich das Publikum nicht so wie heute darum, was wir machten, aber das war auch einer der befriedigenden Aspekte an der ganzen Sache: wir kümmerten uns nicht darum, ob das irgendjemandem gefiel oder nicht oder ob es richtig oder falsch war.«[4]

Die diversen »Spontaneous Music Ensembles«, die John Stevens seit 1966 geleitet hat, umfaßten alles zwischen Duetten und Ansammlungen dreißig kollektiv improvisierender Musiker. Stevens' häufigster Partner ist Trevor Watts, ein von Ornette Coleman beeinflußter Altsaxophonist; das Spontaneous Music Ensemble, das 1971 als Quintett mit dem Trompeter Bobby Bradford Aufnahmen machte, bewegt sich genau in jenem Terrain spontanen Zusammenspiels, das durch die Musik der frühen Coleman-Gruppen und die der zweiten Generation der New Yorker Free-Jazzer abgesteckt wurde. Aus den Ensembles, mit denen Derek Bailey und Evan Parker im Little Theater spielten, entwickelte sich in der Zwischenzeit die viel weniger faßliche Musik der »Music Improvisation Company«, die zwischen 1968 und 1971 durch ihre völlig distanzierten und abstrakten Klänge auffiel. Die Gruppe bestand aus vier Musikern, die elektronische Klangerzeuger, Schlaginstumente, Gitarre und Saxophone betätigten; später schloß sich ihnen eine Sängerin an, die, ähnlich wie Jeanne Lee, eher Mund-, Lippen- und Kehlkopfgeräusche produzierte, als daß sie sang. Diese Musiker schufen individuelle Improvisationen, die mal nebeneinander her, mal gegeneinander, manchmal auch zusammen liefen, wobei die Beziehungen der Spieler untereinander mal stabil, dann wieder flüchtig waren. Die Improvisationen auf der bei ECM erschienenen Platte der Music Improvisation Company gehen fast alle in trockenen, diffusen Bündelungen klanglicher Energie auf.

Dies ist, man muß es zugeben, ein neuer Stil, ein weiterer Nachkomme der Albert-Ayler-Gruppen, der ersten Einspielungen Roscoe Mitchells und Lester Bowies, der E-Musik-Avantgarde nach Cage. Absolute individuelle Originalität, ein reiner Dialog der Persönlichkeiten – das sind die Ziele dieser Musik, Ziele, die Bailey und Parker bis zum heutigen Tag verfolgen, auch wenn sich die Perspektiven der freien Improvisation seit den Anfängen deutlich erweitert haben. Bailey hat einmal formuliert, der frei improvisierende Musiker habe per definitionem »keine Tradition, mit der er sich identifizieren kann. Was er aber hat, ist die Möglichkeit, persönliche Authentizität zu entwickeln und zu erhalten.«[5] Liest man seine Berichte über seine Erfahrungen in freier Improvisation, so fällt auf, wie sehr Bailey seine Bemühungen betont, Moden, Stile, Traditionen und überhaupt jegliche Art musikalischer Kodifizierung zu negieren: »... jenen Sound der elektrischen Gitarre mit leeren Saiten, den ich seit Jahren zu vermeiden bemüht bin«; »All dies war als Angriff auf den harmonischen und rhythmischen Unterbau gedacht«; »... es erwies sich als notwendig, alle tonalen, modalen und atonalen Organisationsprinzipien zu verwerfen, so daß allein die Improvisation zum strukturbildenden Faktor werden konnte.«[5] Nach einem Duokonzert Baileys mit dem Posaunisten George Lewis im Jahr 1981 fragte ich den Gitarristen, wie die beiden Musiker ihre Folge von Improvisationen planten. »Im wesentlichen intuitiv«, sagte Bailey, »also, ich weiß eine ganze Menge über George; ich denke, daß er auch eine ganze Menge über mich weiß, und dann gibt es natürlich noch entscheidende Faktoren wie Wohlwollen und gemeinsame Interessen und Interesse an Interessen, die nicht gemeinsam sind – eine Menge von Faktoren. Aber wie es aufgebaut ist, das ist größtenteils intuitiv. Ich habe in den letzten achtzehn Monaten ziemlich oft mit George gespielt, aber ich habe nie mit ihm geprobt.«[4] Freie Improvisatoren wie Bailey oder Evan Parker spielen meistens solo oder mit wechselnden Formationen, bilden nur selten feste Ensembles. Wenn sie auch immer wieder mit bestimmten Musikern zusammentreffen, so geschieht dies doch jedes Mal in einem anderen Kontext.

Normalerweise ist das Tenorsaxophon das kommunikativste unter den gebräuchlichen Jazzinstrumenten. Durch seine Bauweise kann man, verglichen mit anderen Instrumenten, relativ leicht flüssig und schnell auf ihm spielen; sein Umfang, seine dynamische Bandbreite und das Gewicht seines Klangs geben dem Spieler fast konkurrenzlose gestalterische und expressive Möglichkeiten. All diese klassischen Qualitäten des Tenorsaxophons hat **Evan Parker** aufgegeben. Noch häufiger als das Tenor- spielt er möglicherweise das Sopransaxophon, doch läßt sich sein Spiel in beiden Fällen mit den gleichen Begriffen beschreiben. Jeder seiner Töne ist verzerrt, keiner hat eine eindeutige Tonhöhe; sein Sound ist ständig rauh, entweder schrill oder kratzig. Seine Phrasen bestehen aus rauhen, winzigen Partikeln, sind fast zu Fragmenten pulverisiert. Gern bedient er sich der zirkulären Atmung und erzeugt so ununterbrochene lange Töne, die er mit Mehrklängen oder übermenschlich langen getrillerten Arpeggien auflädt. Es ist die ständige Wiederkehr derartiger Techniken, die dem schrillen Gezwitscher seiner unbegleiteten Sopransoli »Aerobatics«, »Fingerprints« und *Monoceros* eine gewisse strukturelle Geschlossenheit verleiht. Wenn seine Soli auch keinen schematischen Abläufen folgen, so sind sie meist doch fließend und wirken vollkommen logisch strukturiert – so etwa die mächtige Tenorattacke, mit der Parker »Every One of Us Is a Pearl« eröffnet. »Abracadaver« beginnt mit zornigem, wenn auch, da im »Subtone« gespielt, kaum vernehmbarem Tenorgurgeln; doch allmählich steigert sich diese Phantasmagorie zu beinahe »wirklichen« Phrasen, bis unstete Obertöne und hart attackierte Baßtöne dem ein Ende setzen.

Irgendwie gelingt es Greg Goodman, diese Strukturen auf dem Klavier zu begleiten; als geeigneterer Partner erweist sich auf *Real Time* Alvin Curran, dessen Spiel auf Klavier und Synthesizer dem Parkers nicht bloß Unterstützung und zusätzliche Farbe gibt, sondern es auch durch Widerspruch inspiriert. Noch eindrucksvoller als das außerordentliche Energieniveau in Parkers Musik ist seine Konzentration dieser Energien. In »Aerobatics« läßt die Aneinanderreihung klanglicher Konflikte, besonders in ihrer Endphase, eine Form entstehen, die an einen teuflischen Sonny Rollins denken läßt. Doch sind Evan Parkers zornige, furchteinflößende Klangströme alles andere als musikalische Perversion. Die innere Logik seiner Reaktionen auf das Spiel anderer und insbesondere seiner eigenen Erfindungen läßt eine klar durchdachte musikalische Vision zum Vorschein kommen, die in ihrer beharrlichen Intensität um so erschreckender ist.

Auch wenn Derek Bailey elektrische Gitarre spielt, so spielt er leise, in Klangtupfern, in denen man nicht sofort Kontinuität erkennen wird. In den 1974 eingespielten Duetten mit Anthony Braxton entsteht aus solchen Klangpunkten der Gitarre eine Klangfantasie, die in sich selbst durchaus komplex ist, aber dennoch eine einfühlsame Begleitung darstellt, die überraschend spontan auf das Spiel des Saxophons reagiert. In »Sarinu«, einem leuchtenden Duett mit dem Klarinettisten Tony Coe, spielt Bailey funkelnd-dissonante Linien in den hohen Lagen der Gitarre und vermittelt auf wundersame Weise die Illusion, in den gleichen Registern, den gleichen tonalen Feldern, mit den gleichen rhythmischen Impulsen wie Coe zu spielen, ohne dabei aber die rhythmische und tonale Unschärfe seines Spiels aufzugeben. Bailey tendiert immer, ganz gleich in welchem Kontext, dazu, höchst raffinierte und differenzierte Strukturen zu entwerfen, und doch macht die Musik auf der LP mit Coe einen eher gelassenen, geruhsamen Eindruck. Han Bennink dagegen, der die Ästhetik des Geigenspiels Ornette Colemans auf sein ruhelos-manisches Schlagzeug-, Klarinetten- und Geigenspiel (um nur einige seiner Instrumente zu nennen) übertragen hat, inspiriert Bailey zu sehr freien Variationen über Flamenco-, Rock-, Balladen-, Ragastrukturen. Als Bailey trotz des wilden Getrommels in »Umberto Who?« weiter sparsam und zurückhaltend spielt, unterbricht Bennink plötzlich sein Gewirbel, als wäre er fassungslos über die unerschütterliche Distanziertheit des Gitarristen. Noch ein weiterer Aspekt der Musik Derek Baileys kommt in den intensiven, durchdacht aufgebauten Duetten mit Steve Lacy zum Tragen. In »Abandoned 2« entnimmt der Gitarrist Phrasen aus der ersten Saxophonimprovisation, um daraus dann seine eigene dramatische, thematisch eng gefügte Improvisation zu entwickeln. Am eindrucksvollsten in Baileys Duetten ist sein instinktives Gespür für Einfühlung, Kontrast und – zur gleichen Zeit – Distanz und Unnahbarkeit: ohne je seine ganz persönliche Welt von Klängen und Bewegungen zu verlassen, paßt er sich doch mit unfehlbarer Sensibilität den jeweils wechselnden Umständen an.

Nicht weniger extrovertiert als die Duette mit Lacy ist seine Solo-LP *Aida,* auch wenn Bailey hier, wie meist, sehr leise spielt. In »Niigata Snow« gibt es eine Passage, in der bewegte, dissonante Arpeggien von einer separaten, quasi kommentierenden Linie hoher, zarter Töne durchsetzt sind: Yin und Yang gleichzeitig. Im kaleidoskopartigen »Paris« gibt es schwache Allusionen an verschiedenste Formen und Genres. Schon bald nach dem Anfang des Stücks gibt es eine Klimax aus Akkord-Riffs, die sich dann in eine Ein-Mann-Call-Response-Struktur aus hart angeschlagenen Akkorden umwandelt; später erinnert eine Abfolge vehement attackierter glockenartiger Akkorde an diese Stelle; insgesamt aber ist die Struktur von »Paris« völlig offen – Bailey ist sich selbst gegenüber nicht weniger sensibel als gegenüber anderen Musikern.

Die Aufnahmen mit Lacy und Bennink stammen aus diversen Music-Improvisation-Company-Wochen, die Bailey seit Mitte der siebziger Jahre einmal jährlich in London veranstaltet; im Jahr 1982 präsentierte er eine ähnliche Veranstaltungsreihe in New York. Dabei handelt es sich um eine Reihe allabendlicher Konzerte frei improvisierter Musik, in denen Bailey mit den Musikern auftritt, mit denen er im vorausgegangenen Jahr zusammengearbeitet hat:

> »Normalerweise gibt es acht bis zwölf Musiker. Jeder von ihnen hat mit einem oder zwei der anderen bereits gespielt, aber mit den meisten anwesenden Musikern wird er noch nicht gespielt haben, auch wenn

er ihre Arbeit auf die eine oder andere Weise kennengelernt haben mag. Ich versuche meistens, auch eine Person vorzustellen, mit der auch ich noch nicht zusammengearbeitet habe. Was allen gemeinsam ist, daß sie, bei der einen oder anderen Gelegenheit, als frei improvisierende Künstler arbeiten. Wir treffen uns jeden Abend vor dem Konzert und verständigen uns darüber, welche Gruppierungen wir für den betreffenden Abend vornehmen wollen. Bei zehn Leuten ergeben sich meist Gruppierungen von drei oder vier Spielern. Während der ganzen Woche spielen wir also in der Regel nie als zehnköpfiges Ensemble; de facto sind selten mehr als sechs Musiker auf der Bühne.
Es gibt viel Dinge, die mich an diesen Wochen interessieren. Ein Aspekt sind die ständig wechselnden, sich immer neu ausrichtenden, Bündnisse und Antipathien. Wir machen das jedenfalls jeden Abend, fünf Abende hintereinander. Das einzige, was feststeht, ist, daß man sich des Mediums der freien Improvisation bedient.«[4]

In größeren Gruppen wird das Zusammenspiel der Musiker schnell recht diffus, und so ist die Musik der kleineren Music-Improvisation-Company-Gruppierungen am aufschlußreichsten., Eines der besten dieser unsteten Ensembles war das, das 1980 die LP *Fables* aufnahm: dieses Quartett bestand aus dem umwerfenden Evan Parker, dem nüchtern-gewitzten George Lewis, dem Bassisten Dave Holland – einem Lyriker in einer gänzlich unlyrischen Umgebung – und natürlich Bailey, der sich scheinbar gegen das Spiel seiner Landsleute sperrt und dennoch auf seine distanzierte Art den Fluß der Musik zu steuern versteht.

Bailey weist des öfteren darauf hin, daß es mittlerweile eine oder zwei jüngere Generationen frei improvisierender Musiker gibt. Der im Ausland lebende Amerikaner Tristan Honsinger, einer dieser jüngeren Improvisatoren, spielt brillant, manchmal irrwitzig, Cello. In seinen *Earmeals*-Duetten mit Günter Christmann beginnt er mit gestrichenen Vogelrufimitationen, läßt lyrische Passagen folgen und gestaltet dann energetische Linien, die eine Vorliebe für die komponierte Musik des zwanzigsten Jahrhunderts vermuten lassen (offenbar ist Ernest Bloch einer seiner besonderen Lieblinge). Honsinger ist zweifellos einer der theatralischsten Cellisten seit Pablo Casals; manchmal untermalt er sein Spiel mit simultanem Scat-Gesang, und in einem der »Earmeals« stampft er während des Spiels mit den Füßen auf, stöhnt und ächzt, als wolle er Keith Jarrett parodieren. Betrachtet man die jüngeren unter den frei improvisierenden Musikern Amerikas, so kann man sagen, daß zumindest das Spiel von Saiteninstrumentalisten wie Eugene Chadbourne und Henry Kaiser von den Techniken Derek Baileys inspiriert ist – hier haben wir endlich einmal den Fall, daß amerikanische Avantgarde-Musiker ihre persönliche Sprache mit Hilfe europäischer Einflüsse entdecken.

12.

Leo Smith, Anthony Braxton, Joseph Jarman, Roscoe Mitchell

»Jazz ist die Kunst der jungen Leute«, so lautet das alte Klischee. Die meisten bedeutenden Jazzmusiker gelangten früh zu künstlerischer Reife und machten ihre wichtigsten Entdeckungen vor ihrem dreißigsten Lebensjahr. Seit Ornette Coleman die Tür zu den scheinbar unendlichen Möglichkeiten des gegenwärtigen Jazz aufstieß, gilt dies allerdings nicht mehr uneingeschränkt – wohl deshalb, weil der Free Jazz ein hohes Maß an musikalischer Differenzierung und Verfeinerung erfordert. Als die AACM noch jung war, beschäftigten sich Leo Smith, Anthony Braxton, Joseph Jarman und Roscoe Mitchell sowohl mit gänzlich freier Improvisation als auch mit ihrem Gegenteil: mit vollständig auskomponierten Stücken. Zudem untersuchten sie die verschiedenen Möglichkeiten, Improvisation und Komposition zu verbinden. »Als AACM-Künstler versuchte man in erster Linie, Musik zu schaffen, die multi-textural und multi-strukturell war«, erläutert Smith.[1] Genau diese Suche war es, die zu den Innovationen führte, die sich in der Musik der siebziger und achtziger Jahre dieser vier Chicagoer manifestierten. Mittlerweile zählen sie bereits zu den Altmeistern des Free Jazz, und ihre musikalischen Entdeckungen sind es, die wohl am deutlichsten die Grenzen der gegenwärtigen Jazzentwicklung markieren.

Leo Smith wurde 1941 in Leland, Mississippi geboren: im Mississippi-Delta, der Geburtsstätte des Blues. Seit der sechsten Klasse spielte er Trompete im Schulorchester, und schon bald trat er bei den »Cakewalks« auf, die die ortsansässigen Wohltätigkeitsvereine veranstalteten. Sein Stiefvater ist Little Bill Wallace, ein in dieser Gegend wohlbekannter Bluesgitarrist und Bandleader, der seit einigen Jahren auch ein regelmäßiger Gast der Blues-Festivals des mittleren Südens ist. Auch Leo gründete schon als Teenager eine Bluesband, die klassische Titel aus dem Repertoire von Größen wie John Lee Hooker, Elmore James und Howling Wolf spielte: »Der Blues meines Stiefvaters ähnelte eher dem Albert Kings oder B. B. Kings, der unsrige aber war von viel ländlicherem Charakter.« Die junge Gruppe probte ausgiebig für ihren ersten Auftritt, und dann:

> »Die ganze Woche über waren alle immer zur Probe gekommen. An diesem Nachmittag ging ich zu meinen Freunden, die mit mir in der Band spielten, und es stellte sich heraus, daß ihre Mütter ihnen von dem Auftritt abgeraten hatten und daß sie also nicht spielen wollten. Also mußte ich an diesem Abend all diese Riffs und Linien, die wir für drei Bläser ausgearbeitet hatten, irgendwie allein auf der Trompete spielen. Damals wurde mir klar, daß man als Individuum allein ist, daß man sich auf niemand anders verlassen kann, und diese Lektion hat mich bis heute geprägt.
> Ein paar Tage vorher hatte ich meinen Stiefvater gefragt, ob ich bei ihm mitspielen könne, und er sagte: ›Unmöglich, kommt gar nicht in Frage.‹ Er trat in der selben Stadt auf, in der auch ich spielte – das war Hollandale, Mississippi –, nur etwa zwei Häuserblocks weiter. Als seine Band gerade Pause machte, kam er vorbei, um bei uns 'reinzuhören, und er war ziemlich überrascht über das, was wir so machten. Und von da an spielte ich mit niemand anderem mehr, ich spielte nur mit ihm.«[2]

Nach der High School ging Leo Smith zur Armee: »Da ich nach Japan wollte, und da sie immer ihre Versprechen halten, blieb ich in den Südstaaten.« Er verbrachte fünf Jahre in diversen Armee-Bands, hatte ständig Ärger mit seinen direkten Vorgesetzten, nicht nur, weil er sich über rassendiskriminierende Umstände beschwerte – nicht ohne Erfolg, denn zwei Eingaben beim Vorsitzenden des Kriegsgerichtsrats führten zu offiziellen Änderungen der Bestimmungen –, sondern auch wegen der Art von Jazz, die er zu spielen begonnen hatte: in einer in Frankreich stationierten Armee-Band konnte er den musikalischen Leiter nur mit Mühe davon abbringen, ihm für die Art seines Improvisierens eine Disziplinarstrafe zu verpassen. Ebenfalls in der Armee lernte Smith durch einen Bandkollegen die Musik Ornette Colemans und – noch wichtiger für Smith – Don Cherrys kennen. Nach Ende der Militärzeit zog er 1967 nach Chicago und lernte dort die AACM-Szene kennen; nach seinen europäischen Erfahrungen als Mitglied der Gruppe Anthony Braxtons ließ er sich dann 1970 in New Haven, Connecticut nieder. Daß er sich in Neu-England ansiedelte, lag teils am Drängen des Altsaxophonisten Marion Brown, mit dem er nun regelmäßig zusammenspielte; ein weiterer Grund war: »Ich bin in einer Kleinstadt aufgewachsen und habe mich viel mit den Gedanken von Charles Ives, Carl Ruggles, Ralph Waldo Emerson, Henry David Thoreau und Frederick Douglass beschäftigt. Von diesen Leuten, die von diesem Teil der Ostküste kamen, ging, so fühlte ich, eine spirituelle

Erneuerung aus. Ich kam zu dem Schluß, daß das die Art von Gemeinschaft sei, in der ich leben wolle.«[2]

In seinen Aufnahmen aus den frühen siebziger Jahren demonstriert er eine souveräne Kunst der musikalischen Balance. In »Young at Heart« singt er zu einem an- und abschwellenden Strom von Beckensounds; in »No More White Gloves« kontrastiert sein Spiel scharf mit der wechselhaften Begleitung, über die er sich gelegentlich sogar lustig zu machen scheint – stets aber hält Smith die Klänge der Gruppe durch Kontraste in der Waage: seine Ruhe gegen das heftige Spiel der anderen, sein Feuer gegen das Rubato-Spiel des Ensembles. Beeindruckend an seinen Duetten mit Marion Brown sind sowohl die Spontaneität und Sensibilität, mit der er kontrapunktische Linien entwirft als auch die intensiv auf- und niederschießenden Phrasen, mit denen er sich von der trügerischen Melancholie langer und verzogener Töne löst, die seine Improvisationen eröffnen. Smiths souveräne Distanz zum Spiel seiner Partner ist Ausdruck des philosophischen Selbst-Bewußtseins des Individuums inmitten wechselnder externer und interner Umstände, und das Ziel hinter dieser besonderen Art von Sensibilität – nicht bloß, Balance herbeizuführen, sondern jene Balance, die dem musikalischen Zusammenhang Sinn verleiht – deutet auf ein Selbst-Bewußtsein hin, das nicht weniger neoklassisch als das von Sonny Rollins ist – und nicht weniger tiefgründig. In seinen Aufnahmen von 1970 sind die wesentlichen Elemente seines Stils voll ausgebildet. Als Vorbilder seines Trompetenspiels nennt Smith, neben Don Cherry, die Pausen und langen Töne Miles Davis' (»ein Gefühl von Reinheit«) und die lyrischen Abstraktionen Booker Littles. Seine bevorzugten Stilmittel – Kontrast und durch Pausen isolierte Klänge – und die Bewegtheit seiner Linien weisen offenkundige Parallelen zum Spiel seines Chicagoer Trompetenkollegen Lester Bowie auf, wenn auch die Differenzen zwischen beiden Musikern aufschlußreicher sind als die Ähnlichkeiten: Bowie ist ein dramatischer, völlig gefühlsbetonter Künstler; Smith dagegen ist ganz und gar Lyriker.

Es gibt wohl keinen härteren Test der gestalterischen Fähigkeit eines Musikers als ein unbegleitetes Solostück. Leo Smith hat zwei Solo-LPs eingespielt: 1971 und 1979. Seine a-cappella-Soli versteht er offenbar als integrale Linien in alles andere als klassischen Formen: »Meine Stücke sind Multi-Improvisationen – in der ersten Note steckt bereits die Durchführung und der Höhepunkt. Ich schreite nicht von Punkt zu Punkt fort, denn alle Punkte sind bereits im Anfang enthalten.«[2] Einige dieser Soli erreichen eine nahezu perfekte Qualität: »Ep-1«, ganz in abstrakten Mundstück- und Lippengeräuschen gehalten; »Aura« mit seinen klaren »Calls« und verzerrten »Responses«; das Wachsen von »Nine Stones on a Mountain« (wo seine Linien durch »Little Instruments« erweitert werden) und »Love Is a Rare Beauty«

aus vereinzelten Tönen und Phrasen im offenen Raum der Stille. Wenn sein Spiel völlig abstrakt erscheint, so liegt das teilweise daran, daß er sich hartnäckig gegen Wiederholungen und Reprisen sträubt; seine Linien werden vielmehr von Aneinanderreihungen und Kontrasten geprägt. Und anstelle von Riffs, wieder heraufbeschworenen Phrasen, fixierten Antworten oder Rufen gibt es – Stille, nicht weniger variabel als die Längen seiner Phrasen.

Es ist diese sehr lebendige Stille, die seine Klänge trennt und zu Aussagen verbindet. Smith sagt:

> »Erinnerst Du dich daran, wie Lester Young versuchte, mit der Saxophontradition von Coleman Hawkins klarzukommen? Er konnte diesen Weg einfach nicht finden. Und ich habe mich, schon seit meinen Anfängen, nicht von den Pausen trennen können. Ich habe ein System erdacht, das ›Rhythm Unit‹-System, das ganz auf Pausen basiert... Für mich ist ein ganzer Klang oder ein ganzer Rhythmus immer dual; er teilt sich auf in eine hörbare und in eine unhörbare Komponente – also, den Klang, den man hört, und den Klang, den man nicht hört. In diesem System ist es so: ganz gleich, welchen Wert man einer dieser ›Units‹ gibt – dieser Wert muß, relativ gesehen, dem Umfang der Pause entsprechen, die man von diesem Klang aus gestaltet... Wenn ich also einen Ton spiele, der ungefähr drei Zählzeiten lang ist, so würde ich diesem Klang etwa drei Zählzeiten Stille folgen lassen.«[2]

Rhythm, eine seiner beiden theoretischen Schriften, verdeutlicht das »Rhythm Unit«-System durch eine Reihe von Etüden: »Diese neun rhythmischen Elemente sind die Gestaltung des Klangs *und* der Stille.«[2] Es ist wichtig, darauf hinzuweisen, daß dieses System vom Hören abgeleitet wurde – vom Hören der Bandaufnahmen seiner eigenen Improvisationen. Das System gleicht dem Menschen Leo Smith. Seine Grundeinstellung könnte man als »organisch« beschreiben. Die ruhige Spannung von Klang und Stille ist eine Naturkraft, gleich den Wassertropfen, die sich zu einem Rinnsal vereinigen, zu einem Bach anschwellen, bis sie schließlich landschaftsverändernde Gewalt erreichen. Leo Smiths oberstes Ziel ist Schönheit. Diesem Ziel haben sich seit Lester Young auch andere Jazzmusiker verschrieben, doch gibt es für Smiths persönliche Fusion stilistischer Elemente im Jazz keine Vorbilder, und so haben manche Hörer den Eindruck, als sei dieses Fehlen eines konventionellen Ausdrucksmoments mit Askese gleichzusetzen. Für alle anderen Hörer aber ist dies einfach eine anmutige, graziöse, gefällige Musik.

In *Notes (8 Pieces)*, seiner zweiten Publikation, erläutert Smith seine Konzeption des Ensemblespiels. Jeder Spieler ist eine selbständige Entität. »Der Mittelpunkt des improvisatorischen Geschehens ist ständig in Bewegung, je nachdem, welche Kräfte die individuellen Mittelpunkte zu einem bestimmten Zeitpunkt ausüben... Es geht darum, daß jeder Improvisator als Teil des Ganzen kreiert und dabei nur auf das reagiert, was in ihm selbst entsteht, nicht aber auf das Total der kreativen Energien der verschiedenen ›Units‹. Durch diese Einstellung verhindert man, daß die Klang-Rhythmus-Elemente einer Improvisation allein durch unselbständige Re-aktion entstehen ... Es ist nicht beabsichtigt, Zeit als eine Periode von Entwicklungen zu begreifen.«[3] Dies ist zweifellos eine originelle Konzeption. Es gibt Ähnlichkeiten zu den Prozessen auf Anthony Braxtons ersten beiden Combo-LPs, auf denen Smith mitwirkte, und zu den Ideen Derek Baileys. Ein solcher Ansatz ist natürlich nicht frei von Risiken; in zwei der bunt zusammengewürfelten Gruppen, die Bailey auf *Company 6* vorstellt, sorgt allein die markante Klarheit von Smiths Trompete für eine gewisse musikalische Kohärenz. Für Leo Smith aber bedeutet seine musikalische Konzeption alles andere als eine Absage an die Einheit des Gruppenspiels. So sind beispielsweise im *Touch the Earth*-Trio Smiths wohlüberlegte Linien ein perfekter Kontrapunkt zu den Melodramen des Bassisten Peter Kowald. Besonders überzeugend ist sein Trompetenspiel auch bei seinen musikalischen Begegnungen mit dem Altsaxophonisten Oliver Lake. In »Picric Wobble« ist sein Spiel von fast schon dreister Gelassenheit angesichts der schmerzlichen Aufschreie des Saxophons. »Song of Humanity« wird vom finsteren, beunruhigenden Baßsolo Wes Browns eröffnet, zu dem die langen Töne der (gedämpft gespielten) Trompetenkadenz einen willkommenen Kontrast bilden; Lake setzt mit einem urtümlichen Eröffnungsschrei und verzerrten, gebrochenen Melodien ein, bis dann Smith wieder hinzutritt, um eine (wiederum gedämpfte) Elegie darzubieten. Die Farben und Stimmungen dieses Stücks sind perfekt ausbalanciert, und allein im leisen Rubato-Schluß schleicht sich ein etwas konventionellerer Tonfall ein.

Mag Smiths Spiel auch erstaunlich selbständig, manchmal geradezu unabhängig von dem seiner Partner wirken, so legt er doch ein Einfühlungsvermögen, eine Sensibilität für die Balance des Ensemblespiels an den Tag, für die es in der Jazzgeschichte nur wenige Parallelen gibt – man denke beispielsweise an die Improvisationen, die Joe Smith in den Gruppen von Bessie Smith schuf, oder an das Spiel von Johnny Dodds und George Mitchell in diversen Gruppen der mittzwanziger Jahre. In einigen Aufnahmen seines »New Dalta Akhri«-Ensembles strahlt Smiths Sensibilität auch auf die anderen Spieler aus. Eine wunderbare Intimität des Zusammenspiels wird etwa in »Reflectativity« erreicht, wo der Fluß der harmonischen und rhythmischen Texturen gemeinsam von Smith, dem Bassisten Wes Brown und dem Pianisten Anthony Davis realiert wird. Hier, wie auch in »Illuminations: The Nguzo Saba« und in den *Divine Love*-Stücken scheint Smith eine geradezu telepathische Gabe für die Vermittlung genau definierter Abstufungen musikalischer Intensität zu haben. Die Perfektion der »Images« war vermutlich nicht leicht zu erreichen. Manche Passagen sind gänzlich improvisiert, andere präzise auskomponiert, aber meistens improvisieren ein bis vier Musiker, während die anderen aus der Partitur spielen. Der Bewegungsfluß – da es keinen Puls gibt, spricht Smith von »Velocity« – und die Ensemblebalance sind ständigen Veränderungen unterworfen; Pausen verdichten sich oder dehnen sich aus; die fünf Spieler (die neun Instrumente betätigen) nähern sich einander an und driften wieder auseinander. Dabei gibt es immer Freiräume: Freiräume in den Ensembletexturen, Freiräume für die Individualität der einzelnen Spieler – wie die Musiker hier aufeinander eingehen, ist äußerst beeindruckend.

Das gilt auch für »The Burning of Stones«, ein Stück, das eine alles andere als gewöhnliche Instrumentation aufweist – drei Harfen und gedämpfte Trompete, und das trotz der Zartheit seiner Texturen einen sehr belebten Charakter hat, belebt durch eine mehrschichtige Aktivität, wobei jede Schicht eine eigene (und in stetigem Wechsel begriffene) »Velocity« hat; nur das Spiel des Trompeters wirkt hier wirklich entspannt und lyrisch. »Return to My Native Land II«, eine Klangreise durch verschiedene Texturen und Formen, wird von einer Big Band ausgeführt: der volle Ensembleklang wird allmählich zu den tieferen Lagen und zu kleineren Gruppierungen ausgedünnt; dann folgen ein aggressives, windungsreiches Altsolo Oliver Lakes, Trompetengeschmetter, ein Dickicht aus Flötenklängen, ein Baßklarinettensolo, perlende und glitzernde Vibraphonklänge und schließlich mächtige Big-Band-Akkorde über einem Perkussionsfundament, das sich zu einer wilden Kollektivimprovisation steigert. In diesen Kompositionen, und ebenso in seinen improvisierten Werken, hat die Schönheit von Smiths Musik stets einen froh-optimistischen Charakter. Von einigen seiner Kompositionen sind bislang noch keine Aufnahmen gemacht worden; andere, darunter auch einige, die 1980 von einer von Smith und Roscoe Mitchell geleiteten Big Band gespielt wurden, sind zwar aufgenommen, aber noch nicht auf Schallplatte veröffentlicht worden. Es ist zu hoffen, daß diese Musik bald allgemein zugänglich sein wird, denn in ihrer gelassenen Schönheit manifestieren sich Aspekte des Free Jazz, die nicht weniger wichtig und wahr sind als die schmerzlich-heftigen Artikulationen anderer Exponenten des emanzipierten Jazz.

Die drei Holzblas-Kollegen Leo Smiths aus Chicago – Braxton, Jarman und Mitchell – hatten sich schon in den frühen sechziger Jahren

Anthony Braxton

als Studenten des Wilson Junior College kennengelernt. Es sind drei sehr ungleiche Persönlichkeiten, die auch sehr verschiedenen musikalische Vorlieben frönen. Im Lauf der Jahre haben die drei immer wieder zusammengearbeitet, sich wechselseitig inspiriert, sich gegenseitig Konkurrenz gemacht oder provoziert, und in diesem Feld spannungsreicher Beziehungen sind sie zu einigen ihrer wichtigsten Innovationen gelangt. **Anthony Braxton** ist mit Abstand der jüngste der drei Musiker; er wurde 1945 in Chicago geboren, und schon 1966, als er in einer in Korea stationierten Armee-Band spielte, entwickelte er einen persönlichen Saxophonstil, indem er Stilmerkmale des späten Coltrane intelligent auf das Altsaxophon übertrug. Als er gegen Ende desselben Jahres nach Chicago zurückkehrte, fand er dort eine lebendige AACM-Szene vor, in der strukturelle und klangliche Experimente, unbegleitete Bläsersoli und unkonventionell zusammengesetzte Gruppen – beispielsweise Ensembles ohne Rhythmusgruppe – an der Tagesordnung waren. Braxton machte rasche Fortschritte. Er fing an, außer dem Altsaxophon auch andere Mitglieder der Holzblasinstrumentenfamilie zu spielen, löste sich vom metrischen Spiel und orientierte sich am freien Gruppenspiel Roscoe Mitchells, schrieb vollständig durchstrukturierte Stücke und trat in einem Konzert als Interpret einer Komposition für Solo-Altsaxophon von Henry Threadgill auf – und tat all dies in kaum mehr als zwölf Monaten. Bewußt versuchte er, sich vom Einfluß Coltranes zu emanzipieren, und 1968 hatte er das Free-Jazz-Idiom der *Three Compositions* entwickelt; im gleichen Jahr begann er mit der Aufnahme der Solokollektion *For Alto.* Trotz all dieser Vorstöße in vielversprechende Richtungen war Braxton jedoch nicht mit sich zufrieden:

> »Als ich in Chicago war, arbeiteten wir mit bestimmten Prinzipien; es war nicht üblich, sich mit bestimmten Arten von Musik auseinanderzusetzen. In der AACM lag der Schwerpunkt auf improvisierten Strukturen, und weil manche der Entdeckungen auf diesem Gebiet so aufregend waren, konzentrierte ich mich auf diese Aspekte. Der Fluß neuer Informationen war so rapide; ich lernte so viel von Roscoe und Joseph, daß ich versuchen mußte, meinen eigenen Platz zu finden, um nicht von den wahnsinnigen Dingen, die sie entwickelten, völlig verschlungen zu werden. Ich wollte sie nicht einfach nachahmen, sondern wollte lieber einen eigenen Standpunkt entwickeln, der hoffentlich genauso bedeutsam sein würde.«[4]

Die erste Andeutung der Bandbreite und Tiefe seiner Musik ist *For Alto.* Die Kontinuität dieser unbegleiteten Soli entsteht dadurch, daß Braxton jedes von ihnen syntaktisch streng entwickelt. John Cage ist ein Stück in hitzigen »Energy Lines« gewidmet; »Murray De Pillars« dagegen besteht aus Trillern und langen Tönen; »Ann and Peter Allen« ist ein langsames Stück, das im zarten »Subtone« gespielt wird, während »Kenny McKenny« aus verzerrten, unzusammenhängenden Klängen besteht. In den Leroy Jenkins und Murray De Pillars dedizierten Stücken wird die Verwandtschaft mit dem Spiel Jarmans deutlich, auch wenn Braxton (noch) nicht über dessen technisches Potential verfügt, und in den dramatischen Dynamikkontrasten des letztgenannten Titels hört man erstmals das charakteristische Braxton-Vibrato: volle, saftige Töne, die in ihrer Mitte gebogen werden. Freie Assoziation ist sein formales Prinzip, und sein musikalisches Wachstum im Lauf der Jahre äußert sich in der wachsenden Quantität und Qualität der Materialien, die herbeizuassoziieren er in der Lage ist. Seine Serie der »104° Kelvin«-Soli folgen einem Stil repetitiver Evolution, der an die Verfahren von Philip Glass denken läßt – das erste dieser Stücke von 1971 ist dann auch Glass zugeeignet –, doch sind Braxtons musikalische Ideen von Natur aus sehr viel dynamischer als die von Glass. Einen wichtigen Schritt stellt das ausgedehnte Stück »JMK-80 CFN-7«* (1971) dar, das Maurice McIntyre gewidmet ist: hier zeigt Braxton virtuos seine Meisterschaft der Klangveränderung und -verzerrung und erreicht zugleich eine intensive musikalische Spannung, die auch durch geschickte Verwendung von Pausen und rascher Dynamik- und Geschwindigkeitskontraste getragen wird. In seinen herrlichen Soli von 1979 konnte er bereits mit Humor auf seine frühen Stücke zurückblicken: »KSZMK« durchläuft verschiedenste Stadien von Zorn, von Empörung über Sarkasmus bis zu Wut, artikuliert durch Subtone-Klänge, vokalisierte Sounds und Klangkaskaden, mit denen sich Braxton über seine einstige Coltrane-Orientierung lustig macht.

Zumindest noch in den sechziger Jahren blieb das Niveau seiner Musik mit kleinen Ensembles hinter dem seiner solistischen Inventionen zurück. Es gab zwei frühe Versuche mit freier Improvisation: *Three Compositions* und *Anthony Braxton;* auf beiden LPs wirken Leo Smith und Leroy Jenkins mit, die ihn 1969 nach Europa begleiteten. In Paris traf Braxton mit einer Rhythmusgruppe zusammen – Chick Corea, David Holland, Barry Altschul –, die seinem Spiel reaktionsschnell folgte, ihn zu neuen Ideen inspirierte und keine rhythmischen Risiken scheute. Dieses Quartett gab sich den Namen »Circle« und blieb ein Jahr lang zusammen. Holland freilich, der lyrische und doch dynamische Bassist, blieb mindestens sieben Jahre bei Braxton, und während des größten Teils dieser Periode war auch Barry Altschul dabei, der in seinen vitalsten Momenten die nervöse Energie eines Tony Williams

* Dies ist nur eine ungefähre Schreibweise dieses Titels. Die überwiegende Mehrzahl der Stücke Braxtons sind mit Diagrammen betitelt und, seit einigen Jahren, mit Zeichnungen, denen Buchstaben und Zahlen hinzugefügt sind. Leo Smith erläutert: »... Jeder fortgeschrittene Student der Mystik oder der metaphysischen Wissenschaft kann ohne weiteres den Code und die Symbolik entziffern, die sich in diesen Titeln verbergen.«[5] Diese Codes und Symbole sind jedenfalls nonverbaler Natur.

entwickelt – und weiterentwickelt. Vielleicht lag es an der Sicherheit, die das Zusammenspiel mit Holland gewährte, daß Braxton nun in seinem Altsaxophon- und Klarinettenspiel wesentliche Fortschritte machte. Beim Festival von Moers wurde seine siebenundzwanzigminütige, mächtig swingende Version von »6 – 77AR-36K (NJD) T« aufgezeichnet, auf der Braxtons Altspiel von ungeheurer rhythmischer Dynamik ist. Holland entwickelt unglaubliche vorantreibende Qualitäten; Braxton phrasiert vor dem Beat, und damit vor dem Baß, und dadurch – und durch die dauernd verschobenen Akzente – wirkt sein Spiel trotz aller Vehemenz frei und gelöst.

In gewisser Weise ist das Hals-über-Kopf-Überstürzte derartiger Improvisationen ein Relikt seiner früheren Coltrane-Begeisterung, doch spielte Braxton einen Monat vor dieser 1974 entstandenen Aufnahme ein Solo ein, das eine neue Art musikalischer Verwandtschaft erkennen läßt. Dieses Solo ist über »Marshmallow«, einer Komposition des Tenoristen Warne Marsh, einer perlenden Abstraktion voll verschobener Akzente, und Braxtons subtil verwirrende Linien lassen an Figuren Marshs denken, die durch die Brille der eckigen Strukturen eines Eric Dolphy betrachtet werden. Marsh, der gegen Ende der vierziger Jahre zu den Jüngern Lennie Tristanos zählte, ist ein wahrer Romantiker, dessen Spiel sich durch eine lebendige Vor-dem-Beat-Phrasierung und durch eine Fülle spontan verteilter Akzente auszeichnet. Ein Hauch von Marsh schwingt auch in Braxton-Soli wie »4038--NBS 373 6« (1975) und »H-46M B-BW4« mit. Im erstgenannten Titel steigern sich lange Linien über einer brutalen »Stop Time« zu großer Vehemenz; »H46M B-BW4« dagegen lebt von inneren Konflikten, in deren Verlauf freilich auch ganz un-Marsh-ige wütende Huptöne auftauchen. Die heftigen Passagen in diesem und so vielen anderen Soli Braxtons sind jedoch mehr als eine bloße Konvention der Post-Coltrane-Ära. Braxtons Version von »Embraceable You« ist eine frei-assoziative Fantasie, die wie ein sarkastischer Kommentar zum bekannten Thema wirkt: arhythmisch, in kräftigen, manchmal groben Tönen – hier kommt ein unbarmherziger Zug zum Ausdruck, der nicht bloß gespielt ist. Ein Fortschritt in Braxtons Spiel der siebziger Jahre bestand dann auch darin, derartige Episoden voll heftiger Klangwogen, verzerrter Sounds und zorniger Attacken überlegter einzusetzen.

Die meisten seiner wichtigsten Einspielungen hat Braxton als Altsaxophonist gemacht, aber beinahe von Anfang an hat er, wie so viele andere Saxophonisten Chicagos, auch diverse andere Holzblasinstrumente gespielt. Mehr noch als Jarman, Mitchell oder Kalaparush war es Braxton, der das Augenmerk der musikalischen Öffentlichkeit wieder auf die vielseitige Expressivität der Klarinette richtete – sein klangfarben- und kontrastreiches Solo in »BFG-12 46842 337-4« ist dafür ein schönes Beispiel. Nicht weniger oft spielt Braxton Sopran- und Sopraninosaxophon; die kontinuierlich bewegten Texturen von »2M K F« entstehen aus vier Braxton'schen Sopraninos, im Mehrspurverfahren aufgenommen. Wenn er Parker-Themen auf der Kontrabaßklarinette spielt, so klingt das, als würde ein Dinosaurier versuchen, Jitterbug zu tanzen: die Töne des Instruments sind so tief, daß man sie kaum noch voneinander unterscheiden kann. Die einnehmendste Qualität seines Spiels ist die nervöse Vitalität, die auf allen seinen Instrumenten zum Tragen kommt. Er hat alle nur denkbaren zeitgenössischen musikalischen Ideen unterschiedlichster Provenienz in sich aufgenommen – von Bebop und Free Jazz über die E-Musik-Avantgarde bis hin zum Rhythm and Blues der sechziger Jahre. Dahinter verbirgt sich eine im Wesen romantische künstlerische Haltung, die immer wieder neue Welten entdeckt, die es zu erkunden gilt, aber auch vertraute Welten besucht, um sie neu zu beleben.

Es dürfte kaum einen Musiker geben, der mit so vielen verschiedenen Free-Jazzern gespielt hat wie Braxton. Die Rolle des zweiten Bläsers in seinen Combos haben unter anderem die Trompeter Kenny Wheeler und Hugh Ragin und, als Posaunisten, der mitreißende George Lewis und der extravagante Ray Anderson erfüllt. Mit seinen *In the Tradition*-LPs und seiner Zusammenarbeit mit Dave Brubeck hat er sein unkonventionelles Spiel auch in den musikalischen Kontext der Bebop-Ära eingebracht. Seine frei improvisierten Duette mit Max Roach haben elementare Jazzqualität, während in seinen kammermusikalischen Stücken keiner der Spieler die Funktion einer Rhythmusgruppe übernimmt. Zu diesen kammermusikalischen Produktionen zählen Duette mit dem Klavier Muhal Richard Abrams', mit der sensiblen Gitarre Derek Baileys, klangforschende Duette mit Roscoe Mitchell, gewichtige Duette mit Joseph Jarman (denen allerdings im Mehrspurverfahren weitere Stimmen hinzugefügt wurden), leidenschaftliche duettierende Variationen über Standards mit David Holland. Vieles aus dieser erstaunlichen Fülle von Aktivitäten ist von hoher Qualität, jedoch keineswegs alles. Gleichbleibend ist jedoch der Enthusiasmus seines Spiels mit seiner verblüffenden Mischung von Raffinesse und Naivität, zu der sich in den besten Momenten auch ein lebendiger, sardonisch gefärbter Witz hinzugesellt.

Und da sind schließlich seine Kompositionen. Für seine Chicagoer Gruppen schrieb er zunächst Ornette-Coleman-artige Themen, aber seine instinktive Abneigung gegen Simplizität führte bald dazu, daß dieses Material erweitert und komplexer gestaltet wurde. Letztendlich entwickelten sich daraus eindrucksvolle mehrteilige Themen wie »6–77AR-36K (NJD) T«, die Themen des *Montreux/Berlin*-Albums, das umherirrende paranoide Thema von »4038-NBS 373 6«. Darüber hinaus begann Braxton, in seinen Konzerten auch vollständig auskomponierte Stücke vorzustellen, doch lief das nicht ohne Komplikationen ab: »Ich habe 10, 11 oder 12 frühe Kompositionen, die ich vor Ende 1967 vollendet habe. Aber damals war es sehr schwierig, Aufführungen völlig ausnotierter Kompositionen zu bekommen. Was ich also tat, war, daß ich Geld sparte und Musiker dafür bezahlte, meine Musik zu proben, so daß ich sie hören konnte; das gleiche habe ich auch in Paris getan. Mein größtes Problem als Komponist war, daß ich nie auch nur neun Zehntel der Musik zu hören bekam, die ich geschrieben hatte.«[4] Zwei seiner ausgedehnten Kompositionen sind Erweiterungen der Verfahrensweisen seiner improvisierenden Combos. In *For Trio* (1977) und *Composition 98* (1981) entdeckt er jene Einheit in der Unabhängigkeit, die man in seinen frei improvisierten Aufnahmen der sechziger Jahre vermißte. In diesen Stücken sind die Texturen stets nur von kurzer Dauer; den Ausführenden dieser abstrakten Werke werden an vielen Stellen alternative Abstraktionen zur freien Auswahl angeboten, und gelegentlich gibt es improvisierte Passagen, die Braxton »creative sound bursts« (»kreative Klangausbrüche«) nennt; eine weitere Dynamik entsteht schließlich dadurch, daß die Musiker häufig ihre Instrumente wechseln. Wenn *Composition 98* auf Platte strukturell logischer als ihr Vorgänger wirkt, so liegt das vermutlich in erster Linie daran, daß die Ausführenden hier die Mitglieder des regulären Quartetts Braxtons sind (Hugh Ragin, Ray Anderson und die Pianistin Marilyn Crispell), die durch ihre Vertrautheit mit dieser Musik in der Lage (und willens) sind, ihr Leben und Kontinuität zu verleihen.

Ganz anders ist *Two Pianos*. Die Pianisten müssen kurzzeitig auch Melodikas und Perkussionsinstrumente betätigen, sonst aber gibt es keinen Wechsel der Instrumente. Dieses Stück ist keine Folge von Klangfarben, Fragmenten, kleinen Exkursen, sondern eine Komposition aus langen, fließenden Linien. Es gibt eine Passage mit hart angeschlagenen vierhändigen Akkorden, die im Raum verklingen; davon abgesehen aber sind die harmonischen Texturen meist sehr dünn, die Klangenergie vorwiegend linear. Die Wirkung des Stücks beruht darauf, daß seine Lyrik ungetrübt bleibt: in der vorliegenden Platteneinspielung lassen die Pianisten die Musik Braxtons für sich selbst singen. Von den Orchesterstücken Braxtons ist nur das aufwendigste – *For Four Orchestras* – bislang auf Platte aufgenommen worden. Hier präsentieren 160 in vier Orchester aufgeteilte Musiker über einen Zeitraum von zwei Stunden eine abstrakte Folge von Klängen, Texturen, hin- und hergeworfenen Linien – nicht der Inhalt, sondern die Form determiniert den Umfang des Stücks, eine Form, die abwechselnd Sätze aus Klangfragmenten und solche aus langen Notenwerten aneinanderreiht.

Die enorme Ausdehnung von *For Four Orchestras,* sein post-Webern'scher Stil, die mannigfaltigen Ballungen und Texturen seiner Instrumentation – all dies verleiht dieser Komposition beeindruckende Größe. Und auf monumentale Wirkung kam es Braxton tatsächlich an, denn *For Four Orchestras* ist das einzige bisher vollendete Stück einer ganzen Reihe von Werken, in der es auch Kompositionen für sechs, acht oder zehn Orchester geben wird, wobei die Orchester in verschiedenen Städten spielen, aber durch Satellit miteinander verbunden werden sollen. Eine Erweiterung bis zu einhundert Orchestern ist geplant. Dann, so hofft Braxton, wird die bemannte Raumfahrt so weit fortgeschritten sein, daß er durch seine Kompositionen Orchester auf verschiedenen Planeten, in verschiedenen Sonnensystemen (schon im Jahr 1995!) und schließlich in verschiedenen Galaxien miteinander wird verbinden können. Und warum auch nicht? Sollte die Menschheit noch bis zum Anfang des nächsten Jahrtausends überleben, so wäre die Musik Anthony Braxtons nicht die schlechteste Festmusik.

Man stelle sich nur vor, wie alle Teilnehmer eines solchen Fests auf allen Planeten in sämtlichen Galaxien einem durch und durch amerikanischen Parademarsch wie »22 H03 M« zujubeln würden, einem Marsch, in den sich die Klänge von Free-Jazz-Solisten einmischen: Leo Smiths verwischte Trompetensounds, die Posauneneskapaden George Lewis' und dann schließlich Braxtons lebhafte Klarinette über Orchestertexturen, die immer unzusammenhängender und dissonanter werden. Diese Stücke für groß besetzte Jazzensembles sind Braxtons bislang bedeutendste Kompositionen, die besten Belege seiner klangfarblichen und formalen Phantasie. Manche dieser Titel lassen an Sun Ra denken – so die Post-Hard-Bop-Linien von »Z-42 0-500 NWK«, die an Sun-Ra-Stücke der mittfünfziger Jahre erinnern, und die dem Baßsaxophonduett vorangehende langsame, gemessene, melancholische Linie in »Q 473 NB-12«, die aus einem Sun-Ra-Titel späterer Jahre stammen könnte. Im letztgenannten Stück sowie in »G-10 62 Z04 K« gibt es keinen durchlaufenden roten Faden der musikalischen Entwicklung, keine großformale Dramaturgie, und in dieser Hinsicht gleichen diese Kompositionen den aneinandergereihten Unvereinbarkeiten von *For Trio. Creative Orchestra Music 1976* schließt mit der düsteren Prophezeihung von »CD-4 P FKB«: gebrochene Klänge leiten zu Roscoe Mitchells zersplittertem, zornig herausgestoßenem Altsaxophonsolo über; schroffe, unzusammenhängende Akkorde führen zu ätzend-scharfem, häßlichem Sopraninogeschnatter Braxtons, und das Stück löst sich in einer Stimmung abgrundtiefer Hoffnungslosigkeit auf. Braxton ist sich dessen bewußt, wie es um die Chance intergalaktischer Jahrtausendfeiern steht, und mit »CD-4 P FKB« entwirft er eine Alternative: eine schreckliche Totenklage für das Ende der Menschheit.

Es gibt wohl kein besseres Beispiel dafür, wie unzureichend Jazz dokumentiert wird, als die Schallplattenkarriere **Joseph Jarmans**. Von ihm gibt es weniger Aufnahmen als von Smith, Braxton oder Mitchell, und wenn diese wenigen Platten auch von hoher Qualität sind, so vermitteln sie doch kein vollständiges Bild seiner musikalischen Fortschritte im Lauf der Jahre. Von Anfang an verfügte Jarman über eine konkurrenzlose Meisterschaft des Altsaxophons, nicht nur, was seinen brillanten, strahlenden Ton anbetrifft, sondern auch hinsichtlich seiner genauen Kontrolle über das schwierige Flageolettregister und über Mehrklänge. Oft spielt er in weiten, wilden Sprüngen, die blitzartig alle Register vom Altissimo bis zu den tiefsten Tönen des Instruments streifen, wobei aber jeder Ton klar konturiert ist, und nicht minder erstaunlich ist, daß er solche Virtuosität oft auch auf andere Mitglieder der Saxophonfamilie zu übertragen versteht. Hinzu kommt, daß er seine Meisterschaft in diversen, durchaus persönlichen Stilen zum Ausdruck bringt, und schließlich ist er, wie sein Spiel im Art Ensemble of Chicago beweist, ein theatralischer, zuweilen gar exzentrischer Musiker. Die Emotionalität seines Spiels ist subtil, aber doch auf ihre Weise direkt: lyrische Abstraktion, durchdachtes Gefühl, nobler oder primitiver Zorn, satirischer Humor sind seine Ausdrucks-

Joseph Jarman

register, die er in seinen besten Momenten völlig eindeutig zur Sprache bringen kann. In seinen gelungensten Kompositionen für große Ensembles zeigt er sein natürliches Talent dafür, musikalische Texturen, Farben und Formen ganz aus dem Charakter linearer Elemente hervorgehen zu lassen; hier erweist er sich Musikern wie Braxton oder Abrams deutlich überlegen. Doch gibt es von keinem dieser Stücke Aufnahmen.

In den achtziger Jahren scheint die Exzellenz seines Spiels beständiger denn je geworden zu sein. Er spielt wohl weniger exzentrisch als früher, kreiert mit Vorliebe lange, melodisch klar strukturierte Linien, die trotz ihrer Eleganz voll lebendiger Bewegtheit sind. Beim Duospiel umwebt er gerne die Figuren seines Partners mit üppigen Klanggeflechten, die meist variativ aus den musikalischen Ideen seines Mitspielers abgeleitet sind. In letzter Zeit hat er besonders im Zusammenspiel mit dem Schlagzeuger Reggie Nicholson hervorragende Musik geschaffen, doch gibt es auch dafür keine Schallplattenbelege. Es gibt jedoch einige auf Schallplatte festgehaltene Beispiele seines kreativsten Spiels der letzten Jahre – so ein hochgespanntes, vitales Tenorsolo in »Happiness Is«; ein raffiniert ausgebautes Klarinettensolo in »Urban Magic« –, doch sind es eben nur wenige. Sollte sein Spiel nicht bald ausführlicher dokumentiert werden – und zwar individuell, herausgelöst aus dem Kontext des Art Ensembles –, so ist zu befürchten, daß Joseph Jarman ein verkanntes Genie des Neuen Jazz bleiben wird.

Besser belegt ist glücklicherweise die musikalsche Entwicklung **Roscoe Mitchells**. Auch in den lyrischsten seiner frühen Altsaxophonsoli – so im »Old«-Solo, wo sich Blues-Phrasen mit schwebenden, schlichten freien Linien abwechseln – gibt es einen harten, unbarmherzigen Zug. »Number One« eröffnet er mit langsamen, zarten Rubato-Melodien, beschwört so eine Vision vollkommener Romantik, die jedoch in Melancholie umschlägt. Sein Ton wird rauher, gewinnt anklagende Schärfe, nimmt in gebrochenen, drängenden Linien einen zornigen Ausdruck an, und es folgt eine derbe Schimpfkanonade, die sich dann, nach den Interventionen der Trompete, zu satirischem Getröte auf zwei Saxophonen gleichzeitig beruhigt. Ähnlich strukturiert ist das unbegleitete Solo »TKHKE«, das freilich emotional weniger eindeutig ist; auch hier erreicht er aber eine ekstatische Intensität mit krass wechselnden Stimmungen. Charakteristisch für Mitchells Improvisationen der sechziger Jahre sind eben diese diversen, rasch alternierenden Charaktere.

Wie bereits erwähnt, verbrachte er den größten Teil der Jahre 1969 bis 1971 als Mitglied des Art Ensembles of Chicago in Europa. Nach der Rückkehr in die Vereinigten Staaten war er das erste Art-Ensemble-Mitglied, das nun auch eine von der Gruppe unabhängige Karriere verfolgte. Auch geographisch distanzierte er sich vom Kollektiv, indem er sich im ländlichen Michigan niederließ. Schon während des Europaaufenthalts verschwanden aus seinem Spiel allmählich ironische Schärfe und formale Vielgestaltigkeit, und seine Aufnahmen der mittsiebziger Jahre zeigen dann einen völlig gewandelten Mitchell. Nun gibt es nicht mehr rasche Abfolgen verschiedener Stimmungen, sondern vielmehr gründliche Erkundungen überraschenden thematischen Materials – ungewöhnliche Intervalle, Pausen, spezielle Saxophonklangfarben –, die sich jeweils auf einige wenige musikalische Elemente beschränken. In »Eeltwo« verschwindet die Lyrik seines Spiels fast gänzlich im massiven Klang des Baßsaxophons, während das auf dem Altsaxophon gespielte, gerade eine Minute dauernde »Line Fine Lyon 7« einen tänzerischen Gestus hat. Ausführlicher beschäftigt sich Mitchell mit den extremen Flageoletts von »7 Behind 9 97 or 7« und mit den gehauchten Klängen und Pausen, aus denen »Enlorfe« und »Tnoona« bestehen. Die Pause ist nun für ihn zum zentralen Gestaltungsmittel geworden, was mitunter zur äußersten Fragmentierung seiner Linien führt. In Soli wie »Jibbana« und »Oobina (Little Big Horn)« sind die Klänge streng isoliert, und in den diversen »Cards« betitelten Stücken kreiert er gemeinsam mit anderen Musikern feinste Klangpartikel.

Von den Verfahrensweisen her ist seine Musik nicht allzu weit von der Leo Smiths entfernt. Aber während Smiths Schaffen die Äußerung eines der geduldigsten, gleichmütigsten Individuen des Free Jazz ist, ist sich Mitchell ständig der Bedeutung seines Tuns bewußt. Die drastische Fragmentierung seiner Musik läßt sich letztlich bis zu seiner ersten Free-Jazz-LP zurückverfolgen: Mitchell isoliert die linearen und klangfarblichen Innovationen von *Sound* und macht jede einzelne Komponente zum Gegenstand einer ausführlichen Erkundung. Nicht nur seine eigene Musik nach *Sound,* sondern die ganze westliche Musiktradition war für ihn nun bedeutungslos geworden. Was er brauchte, war eine völlig neue Syntax, eine neue musikalische Logik, eine Neuordnung des Materials, die seinen neuen musikalischen Ideen gerecht werden und sie kommunizierbar machen könnten. Die Funde Albert Aylers reichten nicht aus: Ayler hatte nur den Sound an sich entdeckt, während Mitchell auch die Stille entdeckt hatte – die Stille als Mittel zur Enthüllung der Geheimnisse des Sounds. Zwischen Mitchell und populären minimalistischen Komponisten wie Philip Glass oder Steve Reich gibt es, ungeachtet der reduktionistischen Elemente in Mitchells Musik, nicht die geringste Verbindung: die Intensität seines Forschens ist gerade das Gegenteil ihrer Manipulation von Effekten. Die Position Mitchells ist eine einsame, ähnlich, so meint der Kritiker Larry Kart, der der mittelalterlichen Komponisten der Ära Guillaume

Dufays, als Polyphonie und Harmonik in Europa noch neue Konzepte waren:*

> »Ihre musikalische Welt war eine, in der die Bestandteile der westlichen Musik noch völlig unabhängig voneinander waren. Und genau diese Unabhängigkeit war die Qualität, die sie in ihrer Musik zu bewahren und auszuarbeiten suchten.
> Da es in Mitchells Musik ebenfalls um grundlegende Prinzipien geht, ist es nur natürlich, daß seine Musik Kompositionen ähnelt, die zu einer Zeit geschrieben wurden, als die westliche Musik im Entstehen begriffen war. Und dabei entdeckt er aufs Neue, daß, wenn Musik bis in ihre Elemente zerlegt wird, daraus eine neue Ordnung entstehen kann.«[6]

Im Verlauf der siebziger Jahre wird dieses Entstehen einer neuen Ordnung allmählich deutlicher. »Tahquemenen« ist ein Nachfolger von »Cards«, doch ist das Zusammenwirken der autonomen Stimmen nun wesentlich dichter und kohärenter. In »A1 TAL2 LA« wird die Schönheit der majestätischen gestrichenen Baßlinie Malachi Favors durch die distanzierten und fragmentierten Altsaxophonklänge tatsächlich noch erhöht. Blickt man auf seine frühere Musik zurück, so hat die immense Konzentration der Musik in dieser Periode eine Komponente von Selbstverleugnung. Die Faszination von Soli wie »Enlorfe« und »Jibbana« resultiert aus großen inneren Spannungen, und bleiben diese Spannungen unaufgelöst, so kokettiert der Musiker mit dem Wahnsinn. Doch in »Ericka« von 1976 und »Improvisation I« von 1977 entlädt sich diese Spannung. Die direkte Intensität dieser Stücke ist außergewöhnlich. Glaubt man, daß eine freie, unbegleitete Improvisation die vollständigste Offenbarung des künstlerischen Temperaments eines Musikers ist, so muß einem die ständig zunehmende Brutalität von »Improvisation I« regelrecht furchteinflößend vorkommen: das Stück beginnt mit schroffen Klängen und endet in verzerrt-fanatischer Bewegung. Noch erschreckender ist »Ericka«, denn hier beginnt Jarman mit liebevollen Umspielungen einer seiner schönsten Melodien, und so wirken die sich anschließenden Klanggewalten um so brutaler. Diese beiden langen Soli exponieren ohne Zweifel das heftigste Saxophonspiel seit den Tagen Coltranes. Interessanterweise weisen diese Stücke, nach Mitchells Maßstäben, fast klassische Proportionen auf: »Improvisation I« ist ein gewalttätig gewordenes »TKHKE«, während »Ericka« dem Modell früherer ebenso betitelter (aber nicht durch Aufnahmen dokumentierter) Stücke Jarmans folgt.

* Anm. d. Ü.: Diese Aussage ist so nicht haltbar. Echte Polyphonie läßt sich in Europa bereits seit dem 12. Jahrhundert, also nicht erst seit der Zeit Dufays (ca. 1400–1474) nachweisen. Richtig ist, daß sich in der Musik Dufays Ansätze zu einer dreiklangsorientierten Schreibweise zeigen (für die es erste Anzeichen in der englischen Musik des frühen 15. Jahrhunderts gab).

Im Verlauf der siebziger Jahre kann man an der Evolution der »Nonaah«-Stücke ablesen, wie Mitchells neue musikalische Visionen Gestalt und Bedeutung annehmen. Alle »Nonaahs«, so sagt Mitchell, »kommen aus der gleichen Welt oder Atmosphäre ... Nonaah ist eine Person, die ich erfunden habe ... Ich denke, man könnte sie in manchen Situationen mit mir gleichsetzen, oder auch mit jemand anders ... Mit Nonaah ist es so: wenn man sich einmal in diese Atmosphäre versetzt, kann man ewig fortfahren. Diese Klangwelt hat die Eigenschaft, daß es in ihr sehr große Sprünge gibt und daß die Töne bestimmte akzidentielle Eigenschaften haben, die beibehalten werden.«[7]

Das erste »Nonaah« komponierte Mitchell 1973 für das Art Ensemble, und im gleichen Jahr begann er, »Nonaahs« als kleine Staccato-Zugaben seiner Altsaxophon-Solokonzerte darzubieten. Die Unruhe und der Zorn jener Zeit scheinen sich in diesen kurzen, heftigen Stücken kristallisiert zu haben, so etwa in der krampfartig-ruckartigen Version, die er beim Jazzfestival im finnischen Pori spielte. Wichtig ist auch die Fassung, die er 1976 beim schweizerischen Willisau-Festival spielte, wo er in letzter Minute für eine andere Gruppe eingesprungen war. Hier kam es zu einem eigenartigen »Zusammenspiel« mit einem widerspenstigen Publikum: Mitchell spielt sechsundsechzig Mal hintereinander dieselbe verwickelte »Nonaah«-Phrase, wobei das Publikum zunächst mit immer lauter werdenden Buh-Rufen reagiert; bei der dreiundvierzigsten Wiederholung ist Mitchell bei verschmierten Tönen angelangt, und nun antworten die Zuhörer plötzlich mit anfeuerndem Jubel; aber erst fast sieben Minuten nach Beginn des Stücks löst Mitchell endlich die Spannung, indem er zu einer anderen Phrase übergeht. Doch ist dies nur ein Drittel dieser »Nonaah«-Version: zwei weitere Sätze folgen, von denen einer überraschenderweise in langen gebundenen Tönen gehalten ist.

»Nonaah« hat sich, so viel ist deutlich, drastisch ausgedehnt. Die in Willisau erprobte dreisätzige Form ist es, die der Version für Altsaxophonquartett zugrunde liegt, und damit liegt das umfassendste Plattendokument der Klangwelt der »Nonaahs« vor. Der erste Satz ist ein Perpetuum Mobile; im Legato-Satz wippen die Saxophone langsam in bittersüßer Melancholie auf und nieder; der dritte Satz beginnt wieder in repetitiver Manier, doch diesmal gerät der Mechanismus allmählich außer Kontrolle, bis man von den vier Instrumenten nur noch ein wildes Stimmengewirr vernimmt. »Nonaah« ist somit zu einer Parabel des Zerfalls geworden – gegen Ende wird die bedrohliche Turbulenz allein noch von der Zentrifugalkraft im Zaum gehalten –; doch trotz der scheinbar endgültigen Finalwirkung des Schlußakkords ist die Geschichte der »Nonaahs« damit noch nicht zu Ende: schon zu dieser Zeit arbeitete Mitchell an weiteren »Nonaahs« – für Streichquartett, für Orchester, für ein (gemischt besetztes) Saxophonquartett.

Und nun folgt eine Fortsetzung und Erweiterung der Erforschung elementarer Klangeigenschaften, wie man sie in »Enlorfe« kennenlernte. *S II Examples* ist eine Studie über das Geräusch des Atems, der durch ein Sopransaxophon geblasen wird: das Atemgeräusch beginnt, Tonhöhen- und Klangfarbenqualitäten anzunehmen, steigert sich zum hauchigen »Subtone«; die lang gehaltenen, zarten Klänge verändern sich nur langsam, fast unmerklich, beinahe ausschließlich im Mikroton- und Obertonbereich. Die Nuance wird zum Hauptgestaltungsfaktor einer Musik, die die erhabene Atmosphäre ruhiger, stiller Meditation aufkommen läßt. Hier entsteht eine Form, die keiner anderen Form gleicht, eine Form, die die Möglichkeiten dieser spezifischen Klänge zu ihrem Recht kommen läßt. *S II* ist für einen Spieler mit einem Instrument; der nächste Schritt ist ein Stück für drei Musiker und sechzehn Instrumente: *L-R-G.* In den Buchstaben dieses Titels ist verschlüsselt, daß Mitchell dieses Stück für drei ganz bestimmte Sound-Erkunder komponierte: für Leo Smith, Roscoe Mitchell und George Lewis.

L-R-G besteht, so Mitchell, aus sogenannten Klangcollagen. Sie sind scharf konturiert und in ständiger Bewegung, mal kurz, mal lang,

Roscoe Mitchell

montiert aus »normalen«, verzogenen oder anderweitig modifizierten Tönen, aus unabhängigen Läufen oder hart angestoßenen Einzeltönen – all diese Elemente treten einzeln oder simultan auf, treffen aufeinander, vermischen sich, lösen sich wieder voneinander. Wenn auch der Fluß der Klangcharaktere und -dichten in steter Bewegung ist, so gibt es doch strukturelle Fixpunkte in Gestalt sehr langer, meist tiefer Töne, die von einem oder mehreren Spielern ausgeführt werden. Am ehesten ließe sich *L-R-G* mit einem sich langsam drehenden Kaleidoskop vergleichen. Wenn das Stück auch sehr frei interpretiert wird, so ist es doch völlig auskomponiert, wobei man jedoch in den Verbindungen der drei Stimmen keine harmonischen, rhythmischen oder melodischen Prinzipien wird erkennen können. Da es sich um eine Folge von Klangereignissen handelt, könnte man vom Verfahren her Analogien zu Braxtons *For Trio* ziehen, aber im Vergleich zum eher lose geknüpften Stück Braxtons wirkt *L-R-G* als Einheit, als ganzheitlicher Entwurf. In *For Trio* gibt es aggressive und verzweifelte Momente sowie länger beibehaltene Klangkombinationen. *L-R-G* dagegen ist frei von Erregung und findet seine Erfüllung in der strikt durchgehaltenen simultanen Autonomie der drei Stimmen. Damit erweist sich *L-R-G* als existentialistische künstlerische Äußerung, als Ausdruck einer spezifischen Sichtweise des Lebens – es ist Mitchells persönlichste musikalische Aussage.

Wenn das zwanzigste Jahrhundert auch eine Fülle bedeutender Kompositionen für Schlaginstrumente hervorgebracht hat – von Varèse über Stockhausen bis Wuorinen –, so erscheinen doch all diese Werke als eher naive *tours de force*, vergleicht man sie mit der immensen Kunstfertigkeit und Differenziertheit von *The Maze*. Mitchell schrieb dieses Stück als Hommage an die Virtuosität und Originalität von acht Chicagoer Perkussionisten, die hier buchstäblich Hunderte handelsüblicher und selbst konstruierter Schlaginstrumente betätigen: von gewöhnlichen Schlagzeug-Sets bis zu Threadgills »Hubkaphone«, Braxtons »Sloshing Can Machine« und allen erdenklichen Glocken, Marimbaphonen, Gongs, Rasseln, Bratpfannen ... *The Maze* ist eine faszinierende Komposition. Wieder handelt es sich um Klangcollagen, wieder gibt es keine länger durchgehaltenen aggressiven Passagen; ganz anders aber als in *L-R-G* sind die Texturen nun klar definiert, deutlich abschattiert, mit eleganten Raffinessen im Detail. *L-R-G* ist eine Welt simultaner Selbständigkeiten; *The Maze* ist ihre Antithese: eine Welt der Verbindungen, und dazu eine Musik, die so lyrisch ist, wie es reine Perkussionsmusik nur sein kann. Und es ist vielleicht eine nicht einmal weniger persönliche Musik als *L-R-G*, da *The Maze* einige Aspekte der gegenwärtigen Musik Mitchells vorwegnimmt.

Auch heute widmet sich Mitchell der Erforschung klanglicher Charaktere; in Gerald Oshitas »Textures for Trio« fügt er sich in die pulsierenden, gehaltenen, extrem tiefen Akkorde ein, die dem hochlagigen Scatgesang Tom Buckners unterlegt sind. Klangerkundungen sind die Stärke des Mitchell-Buckner-Oshita-Trios, und Klangerkundungen gibt es auch in Stücken wie denen der »Cutout«-Serie, die Mitchell mit seinem »Sound Ensemble« spielt. Das Sound Ensemble ist ein Quintett, dem außer Mitchell der Trompeter Hugh Ragin und eine Rhythmusgruppe (Gitarre, Baß, Schlagzeug) angehören, die sich aus drei langjährigen Mitspielern Mitchells aus Michigan zusammensetzt (wenn Mitchell selbst auch seit 1977 auf einer Farm in Wisconsin lebt). Das Sound Ensemble ist eine überaus vielseitige Gruppe, für die Mitchell bevorzugt multithematische Stücke und solche mit kontrastierenden musikalischen Charakteren schreibt: so besteht das thematische Material von »Sing/Song« aus einem pastoralen Walzer, einer schnellen Staccato-Linie und einer Melodie im mittelschnellen Swing. Ähnlich wie die freien Rock-Stücke, die das Art Ensemble mitunter spielte, gibt es auch in einigen der neueren Titel Mitchells eingängige Rock-Rhythmen; so erinnerte er sich 1981 eines bereits fünfzehn Jahre alten Stücks mit dem Titel »JoJar« (wer der Widmungsträger ist, läßt sich leicht erraten) und unterlegte ihm eine rockorientierte rhythmische Basis.

Ein neues Element in Mitchells Musik ist eine mitunter an Jarman erinnernde Liebe zum Detail, die man fast als Eleganz bezeichnen könnte. Zu hören ist dies beispielsweise in Mitchells Altsolo in »Urban Magic« (dem das Klarinettenspiel Jarmans vorausgeht) und in seinem Sopransaxophonspiel in der »Fanfare for Talib«. Wenn Mitchell früher lyrisch spielte, so hatte diese Lyrik doch eine gewisse Härte, war ironisch gefärbt. Heute aber gibt es in seiner Musik ungetrübte Lyrik, und anstelle klanglicher und struktureller Sondierungen gestaltet er, wenn ihm danach ist, regelrechte Melodien – man höre sein Tenorspiel in »Round Two«, sein Altspiel in »JoJar« oder »Snurdy McGurdy and Her Dancin' Shoes«. Auf *More Cutouts* spielen Mitchell, Ragin und der Schlagzeuger Tani Tabbal eine unbeschwerte, ja charmante Musik – die musikalischen Zusammenhänge, die Lyrik der Musik sind hier völlig spontan. Nach dem risikoreichen Weg, dem er in den siebziger Jahren folgte, nach all den Innovationen, die dann zu seinen ausgedehnten Meisterwerken führten, scheint uns Roscoe Mitchell in den achtziger Jahren noch einmal überraschen zu wollen: es sieht ganz so aus, als sei die künstlerische Sensibilität dieses einmalig vitalen Musikers noch einmal in einem tiefgreifenden Wandel begriffen.

Die Musik des kalifornischen **Rova Saxophone Quartet** erscheint wie ein ergiebiger Nachtrag zu den innovativen Leistungen Mitchells. Die Stücke des Quartetts zitieren immer wieder Mitchell'sche Texturen herbei, besonders natürlich die der Altsaxophonquartett-Fassung von

»Nonaah«: in Stücken wie »Daredevils« und »Trobar Clus« ist das kaum zu überhören. Die Rova-Musiker spielen multithematische Stücke, wobei Themen und Improvisationen manchmal eng verzahnt, manchmal aber auch nur lose aneinandergefügt sind. Oft teilt sich das Quartett in hohe und tiefe Paare auf, und eine Vorliebe haben die Kalifornier auch für Kontrastierungen gewöhnlicher und verzerrter Klänge, für ungewöhnlich gesetzte Pausen und verschiedenartigste Instrumentalkombinationen (wobei ihnen die mindestens fünfzehn Holzblasinstrumente, die zu ihrem Instrumentarium zählen, eine Fülle von Möglichkeiten geben). Lange Titel wie »Ride upon the Belly of the Waters« sind richtiggehende Anthologien klanglicher Kombinationen und neuartiger Spieltechniken. Die spezifischen Qualitäten des Quartetts sind sein extremer Eklektizismus und die daraus gelegentlich resultierenden stilistischen Brüche; die Soli sind zumeist nicht weniger eklektisch, nüchtern, äußerst bewegt, zuweilen phantasievoll, so wie die rein klingende, auf mysteriöse Weise zugleich melancholische und sarkastische Altsaxophonlinie, die Andrew Voigt in »That's How Strong« vor einem Hintergrund zarter, langsamer Triller spielt. Diese vier Musiker sind Meister der Post-Chicago-Ära, die sich in ihren musikalischen Extravaganzen gelegentlich zu ästhetischen Fehlleistungen hinreißen lassen – so über weite Strecken von »Mal Que Arroz« –; doch ist das ein Risiko, mit dem man leben muß, wenn man so wagemutig ist.

13.
Free Jazz heute

Die wesentlichen Idiome des frühen Jazz waren das Stride-Piano-Spiel und der Ensemblestil von New Orleans. Die Swing-Ära wurde von den Ideen Louis Armstrongs und von der Musik der Big Bands geprägt. Die Musik Charlie Parkers, der Bebop und der Hard Bop konstituierten den musikalischen Hauptstrom der Bop-Ära. In all diesen Jahrzehnten vor dem Hereinbrechen des Free Jazz gab es bei allen stilistischen Divergenzen doch eine gemeinsame Basis harmonischer und rhythmischer Strukturen: wer, außer vielleicht den allerersten Pionieren, hätte nicht an einer Jam Session über »I Got Rhythm« oder den Blues teilnehmen können? Eine derartige gemeinsame Basis gab es aber schon unter den Free-Musikern von 1964 nicht mehr. Man versuche bloß, sich vorzustellen, wie Coltrane damals gemeinsam mit Albert Ayler »Ghosts« gespielt hätte, oder wie es geklungen hätte, wenn Cecil Taylor bei Ornette Colemans »Ramblin'« mitgewirkt hätte. Der Grund dafür, daß ein solches Gedankenexperiment schwer zu vollziehen ist, liegt darin, daß die vier erwähnten Namen vier individuelle Stile repräsentieren. Seit Mitte der sechziger Jahre ist es unmöglich geworden, aus der Vielzahl individueller Musiken so etwas wie einen Free-Jazz-Mainstream abzuleiten. Daß der modale Jazz und die Fusion Music künstlerische Sackgassen waren, läßt sich heute klar sagen. Aber wie steht es mit den Folgen jener musikalischen Revolution, die Ornette Coleman vor einem Vierteljahrhundert initiierte – ist Free Jazz eine blühende oder dahinwelkende Kunst?

Manchen Hörern ist die Vielgestaltigkeit der musikalischen Mittel, die einem Musiker der Gegenwart zur Verfügung stehen, ein Dorn im Auge. Schon zu Louis Armstrongs Zeiten gab es Traditionalisten, die der Meinung waren, er zerstöre den wahren Charakter des Jazz; später echauffierten sich Kritiker über die angeblich europäischen Züge in der Musik Ellingtons und insbesondere Gillespies und Parkers, die man mit Parolen wie »Anti-Swing« und »jazzfremder Lärm« verdammte. Arbeitet heute ein Jazzkomponist mit großen Formen (und erweist sich damit als Nachkomme Ellingtons), spielt ein Multiinstrumentalist atonale Linien ohne Metrum (Antiswing!), so sind es die Erben solcher Kritiker, die sogleich den Schlachtruf »Tradition!« anstimmen. Welch Horror! Die Free Jazzer halten sich nicht an die Regeln! Damals, 1938, demonstrierte Jelly Roll Morton, wie verschiedenartig die Musiken waren, aus denen der frühe Jazz entstand: Schlager, Märsche, Opernarien, lateinamerikanische Rhythmen und, unter den neueren afroamerikanischen Kunstformen, Blues und Ragtime. Für einen Free-Jazz-Musiker nun können »Nonjazz«-Genres wie Blues, Soul, Rock, zeitgenössische E-Musik, traditionelle afrikanische und asiatische Musik (die im Westen heute durch Schallplatten allgemein zugänglich ist) ebenso signifikant sein wie der Jazz der Vergangenheit. Nicht genug damit, daß afrikanische »Griots« (Bänkelsänger, Poeten und Satiriker in Personalunion) und indische Meistermusiker nach Amerika gekommen sind, um dort ihre Kunst zu lehren – mehrere führende Free-Jazzer haben längere Zeit in Afrika oder in Asien gelebt, um dort die lokale Musik direkt zu erleben, an ihr teilzunehmen, sie in ihre eigene Kunst zu integrieren.

Der Pianist **Ran Blake** spielt – so sagt er seinen Studenten – »eine improvisierte Synthese aus ethnischer, Varieté- oder afroamerikanischer Musik und dem, was man seit einigen Jahren Europäische Avantgarde nennt«. Er nennt dies »Third Stream Music«, doch entspricht es nicht ganz dem Third-Stream-Komponieren seines Freundes Gunther Schuller. Das Resultat der Blake'schen Synthese ist eine intelligente, raffinierte Musik, sind Klaviersoli, die dynamische, harmonische und rhythmische Kontraste auf engem Raum konzentrieren. Ein besonderer Zug seines Spiels ist sein Gefühl für die Plazierung von Phrasen und Pausen; die wesentlichen Parameter seiner Kompositionen sind Atmosphäre, Ausschmückung und Wiederholung. Dies ist eine Verfahrensweise, aus der insbesondere hervorragende Programmusik entsteht, so etwa die engagierte Musik von *The Blue Potato and Other Outrages*. Die fließenden Emotionen seiner Musik haben eine inhärente Traumqualität, einen surrealistischen Ausdruck, der zart, verschmitzt, aber auch beißend sein kann.– So in »Realization of a Dream«, wo Blake eine Bilderfolge zwischen Phantastik und Alptraum entwirft, in der sich aber doch ein hintergründiger Humor bemerkbar macht. *Film Noir* enthält seine dunkel getönten musikalischen Assoziationen zu Kinoerlebnissen, wobei »Touch of Evil« trefflich die krassen Wirkungen und die Phobien des gleichnamigen Orson-Welles-Films einfängt. Deutlich klingt in seinem Spiel die ganze Tradition der Jazzpianistik von Earl Hines über Thelonious Monk bis Bill Evans an, und daß er als Komponist ein Talent für klug kalkulierte Wirkungen hat, kann man nicht abstreiten.

Die wie zusammengedrückt wirkende kleine Trompete mit dem gebogenen Mundstück, die **Don Cherry** auf den frühen Ornette-Coleman-Platten spielte, ist eine pakistanische Taschentrompete. Nach seinen innovativen Beiträgen zur Musik Colemans, Rollins', der New York Contemporary Five und Aylers begab sich Cherry auf seine ausführlichen Reisen über alle fünf Kontinente, und bei allen Stationen seiner Odyssee nahm er Musik in sich auf und spielte Musik: »Don Cherry, ja, er ist der Rattenfänger von Hameln« sagt Coleman über seinen früheren Weggefährten. Die Duette von Cherry und Edward Blackwell (der selbst ein Jahr in Marokko lebte) sind freie Improvisationen über eingängige folkloristische Themen, wobei das vital-pulsierende Spiel Blackwells mit den rhythmischen Klavierfiguren Cherrys, mit seinem Gesang, seinen Improvisationen auf Trompete und Holzflöten kontrastiert (und ihm gelegentlich neue Impulse gibt) – seit etwa 1969 hatte Cherry eine gewisse Meisterschaft einiger kleiner afrikanischer und indischer Flöten erlangt. Die harmonische Grundlage dieser Musik ist in der Regel modal, und das trifft ebenso auf seine 1976 eingespielten Fusion-LPs zu, die voller elektronischer Effekte sind (so gibt es beispielsweise mehrfach geschichtete Rock-Rhythmen nach Hancock-Manier). Auf diesen Platten gibt es eine Fülle westlicher und orientalischer Instrumente, während das neuere Fusion-Trio »Codona« (Don Cherry, Collin Walcott, Nana Vasconcelos) eine Vielfalt größtenteils exotischer Klangerzeuger betätigt, darunter auch Cherrys »Doussn'gouni«, eine afrikanische Gitarrenvariante.

Auf diesen modal grundierten Aufnahmen hat sein Spiel kaum mehr etwas mit dem seiner Free-Jazz-Einspielungen zu tun. Die freien Bewegungen seiner früheren Linien waren nicht zuletzt Ergebnis der freien harmonischen Strukturen gewesen. Im statischen Ambiente modaler Harmonik entfällt somit eine wesentliche Triebfeder seiner Kreativität, und er spielt einfache Kadenzen, und auf *Codona 3* führen die einlullenden Ostinato-Figuren darüberhinaus zum Erlahmen seiner rhythmischen Vitalität. Ein Resultat dieser neuen musikalischen Umgebung ist die Annäherung an eine gewisse, derzeit aktuelle, lyrische Sentimentalität: »Voice of the Silence« und »Travel by Night« mögen noch so gut gespielt sein, doch entbehren die Trompetenlinien hier beinahe jeglicher Persönlichkeit.

Und dennoch hat Cherry seine Gabe des freien Spiels über all die Jahre lebendig erhalten, ist auf diesem Gebiet gar noch souveräner, noch gelassener geworden. Seine drei Blue-Note-LPs der mittsechziger Jahre weisen ihn als produktiven Komponisten Coleman-inspirierter Stücke aus, wobei seine kurzen, aktionsgeladenen Soli vom mächtig swingenden Rhythmusgespann aus Blackwell und dem Bassisten Henry Grimes getragen werden. Die herrliche *Crisis*-LP dokumentiert die erste mehrerer Wiedervereinigungen mit Coleman; auf Johnny Dyanis

Song for Biko ist es Cherrys rhythmische Vitalität, die der Musik Schwung gibt, und ein schönes, Coleman-ähnliches Quartett entstand aus dem Kontrast zwischen dem zart-melodischen Spiel des Tenoristen Charles Brackeen und dem wohlvertrauten Trio Cherry, Blackwell und Haden. In der viel und erfolgreich konzertierenden Gruppe »Old and New Dreams« wurde Brackeen dann durch einen vierten Ex-Coleman-Musiker, den Tenorsaxophonisten Dewey Redman ersetzt. Jeder dieser vier Musiker hat sich mit nicht-westlicher Musik befaßt, und so umfaßt das Repertoire des Quartetts neben Coleman-Stücken und im konventionellen Sinn »jazzmäßigen« Eigenkompositionen auch einige Titel, die von traditioneller außereuropäischer Musik inspiriert sind. Noch mehr als Coleman verfügt Cherry heute über eine einzigartige Beherrschung subtilster rhythmischer Dehnungen und Stauchungen. Andererseits lassen einen aus fragmentierten Phrasen gebaute Soli wie die in »Augmented« und im schroff-schnellen »Next to the Quiet Stream« zu der Überzeugung kommen, daß Cherry möglicherweise dann am kreativsten spielt, wenn er angespannt und nervös ist.

Cherry lebt heute in Schweden und verkörpert den allumfassenden Free-Jazz-Musiker der Gegenwart. Eine Manifestation wenn nicht gerade kultureller Synthese, so doch zumindest der Überbrückung verschiedener kultureller Niveaus ist der elektro-harmolodische Stil, den Cherrys ehemaliger Mentor Ornette Coleman in den letzten Jahren entwickelt hat. Coleman ist auch der Altsaxophonist auf **James »Blood« Ulmers** LP *Tales of Captain Black:* bedrohliche tiefe Gitarrenfiguren Ulmers stehen gegen die aufsteigenden Repliken Colemans (»Theme from Captain Black«); Ulmers bluesgetränkte Gitarre und Colemans einschmeichelndes Saxophon werden vor einem nervös plappernden Baß-Schlagzeug-Hintergrund exponiert (»Nothing to Say«); Ulmer zeigt seine Gabe motivischer Entwicklung in Solo wie Begleitung (»See-Through«). Er hat seine Gitarre mit den neuesten technischen Gerätschaften ausgerüstet, doch obgleich man mit Effektgeräten, einfachen Rock-Patterns und nicht zuletzt hohem Lautstärkepegel musikalische Intensität bloß simulieren kann, ist Ulmer doch der »heißeste« Solist (»Time Out«) und der ideenreichste spontane Erfinder unter den harmolodischen Musikern. Mehr als andere von ihnen spielt er auch den Blues – »Nothing to Say« steht in bester Chicago-Blues-Tradition –, doch ist seine Musik normalerweise von Funk- und Disco-Rhythmen durchsetzt.

Aus seinen raffinierten musikalischen Strukturen spricht eine durchaus klassische künstlerische Haltung, und das Gruppenspiel von Colemans »Prime Time«-Ensemble (dem Ulmer angehört) ist von bestechender Kohärenz. Die radikalste Musik im harmolodischen Idiom ist sicherlich die des Schlagzeugers und Komponisten **Ronald Shannon Jackson** – radikal anders als die meiste Musik dieses Stils dadurch, daß Jackson bestrebt ist, völlig unabhängige musikalische Elemente unter einen Hut zu bringen. Seine Stücke bestehen zum überwiegenden Teil aus detailliert auskomponierten Passagen: über einer brodelnden vielschichtigen Rhythmik liegen – in freiem Tempo – Melodielinien, die aus langen Notenwerten gebaut sind; zur gleichen Zeit improvisiert wenigstens ein Instrumentalist in einem ebenfalls freien, aber von dem der Melodie völlig unabhängigen Tempo. Es ist Jacksons erklärtes Ziel, gleichzeitig Rhythmen und Melodien möglichst vieler verschiedener Stile und Kulturen zu präsentieren, wobei jedes dieser Elemente seine eigene Identität wahrt und sich doch (wenn auch oft nur flüchtig) mit den anderen Elementen verbindet. Sein Stück »Night Watch« (»Nachtwache«) wurde vom gleichnamigen Gemälde Rembrandts inspiriert, »einem riesigen Portrait, einer Straßenszene mit all den Menschen des Nachtlebens – Liliputaner, Prostituierte, Gastwirte, Stadtwachen, adlige Prominenz, sogar ein kleiner trommelnder Junge – eben mit all' den Leuten, die sich nachts herumtrieben. Man schaut sich das Bild an und fühlt sich gleich so, als wäre man auch dabei.«[1] Genauso bunt gemischt wie die Bevölkerung des Rembrandt-Bildes ist das Innenleben von Jacksons Musik.

Ronald Shannon Jackson

Den Schlüssel zu seiner Musik muß man in seinem Schlagzeugspiel suchen, denn in all seinen Stücken spielt er die Rhythmen der Paradetrommeln – was man nicht mit dem Trommelspiel konventioneller weißer Marschkapellen gleichsetzen darf. Das »Parade Drumming« des afroamerikanischen »Drum and Bugle Corps« ist eine alte Tradition, die von Anfang an viel abwechslungsreicher, viel swingender als das Trommeln der weißen »Marching Bands« war: das »Parade Drumming« kann die unterschiedlichsten Rhythmen in seine Patterns integrieren, und diese Patterns, die rhythmischen Muster, sind nicht starr, sondern variabel und entwicklungsfähig. Doch auch wenn man dies berücksichtigt, wird man sagen müssen, daß Ronald Shannon Jacksons »Decoding Society« ein reichlich verrücktes »Drum and Bugle Corps« ist. Wie in Colemans Prime-Time-Band sind auch hier Solo- und Begleitinstrumente klar getrennt, doch agieren diese verschiedenen Ebenen bei Jackson wesentlich selbständiger. Die »Melodie«-Spieler von Jacksons Ensembles (Saxophone und/oder Trompete, Violine, Vibraphon, Gitarre) sind viel deutlicher Free-Jazz-inspiriert als die meisten anderen harmolodischen Musiker. Hinzu kommt, daß Jackson wunderbare Melodien schreibt, so die von »Nightwhistler« und die von »Apache Love Cry« mit ihren funkelnden Trillern.

Harmolodische Musik hat wohl per definitionem fast immer einen nervös-überspannten Charakter, doch wird dies nirgends so deutlich wie in den extremen Kontrasten der Decoding Society. Jacksons musikalische Vision ist zugleich verführerisch (die vitale Rhythmik) und beunruhigend (die Disparatheit der Elemente). Seine Stücke sind eher höchst differenzierte Mixturen als prozessual entwickelte Formen. Man erlebt in ihnen eine Koexistenz verschiedener Musikkulturen, doch ist diese stets nur von begrenzter Dauer (Jacksons Stücke sind kurz) und wenig stabil: Chaos und Zerfall sind nie weit entfernt, und ungeachtet aller positiver Vitalität dieser Band ist es wohl kein Zufall, daß sie sich größter Popularität in einer Zeit erfreut, in der das Überleben der Menschheit aufs äußerste gefährdet ist.

In Amerika müssen Free-Musiker in der Club- und Festival-Szene gegen die Konkurrenz von Fusion-, Bebop- und Swing-Musikern antreten. So ist es kein Wunder, daß freie Musik heute, wie schon in den sechziger Jahren, am besten im Milieu der alternativen Kulturstätten gedeiht: kleine Theater, Galerien, Kirchen, zuweilen einige der besseren Colleges und Universitäten. Hätte es nicht die engagierten Bemühungen einiger besessener Musikliebhaber und natürlich der Musiker selbst gegeben, so hätte eine ganze Kunstform wohl ein Vierteljahrhundert lang nur eine schattenhafte Geheimexistenz geführt. Im New York der siebziger Jahre war Free Jazz gleichbedeutend mit »Loft Jazz«. Musiker waren es, die solche musikalischen Veranstaltungszentren betrieben: »Studio Rivbea«, »Ladies' Fort« (Joe Lee Wilson), »The Brook« (Charles Tyler), »Ali's Alley« (Rashied Ali); »Soundscape«, der heute wohl bekannteste Musik-Loft, wird vom Sänger und Disc-Jockey Verna Gillis geführt. Viele dieser Lofts waren die oberen Etagen von Fabrik- oder Lagerhausgebäuden, und manche von ihnen boten mehreren Hundert Hörern Platz. Der unermüdliche Sam Rivers trägt seinen Namen zu Recht, denn die Musik sprudelt aus ihm in reißenden Strömen heraus. Wenn man ihn auch hauptsächlich als Meister des Tenorsaxophons schätzt, so wendet er sich im Laufe seiner Konzerte doch auch dem Klavier, der Flöte und dem Sopransaxophon zu und gestaltet auf jedem dieser Instrumente ausgedehnte Soli. 1970 gründete er sein »Studio Rivbea«, und über Jahre stellte er dort eine Fülle von Free-Jazz-Ensembles vor, ohne dabei seine eigene Karriere als konzertierender Künstler zu vernachlässigen oder auch nur ein bißchen seiner musikalischen Energie einzubüßen. Das Studio Rivbea war zu seiner Zeit der berühmteste aller Lofts – doch ist die durchschnittliche Lebenserwartung eines Lofts eben nicht größer als die der meisten Jazzclubs.

Die mehreren Generationen von Free-Jazz-Musikern, die seit den sechziger Jahren herangewachsen sind, treten zumeist in derartigen alternativen Aufführungsorten in Erscheinung. Zu den lebendigsten und bekanntesten jüngeren Spielern zählen die Trompeter Bakaida Carroll und Olu Dara, die Altsaxophonisten Jemeel Moondoc und Jimmie Vass (der häufig mit Rashied Ali zusammenarbeitet), der Tenorsaxophonist Frank Lowe und der Geiger Billy Bang. Anthony Davis aus New Haven ist ein vielseitiger Pianist, dessen romantisch gefärbtes Spiel in diversen modal oder frei spielenden Ensembles zu hören ist; einer seiner häufigsten Partner ist der Flötist James Newton, ein Musiker von ebenfalls romantischem Temperament, dessen Flötenklang und -technik von klassischer Reinheit und Perfektion sind. Natürlich müßte man noch viele weitere wichtige Musiker nennen. Die Saxophonisten Byard Lancaster und (Black) Arthur Blythe gehören einer etwas älteren Generation an, und Blythe ist wohl der populärste aller eben aufgeführten Spieler. Seine Phrasen entnimmt er den dekorativen Passagen einiger eigentlich eher schnörkellos spielender Hard-Bop-Saxophonisten wie Johnny Griffin, deren Musik ihrerseits eine Synthese der Coleman-Hawkins- und der Lester-Young-Schule ist. In raschen Tempi kann Blythes Spiel durchaus aufregend »heiß« sein (»Voyage to Jericho«) doch je langsamer das Tempo wird, desto deutlicher tritt die Zusammenhanglosigkeit seines rein ornamentalen Stils zutage. Wie Anthony Braxton hat auch er ein eingängiges *In the Tradition*- Album mit Themen aus dem traditionellen Jazzrepertoire eingespielt.

Ökonomisch ist es für einen New Yorker Musiker kaum machbar, mehr als ein paar Mal im Jahr mit einer bestimmten Gruppe in der

Metropole des Jazz aufzutreten. Die meisten Free-Musiker der Stadt spielen daher in mehreren Gruppen, was, zumindest vom musikalischen Aspekt, eine gesunde Situation ist. Um ein extremes Beispiel anzuführen: Oliver Lake, einer der aktivsten Musiker der Free-Jazz-Szene, spielt ein Solokonzert, arbeitet als Sideman, spielt als gleichberechtigtes Mitglied einer ad hoc zusammentelefonierten Gruppe, tritt als Leader seiner eigenen »Jump Up«-Reggae-Band und mit dem »World Saxophone Quartet« auf – und all dies an aufeinanderfolgenden Abenden in jeweils verschiedenen Städten. (Ich weiß nicht, ob Lake tatsächlich eine Woche auf die geschilderte Weise verbracht hat, aber es wäre nicht unrealistisch.) Das World Saxophone Quartet besteht aus Lake, Julius Hemphill, Hamiet Bluiett (alle drei aus St. Louis) und dem Kalifornier David Murray, wobei alle Musiker mehrere Blasinstrumente betätigen. Von hohem Niveau sind insbesondere Hemphills Kompositionen für dieses Ensemble; insgesamt aber bleibt das Quartett hinter dem Potential der vier Spieler zurück.

Da regulär arbeitende Big Bands der Vergangenheit angehören, sind Komponisten/Arrangeure wie **David Murray** und **Henry Threadgill** dazu übergegangen, kleine Big Bands – »Little Big Bands« – zusammenzustellen: das David Murray Octet und das Henry Threadgill Sextet (das de facto ein Septett ist). Die Größe dieser Gruppen ist ideal zu nennen, denn was sie, verglichen mit wirklichen Big Bands, an klanglicher Wucht entbehren, machen sie durch klangfarblichen Reichtum mehr als wett: jedes der Bandmitglieder bringt seinen persönlichen Sound in die Gruppe ein. In den siebziger Jahren war Murray ein Saxophonekstatiker vom Schlag Albert Aylers; heute, als Bandleader, erweist er sich als Erbe von Charles Mingus, der dazu noch über ein qualitätsvolleres Ensemble als jede beliebige Mingus-Gruppe nach 1960 verfügt. Wie Mingus hat auch Murray eine Vorliebe für kontrapunktische Strukturen und rhythmische Wechsel; anders aber als der grüblerische Mingus ist Murray von Natur aus Optimist, und dieser Unterschied ist entscheidend, wie man in Stücken wie »Home« hören kann, einem stimmungsreichen Stück mit einer Melodie von schlichter Expressivität und einer mild dissonanten Gegenmelodie. Murrays Tenorsoli fügen sich heute, anders als früher, meist den Konventionen der temperierten Stimmung, und sein Oktett lebt sowohl von den Qualitäten der Solisten als auch von der hervorragenden Interpretation der detaillierten kompositorischen Strukturen des Leaders.

So spielt der Posaunist George Lewis in der Ballade »Ming« mit der unfehlbaren Sicherheit eines Jimmy Knepper. An Stelle der rhythmischen Dynamik von Mingus und Dannie Richmond setzt Murray das eher nüchterne Baßspiel von Wilbur Morris und das unendlich subtile und sensible Schlagzeug Steve McCalls, der aber auch, wie er zu beweisen Gelegenheit hat, der feurigste der gegenwärtigen Schlagzeuger ist.

Der Kornettist Olu Dara und der Holzbläser Henry Threadgill spielen sowohl im Murray-Oktett als auch im Threadgill-Ensemble. Das Murray-Stück, das jeder zu kennen scheint, ist »Dewey's Circle«, eine swingende Nummer, in der Dara mit seinen perfekten Louis-Armstrong-Phrasen glänzen kann, inklusive der an Höhepunkten plazierten hohen Töne mit klassischem Armstrong-Vibrato. Dara hat zumindest den vollsten Ton aller Trompeter seit Roy Eldridge. Seine Improvisationen sind in ihren Emotionen fein ausbalanciert und leben insbesondere von ihren inneren rhythmischen Kontrasten. In Murrays »Jasvan« wechseln Daras prächtige (gedämpfte) Melodien zwischen knackigen Phrasen und nachdenklichen Momenten, und in einem schnellen Solo wie »Last of the Hipmen« sind feinste Differenzierungen und scharfe Kontraste in einen völlig natürlich anmutenden musikalischen Fluß eingebettet.

Daras Sound ist es, der den Klang der Threadgill-Gruppe prägt. Anders als Murrays Musik lebt die dieses Ensembles von Ironie und mitunter krassem Humor. Auftrumpfend, mit voll-vibrierendem Ton, stimmen die Bläser Linien an, die dann in ihrem weiteren Verlauf auf subtile Weise schief und vieldeutig werden. Einige der Stücke Threadgills, so »Just B« und »Just the Facts and Pass the Bucket«, sind dunkel getönte Klagegesänge und Tondichtungen. »Soft Suicide at the Baths«, ein langer Hymnus, löst sich allmählich in unberechenbare Tonfolgen von Klarinette, Kornett und Trompete auf, während zwei Schlagzeuger in gänzlich verschiedenen Tempi spielen, und so gelingt es auch dem Schlußdreiklang nicht, eine versöhnliche Note herbeizuführen. Das Thema von »Gateway« könnte man sich als vehementen Höhepunkt einer italienischen Oper vorstellen – bis zu dem Moment, in dem Threadgills wüstes Altsolo einsetzt. »Black Blues« hätte ein Stück bloße Routine sein können, wird aber durch die harten Attacken und die opulenten Sounds der Musiker davor bewahrt. Im zündenden »When Was That?« spornen die Fanfaren des Themas das Schlagzeug zu einem ununterbrochenen Trommelfeuer an, das dann von hitzigen Sololinien noch weiter geschürt wird. Die Musik dieser Gruppe hat eine kaum zu beschreibende absolute Qualität, mit dem ständigen Unterton drohender Eruptionen. Drei Bläser, zwei tiefe Streicher und zwei Perkussionisten geben Threadgill eine Fülle von Möglichkeiten, die Rolle der Instrumente immer neu zu definieren: so ist »10 to 1« beispielsweise nach Art einer harmolodischen Band strukturiert – einer harmolodischen Band vor den Zeiten der Rockmusik, vor den Zeiten elektrischer Verstärkung, vor den Zeiten Colemans.

Natürlich gibt es überall in Nordamerika innovatorische Jazz-Aktivitäten, auch abseits der Musikerkonzentrationen in New York und den Großstädten des Nordostens. Diese Aktivitäten sind erstaunlich vielgestaltig, da man sich in verschiedenen Milieus für verschiedene Aspekte der Weiterentwicklung der Musik interessiert. Manche Musiker haben sich vom Vorbild der Chicagoer und der Europäer zu Erkundungen von Strukturen, Klangfarben, Stille und freier Improvisation stimulieren lassen, und unter diesen finden sich viele Multiinstrumentalisten. Genannt seien Milo Fine in Minneapolis; Henry Kuntz, Gerald Oshita, Greg Goodman (Klavier) und Henry Kaiser (Gitarre) in der San-Francisco-Gegend; der Zirkel um die Zeitschift *Coda* und das Plattenlabel *Onari* in Toronto, darunter Musiker wie der Altsaxophonist Maury Coles und der Sopransaxophonist Bill Smith. Noch weiteren Einfluß hatten womöglich die frühen Free-Jazz-Spielweisen. In New Orleans spielen der Trompeter Clyde Kerr, Jr., der Altist Edward »Kidd« Jordan und der Drummer Alvin Fielder einen glühenden Post-Coleman-Jazz, während zwei der ersten Mitspieler Colemans (der 1950 in New Orleans lebte) eine hochdifferenzierte Variante des späten Bop spielen: der Klarinettist Alvin Batiste und der Pianist Ellis Marsalis, dessen Söhne – Trompeter Wynton und Tenorist Branford Marsalis – zu den Jungstars des Hard Bop der achtziger Jahre geworden sind. Auch in Los Angeles haben einige begabte Musiker von sich reden gemacht, so der Saxophonist Vinny Golia, der Bassist Roberto Miguel Miranda und der Schlagzeuger Alex Cline.

In einigen amerikanischen Städten gibt es ältere Musiker, die der jungen Generation bei ihrem Start helfen, so wie es beispielsweise John Carter, Bobby Bradford und Horace Tapscott in Los Angeles getan haben. Schon 1961, vier Jahre vor der Entstehung der AACM, gründete **Horace Tapscott** die »Union of God's Musicians and Artists Ascension« (UGMAA), die unter anderem zum Ziel hatte, Konzerte seines »Pan Afrikan Peoples Arkestra« zu veranstalten. Tapscott für sich ist ein beeindruckender Pianist. Seine Solo-LP *Song for the Unsung* ist voller ausladender Einleitungen und Nachspiele, voll raffinierter innerer Details, und doch wird seine Musik nie rhapsodisch. Trotz der ausgeklügelten Strukturen ist seine Musik von einer entwaffnenden Schlichtheit und Direktheit. Das Titelstück der LP exponiert einen subtil konstruierten Fluß von Konsonanz und Dissonanz; einem eigentlich eher schroffen Elmo-Hope-Titel verleiht er einen sympathisch-würdevollen Charakter, und seine rhythmische Neugliederung von »Bakai« ist der Interpretation Coltranes klar überlegen. Das Arkestra spielt eine avancierte modale Musik und gibt verschiedenen Komponisten und Improvisatoren Gelegenheit, ihr Talent zu erproben. Des weiteren arbeiten die Mitglieder der UGMAA als Musiklehrer für Kinder und Jugendliche im Stadtbereich von Los Angeles.

Diese Art pädagogischer Tätigkeit auf dem Gebiet moderner Musik ist heute wichtiger denn je, wo die Tage der Jam Sessions und des nicht institutionalisierten Lernens gezählt sind. Der sprunghafte Anstieg der Anzahl von High School- und College Big Bands im Laufe der Free-Jazz-Ära weckt falsche Hoffnungen: diese Orchester ahmen die billigen Effekte eines Stan Kenton oder den mittelmäßigen Eklektizismus eines Woody Herman nach. Dennoch gibt es auch im Free-Jazz-Bereich Fortbildungsmöglichkeiten von höherem Niveau: am bekanntesten ist wohl das »Creative Music Studio« in Woodstock im Staat New York.* Es wird vom Vibraphonisten Karl Berger geleitet, und zahlreiche Avantgarde-Musiker wie Don Cherry und Roscoe Mitchell lehren als Gastdozenten bei Intensivseminaren mit speziellen Themenstellungen. In East Lansing, einer Universitätsstadt in Michigan, initiierte das AACM-Mitglied Mitchell das »Creative Arts Collective«, das sich hauptsächlich aus jungen Musikern aus Detroit zusammensetzt. Unter den Musikern des CAC finden sich der Gitarrist Spencer Barefield, der Bassist Jaribu Shadid und der Schlagzeuger Tani Tabbal, die gemeinsam die Rhythmusgruppe von Mitchells Sound Ensemble bilden. In einer anderen Universitätsstadt – New Haven in Connecticut – war Leo Smith einer der Begründer des »Creative Music Improvisers Forum« (CMIF), zu dem Dwight Andrews (Holzblasinstrumente), Bobby Naughton (Vibraphon) und Wes Brown (Baß) zählen. Keine der beiden letztgenannten Gruppen unterhält jedoch Verbindungen zu den lokalen universitären Institutionen.

Selbst in Österreich gibt es mittlerweile eine Kooperative von Free-Jazz-Musikern, wobei es sich größtenteils um österreichische Musiker handelt, die gemeinsam mit dem AACM-Mitglied Fred Anderson Plattenaufnahmen machten. In den frühen sechziger Jahren war Rafael (Donald) Garrett Mitbegründer der Experimental Band, des Vorläufers der AACM, bevor er nach San Francisco übersiedelte und als Bassist bei Schallplattenaufnahmen Coltranes, Shepps, Redmans und des Schlagzeugers Smiley Winters mitwirkte. Garrett lebte in der Folge in Europa, Afrika und im Nahen Osten, lernte neue Musiken und Instrumente kennen und kehrte dann nach Chicago zurück, wo er nun, wie vor zwei Jahrzehnten, wieder zur Quelle musikalischer Inspiration und Intensität geworden ist. Intensität ist auch ein Charakteristikum von Hal Russells »NRG Ensemble«, einem Quintett schöpferischer Multiinstrumentalisten, das sich, angefeuert vom Schlagzeugspiel Russells oder Steve Hunts (und gelegentlich beider) in ein Delirium musikalischer Energien stürzt. Das NRG Ensemble verfügt über ein umfangreiches Repertoire vielfach witziger Kompositionen. »Linda Jazz Princess« ist ein gutes Beispiel für den drastischen Humor der Gruppe: es ist eine stark abstrahierte Version einer Jazz-Radiosendung, mit flüch-

* Anm. d. Ü.: Das Creative Music Studio mußte bereits vor einigen Jahren aus finanziellen Gründen seine Tätigkeit einstellen

tigen Impressionen von Dixieland, Swing, Bebop, furiosem Free Jazz (und all dies mit ebenso furiosen Soli). Aus der AACM-Schule kommen die Schlagzeuger Reggie Nicholson und Kahil El'Zabar und ein bemerkenswerter Saxophonist: Edward Wilkerson. Er überträgt das funkige Tenorspiel der alten »Jump Bands« auf das Territorium des Free Jazz; sein Spiel ist von ansteckender rhythmischer Vitalität; sein Tenorklang ist monumental. Als Altsaxophonist (»Seeker«, »A Serious Pun«) erweist er sich dagegen als Nacheiferer der sensiblen Formen eines Joseph Jarman oder Roscoe Mitchell.

Diese Aufzählung prominenter und weniger bekannter, aber talentierter Musiker, die nach etwa 1975 von sich reden machten, ist alles andere als erschöpfend. In der Free-Jazz-Szene der Gegenwart gibt es keinen klaren Hauptstrom, keine dominierenden Persönlichkeiten, und das ist eine Situation, die in der Jazzgeschichte einmalig ist – und von Leuten, die an die Präsenz von Führungspersönlichkeiten wie Armstrong oder Parker gewöhnt waren, als alarmierend empfunden wird. Die wuchernde Vielfalt der heutigen Free-Spielweisen hat den Jazz in eine Lage gebracht, die man mit der der Malerei und der komponierten Musik zur Zeit des ersten Weltkriegs oder der der Lyrik in den dreißiger Jahren vergleichen könnte. Das Wort »Jazz« ist heute ein Anachronismus: die Mehrzahl der gegenwärtigen Free-Musiker ist der Ansicht, daß dieser Begriff zu eng ist, um der Brandbreite ihrer Kreativität gerecht zu werden. Andererseits aber hat sich kein befriedigender neuer Terminus für jene freie Musik gefunden, die aus der »Jazz« genannten afroamerikanischen Musik hervorgegangen ist.

Wichtiger aber als Definitionen ist die Erfahrung der Musik selbst, die die Kraft hat – und darin liegt ihr großes Geheimnis –, nicht nur unsere Gefühlswelt zu bereichern oder unser Leben zu verschönern, sondern uns zu verwandeln, indem wir Teilnehmer des künstlerischen Kommunikationsakts werden. Stehen Musiken, die auf die Konflikte Coltranes und den Furor der »Energy Music« folgen, also Musiken der Synthese von Jazz und verschiedener nationaler oder ethnischer Traditionen, Musik wie Roscoe Mitchells Neukonstruktionen klingender Struktur aus akustischen Elementarteilchen, stehen derartige Musiken für philosophische Positionen, die für die Existenz der gesamten Menschheit entscheidend sind? Durch das Schrifttum über die Kunst des zwanzigsten Jahrhunderts zieht sich wie ein roter Faden der Gedanke, künstlerische Erfahrungen könnten zu einer Bewußtseinsveränderung führen, die die Menschheit von ihrem verhängnisvollen Kurs abzubringen in der Lage sei. Dies ist ein Gedanke, den man nicht allzu schnell abtun sollte. Alles andere, was wir probiert haben – von Drogen über Technologie bis zur nuklearen Bedrohung –, hat versagt.

Nachwort des Übersetzers

Angesichts des – trotz einiger Verbesserungen in letzter Zeit – noch immer recht schmalen Angebots an deutschsprachiger Jazzliteratur wird wohl fast jede Übersetzung einer fremdsprachigen Jazzpublikation als willkommene Bereicherung empfunden werden. John Litweilers »The Freedom Principle«, das hiermit nun in deutscher Sprache vorliegt, ist allerdings nicht allein ein Novum auf dem deutschen Buchmarkt, sondern steht auch international einzigartig da: keine andere Publikation behandelt so ausführlich das ganze Spektrum des freien Jazz von 1958 bis in die achtziger Jahre, und dies in bemerkenswertem Detail. So geht Litweiler beispielsweise auch auf die Musik einiger in anderen Büchern vernachlässigter, doch für die Entwicklung des zeitgenössischen Jazz bedeutender, Personen ein: George Russells Œuvre etwa wird wiederholt zur Sprache gebracht; dem genialen Eric Dolphy ist ein ganzes Kapitel gewidmet, und die Musik aus dem Wirkungskreis der Chicagoer AACM wird in gleich zwei Kapiteln in beispielloser Ausführlichkeit geschildert (was nicht verwundert, wenn man weiß, daß Litweiler Direktor des »Jazz Institute of Chicago« ist).

Der aufrichtigen Bewunderung für Litweilers einzigartige Leistung wird man allerdings einige kritische Fußnoten hinzufügen dürfen. Wenn dieses Buch eine Schwäche hat, so sehe ich sie in erster Linie in den oft reichlich metaphernbeladenen Nacherzählungen musikalischer Abläufe und den damit verknüpften semantischen Interpretationen, deren Subjektivität mitunter die Grenzen des Nachvollziehbaren tangiert. Dies ist Folge einer musikschriftstellerischen Konzeption, die bewußt auf wissenschaftliche Absicherungen verzichtet, um so zu einer persönlichen Aussage zu gelangen. Und diese Persönlichkeit ist nun wiederum insofern ein Vorteil, als Litweilers Buch keine tiefgehenden musiktheoretischen Vorkenntnisse voraussetzt und gerade in der

Subjektivität seiner Urteile lebendiger ist als manche eher nüchtern-objektive Darstellungen. Wer eingehendere Informationen über die strukturelle Beschaffenheit des Free Jazz sucht, wird nach wie vor um Ekkehard Josts »Free Jazz« (Mainz, 1975) nicht herumkommen; wer besonderes Interesse an der soziologischen Dimension dieser Musik hat, wird Valerie Wilmers »As Serious as Your Life« (London, 1977) oder das Free-Jazz-Kapitel in Josts »Sozialgeschichte des Jazz in den USA« (Frankfurt a. M., 1982) zu Rate ziehen. Litweiler selbst weist ja im Vorwort darauf hin, daß er seinen Ansatz als Alternative zu denen der beiden genannten Autoren versteht. Und dieser Ansatz hat zumindest den Vorzug, daß er immer dicht bei seinem Gegenstand bleibt: dem Schallplattenœuvre der Musiker.

In der Tat: Litweiler bezieht Stellung, manchmal sehr dezidiert, zum Widerpruch herausfordernd: nicht jeder wird die »Würdigung« des Pianisten Bill Evans angemessen finden, und man muß kein Pat-Metheny-Fan sein, um Litweilers Charakterisierung seiner Musik einseitig zu finden. (Bezeichnenderweise erwähnt Litweiler nicht die – wohl kaum ins »Pop-Jazz«-Raster passenden – *80/81*-Aufnahmen Methenys mit Dewey Redman und Charlie Haden, und besonders pikant für den Coleman-Verehrer Litweiler dürfte sein, daß der Altmeister des Free Jazz jüngst eine Platte mit Metheny eingespielt hat.)

Diese LP – *Song X* von Coleman und Metheny – wurde freilich erst 1986 veröffentlicht und konnte so natürlich kein Gegenstand von Litweilers Darstellung sein, die ja bereits 1984 im amerikanischen Original publiziert wurde. Dieser Einzelfall ist nur ein Indiz dafür, daß Jazz nach wie vor eine schnell-lebige Musikform ist, mit der eine langwierige Buchpublikation kaum Schritt halten kann. So konnte Litweiler auch die in letzter Zeit zu konstatierende Wiederbelebung des Jazz-Rock/Fusion-Genres nicht berücksichtigen, eine Revitalisierung, die in erster Linie durch das erstaunliche Comeback von Miles Davis ausgelöst wurde. Litweiler kannte zur Zeit der Arbeit an seinem Manuskript den Miles Davis von *Man with the Horn,* nicht aber den von *Decoy:* dazwischen liegen nur wenige Jahre, und doch ist der Unterschied gewaltig. Gruppen wie – in den USA – »Steve Coleman and Five Elements« und – in Europa – »Blue Box« haben dann auch mittlerweile Elemente der Musiksprache des »neuen« Davis aufgegriffen und eigenständig weiterverarbeitet.

Eine weitere aktuelle Strömung, die Litweiler noch nicht zur Sprache bringen konnte, ist die sogenannte »Noise Music«. Erst seit 1983 ist diese Musik, die ihre Anfänge im New Yorker Art-Rock-Underground um 1980 hat, einem (etwas) größeren Publikum bekannt geworden, mehr als in den USA womöglich in Europa, wo sich insbesondere das New Jazz Festival von Moers als wichtiges Forum erwiesen hat. »Noise Music« ist eine bemerkenswerte Synthese aus Elementen des Art Rock, des Rap, des Free Funk, der Musique Concrète, der Ideen des Futurismus und nicht zuletzt des Free Jazz, und es wäre interessant zu verfolgen, wie etwa John Zorn, einer der wichtigsten Noise-Musiker, die Klangforschung eines Anthony Braxton oder Roscoe Mitchell weitertreibt, oder wie Gruppen wie das Trio »Meltable Snaps It« – in dem eine zweite Zentralfigur der Noise Music, der Perkussionist und Vokalist David Moss, mitwirkt – Anregungen der europäischen improvisierten Musik aufgenommen haben (das noch recht junge Phänomen europäischen Einflusses auf amerikanische Improvisatoren hat Litweiler ja bereits am Schluß des 11. Kapitels angedeutet).

Kritischen Kommentars bedarf wohl insbesondere Litweilers Übersicht über den europäischen Free Jazz. So interessant dieser US-amerikanische Blick auf den Jazz der Alten Welt auch ist, so verzerrt muß er doch ausfallen, wenn er sich allein an Schallplatteneinspielungen, dazu noch an einer offensichtlich recht beschränkten Auswahl, orientiert. Fatal ist das etwa im Fall eines Musikers wie Michel Portal, von dem nur wenige, dazu noch kaum repräsentative, Einspielungen vorliegen: wer ihn je im Konzert erleben konnte, muß Litweilers Wertung als ungerecht empfinden – aber Litweiler stützte sich eben nur auf die Indizien der erhältlichen Schallplatten. Und es kann natürlich nicht befriedigen, daß der neue französische Jazz allein durch Michel Portal und Vinko Globokar (!) definiert wird, nicht aber durch den »Workshop de Lyon«, durch Jean-Louis Chautemps, François Jeanneau, Jean-François Jenny-Clark, Henry Texier, Daniel Humair, den Exilamerikaner Barre Phillips – um nur einige unverzichtbare Namen zu nennen.

Ganz außen vor bleibt der aktuelle Jazz Italiens und Österreichs, was insofern verwundert, als das »Vienna Art Orchestra« durch Schallplatten und Tourneen nun doch internationales Renommée erreicht haben dürfte. Kaum besser ergeht es der improvisierten Musik der sozialistischen Staaten Europas. Daß der »Eiserne Vorhang«, wie Litweiler meint, einen Einblick in die dortige Jazzszene fast unmöglich mache, kann man zumindest für die DDR kaum gelten lassen, so daß es nicht einleuchten will, wenn Litweiler hier allein Conny Bauer nennt, nicht aber wenigstens Günter »Baby« Sommer (der ja auch vielfach mit Leo Smith spielte), Ernst-Ludwig Petrowsky, Ulrich Gumpert. Vergleichsweise gut schneiden England (wo man allerdings John Surman und Tony Oxley vermißt) und die Bundesrepublik ab, auch wenn hier der Schwerpunkt auf den Free-Jazz-Innovatoren der *sechziger* Jahre liegt – was wieder auf die Präsenz oder Nichtpräsenz von Musikern auf dem Schallplattenmarkt zurückzuführen sein dürfte.

Sind solche Lücken für den europäischen Leser irritierend, so sind sie doch letztlich nur zu begreiflich, da auch hier bis vor kurzem eine aktuelle und umfassende Darstellung des neuen europäischen Jazz nicht vorlag. Abhilfe geschaffen hat da erst Ekkehard Josts »Europas Jazz« (Frankfurt, 1987) – doch weist auch Josts Buch, das sei am Rande vermerkt, manche befremdliche Lücken und perspektivische Verzerrungen auf. Erstaunlicher ist vielleicht, daß in Litweilers Buch einige *amerikanische* Namen, die hier recht geläufig sind, fehlen – so etwa der des Free-Funk-Saxophonvirtuosen Odean Pope oder des Vibraphonisten Khan Jamal, beide aus Philadelphia –; daß Litweiler die in Europa vieldiskutierte Frage der Ideologie der »Great Black Music« nicht aufgreift; daß Litweiler recht ausführlich auf die Musik des Arrangeurs Johnny Carisi eingeht, nur am Rande aber auf die – sicher folgenreichere – eines Gil Evans. Nicht nur ist die amerikanische Sicht des europäischen Jazz offenbar anders als das europäische Selbstbild; verschieden sind auch die Bilder, die sich Amerikaner und Europäer vom Jazz der USA machen (Reflexionen über Selbst- und Fremdbilder von Musikkulturen drängen sich hier auf). Und es wäre ohnehin vermessen, von einem Buch wie diesem enzyklopädische Vollständigkeit zu fordern – die wird, so ist zu hoffen, das für Ende 1988 angekündigte »New Grove Dictionary of Jazz« bringen. Die Fülle der Musiker und Schallplatten des freien Jazz, die Litweiler diskutiert, ist jedenfalls gegenwärtig ohne Parallele, und selbst Hörer, die sich im Free Jazz recht gut auszukennen glaubten, werden im Laufe der Lektüre immer wieder auf ihnen unbekannte Aspekte dieser Musik verwiesen und so zu neuen Hörerlebnissen angeregt worden sein. Und das ist wohl das Schönste, was ein Jazzbuch leisten kann.

Peter Niklas Wilson
Februar 1988

Anhang

Anmerkungen

Kapitel 1:
Stationen der Suche nach Freiheit

1 Zitiert nach: John B. Litweiler: There's a Mingus Among Us. *Down Beat* (27. Februar 1975)

Kapitel 2:
Ornette Coleman: Die Geburt der Freiheit

1 Interview des Verfassers mit Ornette Coleman vom 24. September 1981, transkribiert von David Wild und John B. Litweiler; Teile dieses Interviews sind in *Disc'ribe, No. 3* erschienen. Wenn nicht anders angegeben, stammen alle Aussagen Colemans in diesem Kapitel aus diesem Gespräch

2 Zitiert nach Nat Hentoffs Covertext zu *Something Else! The Music of Ornette Coleman,* Contemporary 7551

3 »Motivische Evolution« (»Motivic Evolution«) ist ein Begriff, den Terry Martin in seinem Aufsatz »The Plastic Muse« (*Jazz Monthly,* Mai, Juni und August 1964) verwendet. Meine Darstellung der Musik von *Change of the Century* und *This Is Our Music* wurde in erheblichem Maß von diesem wichtigen Essay inspiriert

4 Zitiert nach: Nat Hentoff: Jazz in Print. *Jazz Review* (Februar 1960)

5 Zitiert nach: J. B. Figi: Ornette Coleman, a Surviving Elder in the Universal Brotherhood of Those Who Make Music. (Chicago) *Reader* (22. Juni 1973)

6 Zitiert nach: Arthur Taylor: *Notes and Tones* (New York: G. P. Putnam's Sons, 1982 [Reprint])

Kapitel 3:
Eric Dolphy

1 Zitiert nach: John B. Litweiler: There's a Mingus Among Us. *Down Beat* (27. Februar 1975)

2 Zitiert nach: David Keller: Eric Dolphy – The Los Angeles Years. *Jazz Times* (November 1981)

3 Zitiert nach: Martin Williams: Introducing Eric Dolphy. In: Martin Williams (Hrsg.): *Jazz Panorama* (New York: Crowell-Collier Press, 1964)

4 Zitiert nach: Vladimir Simosko und Barry Tepperman: *Eric Dolphy* (Washington, D.C.: Smithsonian Institution Press, 1974)

5 Siehe Jack Cooke: Eric Dolphy. *Jazz Monthly* (Januar 1966)

6 George Russell und Martin Williams: Ornette Coleman and Tonality. *Jazz Review* (Juni 1960)

7 Booker Little, zitiert nach dem Covertext Ben Sidrans zu Eric Dolphy: *Status,* Prestige 24070

8 Eine Montage von Zitaten aus: Simosko und Tepperman, op. cit. und dem Covertext Charles Mingus' zu: Charles Mingus: *Portrait,* Prestige 24092

Kapitel 4:
John Coltrane: Das Streben nach Freiheit

1 Zitiert nach Robert Levins Covertext zu: Cecil Taylor: *Hard Driving Jazz,* United Artists 4014

2 John Coltrane im Covertext zu: *A Love Supreme,* Impulse 77

3 Zitiert nach: John Coltrane as told to Don DeMicheal: Coltrane on Coltrane. *Down Beat* (29. September 1960)

4 Zitiert nach: John Coltrane, Finally Made. *Newsweek* (24. Juli 1961), wiedergegeben in: Bill Cole: *John Coltrane* (New York: Schirmer Books, 1976)

5 Zitiert nach Ralph J. Gleasons Covertext zu: *Coltrane's Sound*, Atlantic 1419

6 John Tynan, *Down Beat* (23. November 1961), in: Don DeMicheal: John Coltrane and Eric Dolphy Answer the Jazz Critics. *Down Beat* (12. April 1962)

7 Zitiert nach: Frank Kofsky: *Black Nationalism and the Revolution in Music* (New York: Pathfinder Press, 1970)

8 Archie Shepp: A View from the Inside. *Music '66/Down Beat Yearbook*

Kapitel 5:
Übergänge: Miles Davis und der modale Jazz

1 Zitiert nach: Bill Cole: *Miles Davis* (New York: William Morrow & Company, Inc., 1974); Coles Quelle ist: Marc Crawford: Evil Genius of Jazz. *Ebony* (Januar 1961)

Kapitel 6:
Der Free-Jazz-Underground und Sun Ra

1 Archie Shepp: A View from the Inside. *Music '66/Down Beat Yearbook*

2 Zitiert nach: John B. Litweiler: Archie Shepp, an Old Schoolmaster in a Brown Suit. *Down Beat* (7. November 1974)

3 Zitiert nach: Tam Fiofori: Sun Ra's Space Odyssey. *Down Beat* (14. Mai 1970)

4 Zitiert nach Valerie Wilmer: Sun Ra Interview. *Melody Maker* (29. Oktober 1966)

5 Zitiert nach dem (von Victor Schonfield zusammengestellten) Programmheft zum Konzert Sun Ras und seines Intergalactic Research Arkestra in der Londoner Queen Elizabeth Hall am 8. November 1970

6 Zitiert nach: John B. Litweiler: Von Freeman, Underrated but Undaunted. *Down Beat* (4. November 1976)

7 Zitiert nach: Bob Blumenthal: The Sun Ra Show. *Boston Phoenix* (6. Mai 1975)

8 sun Ra in der Textbeilage zu: *Jazz by Sun Ra, Vol. I*, Transition 10

9 Zitiert nach: Mike Zwerin: Sun Ra Interview. *Village Voice* (15. August 1965)

10 Zitiert nach: Ron Welburn: Ronnie Boykins Interview. *The Grackle*, No. 4 (1977–78)

11 Zitiert nach: Bob Rusch: Sun Ra Interview. *Cadence* (Juni 1978)

12 Zitiert nach: Tam Fiofori: Sun Ra Interview. *New York Free Press* (18. April 1965)

Kapitel 7:
Albert Ayler

1 Zitiert nach: Nat Hentoff: The Truth Is Marching In. *Down Beat* (25. Februar 1965)

2 Zitiert nach Valerie Wilmer: *As Serious as Your Life* (Westport, Conn.: Lawrence Hill & Co., 1980)
Anm. d. Ü.: Die englische Originalausgabe dieses Buchs erschien 1977 bei Allison & Busby, London

3 Zitiert nach: Jacqueline und Daniel Caux: My Name Is Albert Ayler. *L'Art Vivant* (Paris) (Februar 1971)

4 Zitiert nach Frank Kofskys Covertext zu: Albert Ayler: *Love Cry*, Impulse 9165

5 Zitiert nach: Spencer Weston: Sunny Murray Interview. *Cadence* (Juni 1979)

6 Apple Cores Number 3. In: LeRoi Jones: *Black Music* (New York: William Morrow & Company, Inc., 1970)

7 Albert Aylers Antworten zu einem Fragebogen der in Paris erscheinenden Zeitschrift *Jazz* (Dezember 1965)

8 Zitiert nach dem Covertext Nat Hentoffs zu: *Albert Ayler in Greenwich Village*, Impulse 9155

9 Albert Ayler: To Mr. Jones – I Had a Vision. *The Cricket* (1969)

Kapitel 8:
Chicago, Klang und Stille, St. Louis

1 Rezitiert von Roscoe Mitchell in »Tutankhamen« auf der LP *The Paris Sessions* des Art Ensemble of Chicago, Arista Freedom 1903

2 Zitiert nach: Terry Martin: Roscoe Mitchell, Blowing Out from Chicago. *Down Beat* (6. April 1967)

3 In einem Künstlerprospekt des Art Ensembles von ca. 1969

4 Zitiert nach: John B. Litweiler: There Won't Be Any More Music. *Music 72/ Down Beat Yearbook*

5 Interview mit John B. Litweiler, Don DeMicheal Archives des Jazz Institute of Chicago

6 Zitiert nach: John B. Litweiler: Richard Abrams, a Man with an Idea. *Down Beat* (5. Oktober 1967)

7 Zitiert nach: John B. Litweiler: The Art Ensemble of Chicago, Adventures in the Urban Bush. *Down Beat* (Juni 1982)

8 Interview mit John B. Litweiler (unveröffentlicht)

9 Interview mit Ted Panken (unveröffentlicht)

10 Zitiert nach: John B. Litweiler: AACM's 20th Anniversary – An Interview with Muhal Richard Abrams. (Chicago) *Reader* (9. Mai 1975)

Kapitel 9:
Cecil Taylor

1 Zitiert nach: Bob Rusch: Cecil Taylor Interview. *Cadence* (April 1978)

2 Zitiert nach: J. B. Figi: Cecil Taylor: African Code, Black Methodology. *Down Beat* (10. April 1975)

3 Zitiert nach: Nat Hentoff: The Persistent Challenge of Cecil Taylor. *Down Beat* (25. Februar 1965)

4 Aus »-Aqoueh R-Oyo« von Cecil Taylor; Copyright 1973 bei Cecil Taylor

5 Zitiert nach: John B. Litweiler: Needs and Acts: Cecil Taylor in Wisconsin. *Down Beat* (14. Oktober 1971)

Kapitel 10:
Pop-Jazz, Fusion Music, Neoromantik

1 Keith Jarrett in der Textbeilage zu: *Concerts,* ECM 1227

2 Keith Jarrett im Covertext zu: *Death and the Flower,* Impulse 9301

3 Zitiert nach: Peter Danson: McCoy Tyner Interview. *Coda,* No. 180 (1981)

4 Zitiert nach: David Wild: McCoy Tyner: The Jubilant Experience of the Classic Quartet. *Down Beat* (12. Juli 1979)

Kapitel 11:
Free Jazz in Europa

1 Zitiert nach dem Covertext Martin Davidsons zu: Steve Lacy: *School Days,* Emanem 3316

2 Zitiert nach: Derek Bailey: *Improvisation* (Ashbourne, Derbyshire, England: Moorland Publishing Co. Ltd., 1980)

3 Zitiert nach: Robert Terlizzi: Steve Lacy Interview. *Coda* (Februar 1977)

4 Interview mit John B. Litweiler (unveröffentlicht)

5 Bailey, op. cit.

Kapitel 12:
Leo Smith, Anthony Braxton, Joseph Jarman, Roscoe Mitchell

1 Zitiert nach dem Covertext Robert Palmers zu: Leo Smith: *Spirit Catcher,* Nessa 19

2 Interview mit John B. Litweiler (unveröffentlicht)

3 Leo Smith: *Notes (8 pieces)* (New Haven, Conn.: Leo Smith (o. J.)

4 Zitiert nach: John B. Litweiler: Anthony Braxton: Music for Interplanetary Travel. (Chicago) *Reader* (26. Januar 1979)

5 Leo Smith im Covertext zu: *The Complete Braxton 1971,* Arista/Freedom 1902

6 Larry Kart: Two Explosive Albums Emit Shattering Waves of Sound. *Chicago Tribune* (27. Mai 1979)

7 Zitiert nach Terry Martins Covertext zu: Roscoe Mitchell: *Nonaah,* Nessa 9/10

Kapitel 13:
Free Jazz heute

1 Zitiert nach: Charles Doherty: Decoding the Society. *Down Beat* (August 1982)

Auswahldiskographie

Die im folgenden aufgeführten Schallplatten sind die wesentlichen Tondokumente der in diesem Buch beschriebenen Genese und Fortentwicklung des Prinzips Freiheit. Da die Strukturen der Plattenindustrie in ständigem Wandel begriffen sind, werden einige der genannten Aufnahmen gegenwärtig nicht bei den ursprünglich verantwortlichen Firmen erhältlich sein. In einigen Ländern, insbesondere in Japan, wird jedoch das Repertoire mancher Plattenlabels ständig verfügbar gehalten. Hinzu kommt, daß einige zur Zeit der Abfassung dieses Texts nicht erhältlichen Platten jetzt, wo Sie diese Zeilen lesen, vielleicht wieder als Reissues vorliegen – möglicherweise bei ganz anderen Plattenfirmen –, während andere, die dem Verfasser zugänglich waren, mittlerweile aus den Katalogen gestrichen sein werden.*

Kapitel 1:
Stationen der Suche nach Freiheit

Sampler: *Outstanding Jazz Compositions of the 20th Century;* Columbia C2L 31; enthält Werke von John Lewis, Jimmy Giuffre, Charles Mingus, Harold Shapero, Milton Babbitt, Gunther Schuller und George Russells »All About Rosie«

Stan Kenton: *City of Glass/This Modern World* (komponiert von Bob Graettinger); Creative World 1006

Thelonious Monk: *The Complete Blue Note Recordings of Thelonious Monk;* Mosaic MR4-101; enthält die auf *The Complete Genius* (Blue Note 579-H2) zusammengefaßten Aufnahmen der Periode 1948–52 und seine Einspielungen mit Sonny Rollins von 1957

Sonny Rollins: *Saxophone Colossus and More* (mit Max Roach); Milestone 24050

–: *A Night at the Village Vanguard* (mit Wilbur Ware); Blue Note 81581

Herbie Nichols: *The Third World* (1955–56); Blue Note LA 485-H2

–: *The Bethlehem Years;* Bethlehem 6028

Charles Mingus: *Passions of a Man;* Atlantic SD3-600 (3LP)

–: *East Coasting;* Affinity 86

–: *Tijuana Moods;* RCA FXLI-7295

–: *Mingus Ah Um;* Columbia CS 8171

Lennie Tristano / Buddy De Franco: *Crosscurrents;* Capitol M-11060; enthält George Russells »A Bird in Igor's Yard«

Kapitel 2:
Ornette Coleman: Die Geburt der Freiheit

John Lewis Presents Gunther Schuller: Jazz Abstractions; Atlantic 1365

Ornette Coleman: *Coleman Classics* (mit Paul Bley); I.A.I. 37.38.52

–: *Something Else!;* Contemporary 7551 (1958)

–: *Tomorrow Is the Question!;* Contemporary 7569 (1959)

–: *The Shape of Jazz to Come;* Atlantic 1317 (1959)

–: *Change of the Century;* Atlantic 1327 (1959)

–: *This Is Our Music;* Atlantic 1351 (1969)

–: *To Whom Who Keeps a Record;* Atlantic (Japan) P-10085 (1960)

–: Double Quartet: *Free Jazz;* Atlantic 1364 (1960)

–: *Ornette!;* Atlantic 1378 (1961)

–: *Ornette on Tenor;* Atlantic 1394 (1961)

–: *The Art of the Improvisers;* Atlantic 1572 (1959–61)

–: *Town Hall/December 1962;* ESP 1006

* Anm. d. Ü.: Der jährlich erscheinende »Bielefelder Katalog Jazz« verzeichnet die jeweils in der Bundesrepublik erhältlichen Schallplatten.

Kapitel 3:

–: Trio: *The Great London Concert;* Arista/Freedom 1900 (1965)

–: *Trio at the Golden Circle, Stockholm,* Volume 1/2; Blue Note 4224/4225

–: *The Empty Foxhole;* Blue Note 4246 (1966)

–: *Crisis;* Impulse 9210 (1969)

–: *Broken Shadows;* Columbia FC 38029 (1971)

–: and the London Symphony Orchestra (Ltg.: David Measham): *Skies of America;* Columbia KC 31562

–: *Dancing in Your Head;* A&M/Horizon SP722; enthält Aufnahmen mit den »Master Musicians« von Joujouka, Marokko (1972) und mit der frühen Prime Time-Band (1975)

–: and Prime Time: *Of Human Feelings;* Antilles 2001 (1979)

Kapitel 3:
Eric Dolphy

Charles Mingus Presents Charles Mingus; Candid 9005

George Russell: *Outer Thoughts;* Milestone 47027

Max Roach: *Percussion Bitter Sweet;* Impulse 8

Eric Dolphy: *Eric Dolphy;* Prestige 24008

–: *The Great Concert of Eric Dolphy;* Prestige 34002 (Kassette mit den Five-Spot-Aufnahmen von 1961)

–: *Music Matador;* Affinity 47 (von Alan Douglas aufgenommen, 1963)

–: *Iron Man;* Douglas International 785 (von Alan Douglas aufgenommen, 1963)

–: *Out to Lunch;* Blue Note 84163

–: *Last Date;* Limelight 86013

Booker Little: *Out Front;* Barnaby Candid 5019

Kapitel 4:
John Coltrane: Das Streben nach Freiheit

Thelonious Monk & John Coltrane; Milestone 47011 (mit Wilbur Ware)

John Coltrane: *John Coltrane;* Prestige 24003

–: *Blue Train;* Blue Note 81577

–: *Giant Steps;* Atlantic 1311

–: *Africa/Brass;* Impulse 6

–: *Impressions;* Impulse 42 (Aufnahmen aus dem Village Vanguard von 1961 mit Eric Dolphy)

–: *The Other Village Vanguard Tapes;* Impulse 9325 (1961, mit Dolphy)

–: *Coltrane;* Impulse 21 (mit »Out of This World«)

–: *Live at Birdland;* Impulse 50

–: *A Love Supreme;* Impulse 77

–: *Ascension;* Impulse 95

–: *Meditations;* Impulse 9110

–: *Interstellar Space;* Impulse 9277

Kapitel 5:
Übergänge: Miles Davis und der modale Jazz

Miles Davis: *Birth of the Cool;* Capitol M-11026

–: *Tallest Trees;* Prestige 24012

–: *Workin' and Steamin';* Prestige 24034

–: *Porgy and Bess;* Columbia PC 8085 (mit Gil Evans)

–: *Kind of Blue;* Columbia PC-8163 (mit Coltrane, Bill Evans)

Art Blakey and the Jazz Messengers: *Witch Doctor;* Blue Note 84258

–: *Mosaic;* Blue Note 84090

Wayne Shorter: *The All-Seeing Eye;* Blue Note 84219

–: *Etcetera;* Blue Note LT-1056

Grachan Moncur III: *Evolution;* Blue Note 84153 (mit Jackie McLean, Bobby Hutcherson, Tony Williams)

Bobby Hutcherson: *Dialogue;* Blue Note 84198

Andrew Hill: *Judgement;* Blue Note 84159

Stanley Cowell: *Brilliant Circles;* Arista/Freedom 1009

Woody Shaw: *Blackstone Legacy;* Contemporary 7627/8

Jackie McLean: *New Soil;* Blue Note 84013

–: *Let Freedom Ring;* Blue Note 84106

–: *New and Old Gospel;* Blue Note 84262

Miles Davis: *E.S.P.;* Columbia CS-9150

–: *at the Plugged Nickel;* Columbia C 21 38266

–: *In a Silent Way;* Columbia PC-9875

Sonny Rollins: *Our Man in Jazz;* RCA 741091/092

–: *There Will Never Be Another You;* Impulse IA-9349

–: *Don't Stop the Carnival;* Milestone 55005

Kapitel 6:
Der Free Jazz-Underground und Sun Ra

Archie Shepp: *In Europe;* Delmark 9409 (mit der New York Contemporary Five)

–: *Fire Music;* Impulse 86

–: *Further Fire Music;* Impulse IA-9357/2

New York Art Quartet: *New York Art Quartet;* ESP 1004

Marion Brown: *Duets;* Arista/Freedom 1904 (mit Leo Smith)

Bill Dixon: *Intents and Purposes;* RCA Victor LSP-3844

Paul Bley: *Scorpio;* Milestone 9046

Sun Ra: *Jazz in Silhouette;* Saturn 205 (auch auf Impulse 9265)

–: *The Nubians of Plutonia;* Saturn 406 (= Impulse 9242)

–: *The Heliocentric Worlds of Sun Ra;* Volume 1/2; ESP 1014/1017

–: *The Magic City;* Saturn LPB-711 (= Impulse 9243)

–: *Monorails and Satellites;* Volume 1 (Saturn SR-509)

New Art Ensemble: *Seeking;* Revelation 9 (John Carter-Bobby Bradford)

Kapitel 7:
Albert Ayler

Albert Ayler: *My Name is Albert Ayler,* Fantasy 86016

–: *Witches and Devils;* Arista/Freedom 1018

–: *Trio: Spiritual Unity;* ESP 1002

–: *Vibrations;* Arista/Freedom 1000

–: *The Hilversum Session;* Osmosis 6001

–: *Spirits Rejoice;* ESP 1020

–: *Lörrach/Paris 1966;* Hat Music 3500

–: *New Grass;* Impulse 9175

New York Eye and Ear Control; ESP 1016

Charles Tyler: *Saga of the Outlaws;* Nessa 16

–: *The Definite;* Storyville 4098

Kapitel 8:
Chicago, Klang und Stille, St. Louis

Roscoe Mitchell: *Sound;* Delmark 408

–: *Old/Quartet;* Nessa 5

–: *Congliptious;* Nessa 2

Joseph Jarman: *Song For;* Delmark 410

Art Ensemble of Chicago: *People in Sorrow;* Nessa 3

–: *A Jackson in Your House;* BYG Actuel 2

–: *Urban Bushmen;* ECM 1211

Lester Bowie: *Numbers 1 & 2;* Nessa 1

–: *The Great Pretender;* ECM 1209

Oliver Lake: *Heavy Spirits;* Arista/Freedom 1008

Julius Hemphill: *Blue Boyé;* Mbari MPC 1000X

Kalaparush Maurice McIntyre: *Humility;* Delmark 419

Von Freeman: *Have No Fear;* Nessa 6

Creative Construction Company, Vol. 1; Muse 5071

Air: *Air Song;* India Navigation 1057

–: *Air Time;* Nessa 12

Muhal Richard Abrams: *Levels and Degrees of Light;* Delmark 413

–: *Mama and Daddy;* Black Saint 0041

Julius Hemphill/Oliver Lake: *Buster Bee;* Sackville 3018

Kapitel 9:
Cecil Taylor

Cecil Taylor: *The World of Cecil Taylor;* Jazz Man 5026

–: *Looking Ahead;* Contemporary 7562

–: *Unit Structures;* Blue Note 84237

–: *In Transition;* Blue Note LA458-H2 (1955, 1959)

–: *Conquistador;* Blue Note 84260

–: *Silent Tongues;* Arista/Freedom 1005

–: *Indent;* Arista/Freedom 1038

–: *Air Above Mountains (Buildings Within);* Inner City 3021

–: *Spring of 2 Blue-Js;* Unit Core 30551

–: *3 Phasis;* New World 303

–: *Unit;* New World 201

Gil Evans: *Into the Hot;* Impulse 9 (mit Cecil Taylor, Johnny Carisi)

Kapitel 10:
Pop-Jazz, Fusion Music, Neoromantik

Miles Davis: *Bitches Brew;* Columbia PG-26

Wayne Shorter: *Super Nova;* Blue Note 84332

Weather Report; Columbia KC-30661

George Russell: *Othello Ballet Suite;* Flying Dutchman 122

Charlie Haden: *Liberation Music Orchestra;* Impulse 9183

Carla Bley Band: *European Tour 1977;* Watt 8

Bill Evans Trio: *Spring Leaves;* Milestone 47034

Gary Burton/Chick Corea: *Crystal Silence;* ECM 1024

Keith Jarrett: *Concerts;* ECM 1227

McCoy Tyner: *Expansions;* Blue Note 84338

–: *Echoes of a Friend;* Milestone 9055

–: *Song for My Lady;* Milestone 9044

Kapitel 11:
Free Jazz in Europa

Steve Lacy: *School Days;* Emanem 3510

–: *Threads;* Horo HZ 05

–: *Trickles;* Black Saint 0008

Mal Waldron: *Hard Talk;* Enja 2050

Giorgio Gaslini: *Nuovi Sentimenti;* EMI QELP 8154

Chris McGregor's Brotherhood of Breath; RCA Neon NE2

Willem Breuker Kollektief: *In Holland;* BVHaast 041/042

Peter Brötzmann/Fred Van Hove/Han Bennink/Albert Mangelsdorff: *Elements;* FMP 0030

Albert Mangelsdorff: *Tromboneliness;* MPS 68129

Conrad Bauer; Amiga 8 55 783

Paul Rutherford: *The Gentle Harm of the Bourgeoisie;* Emanem 3305

Tristan Honsinger/Günter Christmann: *Earmeals;* Moers Music 01040

Globe Unity Orchestra: *Pearls;* FMP 0380

Evan Parker: *Evan Parker at the Finger Palace;* The Beak Doctor 3/Metalanguage 110

Derek Bailey: *Aida;* Incus 40

–: /David Holland/George Lewis/ Evan Parker: *Fables by Company;* Incus 36

–: /Han Bennink: *Company 3;* Incus 25

Kapitel 12:
Leo Smith, Anthony Braxton, Joseph Jarman, Roscoe Mitchell

Leo Smith: *Creative Music-1;* Kabell 1

–: /New Dalta Akhri: *Song of Humanity;* Kabell 2

–: /New Dalta Akhri: *Reflectativity;* Kabell 3

–: *Spirit Catcher;* Nessa 19

Anthony Braxton: *For Alto;* Delmark 420/421

–: *Five Pieces 1975;* Arista 4064

–: *In the Tradition, Volume 1;* Steeple Chase 1015

–: *The Montreux/Berlin Concerts;* Arista 5022

–: *Creative Orchestra Music 1976;* Arista 4080

–: *Alto Saxophone Improvisations 1979;* Arista 8602

–: *Compositions No. 95 for Two Pianos;* Arista 9559

Roscoe Mitchell: *Solo Saxophone Concerts;* Sackville 2006

–: *Nonaah;* Nessa 9/10

–: *More Cutouts;* Cecma 1003

–: *L-R-G/The Maze/S II Examples;* Nessa 14/15

–: Sound Ensemble: *Snurdy McGurdy and Her Dancin' Shoes;* Nessa 20

Kapitel 13
Free Jazz heute

Don Cherry: *Complete Communion;* Blue Note 84226

Old and New Dreams; Black Saint 0003

James Blood (Ulmer): *Tales of Captain Black;* Artists House 9407

Ronald Shannon Jackson and the Decoding Society: *Eye on You;* About Time 1003

David Murray Octet: *Ming;* Black Saint 0045

Henry Threadgill Sextet: *When Was That?;* About Time 1004

Horace Tapscott: *Song of the Unsung;* Interplay 7714

Personenregister

enja

ARCHIE SHEPP

Steam

● LP 2076 ☐ CD 207618

Archie Shepp ts, p
Cameron Brown b
Beaver Harris dr

Jazz Journal: "Shepp plays with great authority... every track on this record suggests his logical development from the Rollin's shool, with its policy of motif breakdown and reconstruction. There is a brief example of his simple Monkish piano at the end of Solitude, otherwise the record features his outstanding tenor all the way."

ERIC DOLPHY

Vintage Dolphy

● LP 5045 ☐ CD 504524

Eric Dolphy as, fl, b-cl
Ed Armour tp
Richard Davis b
J.C. Moses dr

Gunther Schuller Ensemble, w. Barry Galbraith g, Chuck Isreals b, Art Davis b, Sticks Evans dr, Jim Hall g, a.o.

Carnegie Hall Group w. Phil Woods as, Jimmy Knepper tb, Benny Golson ts, Lalo Schifrin p, Barre Phillips b, a.o.

CECIL TAYLOR

Dark To Themselves

● LP 2084

Cecil Taylor Unit
Raphe Malik tp,
James Lyons as, David Ware ts,
Cecil Taylor p, Marc Edwards dr

Cadence: "This is without a doubt, just about the most totally appealing (moving) recording I have ever heard of Cecil Taylor music. With a texture that is poetic and a substance of clay, Taylor shows complete mastery of a call/response association and an ability to sensually mold the texture of the unit (music) to each individual's sensitivity and emotion and produce a very full, complete and satisfying whole." *Bob Rusch*

Katalog und weitere Informationen von ENJA RECORDS
Frundsbergstraße 36 · 8 München 19 · Telefon 089 / 16 77 77 · 16 56 85

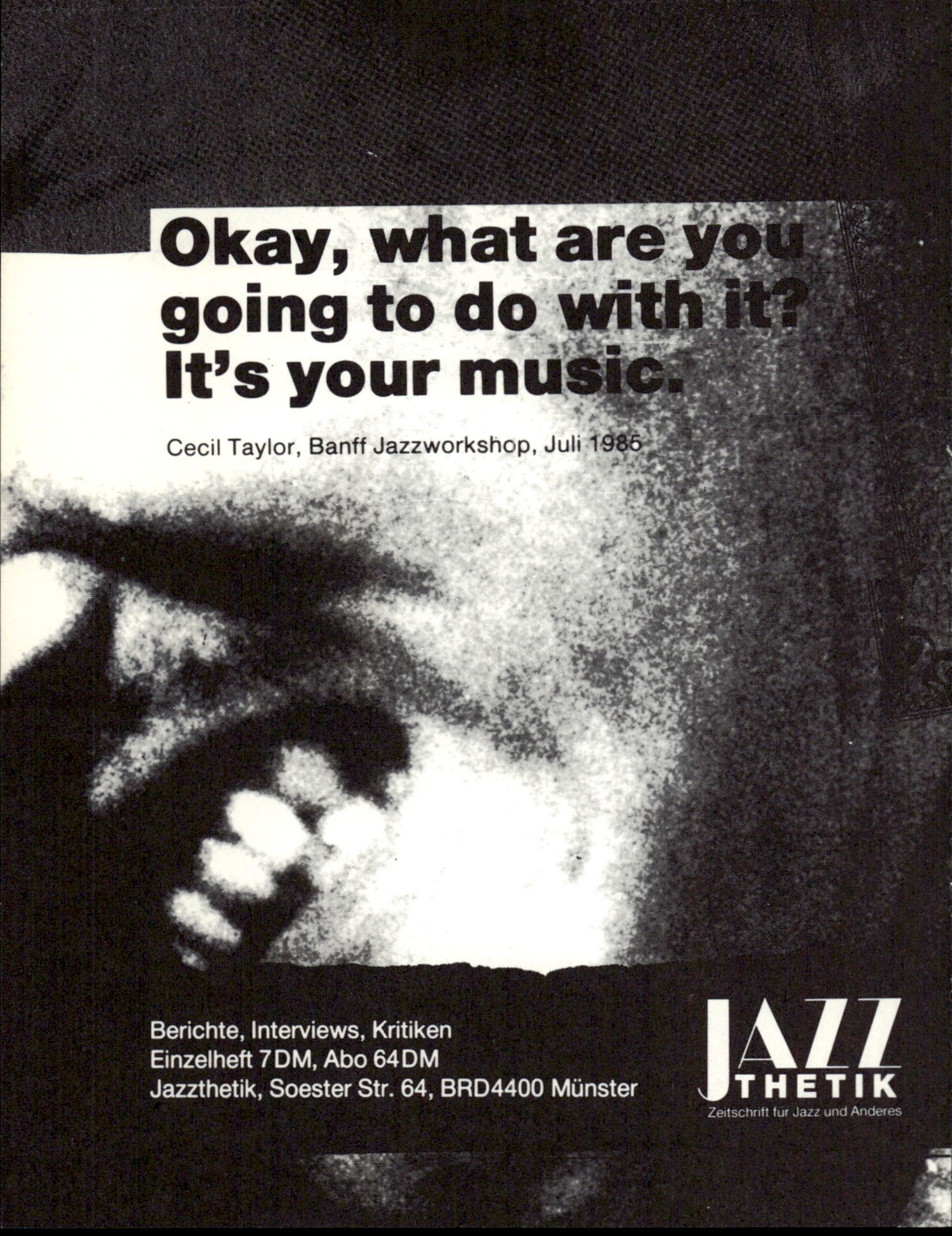
Okay, what are you going to do with it? It's your music.
Cecil Taylor, Banff Jazzworkshop, Juli 1985
Berichte, Interviews, Kritiken
Einzelheft 7DM, Abo 64DM
Jazzthetik, Soester Str. 64, BRD4400 Münster
JAZZ THETIK
Zeitschrift für Jazz und Anderes

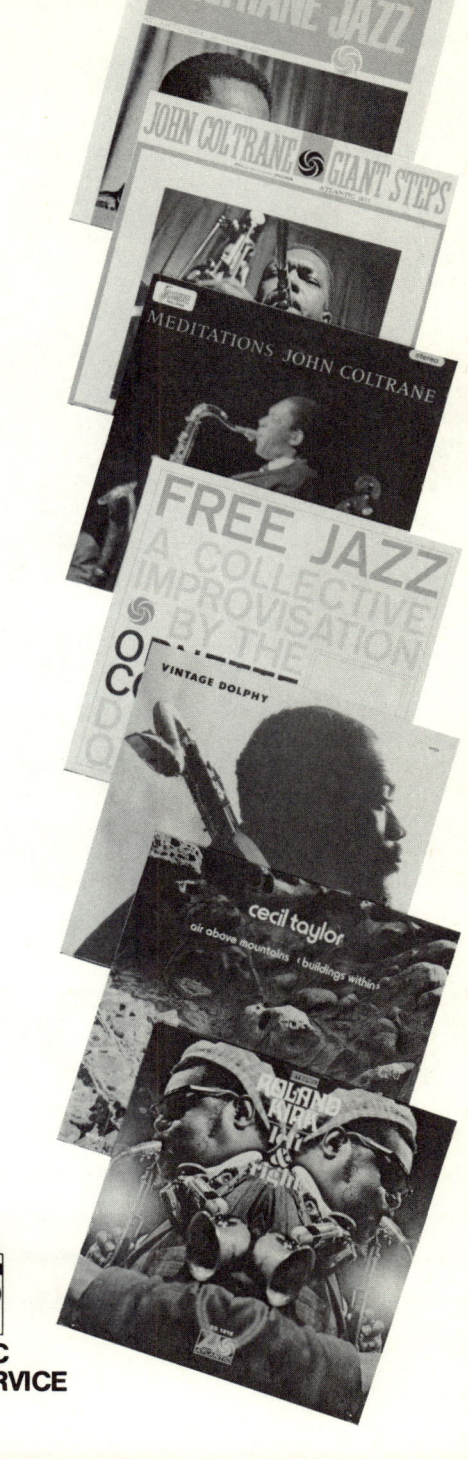